MINERVA
世界史叢書
2

グローバル化の世界史

秋田茂
[責任編集]

ミネルヴァ書房

「MINERVA世界史叢書」の刊行によせて

このほど私たちは、ミネルヴァ書房より「MINERVA世界史叢書」を刊行することになりました。これは、これまでのわが国における世界史を反省して、新たな世界史を構築することを目指すものです。これまでの世界史が、世界の国民国家史や地域史の寄せ集めであったり、自国史を除いた外国史であったり、欧米やなんらかの「中心」から見た世界史であったりしたことへの反省を踏まえて、また、近年の歴史研究の成果を取り入れて、それらの限界を突き破ることを目指しています。

本叢書は、全体として以下のような構成を取ります。

総　論　「世界史」の世界史
第Ⅰ期　世界史を組み立てる
第Ⅱ期　つながる世界史
第Ⅲ期　人と科学の世界史
第Ⅳ期　文化の世界史
第Ⅴ期　闘争と共生の世界史

このような構成を通じて、私たちは新たな世界史を構想するためのヒントないしは切り口を提示したいと考えております。読者のみなさまの建設的なご批判を頂ければ幸いです。

二〇一六年四月

「MINERVA世界史叢書」編集委員
秋田　茂、永原陽子、羽田　正
南塚信吾、三宅明正、桃木至朗
（五十音順）

グローバル化の世界史　目次

序章　グローバル化の世界史

秋田　茂

1　グローバル化の歴史的起源をめぐる論争

本書では、「グローバル化」（globalization）の歴史を、長期の視点から考察し、二一世紀の現代世界が直面する諸課題との関連を探求する。

グローバル化という場合、従来は国際政治経済学、国際関係論、世界システム論など、社会科学の分野で論じられ、歴史家が本格的な研究対象として取り上げることは稀であった。その理由は、グローバル化の起源と現象を、現代の時事的な事象の展開に限定して把握する思考と概念規定にある。社会科学者は、一九九一年の冷戦終結以降のアメリカ一極体制の確立、あるいは一九八〇年代から本格化した中国の世界経済への復帰（改革開放政策）と東アジア経済圏の勃興（世界銀行が提唱した「東アジアの奇跡」）を、現代のグローバル化の指標として強調する。グローバル化とは、せいぜい最近の三〇年間に見られる現象にすぎないとされる（スティーガー、二〇〇五）。

現代のグローバル化、世界の一体化がいつから始まったのか、様々な議論が展開されるなかで、前ハーバード大学教授で、アメリカ経済史学会の泰斗ジェフェリー・ウィリアムソンと、太平洋大学教授のデニス・フリンとの間で、グローバル化の起源をめぐる「フリン＝ウィリアムソン論争」が生まれた。

フリンは、「長期の一六世紀」のいわゆる「大航海時代」にグローバル化が始まった点を強調する（フリン、二〇一〇）。具体的には、スペイン帝国がアジア世界に進出する拠点として、一五七一年にフィリピン諸島のマニラを建設した時点から、グローバル化が始まったと主張する。というのも、マニラの建設により、太平洋を挟んでアメリカ大陸（メキシコ）のアカプルコとマニラ、さらに中国大陸のマカオとを結ぶ大陸間交易である「ガレオン船交易」が始まったからである。彼によれば、それ以前の主要な大陸間貿易は、①ユーラシア大陸内陸部の陸上ルートと、海域アジアを通じた海上交易の双方による、東アジア・東南アジア世界とヨーロッパ世界との貿易、②大西洋を挟んだ南北アメリカ大陸とヨーロッパ世界との環大西洋交易、さらに、③サハラ以南のアフリカ大陸とヨーロッパ世界との交易から構成された。一六世紀の段階で、ユーラシア大陸全体と南北アメリカ大陸、それにアフリカ大陸の一部を加えて、地球上の約三分の二の諸地域が長距離の大陸間交易に関わっていたのである。

だが、一五七一年のマニラ建設とガレオン船交易の開始により、広大な太平洋世界を挟んで、アメリカ大陸と東アジア世界が直接結ばれることになった。これにより、地球上で約三分の一を占める太平洋世界が新たに大陸間交易に組み込まれることになり、文字通り、地球を一周する貿易ネットワークの原型が姿を現した、というのである。このガレオン船交易で取引された物産が、新大陸のスペイン領アメリカで産出された銀と、中国産の絹であった。この一六世紀のグローバル化を生み出したダイナミズムに関しては、スペイン領アメリカと日本が銀の供給側を支配し、需要側では中国市場が支配的であった。

このフリンの主張に対して、ウィリアムソンとK・オルークが強烈な反駁を加えている。彼らによれば、グローバル化は、一八二〇年代に環大西洋世界、西ヨーロッパと北米（アメリカ合衆国）との間で物価水準が一つに収斂する過程で初めて出現した歴史現象であった。彼らの研究は、計量経済学の理論と詳細なデータを駆使した計量経済史的研究の代表的なものであり、価格収斂理論（price convergence theory）に支えられた精緻な研究は、非常に説得力があり、欧米の学界では経済史家を中心に多くの支持を集めている。

フリンも、一九世紀に関しては、ウィリアムソン＝オルークの主張の有効性を認めた上で、一六世紀後半における国際商品（モノ）であった銀を通じたグローバル化の歴史的意義を再確認し、「一九世紀の価格収斂と産業革命は、グローバル化の誕生から二五〇年を経て出現した」と主張する。オルークとウィリアムソンが、ヨーロッパ側の需要のダイナミズムに着目したのに対して、フリンは、ヨーロッパだけでなく、アジアとアメリカ大陸から生じた需給のダイナミズムを重視している点で、両者の見解は大きく異なっている。だがフリンは、非ヨーロッパ世界の供給とヨーロッパ側の需要という二分法が問題なのではなく、世界諸地域の需給要因の相互作用を問題としている。いわば、「関係史」的観点からの考察の重要性である。両者の見解は大きく異なるが、大陸間（ヨーロッパ＝アメリカ＝アフリカ＝アジア）でのモノの遠隔地交易の成立と市場の形成が重視される点は共通している。結果的に、I・ウォーラーステインの近代世界システム論が肯定的にとらえられている。

本書では、こうした経済学的な理論的枠組みをベースとした論争をふまえつつも、長期の歴史的な視点からグローバル化を考察する。

2　一三～一四世紀の「初期グローバル化」——世界帝国としてのモンゴル帝国

歴史家の間では、国境を越えたヒト・モノ・カネ・情報・文化の緊密な移動、その移動を通じた各種のネットワークの形成、その相互作用による経済・社会の変容の過程を、「広義のグローバル化」ととらえ、その歴史的起源を一九世紀以前にまで遡って考察する点については、緩やかな合意がある（Osterhammel and Petersson, 2005）。

その際に私たちは、グローバル化が、「長い一六世紀」のいわゆる「大航海時代」に、ヨーロッパ勢力が非ヨーロッパ世界へ商業的・軍事的に拡張することで実現したとする、西洋中心史観に基づく見解の一面性に注意すべきである。アジア・アフリカ北部が一体化したユーラシア大陸と、その周辺部であるインド洋・東南アジア島嶼部、東アジア海域世界（南シナ海・東シナ海）では、ヨーロッパ勢力が一六世紀に到来する以前から、アジア・アフリカ・イスラーム商人による独自の遠隔地交易ネットワークが確立され、香辛料・銀・綿布などのモノが頻繁に取引されていた（ジャネット・L・アブー＝ルゴド、二〇〇一）。この大陸間での遠隔地交易の原型は、一三～一四世紀に、陸上と海域アジアの交易路を統合し、紙幣としての交鈔の発行を通じて、ユーラシア大陸規模でのモノとヒトの交流を促進した、世界帝国としてのモンゴル帝国に求められること（杉山、二〇〇〇）は、グローバル化の歴史的起源を考える際に是非とも認識すべきである。

本書第一章の向論文でもふれられるように、ユーラシア大陸の「極西」部であるヨーロッパを除く、東部・中央・西部各ユーラシア諸地域を支配したモンゴル帝国は、世界史上で空前絶後の「世界帝国」（World Empire）であった。モンゴル帝国が構築した世界秩序のもとで、ユーラシア大陸を循環する大交易圏が形成され、ムスリム商人や中国商人が中心となって諸地域を結ぶ遠隔地交易が発展した。モノが動けばヒトも移動し、著名なマルコ・ポーロやイブン・バットゥータだけでなく、ムスリム・ウイグル系商人やキリスト教修道会の修道士も、陸路あるいは海路で帝国内を移動した。帝国支配の官僚機構や軍事面において、モンゴル人第一主義を前提としつつ、徹底した実力主義的な人材登用（メリトクラシー）を実現した帝国統治は、移民社会である現代のアメリカ合衆国とも比較可能な、多宗教が共存する多文化主義的な世界帝国であった（杉山、二〇〇三）。

また、モンゴル帝国は、一〇世紀以降に、ユーラシア大陸の草原地帯の南端にあたる北緯四〇度付近に位置し、遊牧民勢力の本拠地である北方の草原や森林地帯に軸足を置いたまま南方の定着農耕民の世界を支配した、一連の遊牧民勢力が主導した諸国家であり、森安孝夫が提唱する「中央ユーラシア型国家」の典型、完成形態であった（森安、二〇〇七）。モンゴル帝国は、気候変動による「一四世紀の危機」の影響で、一四世紀後半に急速に崩壊・衰退した。しかし、その遺産は、一五世紀以降に台頭したユーラシア大陸各地域の大型の地域帝国に継承された。中央ユーラシアから西アジアを支配したティムール帝国、東地中海からバルカン半島にまで領土を拡張したオスマン帝国、中央ユーラシアから南アジアに進出してその主要部分を支配下に置き、インド洋にも乗り出したムガル帝国、中国本土を含む東部ユーラシアのほとんどを統合した大清帝国、そして、モンゴル（タタール）の軛を脱して中央ユーラシアの版図を広げ、さらにシベリアを横断して太平洋に到達したロシア帝国などの、大規模な地域帝国がモンゴル後継帝国に相当する（杉山清彦、二〇一六）。

確かにモンゴル帝国が主導した一三～一四世紀のグローバル化には、南北両アメリカ大陸は含まれていなかった。その点で、前述のフリンが提唱するスペイン帝国が中心となった一六世紀のグローバル化には、地理的には及ばない。その意味で、「初期グローバル化」あるいはプロト・グローバル化と位置づけることも可能であろう（Hopkins, 2002）。

3　「大分岐」論争——長い一八世紀の有効性、近世論の再考

グローバル経済史研究の領域では、二〇〇〇年にK・ポメランツの *The Great Divergence : China, Europe, and the Making of the Modern World Economy*（Princeton University Press）が出版されて以来、「大分岐」論争が続いている（Pomeranz 2000：ポメランツ、二〇一五）。

「大分岐」論の論点は、大きく分けて二つある。その一つは、一八世紀中葉の一七五〇年頃に至るまで、世界の四つの主要地域（イングランドとオランダを中心とする北西ヨーロッパ、長江下流域の中国、日本の畿内・関東、ベンガルを中心とした北インド）では、同時並行的に「スミス的成長」（商業的農業とプロト工業をベースとした市場経済）が見られ、経済発展の度合いにもほとんど差がなかった、とする主張である。世界史像の転換という観点から見ると、この近世から近代への移行期である一八世紀中葉まで、近世（early-modern）の経済発展をめぐって、非ヨーロッパ諸地域を含む同時並行的な経済発展が見られ、決して、北西ヨーロッパ（西欧）だけが突出した発展を成し遂げた訳ではない、という論点が論争的で、多くの反論や補完・追加の議論を誘発している（Rosenthal and Bin Wong, 2011：Vries, 2015：斎藤、二〇〇八：岸本、二〇一八）。

他方、もう一つの論点は、一八世紀後半から一八～一九世紀転換期にかけて、北西ヨーロッパ（近代西欧）のみが、石炭と新大陸の資源を活用して生態学的危機を打破して、持続的な経済成長（＝産業革命）が可能になり、ヨーロッパと他の諸地域との間で決定的な経済的格差（＝大分岐）が生まれたとする主張である。この「大分岐」論の論点は、従来の西洋経済史研究でのエネルギー革命論を含めた産業革命（起源）論と重なり、馴染みのある話題である（Allen, 2009：アレン、二〇一七）。

従来一九世紀は、経済力だけでなく、外交・軍事力（地政学的側面）、文化・イデオロギー面で圧倒的に欧米（ヨーロッパ諸国）が優越的地位を実現した、「ヨーロッパの世紀」として描かれてきた。たとえば、E・J・ホブズボームは、「長期の一

九世紀」（the Long Nineteenth Century）の観点から，三部作を刊行している（ホブズボーム，一九六八：一九八一～八二：一九九三～九八）。I・ウォーラーステインも，ヨーロッパ自由主義の勝利の過程として「長期の一九世紀」を描いている（ウォーラーステイン，二〇一三）。著名なマルクス主義歴史家であったホブズボームでさえ，一九世紀を「ヨーロッパの世紀」と解釈している点は，西洋中心史観の象徴であろう。

二一世紀に入っての代表的な一九世紀論としては，J・オスターハンメルの大著 *Die Verwandlung der Welt*（Osterhammel 2009）がある。その英語版 *The Transformation of the World : A Global History of the Nineteenth Century* も二〇一四年には出版され，英米の学界で話題作となった。彼の著書は，先行して二〇〇四年に出版されていたC・ベイリーの一九世紀論 *The Birth of the Modern World 1780-1914*（Bayly, 2004）と問題意識が重なり，近代世界のヨーロッパ起源とその世界諸地域，とりわけアジア（近代日本）への波及・影響（現地文化との接合・融合を通じた文化変容，近代化）を詳細に論じている。この二書の出版により，一九世紀世界論・世界史像が，グローバルヒストリー研究において改めて注目されている。本書では，これらの英独の学界でグローバルヒストリー研究の観点から出された一九世紀史論を踏まえた上で，アジア世界に着目して一九世紀の位置づけを再考する。

「大分岐」論の影響は一九世紀世界経済の再解釈にも及び，二〇一四年には，『リオリエント』の著者A・G・フランクの遺作 *ReOrienting the 19th Century-Global Economy in the Continuing Asian Age*（Frank, 2014）が出版された。このフランクの著書は議論としては未完であるが，一九世紀後半の一八七〇年代まで，世界経済における東アジアの優越的地位が続いた点を強調し，彼の前著 *ReOrient* の論点を引き延ばして一九世紀の再解釈を目指していた。

ところで，一八世紀末からの「大分岐」は，一九世紀のグローバル化とも密接な関係を保ちながら進展した。一九世紀のグローバル化とは，モノ（輸出入），ヒト（移民・国際労働力移動），カネ（資本輸出）の移動と迅速な情報伝達（海底電信網）を通じて，国境（境界線）を超えて緊密な経済関係が形成された事態を意味する。その一九世紀のグローバル化は，A・G・ホプキンズが編集した論集によれば，イギリス帝国を中心とする欧米列強の植民地帝国を中心に展開した「近代グローバル化」（modern globalization）の段階と把握することができる（Hopkins, 2002 : Cain and Hopkins, 2016, pp. 705-731 : Hopkins, 2017）。

近代グローバル化の特徴は、自由貿易原理の地球的規模での拡張を通じて、自由貿易体制が定着した点と、とりわけ未曾有の規模で帝国・国民国家の境界を超えてヒトが動いた「移民の世紀」であった点にある（Lucassen and Lucassen, 2014）。従来の一九世紀論では、このイギリスを中心とした自由貿易原理は、非ヨーロッパ世界に対しては、「砲艦外交」を通じて西欧列強諸国により「開港」が強要された点が強調されてきた（「押しつけられた自由貿易」・自由貿易帝国主義論）（Gallagher and Robinson, 1953）。このいわゆる「ウェスタン・インパクト」論に対して本書では、アジア側の主体的対応に着目している。経済面でのグローバル化の推進力は、確かに世界経済（近代世界システム）の「中核」を占めたイギリス本国や他の西洋諸国にあったが、世界経済に従属的に編入・包摂されたとされてきた「周辺」「半周辺」地域は、独自のアジア地域間貿易を形成し、世界経済（近代世界システム）において「相対的自立性」を確保するに至った。杉原薫が提唱する、「アジア間貿易」の形成と展開である（杉原、一九九六）。従来、帝国・植民地体制、帝国主義的世界体制で形成されてきた世界経済において、非ヨーロッパ地域で独自の地域間貿易が形成されたのはアジアだけであり、近現代の世界史上でも極めてユニークである。本書では、こうした地域間貿易システムが形成されるなかで、関係する諸地域ではいかなる経済的変容が起こったのかを多面的に考察する。

4　アジア太平洋世界の再興——二一世紀とポスト・コロニアルなグローバル化

急速な勢いでグローバル化が進む二一世紀において、我々は新たな世界史の転換を経験しつつある。東アジアの経済的勃興にともなう世界システムの再編がそれである。その原動力は、中国の経済的躍進と国際的プレゼンスの拡大、米中両国による「G2」化現象の出現であるが、我々は考察の射程をさらに広げて、歴史的な考察を加える必要がある。その背景には、二度の石油危機にともなう世界経済の構造変動、一九七〇年代末～八〇年代に本格化した広義の「東アジア」地域、アジア太平洋地域の経済発展、いわゆる「東アジアの奇跡」（East Asian Miracle）がある。

「東アジアの奇跡」という概念自体は、世界銀行が一九九三年に創出した造語であり、冷戦後のアメリカを中心としたグローバル化の優等生として発展する東アジア地域を称揚するタームである（World Bank, 1993）。当時は、アジアNIES諸国（韓国・台湾・香港・シンガポール・インドネシア・タイ・マレーシア）と日本の高い経済成長が分析対象となったが、その後、七九年からは改革開放政策導入後の中国、九一年の経済自由化政策導入後のインドが、この開放的な経済空間に新たに参入することで、東アジアの経済発展は一層加速化されて現在に至っている。現時点で、アジア太平洋地域（アメリカ太平洋岸を含む）は、世界のGDPの約半分を占め、域内貿易の度合いを高めながら、グローバル恐慌（リーマン・ショック）からの回復をめざす世界経済の牽引車の役割を担っている（Asian Development Bank, 2011）。

戦後のアジアの経済復興を、当時の国際政治秩序である「冷戦」（cold war）と切り離して考えることはできない。第二次世界大戦後の現代史を考察する場合、①ヘゲモニーの移行――「パクス・ブリタニカ」から「パクス・アメリカーナ」へ、②冷戦体制の構築・変容・崩壊、③非ヨーロッパ世界における脱植民地化（decolonization）の進展、以上三つの観点とその交錯を指摘できる。

一九四九年一〇月の中華人民共和国の成立と翌五〇年六月の朝鮮戦争勃発以来、アメリカは、アジアの非共産圏諸国に対する政策を転換して、これら非共産主義諸国への軍事・経済援助に乗り出した。東南アジア地域に向けたポイント・フォー計画がその典型であった。だが、冷戦体制のもとでアメリカの東アジアにおける世界戦略の焦点は、海外貿易を通じた日本経済の復興と「アジアの工場」（the Workshop of Asia）としての日本の経済的地位の回復に向けられた。この過程においてアメリカ政府は、東アジアにおける共産主義の拡張を封じ込めるために軍事ケインズ主義を採用した（カミングス、二〇〇二）。こうしたアメリカの政策転換、冷戦体制の構築は、狭義の東アジア地域においては五〇年代前半に進み、日米安全保障条約など二国間条約網の構築を通じて、ヘゲモニー国家アメリカの突出した影響力が見られた（菅、二〇一六）。

だが、ここで強調しておきたいのは、東アジアや東南アジア諸国・地域の主体的な対応である。確かに、東アジアの経済発展にとって、冷戦体制のもとでのアメリカの軍事・経済援助や日本の戦後賠償も重要であったが、それ以上に「全過程の原動力はやはり中国や東南アジア自身の工業化への意欲であり、日本の復興への意思であり、政治的変動をくぐりぬけてそれらの諸国が世界市場で展開した激しい「アジア間競争」であった」（杉原、二〇〇三、二〇頁）。「脱植民地化の帝国主義」

の主要な手段が、経済援助計画の実施であった。冷戦下での経済・財政援助を積極的に利用して、工業化と経済発展をめざしたアジア側の強い意思と、それを支えた人材・ノウハウの存在や地域間ネットワーク（アジア間貿易）の形成・発展が、現代における東アジアの経済的再興を根底で支えているのである。

戦後東アジア地域の経済政策の独自性は、開発主義の下で、早い時点から「輸出志向型工業化」（export-oriented industrialization）戦略を採用して遂行した点にある。

通説的理解では、戦後に政治的脱植民地化を達成したアジア・アフリカ諸国は、経済的自立を実現するために、開放的な自由主義世界経済から距離を置く「輸入代替工業化」戦略（import-substitution industrialization）を追求したとされる。国内産業・国内市場を対外的競争から守る保護主義政策がとられた。しかし、この輸入代替戦略は、国内市場の狭隘さ、第一次産品の輸出促進の失敗による外貨獲得の困難、交易条件の悪化等により、あまり成功せず、南北間の経済格差は拡大する傾向にあった。それを是正する政治的手段として、発展途上国は国連を舞台に一九六四年に「国連貿易開発会議」（ＵＮＣＴＡＤ）を設立し、南北問題の解決をはかる運動を展開した。アルゼンチンの経済学者で蔵相を務めたプレビシュの構造学派経済学が理論的支柱となった。

こうした動きに対して、東アジア・東南アジアの発展途上国は、外資（多国籍企業）の導入に積極的で、開放的な世界経済に主体的に参入する、輸出志向型の工業化戦略を採用した。東アジア諸国は、政治的な権利主張、新経済秩序論には追従せず、ビジネス利害中心の経済政策、経済外交を追求した。ＥＣＡＦＥ（国連アジア極東経済委員会）は、その妥当性を確認する舞台となった。

この点が、アフリカとも大きく異なっていた。アフリカの本格的な脱植民地化は一九六〇年代に始まるが、政治的脱植民地化の達成後も、経済的モノカルチャー構造からの離脱は困難であり、旧欧米の宗主国との「不平等な」経済関係が維持された。七〇年代の二度の石油危機（オイル・ショック）により、外貨不足・国際収支危機に陥った非産油国のアフリカ諸国はさらに貧窮化し、南側内部での経済格差（南南問題）が議論されるようになった（平野、二〇〇九）。対外的な国際環境に加えて、アフリカやラテンアメリカでは地域間をつなぐ貿易ネットワークの形成が見られなかった点が、アジアと大きく異なる点である。

しかし、「アフリカ問題」（アフリカ経済の低迷と貧困化）は、二一世紀に入って劇的に変容した。石油をはじめとする鉱産物価格の急激な上昇と、新たな経済援助国として登場した中国のアフリカへの進出に促された、アフリカ経済の成長がそれである。膨大な人口を抱えたアフリカ諸国の持続的な経済開発（sustainable development）、環境保全と生活水準の向上の両立、その実現のための多面的な協力と技術的支援が求められている。

5　本書の構成

第一章（向論文）では、モンゴル時代の地域間交易ネットワーク結合を広義のグローバル化の歴史過程のなかに位置づけ、その特徴を他の時代と比較分析することで、「初期グローバル化」の実態と特徴を前後の時代との連続性のなかで考察する。

モンゴル時代は以下の二つのユーラシア史の動向の帰結点と位置づけられる。すなわち、①一〇世紀以来再成長した陸海の地域間交易ネットワーク結合の極相として位置づけられる。モンゴル帝国が政治・宗教面で際立って複雑で多元的であった中央ユーラシアを政治的に統合したことで、この地域がユーラシア地域間交易ネットワーク結合の重要なパーツとして機能することを可能にした。そして、②農耕社会をも支配下に組み込んだ遊牧国家の発達史の帰結として位置づけられる。モンゴル帝国はそれら遊牧国家の完成形である。モンゴルが北方草原のちいさな牧民集団から短期間で中央ユーラシアの世界帝国にまで成長し得た背景には、ウイグル人・金人・ホラズム人らの貢献がある。結果、モンゴルは相互連環しつつあった地域間交易ネットワークを再編し、宗教的寛容により異文化間の障壁を緩和し、ユーラシア交易圏に秩序をもたらした。モンゴル帝国は次元の異なる二つの帝国の側面をもち、それらが続く時代の二種類の帝国にそれぞれつながっていく。直接的支配領域をともなう実体としての帝国は、徐々に領域国家連合の様相を呈し、ティムール、ムガル、明などの後継国家やオスマン朝、清、ロマノフ朝など近世帝国につながる。非公式な影響圏としての帝国の側面は、ユーラシア近世帝国の秩序空間につながり、東アジア海域では（元の実質的影響力は極めて限定的であったが）元と海外諸国との形式上の関係は、明の朝貢システムの枠組みに基盤を与えた。

第二章（岡論文）は、「ヨーロッパの大航海時代」という従来の視点を可能なかぎり排除し、ヨーロッパがやってきて世界が変わったという見方ではなく、それまで通交のなかった（あるいは希薄だった）地域間の結合により、どこで、何がどのように変化したのか、明確にイメージできるような内容記述を心がける。すなわち、「非ヨーロッパ主体の大航海時代」の描写に挑戦する。

そこで大前提となるのは、スペインが一六世紀に推進した「国家的」中南米の植民地化政策と、国家に管理されないポルトガル人のアジアでの交易活動が（もちろんゴアのように一応支配権が確立されたとみなされるべき地域もあるが）、まったく異なる様相を持つものであったという事実を認識することである。従って、旧来の大航海時代史の記述のように、レコンキスタの延長としてのマグレブ攻略やトルデシリャス条約等のデマルカシオン（机上の世界分割）から論じることは避ける。ただし、ヨーロッパ勢力が相当に発達した軍事力をもって世界各地に進出し、政治経済等の面で、その大きな影響を受けた地域が存在することは否定できないので、その事実を踏まえて各地域の変容を追う。グローバル化という点では、ヨーロッパ社会がアジア産品を渇望し、それが大航海時代の原動力となったことは明白であるので、大航海時代がグローバル化のはじまりであったか否かは論じないが、近年の一六世紀の世界的変動をグローバル化の始点とする重要な論説に言及する。

第三章（中島論文）では、世界史の転換点として、「一七世紀の全般的危機」と東アジアの関係性を再考する。従来の「一七世紀の全般的危機」は、ホブズボームとトレヴァ＝ローパーを中心とする論争に見られるように、ヨーロッパに限定して論じられてきた。だが、二〇一三年にジェフリー・パーカーの大著 *Global Crisis* が出版されて以降は、正に地球的規模での同時並行的な危機と理解され、その原因としては、寒冷化をともなう気候変動が重視されている。本論文は、最新の環境史の成果を紹介するとともに、「一七世紀の全般的危機」が東アジア諸地域に及ぼした政治経済的影響を分析する。

第四章（島田論文）は、「一七世紀の全般的危機」後から一九世紀初めに至る時期の世界経済の動きを概観する。分析の対象と主眼は、この時代におけるユーラシア辺境各地経済の変容、勃興、没落を同時並行的にとらえることである。ウォーラーステイン流の西ヨーロッパに中核をおく資本の運動史としての世界史叙述は拒否するとともに、山下範久のようなアジア諸国を繁栄する近世諸帝国として安閑と等値することも諾としない。

ユーラシア大陸の周辺諸地域における当該期の大変動は様々であったが、大きくは二つのタイプがあった。第一のタイプの変動は、伝統的かつ帝国的経済構造を基本的に温存したまま、生産と消費を数的に増加させてゆき、労働集約的な発展をたどることになった変動である。具体的には、中国やインド、トルコがあてはまる。他方、ユーラシア周辺地域においては、新たなタイプの経済システムが登場した。一つには、資本集約型、経済的領域の拡大型、化石燃料利用型の経済システムの発生である。これは西ヨーロッパ、ことにイギリスで生じた。国内的には産業革命であり、対外的には、商業革命（モノ）と奴隷貿易（ヒト）を通じた環大西洋経済圏の勃興である。さらに、労働集約的ではありつつも、閉鎖型・内発型の方向性を模索した日本型の経済システムの登場もあり、東南アジアのごとく、中国経済の影響を強く受けつつ、ヨーロッパ資本主義拡大の下地となるプランテーション栽培の萌芽など一九世紀以後の植民地経済を特色づける変化が芽生える地域もあった。

第五章（秋田論文）では、一九世紀の欧米世界（イギリス）を中心に進展したグローバル化を、長期の視点から相対化する歴史像を提示する。モノ・ヒト・カネ・情報・文化の各側面でのグローバル化の様相を「国際公共財」との関連で具体的に描く。その際に、欧米優位の世界体制が、非ヨーロッパ世界との相互依存により支えられていたこと、アジア世界が「相対的自立性」を維持していた点に着目する。

第六章（宇山論文）は、「海の帝国」イギリスを中心に一九世紀を論じる第五章を補い、「陸の帝国」ロシアの視点から近代世界を論じる。特に、新興帝国ロシアがヨーロッパの帝国間体系に参入するとともに、オスマン、清、イランなどの近世帝国を近代的国際関係に引き込んだことや、カフカス・中央アジアなどの植民地の獲得がロシアの帝国性の構築や他の帝国との関係において持った意味、帝国を支えた文化・学知の役割に注目する。近年、日本でも欧米、ロシアでも長足の進歩を遂げてきたロシア帝国研究の成果と、宇山が中心に進めている比較帝国論プロジェクトの成果を最大限活用する。

第七章（菅論文）は、「アメリカの世紀」と言われてきた二〇世紀を扱う。それはアメリカ合衆国が一九世紀末からヘゲモニー国家としての道を歩み始め、一九世紀的秩序に代わる新秩序の形成を目指した時期でもある。世界システムにおいて上述のような役割を果たすことができる国家は、軍事、経済、文化、理念の分野で他の国々の追随を許さない圧倒的な優位と発信力を保有していることが不可欠である。本章では、一つには、アメリカ合衆国がヘゲモニー国家として、軍事、経済、理念といった領域において、基礎的条件を獲得していく過程、基礎的条件の変化とヘゲモニー国家としての地位の変遷を跡づける作業を行う。もう一つの関心事は、アメリカが目指す国際秩序形成の特徴と問題点の解明である。アメリカは二〇世紀を通して、そして冷戦後も「自由主義的・資本主義的秩序」の形成を目指しているという意味では、ユニークな国家である。それはアメリカ合衆国が多民族・多人種から構成される社会であり、その統合の基盤を理念に求めたことに由来する。アメリカ国民は、アイデンティティを自由、民主主義といった理念に求めるがゆえに、そうしたアメリカ的な価値観を国際社会に投影させようとする傾向が強い。アメリカの指導者たちによる、リベラルな価値や規範を国際秩序に反映させせようとする努力、「リベラル・プロジェクト」実現に向けたアメリカの実験の軌跡を跡づける作業を行う。

アメリカが目指した秩序形成の特徴は、第五章で取り上げられているイギリスの「公式帝国」とは異なり、「非公式帝国」としての性格を持っているという点にある。たしかに、アメリカ合衆国は、一九世紀末の米西戦争を契機にフィリピン領有、ハワイ併合、グアムやプエルトリコの領有など、西欧列強と同じく、「公式帝国」として振舞った時期がある。そして二一世紀のアメリカが、そうした植民地帝国としての残滓を清算することなく今日に至っているという事実は否定できない。にもかかわらず、合衆国の秩序形成の特徴は、領土支配をともなわない「非公式帝国」としての特徴を基調とするといってよい。本章は、主として「公式帝国」としてのイギリスとは異なる秩序形成を目指したアメリカ合衆国の対外政策の特色に留意することによって、一九世紀の帝国主義的秩序とは異なる新たな世界の構築を目指したアメリカの実験にも光を当てることにしたい。

第八章（翟强論文）は、アジアにおける冷戦と脱植民地化の交錯を、一九五〇年代の中国の外交政策を事例に検討する。具体的には、一九五五年四月にインドネシアのバンドンで開催された「バンドン会議」（アジア・アフリカ会議）を事例として取り上げ、菅論文で明らかにされた「リベラル・プロジェクト」に対抗する社会主義圏の政治経済秩序の構築、そのなかで中国の果たした役割と「第三世界」（非同盟中立政策）との関係性を、中国の第一次史料を駆使して明らかにする。本章は、先行する菅論文と対をなし、いわば裏側から見た「パクス・アメリカーナ」像でもある。

第九章（秋田論文）は、二〇世紀後半に始まった東アジア地域の「経済的再興」（いわゆる「東アジアの奇跡」）を世界史的視野から展望し、アジア太平洋世界を中心に展開されつつある新たな世界システムの形成と展望を考察する。その際、第二次世界大戦後の「東アジアの経済的再興」を論じる前提として、戦前からの連続性と断絶、戦間期のアジア国際秩序と旧日本帝国との関係に着目する。そのうえで、一九六〇年代に本格化した東アジア（日本）の高度経済成長、アジアＮＩＥＳ諸国の経済発展を、「開発主義」と経済援助の観点から論じる。さらに、一九八〇年代以降、現代までのアジア経済のダイナミズムを論じる。

第一〇章（平野論文）は、二一世紀になってのアフリカ経済の劇的な変容を論じる。アジアに遅れて政治主権を獲得し独立国家群となったアフリカは、フランスの強い意志によって西欧経済圏につなぎとめられるのだが、希薄な貿易関係しかもたずに貧困化が進行することになる。第二次世界大戦後の世界にビルトインされた開発援助スキームのなかでアフリカは、特に南北問題論が自壊した一九八〇年代以降、国際開発の主要舞台になっていく。ほぼ二〇年にわたってアフリカと国際社会の接点は、つねに援助が中心であった。だが、イラク戦争を契機とした資源価格の全面騰貴は、世界総生産の一割近くを占めるようになった中国の台頭とあいまって、世界の資源需給を根底から変化させた。二一世紀初頭を特徴づける資源問題は、世界におけるアフリカの位置づけをも根底から変えたのである。二〇〇〇年から始まった中国の対アフリカ「走出去」はアフリカの国際関係を急激に、劇的に変え、欧米にかわり中国がいまやアフリカ最大の経済パートナーとなった。現在の中国ほど広く深い関係をアフリカとのあいだに構築した国は、史上存在しない。今世紀に入ってからわずか数年で定着したアフリカの構造変化は、中国の台頭を基軸とした世界秩序の変容をあからさまに反映したものととらえることができる。他地域に遅れてようやくグローバル化しつつあるアフリカの姿は、政策の変化や開発援助の効果などでは説明できない。それは、二一世紀のグローバル化をもっとも直截かつ赤裸々に被ったゆえの姿なのであり、その表出なのである。

終章（秋田論文）では、一三世紀から現代の二一世紀にわたる長期の時間軸のなかで、グローバル化、世界の一体化の歴史を考察してきたことを踏まえて、現在、我々人類が直面している諸課題とグローバル化との関係性を考察している。現代の諸課題は、社会科学や国際関係論の専門家が論じるように、二〇世紀末の冷戦の終わりにより急にもたらされたわけではない。政治・経済・社会・文化の諸側面で急速に進展しているグローバル化がもたらした諸課題は、本書で明らかにしたように、長期の時間的な射程と、帝国や国民国家の境界（ボーダー）を超えた地理的拡がり、グローバルな社会の形成と結びつけて考えるべきである。歴史学研究でも、現状を認識する方法論と枠組みとして、新しい世界史、グローバルヒストリー研究が求められている。

〈付記〉本書の編集作業は、二〇一三年に着手した。しかし、一部の執筆者の大幅な遅れと、編集責任者および編集部の対応の遅れにより、出版が五年も遅延することになった。そのため、特に、現代史の部分は大幅な補筆や修正が必要になった。この間、グローバル化の進展はますます速くなっており、世界情勢も大幅に変化した。関係する執筆者には、可能な限りデータと記述の更新をお願いした。しかし、第一〇章については、枠組み自体が大きく変わって根本的な補正が必要な状況となったため、執筆者の了解を得た上で、五年前の時点の情勢を伝える章としてそのまま掲載することとした。ご迷惑をおかけした執筆者の方々に、改めて深くお詫び申し上げたい。

参考文献

カミングス、ブルース著、秋田茂訳「アメリカの台頭一九三九―一九四一」松田武・秋田茂編『ヘゲモニー国家と世界システム――二〇世紀をふりかえって』山川出版社、二〇〇二年、第四章。

菅英輝『冷戦と「アメリカの世紀」――アジアにおける「非公式帝国」の秩序形成』岩波書店、二〇一六年。

岸本美緒「グローバル・ヒストリー論と「カリフォルニア学派」」『思想』一一二七号、二〇一八年。

斎藤修『比較経済発展論――歴史的アプローチ』岩波書店、二〇〇八年。

末廣昭「開発主義とは何か」（序章）「発展途上国の開発主義」（一章）東京大学社会科学研究所編『二〇世紀システム四　開発主義』東京大学出版会、一九九八年。

末廣昭「開発体制論」中野聡他編『岩波講座東アジア近現代通史八　ベトナム戦争の時代一九六〇―一九七五年』岩波書店、二〇一一年。

杉原薫『アジア間貿易の形成と構造』ミネルヴァ書房、一九九六年。

杉原薫『アジア太平洋経済圏の興隆』大阪大学出版会、二〇〇三年。

杉山清彦「中央ユーラシア世界――方法から地域へ」羽田正編『地域史と世界史』（ＭＩＮＥＲＶＡ世界史叢書一）ミネルヴァ書房、二〇一六年、第五章。

杉山正明『世界史を変貌させたモンゴル――時代史のデッサン』角川書店、二〇〇〇年。

杉山正明「帝国史の脈絡――帝国のなかのモデル化にむけて」山本有造編『帝国の研究――原理・類型・関係』名古屋大学出版会、二〇〇三年、第二章。

スティーガー、マンフレッド・B著、櫻井公人ほか訳『グローバリゼーション』岩波書店、二〇〇五年。

平野克己『アフリカ問題――開発と援助の世界史』日本評論社、二〇〇九年。

フリン、デニス著、秋田茂・西村雄志編訳『グローバル化と銀』山川出版社、二〇一〇年。

ホブズボーム、E・J著、安川悦子・水田洋訳『市民革命と産業革命――二重革命の時代』岩波書店、一九六八年。

ホブズボーム、E・J著、柳父圀近・松尾太郎ほか訳『資本の時代一八四八―一八七五　一・二』みすず書房、一九八一～八二年。

ホブズボーム、E・J著、野口建彦ほか訳『帝国の時代一八七五―一九一四　一・二』みすず書房、一九九三～九八年。

森安孝夫『興亡の世界史五　シルクロードと唐帝国』講談社、二〇〇七年。

アブー＝ルゴド、ジャネット・L著、佐藤次高ほか訳『ヨーロッパ覇権以前――もう一つの世界システム』岩波書店、二〇〇一年。

Allen, Robert C., *The British Industrial Revolution in Global Perspective*, Cambridge: Cambridge University Press, 2009.（Ｒ・Ｃ・アレン著、眞嶋史叙・中野忠・安元稔・湯沢威訳『世界史のなかの産業革命――資源・人的資本・グローバル経済』名古屋大学出版会、二〇一七年）

Asian Development Bank, *Asia 2050: Realizing the Asian Century*, Singapore, 2011.

Langford, Paul, ed. *The Eighteenth Century 1688-1815(Short Oxford History of The British Isles)*, Oxford: Oxford University Press, 2002.

Bayly, C. A., *The Birth of the Modern World 1780-1914*, London: Blackwell, 2004.（Ｃ・Ａ・ベイリー著、平田雅博・吉田正広・細川道久訳『近代世界の誕生――グローバルな連関と比較　一七八〇―一九一四』上・下、名古屋大学出版会、二〇一八年）

Cain, P. J. and A. G. Hopkins, *British Imperialism 1688-2015*, Third Edition, London: Routledge, 2016.（Ｐ・Ｊ・ケイン／Ａ・Ｇ・ホプキンズ著、竹内幸雄・秋田茂・木畑洋一・旦祐介訳『ジェントルマン資本主義の帝国Ⅰ　創生と膨張一六八八―一九一四、Ⅱ　危機

と解体一九一四―一九九〇』名古屋大学出版会、一九九七年）

Frank, A. G., *ReOrienting the 19th Century-Global Economy in the Continuing Asian Age*, Boulder: Paradigm Publishers, 2014.

Gallagher, J. and R. Robinson, "The Imperialism of Free Trade", *Economic History Review*, 2nd series, Vol. 6, 1953.

Hopkins, A. G., ed., *Globalization in World History*, New York and London: W.W. Norton & Company, 2002.

Hopkins, A. G., "Is Globalisation Yesterday's News?", *Itinerario*, Vol. 41-1, 2017, pp. 10-28.

Lucassen, Jan and Leo Lucassen, eds., *Globalising Migration History: The Eurasian Experience 16th-21st centuries*, Leiden: Brill, 2014.

Osterhammel, Jürgen and Nies P. Petersson, *Globalization: A Short History*, Princeton: Princeton University Press, 2005 (First published in Germany, *Geschichte der Globalisierung. Dimensionen, Prozesse, Epochen*, Munchen: C.H. Beck, 2003).

Osterhammel, Jürgen, *Die Verwandlung der Welt*, Munchen: C. H. Beck, 2009.

Osterhammel, Jürgen, *The Transformation of the World: A Global History of the Nineteenth Century*, Princeton: Princeton University Press, 2014.

Pomeranz, Kenneth, *The Great Divergence: Europe, China, and the Making of the Modern World Economy*, Princeton: Princeton University Press, 2000.（K・ポメランツ著、川北稔監訳『大分岐――中国、ヨーロッパ、そして近代世界経済の形成』名古屋大学出版会、二〇一五年）

Rosenthal, Jean-Laurent and Bin Wong, R., *Before and Beyond Divergence: The Politics of Economic Change in China and Europe*, Cambridge-Massachusetts: Harvard University Press, 2011.

Wallerstein, I., *The Modern World-System IV, Centrist Liberalism Triumphant, 1789-1914*, Berkeley and London: University of California Press, 2011.（I・ウォーラーステイン著、川北稔訳『近代世界システムⅣ――中道自由主義の勝利　一七八九―一九一四』名古屋大学出版会、二〇一三年）

The World Bank, *The East Asian Miracle: Economic Growth and Public Policy: A World Bank Policy Research Report*, New York, 1993.（世界銀行著、海外経済協力基金開発問題研究会訳『東アジアの奇跡――経済成長と政府の役割』東洋経済新報社、一九九四年）

Vries, Peer, *State, Economy and the Great Divergence: Great Britain and China, 1680s-1850s*, London: Bloomsbury, 2015.

第1章　モンゴル帝国とユーラシア広域ネットワーク

向　正樹

1　ユーラシア世界の変動と広域ネットワーク

九世紀から一三世紀にかけて、「中世温暖期」といわれる長期の温暖傾向が続き、ユーラシア各地で、人口の増大、開墾活動の活発化と農業生産増大、商工業の拡大と都市網の発達がみられた（田家、二〇一〇、一六二〜一八一頁）。急激かつ無秩序な経済の拡大は、既存の社会秩序の限界を浮き彫りにし、人々を新たな秩序を模索する運動へと向かわせる。ユーラシア世界をこの運動へと突き動かしたものは、この広大な大陸の諸地域をかつて緩やかながらも一つに結びつけた広域ネットワークであった。その断片を拾い集めてみよう。

（1）「モンゴルの世紀」前夜のユーラシア世界

一二〜一三世紀、ユーラシアの西端でも温暖な気候が人々の活動を活発化させ、右に述べたのと同様な社会のあらゆる面での発展をもたらしていた。「中世の春」と表現される躍動は、中部イタリアの街道沿いに位置するウンブリア地方のアッシジをもすっぽりと包みこんだ。農村や都市における民衆の自由の獲得が進み、それと同時に、俗人の宗教運動がまきおこり、彼らと教会との緊張関係を生み出していった。

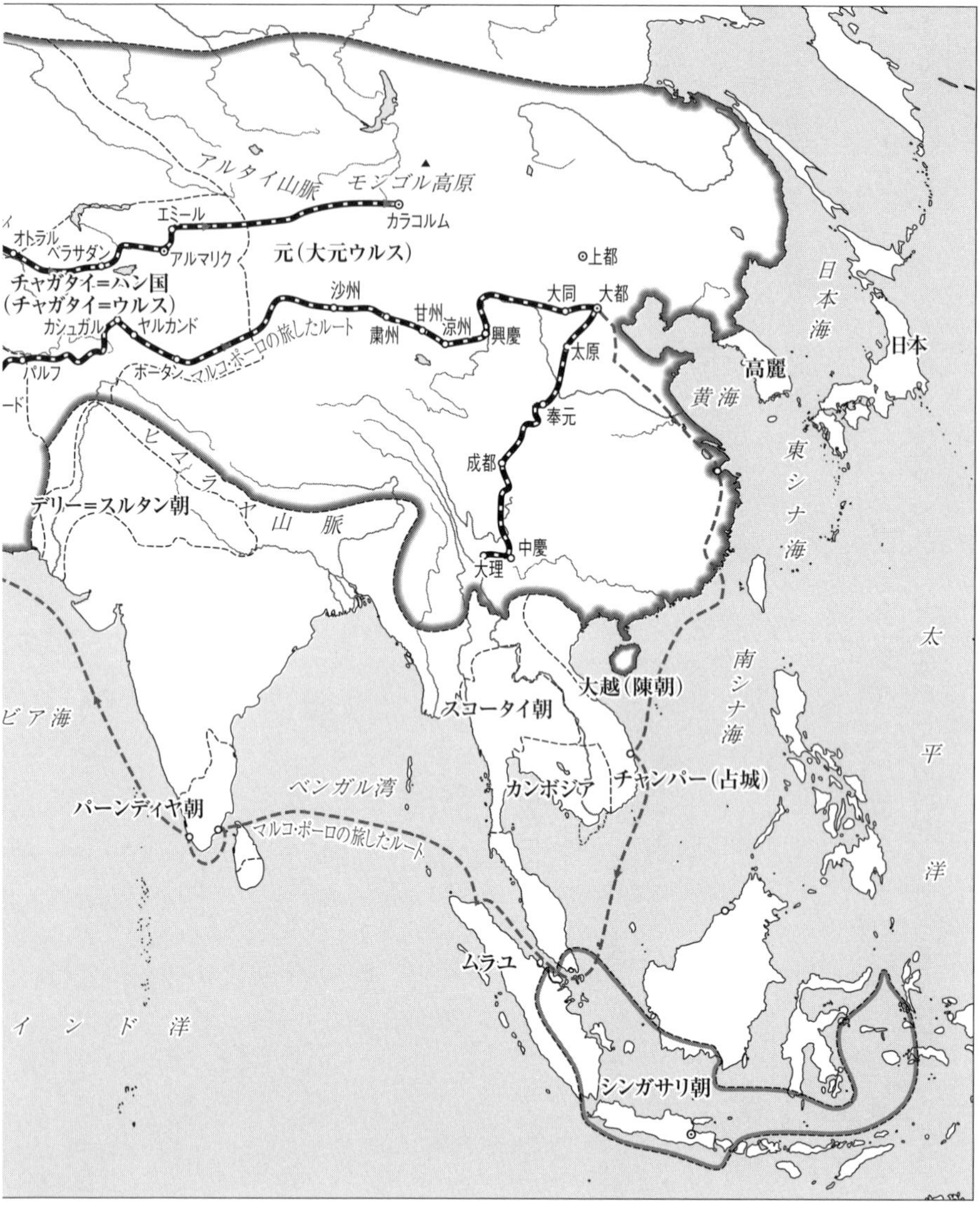
アルタイ山脈
モンゴル高原
エミール
カラコルム
オトラル
ベラサダン
アルマリク
元（大元ウルス）
上都
チャガタイ＝ハン国
（チャガタイ＝ウルス）
沙州
甘州
涼州
粛州
興慶
大同
大都
カシュガル
ヤルカンド
マルコ・ポーロの旅したルート
バルフ
ホータン
太原
奉元
成都
中慶
大理
ヒマラヤ山脈
デリー＝スルタン朝
高麗
日本
日本海
黄海
東シナ海
南シナ海
太平洋
大越（陳朝）
スコータイ朝
チャンパー（占城）
カンボジア
ベンガル湾
パーンディヤ朝
マルコ・ポーロの旅したルート
ムラユ
インド洋
シンガサリ朝

13世紀の世界

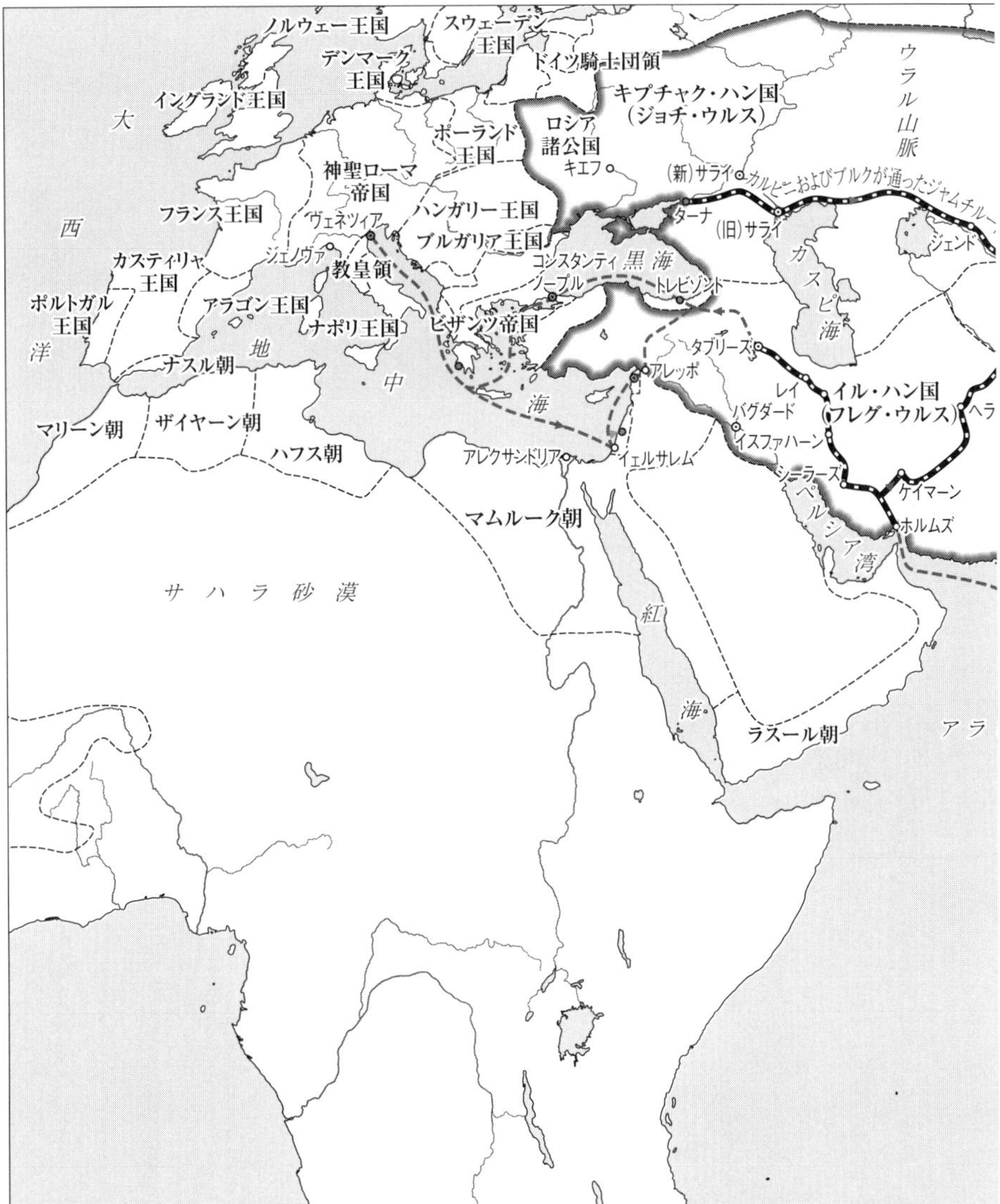
ノルウェー王国
スウェーデン王国
デンマーク王国
ドイツ騎士団領
キプチャク・ハン国
(ジョチ・ウルス)
ウラル山脈
イングランド王国
大
ロシア諸公国
ポーランド王国
キエフ
(新)サライ
カルピニおよびブルクが通ったジャムチルート
神聖ローマ帝国
ハンガリー王国
フランス王国
ヴェネツィア
ターナ
(旧)サライ
西
ブルガリア王国
ジェンド
ジェノヴァ
カスティリャ王国
コンスタンティノープル
黒海
カスピ海
教皇領
トレビゾンド
ポルトガル王国
アラゴン王国
ナポリ王国
ビザンツ帝国
タブリーズ
洋
地
ナスル朝
アレッポ
レイ
イル・ハン国
(フレグ・ウルス)
ヘラ
中
バグダード
海
マリーン朝
ザイヤーン朝
イスファハーン
ハフス朝
アレクサンドリア
イェルサレム
シーラーズ
ケイマーン
ペルシア湾
マムルーク朝
ホルムズ
サハラ砂漠
紅海
ラスール朝
アラ

図1－1

図1－2　アッシジのサン・フランチェスコ聖堂
出典：森部豊氏撮影。

この時代の息吹は、この街を八〇〇年にわたり見守ってきたサン・フランチェスコ聖堂の壁画にくっきりと痕跡を残す。薔薇窓の印象が際立つこの白亜の聖堂は、一二世紀初頭、アッシジの聖フランチェスコが創始した「小さき兄弟の会」（フランチェスコ修道会）の総本山である。聖人伝や磔刑図など上下堂から成る聖堂内に描かれた一群の絵画はルネサンス芸術の嚆矢ともいわれ、写実性や洗練度において、それまでの中世絵画との間に大きな変化を見出すことができる。日常味のある物語、肖像、動物たち、風景が図像表現にもちこまれ、自然への率直な愛着の表現が、古典的なステレオタイプと象徴性に取って代わった。新しい宗教運動はやがて教皇の指導下につなぎとめられ、修道会として組織化された（ルゴフ、二〇一〇）。

その頃、日本列島でも近世へとつながる宗教・文化的革新がみられた。顕密《けんみつ》仏教（具体的には奈良時代に伝わった南都六宗に天台・真言を加えた八宗派）の刷新と法然《ほうねん》・親鸞《しんらん》らの宗教運動である。ただし、法然・親鸞らの「新仏教」は、鎌倉時代においてはまだ主流となるには至らなかった。一二世紀後半〜一三世紀初頭、法然が浄土宗を開き、親鸞が登場する頃にはすでに、古い顕密仏教の側に質的変化が起こり、貴族から民衆へと大きく門戸を開き、日常生活に深く浸透していた。七世紀に唐の善導《ぜんどう》が提唱した「どのような悪人でも念仏を唱えることによって極楽往生できる」とする本願念仏説は、顕密仏教においても一般民衆のための行《ぎょう》として流布した。中世農村では、農耕も殺生をともなう罪業とする「労働罪業説」が存在したが、顕密仏教により領主への年貢が宗教的善行と位置づけられ、領主への従順の起請文、年貢未納者への呪詛といった暴力装置が、神仏による民衆支配を可能にした。

そのなかで法然・親鸞の運動は、念仏の絶対化、念仏以外の功徳の否定という点において革新的であった。法然は世の生きる人々はすべて「劣根一類《れっこんいちるい》」として「労働罪業説」を否定し、親鸞はすべての人間は悪人であると主張し、「称名一行《しょうみょういちぎょう》」

による救済を説いた。いずれも神仏による民衆支配を揺るがす思想であった。専修念仏は一向一揆につながり、浄土真宗や日蓮宗が社会的影響力をもつようになるのはまだ一〇〇年以上の時を俟たねばならなかったが、それは「近世」につながる流れとなった（平、二〇〇一、三～五三頁）。

七世紀以降、瞬く間に教線を広げたイスラームも、一〇世紀末になるとアッバース朝カリフの権威が失墜、各地で分派の活動が活性化し、変革期を迎えた。バグダードではシーア派のダイラム人が新設の大アミール職に就いて実権を握り（ブワイフ朝）、過激なシーア派のイスマーイール派が北アフリカにファーティマ朝を建てカリフを称した。極端なイスマーイール派やヘレニズム的影響が濃厚なムータジラ派の強制への反発が、正統派や穏健派の再編を促し、一〇～一一世紀、スンナ派の「六正典」と穏健なシーア派の一二イマーム派の「四正書」が確立し、アシュアリー神学・マートゥリーディー神学などの正統スンナ派神学も発達した。またスンナ派のセルジューク朝がニザーミーヤ学院を各地に設置、イスラーム学識者たるウラマーに経済・社会基盤が与えられた。

旧来の権威が動揺し世俗の軍人支配に翻弄される現世を忌避する時代の空気は、イスラームに、神との合一体験を目ざすスーフィズム（神秘主義）の傾向を吹き込んだ。ニザーミーヤ学院教授も務めたアル＝ガザーリーら正統に属する人物が指導的な役割を果たし、スーフィズムの大衆への受容を大いに促進した。呪術による癒しや救済のエピソードに彩られ、在地の信仰形態と融合したスーフィー聖者の崇拝も、爆発的に広がった。そして、一三世紀にかけ、教団（タリーカ＝「道」を意味する）の組織化が進み、様々なローカル色の濃い教団が形成された（私市、一九九六）。

（2）秩序化の時代へ

この一二～一三世紀の間に、宗派の分裂の先鋭化、新旧宗派の革新の活発化は、総じて新しい秩序の模索へと向かった。ジャック・ルゴフは幾分ミクロな視点で「おそらく一一八一～八二年にアッシジのフランチェスコが生まれたとき、この新たな社会は、混沌とした発展、無統制な飛躍の局面から、制度化の階段へと移る途中であった」と述べている（ルゴフ、二〇一〇、五頁）。フランチェスコとその「兄弟」たちはじめ幾多の托鉢僧や修道僧ら既存の枠にはまらない集団の活動自体が、急激な経済的拡大がもたらす物質面精神面の無秩序な氾濫状態に対する、宗教世界からの一つの対応であった。同様のことは、律令体制から王朝国家体制に移行し、経済活動の拡大と同時に武士や荘園領主の搾取というひずみを生み、苦しむ民衆の戦いが宗教と結びついた強訴や一揆の形であらわれた日本列島についてもいえそうだ。それは各地域の内在的なプロセスとも考えられるが、一方で、ユーラシア世界の端から端までをゆるやかに結びつける何かが存在しており、時代の大きな波動がその全体を揺さぶっていたのではないか。

一三～一四世紀のいわゆる「モンゴルの世紀」を彩る秩序化の動きは、さらに近世へとつながった。ユーラシアの歴史を巨視的に見れば、一〇世紀から一五世紀は、旧い秩序から新たな秩序へ向かう大きな移行期ととらえられる。宗教の多様化と革新、体制の変容、秩序再編の動きが展開する過程で、近世へと向かう大きな趨勢を見てとることができる。この世界史の大きな文脈のなかにおいて、モンゴルのユーラシア世界帝国建設は、ユーラシア世界の秩序化をめぐる長い紆余曲折の一齣であった。

結果的に、チンギス・ハンの帝国は、ユーラシア各地の都市の連鎖をつなぐネットワークに安定をもたらし、様々な出自の様々な種類の人々が行き交う通路が開かれた。アッシジを拠点に、まさにこの世紀のユーラシア世界を股にかけて活躍した「小さき兄弟」たちが様々な文化ないし形なき斬新な着想を融通させる主要なアクターとなったことは想像に難くない。ローマ教皇の使いとして、ユーラシアの西からはるか東のモンゴル高原や中国までを旅したプラノ・カルピニのジョヴァンニ、ルブルクのウィリアム、モンテ・コルヴィーノのヨハネス、マリニョリらはいずれもフランチェスコ会士であった。かつて異教徒のスルタンから鳥たちまで相手を分かたず説教したとされる、かの風変わりな聖人の「兄弟たち」だ。かれらは、ヴェネツィアやフローレンスといったルネサンス芸術の担い手となる都市の商人たちと同様、ユーラシア世界の一体性を体現しつつ、ユーラシアの連結を取り持った。

ジャネット・L・アブー＝ルゴドは、この時代のユーラシアを地域交易圏というサブ・システムの連環する「世界システム」に擬えた。しかし、その連環に日本列島を組み込むことを見送った。ユーラシアの交易システム全体からすれば、ユーラシア極東の海域ネットワークは末端にすぎなかったからだ（アブー＝ルゴド、二〇〇一）。ただし、日本列島とユーラシア大陸を隔てる海も硫黄や茶碗・点心、禅僧や博多商人など、モノや人々を運搬する「地中海」として機能していた（四日市編著、二〇〇八：山内、二〇〇九：羽田編、二〇一三）。

本章では、「世界システム」とか「交易システム」とかの存在をアプリオリに想定し、その全体構造や変遷を抽象的に論じることはしないでおく。かわりに、具体的なヒト・モノ・情報・技術などあらゆる移動性《モビリティ》を有するものをひとしくアクターとして扱い、それらアクターが地方や国家など様々なレベルの境界を超え関係しあう多元的な「広域ネットワーク（ス）」のありようを提示してみる。(1) そして、これらの境界を越えて動く（または、伝わる）アクターが、遠距離交易の発展や帝国領域の拡大、地域を越えた知識・技術の伝播や継承などと、どのように関わっていたのかを探ってみよう。

2　ユーラシア遠距離交易の律動

二〇世紀初頭、ロシアの経済学者コンドラチェフは、景気が拡大傾向を示すA局面と収縮傾向を示すB局面とがほぼ五〇年周期で循環することを示した。ウォーラーステインはさらに、資本主義経済の長期的な周期から史的システムとしての世界経済のダイナミズムをとらえようとした（ウォーラーステイン、二〇〇六、八二～八六頁）。この種の世界経済の長期的な循環は、近代ほどにはそのメカニズムは明確でないものの、近代資本主義の時代以前にも見られ、マクロな歴史のダイナミズムにも関係していた。近年、こうした問題関心から注目されてきたのが、「近世前期」にあたる一五～一六世紀のグローバルな国際交易の拡大、一七世紀半ばの経済の縮小（一七世紀の危機）、「近世後期」にあたる一七～一八世紀の諸帝国（近世帝国）の安定した秩序のもとでの「伝統社会」といわれるものの凝集、そして一九世紀におけるそれらの解体、という長期のサイクルである。(2)

山下範久は、このサイクルを帝国秩序の時代と、それが「ポランニー的不安」の増大により揺らぐ「長い世紀」の連続であると展望し、そのメカニズムを説明する。つまり、労働、土地、貨幣はそれぞれ人間、自然、社会的な信頼の基盤そのものである。この三者の市場化が限界を超えると、前者の定義が変わり一層の市場化と社会の流動化が進む。そして、それが人々の不安を増大させ（「ポランニー的不安」）、新しい秩序（「帝国」）の時代へ向かう、というものだ。そして「長い一六世紀」（一五〜一六世紀）以前にも、別の形の帝国秩序が存在していたと想定される。「モンゴルの世紀」はその一つに当たるだろう。

実際、世界経済と呼びうるような密度と構造を有する交易システムが存在していたかどうかはともかく、ユーラシア世界の歴史をある種のサイクルの連続とみる議論ははやくから存在してきた。ユーラシアの大部分を巨大帝国が統合し、交通・交易の安定性と融通性が高まり、遠距離交易がユーラシアを広く結びつける時代と、巨大帝国が軒並み危機を迎え、世界が分裂する時代とが、循環するという認識である。前者の例として、漢・匈奴・マウリヤ朝・ローマ帝国の時代、唐・突厥・ウイグル・吐蕃・アッバース朝・ビザンツ帝国の時代、そして「モンゴルの世紀」を挙げることができる。反対に後者の例としては、漢とローマの衰退後および唐とアッバース朝の衰退後の流動的状況を想定できる。

本章では、ユーラシア史上においてみられた、広域の交易関係拡大の時代を初期グローバル化としてとらえてみたい。グローバル化という語の、広大な空間における無境界性や融通性、という含意を汲むならば、ユーラシアの歴史に即してみた場合、交易民の越境移動、交易関係の発展、帝国下または帝国間における広域交流圏の出現、あるいはこれら三者がシンクロする状態が、「初期グローバル化」的現象とみなしうるだろう。本章では、この「初期グローバル化」を、移動・交易・帝国のサイクルが生起し、連動する長期的なプロセスの中で叙述してみたい(3)。

（1）最初期の帝国

紀元前二〇〇〇年紀から紀元後二世紀にかけて、モンゴル高原から南ロシア草原にかけてのユーラシア北方には騎馬遊牧文化が広がり、遊牧国家が形成された。そして、より南方に位置する中国・インド・ペルシア・地中海の古典帝国のもとで古典文化が花開いた。その結果、これらを結ぶリレー式の遠距離交易が繁栄した。ただし、紀元前一世紀に漢の武帝が西域支配を行う以前から、ユーラシア地域間の交易自体は存在していたともいう(4)。そのルート上を大乗仏教が広がった。やがて気候変動が政治的不安定の要因となり、遊牧国家・古典帝国が瓦解した。ユーラシア大陸の南縁の諸地域間にも、航路の存在が文字記録にあらわれるよりも早くから結びつきがみられた。最初期の担い手は、マレー型稲作・ジャバニカ米・アウトリガー船などの分布からみて、東南アジア島嶼部のオーストロネシア系の言語を話す集団であっただろう。秦の始皇帝が中国を統一する時期にはすでに、広州が国際交易のセンターとして成長していた。紀元後二世紀にはマラバール海岸をローマ・ギリシア人の船が訪れ、中国の商人もインド東岸までやってきていた。

東南アジアの扶南《ふなん》の建国神話はインドとの行き来が行われたことを示し、その港市遺跡オケオからローマ金貨が出土している。リレー式の遠距離交易がインドを中継しながら地中海と南シナ海を結びつけていた証拠である。この時代、インドのマラバール海岸が重要な集散地となり、地中海とインド洋の通路として紅海ルートが、またマレー半島横断ルートが機能しており、特に後者のルートを押さえる扶南のような交易国家が成長した。北方草原でも、ユーラシア交易と深いつながりをもつ遊牧国家が大きく成長する。モンゴリアでは匈奴が台頭し、そのもとで、部族連合国家、十進法的軍事行政組織と左右両翼体制（上から下へ一万騎—一〇〇〇騎—一〇〇騎—一〇騎というふうに十進法の単位で編成された騎兵集団が中央・右翼・左翼に配置され、それがそのまま遊牧民集団を統括する行政単位ともなる体制）、シャーマニズム的な天信仰に基づくカリスマ支配など、その後のユーラシアの遊牧国家にみられる王権原理や政治・軍事組織が発達した。匈奴は、ときに東西交易路をめぐり漢帝国と衝突したが、やがて共生関係にあるオアシス民を通じ中継貿易を行い、漢帝国との平和的関係の証としての贈り物や公主降嫁を通じて得た絹織物などをユーラシア西方に流れさせた。この時代の中央ユーラシアでは、気候変動が甚大な影響をもたらした。初期の温暖化傾向はモンゴル草原への耕地の拡大、末期の寒冷化傾向は自然災害による略奪・戦争勃発や分裂など騎馬遊牧民の動向を大きく左右した。そして、三世紀前後にユーラシアを襲った寒冷気候を含む複合的な危機が、この最初の帝国の時代と次の帝国の時代とを画する「民族大移動」という流動化の世紀をもたらしたと考えられる。

（2）民族大移動と第二の帝国

三世紀から八世紀にかけての時代は、中央ユーラシア規模の民族移動を基調としている。最初の移動は騎馬遊牧民のユーラシア東西の農耕圏への流入という形をとる。ユーラシア西方においてはフン人とそれに押される形でのゲルマン人やスラヴ人の大移動であった。東方においては五胡と総称される遊牧系諸民族や少しのちの北方民族系の渤海などであり、中東におけるエフタル、アラブの勢力拡大もその範疇に含めうる。

この民族大移動の結果、ヨーロッパではゲルマン系政権のキリスト教受容が進み、そのなかからカロリング朝が台頭し、八〇〇年にカール大帝が西ローマ皇帝として戴冠し最盛期をみた。ギリシア〜地中海東岸の東ローマ（ビザンツ）帝国も東西交易の要衝を押さえて繁栄した。中東では、七〜八世紀、アラブ人がイスラーム帝国を建設し、イランのササン朝を滅ぼし、さらに北アフリカやイベリア半島にまで拡大した。イスラーム帝国の拡大は第二波の移動を引き起こした。それはアッバース朝の拡大に押されたイラン系のペルシア商人とソグド商人の東方への陸路と海路での拡散であり、国際商業の活性化をもたらした。アッバース朝がティグリス河畔にバグダードを建設したことは、ペルシア湾ルートのインド洋貿易をさらに促進した。中国では、北魏にはじまる拓跋《たくばつ》氏を中心とする政権（拓跋国家）を誕生させ、その延長上に唐帝国が成立した。唐帝国は最大ではタリム盆地にまで勢力を広げ、その西域経営のもとで、離散交易民ソグド人が重要な担い手となり、遠距離交易がさらなる発展をみた。ソグド系突厥人でありながら唐の宮廷に入り込み地方で軍事権を握っていた安禄山などはこの時代の国際性を体現している。インドでは、パッラヴァ朝が東南アジアとの交易で栄え、マラッカ海峡にはシュリヴィジャヤやシャイレンドラ朝が交易ルートを押さえて台頭した。陸のルートと同様に海のルートもインドの仏教が広まる道となる。交易で栄えたシュリヴィジャヤに大乗仏教が伝わり、ジャワではシャイレンドラ朝がボロブドゥールの仏教施設を建設し、古マタラム王国がヒンドゥー寺院ロロ・ジョングランを築いた。

アッバース朝・唐帝国などユーラシア大陸の東西における巨大帝国の出現は、紀元前後の帝国の時代以来の東西交易の活況を再現する要因となった。東西交易路を通じたペルシアからのゾロアスター教、マニ教、シリアからのキリスト教、インドからの密教の東伝、中国の製紙法の西伝、といった宗教や技術の広域伝播がこの時代のグローバリズムを彩った。しかしながら、中央ユーラシア国際商業に活躍したソグド人の東方での活動は、すでに隋帝国の中国統一や唐帝国の西域経営より以前にはじまっていたことが、北中国の陝西・山西地方における北周〜隋代のソグド人墓の発掘などから明らかである。唐の勢力が陰りをみせた八二〇年代前半には、ユーラシア東部地域において吐蕃が唐およびウイグルと会盟し、中央アジア情勢が再度安定するが、このときにはそれ以前ほどの遠距離交易の興隆が確認されていない。

(3)「モンゴルの世紀」への長い移行期

九世紀から一二世紀は、古典的伝統の復興を掲げる国家や「征服王朝」タイプの新興国家が並び立った、ユーラシアの多極化時代である。「モンゴルの世紀」に直結する、長い活気と地域的多様性にみちた時代であった。ユーラシアの東方、中国の宋では、長期の安定した気候条件のもと農業開発が進展した。特に長江デルタの農業発展が近世的な小農社会を出現させ、商業の発達と都市の繁栄をみた。一方で、周辺の遼・金・西夏などの新興政権と境を接して対峙し膨大な軍事コストが国家財政を圧迫した。他方で、一〇〇四年の北宋と遼の盟約（澶淵《せんえん》の盟）以降、平和的な秩序が維持されたことは特筆すべきである。この時代の日本は、中華の外交的・文化的な影響力からの相対的自立が志向されたことから、「国風文化」の時代とされている。同様に、中華と直に境界を接する周辺諸国では、中華からの文化的自立の傾向が広く見られ、契丹文字・西夏文字・女真文字など独自の文字が作られた。西夏文字は、行政文書において実際に使用された例も確認される(5)。

また、この時代、トルコ系の西方移住と定着民化がユーラシア大陸の各地に影響を及ぼした。かれらは、ユーラシア西方に軍事奴隷（マムルーク）として大量に入り込み、その後、政治的実力をつけ、現地の政権の中枢で一角を担うようになる。中東ではアッバース朝カリフの権威の失墜とトルコ系などの武人政権の台頭が進み、ペルシア湾周辺に拠るブハイフ朝やカイロのファーティマ朝など新たな海上交易のパトロンが登場した。インドではタミル地方を本拠地とするチョーラ朝がマレー半島に出兵するなど海上交易拠点掌握の動きを見せ、それと連動するかのようにタミル商人のギルドが東南アジア各地に進出した。ブランタス川流域の開発と香料交易ルートの掌握で台頭したジャワのクディリ朝も海外へ出兵を行った。この時代のユーラシア南方海域は、海上ルート掌握をめぐる戦国時代の様相を呈していた。

この時代の「モンゴルの世紀」への連続面として、多元社会統治のシステムの発達が注目される。ユーラシア西方のセルジューク朝と東方の契丹（遼）にみられるように、「征服王朝」タイプの国家の統治体制には、支配集団の遊牧的伝統とイランのディーワーン制や中国官僚制といった被支配地の伝統との相克または共存がみられた。モンゴル帝国の直前に中央ユーラシアを支配した、契丹の後身カラキタイ（西遼）は、遼の制度でもって配下の遊牧民集団や少数の中国人やウイグル人仏教徒、多数のトルコ系イスラーム教徒からなる多元文化社会を支配し、それぞれの地域の宗教・文化に適応した統治を行った。モンゴルが支配下の都市に置いたダルガチに相当するシフナ（バスカク）もカラキタイにみられた[6]。最終的にモンゴル帝国がそれらの国家を統合し、宗教的寛容により異文化間の障壁を緩和し、この長い活発な多様性の時代の間に相互連関しつつあった地域間交易に新たな秩序をもたらした。

（4）ユーラシア史における「帝国の時代」と「長い世紀」

先の議論を踏まえれば、一般的な理解とは異なり、帝国秩序の安定と遠距離交易拡大との順序は逆であるかもしれない。つまり、帝国の形成以前に、またはそれとは無関係に、国際商業の上昇局面があり、次いで、その一段の拡大実現と帝国形成とが連動している。そして帝国秩序の完成が最後に来る。実際、遠距離交易の拡大局面は、帝国秩序の完成に先行して、ないし無関係に存在する。たとえば、唐の時代の中央ユーラシア国際商業に活躍したソグド人の東方での活動は、すでに隋帝国の中国統一や唐帝国の西域経営より以前にはじまっており、八世紀の帝国秩序の時代に先立つ、「長い六世紀」の存在を想定しうる。遡って秦の始皇帝の中国統一、漢の武帝の西域支配など紀元前後の帝国の時代以前にも、ユーラシア地域間の交易は存在していた。まだ確かな結論は出せないが、南宋期の中国陶磁出土が博多や東南アジア各地の遺跡で目立っており、東アジア〜東南アジア海域のエリアによっては、「モンゴルの世紀」前夜の「長い一二世紀」の方が、恒常的な貿易の面で「モンゴルの世紀」を凌いでいた可能性はある[7]。

国際商業の拡大局面をもたらす要因は、温暖な気候、農業生産増大、商業の活性化、遠距離交易の発展であり、次いで、帝国の形成がみられる。帝国秩序が成熟する頃には遠距離交易は上昇局面とは限らないが、ヒトやモノの移動については融通性を最大限に発揮できる環境となる。国際商業の停滞・縮減局面や帝国の崩壊をもたらす要因は、寒冷化、農業や牧畜経済の悪化、遊牧勢力の脅威拡大と軍事負担の増大による帝国財政の破綻などである。こうした遠距離交易の発展・衰退の循環を数量的に実証することは困難であるが、考古学分野がいくらかの手がかりを与えてくれるかもしれない。ビザンツの金貨やササン朝のガラス器・金銀器が、隋の統一以前の北朝期の墓からかなり出土していることは、隋・唐帝国やアッバース朝が成立する以前の「長い六世紀」に遠距離交易がすでに活発化し始めていることを示す。また東アジア・東南アジアの出土陶磁のデータを見る限り、「モンゴルの世紀」に先立つ「長い一二世紀」における遠距離交易の発展傾向を想定できる。以上のような仮説に基づき、次に、「モンゴルの世紀」に、ユーラシア規模の「世界」においてヒト・モノ・技術が地域をまたいでつながりをみせ、いかにグローバル化的様相を呈していたか、その一端を示してみたい。

3　モンゴル帝国の拡大と構造変化

（1）モンゴル政体の高速進化

一三世紀前半、チンギス・ハン率いるモンゴルが、ユーラシア東北部の草原に割拠する遊牧部族を統一し、ついでユーラシア東西の諸王朝をも次々に征服し、大帝国を建設した。これが大モンゴル・ウルス、いわゆるモンゴル帝国である。この国家の、建国時点での政治構造と、広大な版図を実現した世紀の変わり目頃の政治構造とを比較すると、一つの原理が貫いている面もあれば、質的な違いを生じた面もあった。

はじめ、チンギス・ハンに従って転戦したモンゴル戦士が、功績により千人隊長となり、捕虜人口から編成した千人隊（千戸）と再生産の場として遊牧地（ヌトック）を与えられて、ノヤン（領主）として部落（アイマク）を営み支配層を形成した（本田、一九九一、四二〜五二頁）。その結果、かつての部族的なつながりは維持しつつ、千人隊を中心とする新しい集団秩序が生み出された。

チンギス・ハンは、千人隊長に開国の功臣としての特権を附与し、その地位は子々孫々に至るまで永続することを言明した。この原則は、チンギス・ハン以後の歴代大ハンをも拘束した。また、これらの千人隊長の子弟は、宮廷の幹部養成機関たる大ハンの親衛軍（ケシク）(8)に入って歴代大ハンとの主従関係を構築しつつ、あるものは帝国の軍事・行政を担って活躍した。

千人隊はモンゴル帝国軍制の基本単位であり、大モンゴル・ウルスとは、大ハンの中央機構（コル）のもとに多くの千人隊部落が有機的に統合された拡大再生産システムであった。こうした初期のモンゴル国家には、新しさとともに、先行するトルコ系諸政権からの連続性も見出せる。(9)

第二代大ハン・オゴデイ時代以降、農耕地帯を本格的に支配するようになると、それまで略奪対象でしかなかった農耕地帯に対する統治の試みが始まった。変化はまた、大ハンの中央機構（コル）と一族やほかの諸王たちの私的属領（ウルス）との関係にも生じた。「黄金氏族」たるチンギス・ハンの子孫の人口は増え続け、その人数は、チンギス・ハンの孫世代の第四代大ハン・モンケの治世までに二万人に達した。生計の基盤となるさらなる分前が必要となり、大ハンがかれらの期待に報いうるかどうかが支持を左右した。(10) 一方で、中央機構は独自の税収を最大化し、自身の権力を確立し、単なる収奪・分配の中心たるのみならず、帝国統治の中心たることを目指した（Buell, 2010, p. 17）。

草原の都市カラコルムが建設され、カラコルムと各地をつなぐ交通網としてジャムと呼ばれる駅伝が整備され、広大な版図を結びつけた。この交通網を利用して外交使節・宗教者・商人が往来し、ユーラシアを往還する遠隔地交易が発達した。その結果、経済・文化・技術など様々な面での交流も盛んになった。

第五代大ハンとなったクビライは、夏の都を上都に、冬の都を中都のちに大都（今の北京）に置き、華北を帝国の中心（腹裏）とした。クビライは、国号を「大元」と改め（大元ウルス）、中国南部（江南）の南宋を征服して中国全土を併合した。クビライが直接統治する大元皇帝のウルス（「大元ウルス」、いわゆる元朝）は、日本・ベトナム（陳朝大越およびチャンパー王国）・ジャワ（シンガサリ朝）・ビルマ（パガン朝）へ進攻し、海外諸国へ使節を送り、交易関係樹立を迫るなど、対外積極策を採った。そして、これらの対外政策の実働部隊となった官僚・将軍、服属集団などの利害が、帝国の諸政策にからむようになった。逆にいえば、かれらの利益を帝国の対外政策と合致させてうまく利用し、組織化し、新たな帝国拡大運動の原動力としたのである。

（2）帝国中心と辺縁、中国沿海部の結合

モンゴル帝国東南辺縁地域には、広州港・揚州港・泉州港など、交易港が帯状に連なり、南方海域世界との間を、ヒト・モノ・情報が行き交った。それら諸港の交易センターとしての繁栄と衰退は、マラッカ海峡周辺地域のそれと表裏一体の関係にあり、逆に言えば、マラッカ海峡は中国が後退したときにはその役割を増すが、中国が積極的に海上に出てくると重要性を失った（アブー＝ルゴド、二〇〇一、下、一一〇頁）。このようなシーソー的な発展関係は、幹線となる海上ルートと主要なターミナルが極めて限定されている状況下でみられやすいといえる。ただし「長い一二世紀」から「モンゴルの世紀」の間に、中国大陸と日本や琉球、フィリピンやブルネイとをつなぐ分岐ルートも発展しつつあった。

広州は、唐代以前からすでに帝国の外国貿易のターミナルとなり、インド人、マレー、アラブ・ペルシア人、ソグド人の商人が訪れていた。ところが、九世紀末、黄巣の反乱軍が広州を攻撃し外国人を殺戮した結果、外国商人たちはクダ（マレー半島）に拠点を移したとみられる。そして、七〇年近くの分裂時代を経て、一〇世紀半ばの宋の統合が、かれらを再び中国に招きよせることになる。その最たるものは、朝貢を名目に盛んに来航したアラブ・ペルシア系の海上商人であった。アラブ・ペルシア系海上商人のなかでも注目されるのは、ペルシア湾の港市シーラーフ出身の海上商人の動向である。一〇世紀後半、シーラーフ港は衰退し、そこの商人らは海外に離散し、インド洋各地に植民し、交易網をひろげた。

この時期にかれらの商船は、宋の港だけではなく、南中国に独立を保っていた諸国にもやって来ていた。たとえば、九七一年、南唐の後主李煜《りいく》に大食《だいしょく》（アラブないしペルシア）・占城《せんじょう》（チャンパー）・闍婆《じゃわ》（クディリ）が礼物を致したという。呉越国の銭叔《せんしゅく》や泉州節度使陳洪《ちんこう》から宋への朝貢品目を見ると、アラブ産の乳香が大量にみえる。宋と海外の諸ターミナルとの関係のかなりの部分は、海上商人の請負の上に成り立っていたとみられる。アラブ・ペルシア系海上商人の活動範囲は、インドシナ半島東部のチャンパーやジャワ島東部のクディリにも及んでいたことがうかがえる。宋の皇帝も、広州に向け海外からの商人来航を促すよう詔を出し、居留外国人の統括者である蕃長《ばんちょう》が海外からのさらなる商人の招致を行う。

南宋（一一二七〜一二七九）の時代、福建の泉州が中国最大の貿易港として台頭した。そして、交易で財力を蓄えた外国商人の子孫が災害時に救民のため私財を献じ、海賊討伐用の戦船を供出するなど地域社会で活躍し影響力を増していく。南宋

末期の泉州では、アラブ・ペルシア系商人とみられる蒲姓が勢力を拡大した。泉州の蒲寿庚《ほじゅこう》は、海賊を討伐して力をつけ、さらに、中央の権臣賈似道《かじどう》と結託して、南宋の歳入の六分の一相当の資金を元手に胡椒貿易に従事し巨利を得た。当時は闍婆がインド産や東南アジア産の胡椒の集散地であったので、泉州とジャワ島を結ぶ貿易関係を蒲姓が有していたことになる。蒲寿庚の父は南宋の下級武官の身分を有し、兄も梅州の知州を務めるなどその一族は地方エリート化しており、泉州士大夫の家と婚姻関係も有していた。

このように、「モンゴルの世紀」以前、中国港市はすでに海外、中国、地方レベルの多元的なネットワーク関係の集積地となっていた。モンゴル帝国は、ユーラシア東方の陸と海の交易ルートの重要な合流点である中国沿海部に存在した、この多元的なネットワークを、どのように取り込み、動員していったのか。

大元ウルスの旧南宋領（南中国）支配体制は、南宋遠征軍の各系統の軍団の組織をもとに構築されていく。各方面の経略を担当した軍団の将領たちが行省の官を帯び、そのまま行省（のちの中国の省のもととなる）という行政組織の中枢となっていった。蒲寿庚も、配下の私兵集団とともに、その軍事体制のなかに組み込まれていく。

一二七六年、大元ウルスの江浙方面軍の董文炳《とうぶんへい》が福建に進軍してくると、蒲寿庚は泉州を開城し董文炳の軍を迎え入れた。ちょうどこのとき、モンゴリアで勃発した先帝モンケの王子シリギの反乱平定のためクビライが親征し、クビライの信臣である董文炳は皇帝不在の首都の防備を固めるために帰還する。その際、董文炳は、大元ウルスの将領としての権限を示すパイザを蒲寿庚に与え、泉州の守りを託した。その後、南宋の残存勢力に包囲され窮地に立った蒲寿庚は、江西方面から福建内陸部に進軍してきたモンゴル将軍唆都《ソガトゥ》のもとへ部下の孫勝夫を遣わし助けを求めつつ、尤永賢とともに防戦した。唆都は泉州に急行し、蒲寿庚らを救出した。これにより、蒲寿庚は江西方面の軍団に組み込まれ、江西行省の首脳に名を連ねた。実際は、蒲寿庚は唆都とともに泉州に留まり、蒲寿庚と縁故のある泉州の士大夫らも、少なからず蒲寿庚の推薦によって仕官していった。

一二七七年、クビライは旧南宋領の平定がまだ継続するなか、泉州など諸港を手に入れるや否や貿易を管理する市舶司（貿易船に対し積荷・乗員検査や徴税を行う役所）を置く。そして、「泉州行省」という組織を新設し、その長となった唆都と蒲寿庚に命じ、海外諸国に貿易船を派遣させた。海外諸蕃宣慰使を帯びた両者の子の百家奴と蒲師文が、それらの任務を遂行した。蒲師文は市舶司の長官も兼ねていた。実際に海外に派遣されたのは、南宋末に蒲寿庚とともに泉州防衛に戦った孫勝夫と尤永賢である。その後もクビライは、中央政府主導で、貿易関係樹立を要求する船団を繰り返し東南アジアや南インドの諸国へ送った。楊庭璧《ようていへき》は唆都の部下であった。はじめ、華北の東平（現 山東省泰安市東平県）を根拠地とする漢人軍閥の領袖で南宋遠征軍総司令も務めた史天沢の配下にいた。その後、東平出身の精兵らとともに唆都の下に移った。唆都・百家奴父子とともに福建内陸部の崇安（現在の武夷山市）を攻撃した際には、敵陣深く突撃し南宋軍を潰走させた。その後、楊庭璧は唆都らと行動を別にする。一二七九～八〇年、一二八〇～八三年にかけて、クビライの命令により、楊庭璧らは泉州を出発し、南インドのマアバール（コロマンデル海岸）やクイロン（コモリン岬西）を巡航し、それらの王に服属を呼びかけた。一二八六年、楊庭璧のよびかけに応え、ソムナート（インド・グジャラート地方）、ラムリ、サムドラ（ともにスマトラ北部）、セイロン、クランタン（マレー半島）をはじめ一〇カ国の来貢をもたらした。帝国の対外関係の拡大は、以上みてきたように、モンゴルの軍団組織によって結びつけられた各種の紐帯が総動員され、実現したのであった。

（3）帝国中心と辺縁を結びつける紐帯

モンゴル支配以前、宋の時代の中国東南沿海地帯では、国家ないしは州や市舶司の官僚が貿易管理を強化した時期もあったが、基本的に外来人集団やその貿易活動に対する支配はゆるく、辺縁地域における外来系商人の勢力拡大を許した。これに対し、モンゴル時代の帝国の貿易支配は、辺縁の貿易港と中央とが、様々な種類の人的紐帯によって結びつけられることで、強化されていた。

泉州で蒲寿庚とともに南海諸国招諭を進めたモンゴル将軍唆都はケシク出身であり、クビライと強固な個人的紐帯で結ばれていた。ケシク出身者のなかには、才能を認められ、政治の表舞台に出て、高い官職を与えられる者もあったが、大ハンのオルド（大オルド）に戻ると、以前と同様に服務した。政府で重要な役職に就くケシク出身の人物が、昼は政務を執り行い、夜は大オルドで輪番の仕事にあたった。唆都・蒲寿庚らが泉州行省の長であったのと同時期に、福州で福建行省の長を

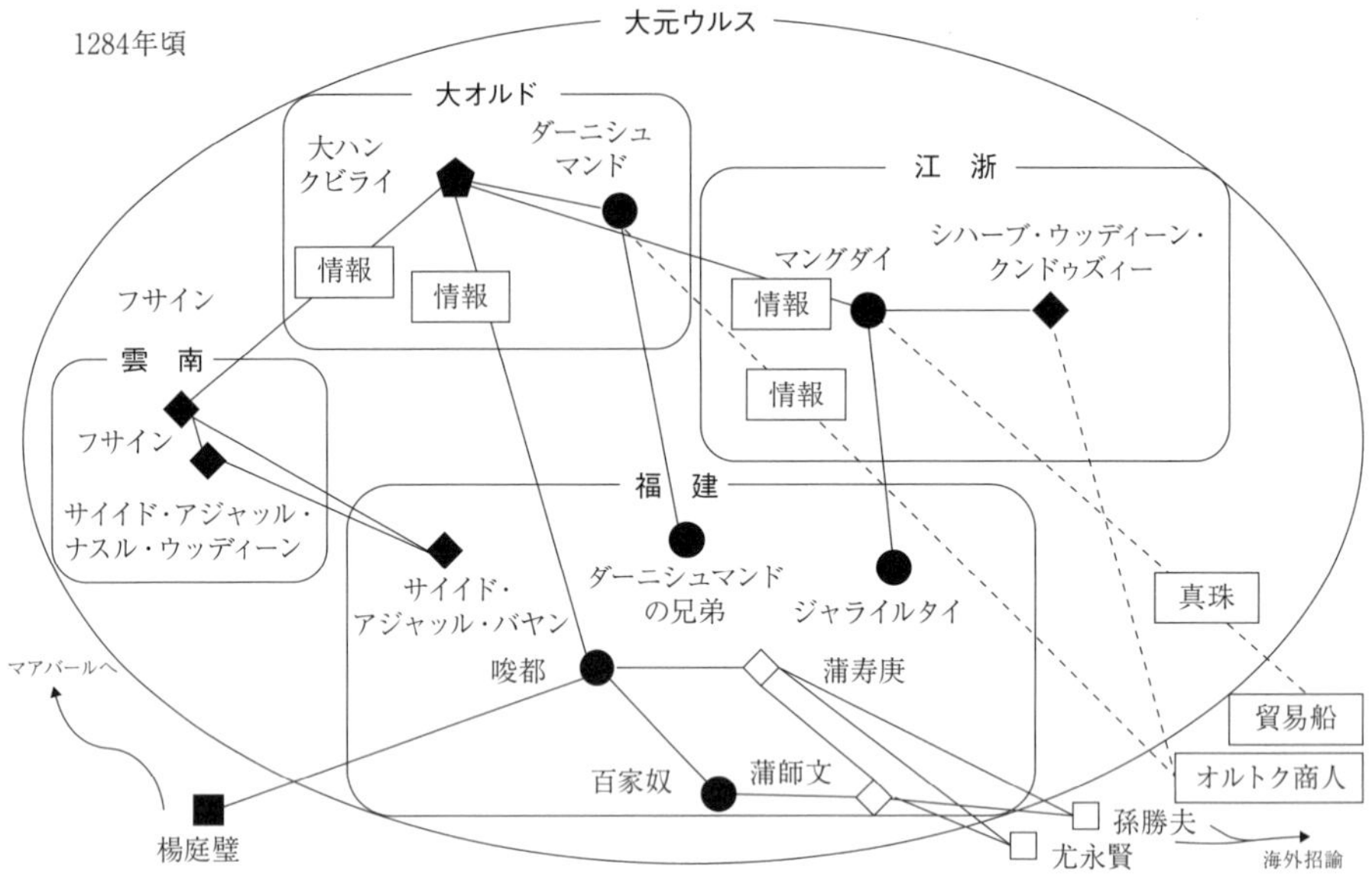

のネットワーク＝帝国

漢人エリート　—主従・僚友関係　—親族関係　---支配・被支配関係

務めたモンゴル将軍マングタイも、中央に戻るとクビライとじかに会い、臣従の儀礼を行い、南海産の真珠を献上した。大ハンと遠くの部下のケシクの紐帯に基づく主従関係が、遠方の辺境と帝国の中心とを結びつけ、そのネットワークの上を情報や南海物産が行き交っていたのである。

大元ウルスでは、同族のコネクションもまた、中国沿海部、燕京地区の大オルド、そして、最大の経済中心地である江浙（杭州を中心とする長江下流域）とを結びつける紐帯として機能していた。たとえばシハーブ・ウッディーンというアフガニスタン北部のクンドゥーズ出身の財政官僚は、江浙に置かれた行泉府司の長として、モンゴルの皇族・王侯の委託を受けて交易に従事するオルトク商人や泉州など各港市に置かれた市舶司を統括していた。シハーブ・ウッディーンは、（一二八四年に福建から江浙に移り）江浙の行省長官となっていたマングタイと結託し私的に貿易船を臨検し積荷を収奪した。マングタイが福建から浙江に移ったあと、兄のジャライルタイが転運使として送り込まれ、マングタイ一族の福建への影響力は持続した。また、ラシード・ウッディーンの『集史』によると、シハーブ・ウッディーンと同じクン

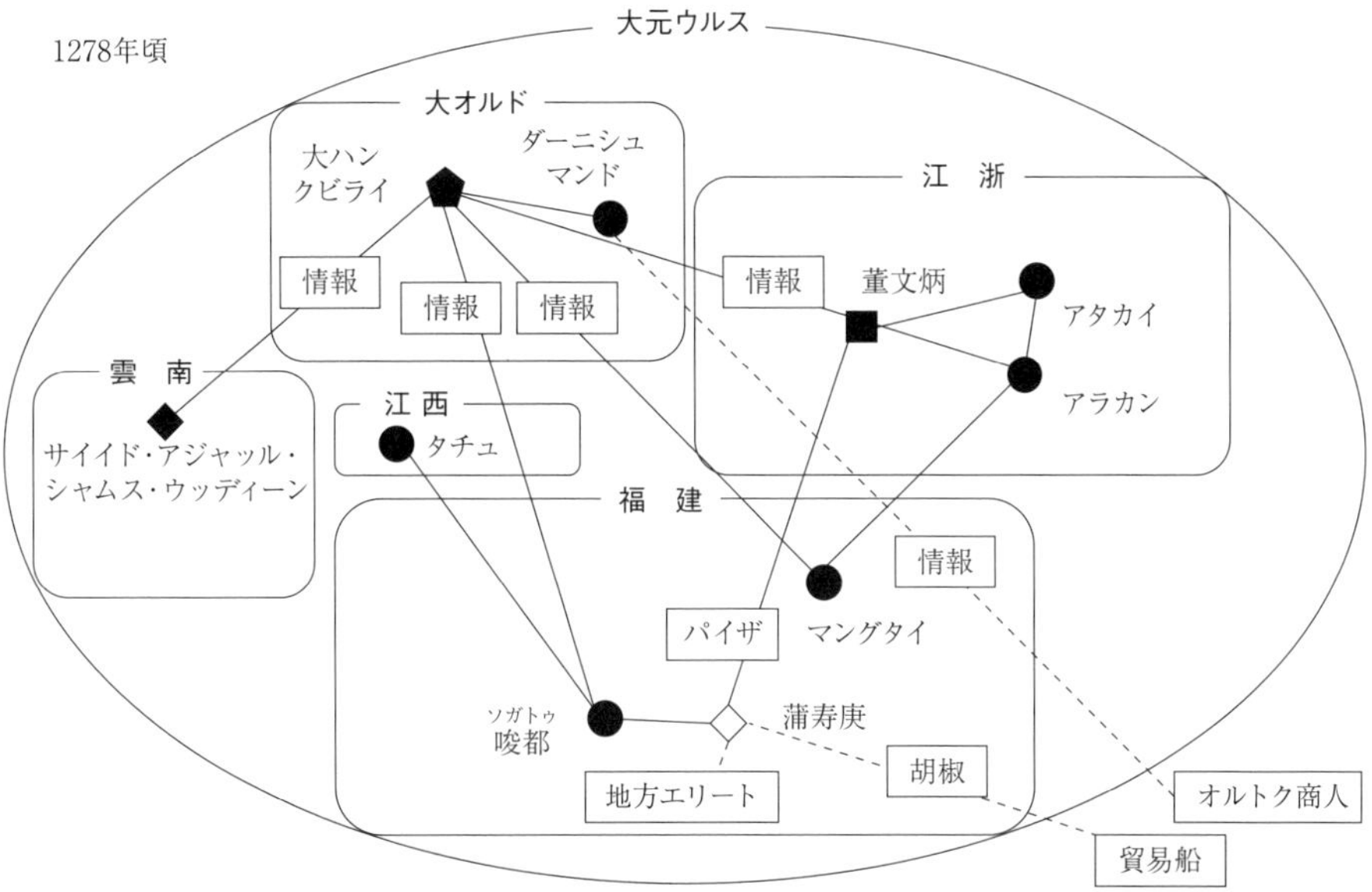

図1－3　クビライ政権期

不明な点も残されているが，細部の検討は今後の課題。
凡例：●大元ウルスモンゴル人将領　■大元ウルス漢人将領　◆ムスリム官僚　◇旧南宋外来商人　□旧南宋

ドゥーズ出身のバハー・ウッディーンがのちに「泉州港の長官」となる。

地域を超えた一族のコネクションの例として、クビライに信任されたブハラ出身官僚サイイド・アジャッル・シャムス・ウッディーンの一族を挙げることができる。サイイド・アジャッルとは預言者ムハンマドの真正なる後裔を意味する。かれの子らのうち、兄ナスル・ウッディーンは父の雲南の行省長官のポストを継承し、クビライのケシクに入っていた弟フサインも雲南の行政官に赴任する。孫のバヤン（成宗テムル朝の宰相）はかつて「泉州港の長官」であった。そしてのちにバヤンの弟アミール・ウマルも福建で行省の長官となった。『集史』によれば、アミール・ウマルの前に福建行省の長官であったのは、ダーニシュマンドの兄弟であった。ダーニシュマンドはクビライのケシク長のひとりであり、オルトク商人を管理統括する泉府司の長でもあった。大オルドと泉州を結ぶダーニシュマンド兄弟のコネクションの背後には、オルトク商人の海上貿易進出との関わりも想定される。

以上の帝国内外を結びつけるヒト・モノ・情報のネットワーク（ス）の一部を図示してみたい（図1－3）。ケシクや同族など実に多種多様なコネクションが地域の内外で複雑に結びつき、海外招諭（海外への使者の派遣）の実働部隊や海外貿易管理機構を支配していた。モンゴル帝国は、大ハンを一つの結節点とするアクターの膨大なネットワークの集積を中枢とする「ネットワーク＝帝国」としてとらえることができるだろう。

4　ユーラシア東西の結合

（1）西方の帝国外縁部

ユーラシアの西方に目を移してみよう。一三世紀半ば、フレグに率いられたモンゴル遠征軍がイスマーイール派とアッバース朝を討ってそこに留まり、イランにモンゴルと融合したペルシア文化を復興させた。モンゴル軍はさらに地中海東岸に進出するが、この頃、マムルーク朝が十字軍の築いた地中海東岸の軍事拠点を次々と奪回し、モンゴル軍をも打ち破ってそのさらなる進撃を食い止めた。マムルーク朝は、アッバース朝カリフをカイロに招致して権威を高め、キプロス、キリキア・アナトリア地方やメソポタミアに派兵し、アナトリア・コーカサス方面との交流関係を強め、イタリア諸都市の東方への交易ルートを遮断した。マムルーク朝には、ラスール朝やその他の諸国から通交関係を求める使節が訪れ、マムルーク朝側もセイロンの君主に使節を送るなど、交易関係の樹立につとめた（家島、一九八〇）。マムルーク朝は、ナイル河口の港アレクサンドリアの税関で、香料貿易に従事するヨーロッパ人の船に対し、厳しい出入関管理と入国許可税・入国税を課して管理下に置いた（森本、一九七〇、二〇三～二〇六頁）。

以後のユーラシア西方では、複雑化する政治的・宗教的勢力地図を背景に外交活動が活発化し、ユーラシア東方との間でヒト・書簡と情報とが行き交った。イスラーム勢力への対抗策を探るヨーロッパの諸勢力は、キリスト教徒の王国があるとされた東方へ早くから関心をもち、またモンゴル帝国の出現後もその実情を探るため、幾度となく東方へ使者を送り込んだ。プラノ・カルピニのジョヴァンニが往路はローマ教皇の親書とともに、帰路はモンゴル皇帝の勅書を携えて往復し、ルブルクのウィリアムがフランス王ルイ九世の書簡をもって東方へ旅立ち、ともに帰還して詳細な記録を残した。またモンテ・コルヴィーノのヨハネス、カステルロのペレグリノ、ペルージアのアンドレア、ポルデノーネのオドリコらが、教皇の命により陸路・海路で中国へ伝道に赴き、報告書をローマ教皇に送った。かれらはいずれも成立間もないフランチェスコ会やドミニコ会の人々であった。ジョヴァンニとウィリアムは相当な巨漢であったというが、唯一自ら願い出て中国に赴いたオドリコは、青白い顔をし、白いものがまじった赤毛のフォーク型の顎鬚というまさに質朴を絵に描いたような風貌であったらしい。旅慣れて言語力や異文化経験も豊かな修道僧たちは、ユーラシアを横断する前代未聞の任務の遂行に適するとみなされた。実際、モンテ・コルヴィーノのヨハネスは、先に教皇によってアルメニアに遣わされ、そこに滞在する間にシリア文字のアルメニア語、ペルシア語を習得し、東方教会（ネストリウス派）の典礼を学んだという。シリア文字に通じたことは、これと系統を同じくするウイグル文字習得に有利であったし、ペルシア語はモンゴル帝国において国際語であった。

そして、こうしたユーラシアを股にかけたカトリック教徒の往来の陰には、ユーラシア東方のキリスト教世界で主流であり、モンゴル帝国大ハンの身近にあって確固とした地位を築いていた、東方教会のキリスト教徒の存在を無視できない。プラノ・カルピニのジョヴァンニが第三代大ハン・グユクの宮廷を訪れた際、行政長官のカダクと主席書記官のチンカイはともに東方教会のキリスト教徒であった。ジョヴァンニが持ち帰ったグユクからローマ教皇インノケンティウス四世に宛てた手紙は、かれらがラテン語に翻訳し、ジョヴァンニによって書き留められ、さらにペルシア語にも翻訳された(11)。フランチェスコ会士らの報告によると、無知無学で戒律を守らず、はてはかれらの宣教活動を妨害したりする先駆者——東方教会の人々は、文明の仲介者という顔をもっていたのだ。

東スラヴ人の地ルーシを取り巻く状況もまた、モンゴル帝国の時代前後に、大きな変化をみた。一二二三年のジェベとスベエテイ率いるモンゴル先遣隊が、正教に改宗したポロヴェツとルーシ諸公の連合軍を撃破、ルーシの諸都市を次々に陥落させた。その後、一二三六〜三八年、一二三九〜四二年のジョチ家のバトゥの二度の西征によって、キエフを陥れ、ヴォルガ河畔にサライ・バトゥという宮殿を置いた。モンゴル皇帝の命による戸口調査が行われ、それに基づき、最初はモンゴル人徴税官（バスカク）による徴税が行われ、やがて各地のルーシの公が徴税を代行する。こうして、モンゴルの傘下に入ったルーシの公がその統治権を認められる時代となる。

一二三八年、ノヴゴロドのヤロスラフがウラジーミル大公に就任し、一二四三年、サライ・バトゥを訪れ、その地位を安堵する勅書（ヤルリク）を与えられた。さらにヤロスラフは、臣下の誓いを立てるためモンゴル帝国の都カラコルムにまで出向き、一二四六年、帰路で没した（一説ではバトゥと対立するグユクとその母トレゲネによって毒殺された）。ヤロスラフの子アレクサンドルが、父の死後、カラコルム宮廷の意向で大公となった弟アンドレイに代わり一二五二年、ウラジーミル大公となった。彼は四度、カラコルムを訪問し臣下の誓いを新たにした。こうした往来によって、駅伝制度や東方文物の摂取も進んだであろう。

アレクサンドルの死後、大公位をめぐる抗争が続くが、サライ・バトゥのハンの一族との婚姻関係を武器に、モスクワ公のユーリーがウラジーミル大公の地位を安堵されて優位に立つ。ユーリーの跡を継ぎウラジーミル大公の地位におさまった弟のイヴァンは、府主教座をウラジーミルからモスクワに移し、正教会の最高権威を掌握する。彼はまた経済を活性化させ、諸公国からハンへの貢税の納入を引き受け、「カリター（金袋）」の異名を取った。モンゴルによる都市の破壊、略奪、支配は、大きなダメージをロシアにもたらしたが、人口、経済、政治の重心の北東部へのシフトや、分裂状態から強力な専制体制へといった、後のモスクワ・ロシアにつながる側面を評価する見方もある（栗生沢、二〇〇七、九一～二〇二、三〇五～三三九頁；和田、二〇〇一、三三～三九頁；土肥、二〇〇七、三八～四八頁）。

（2）東方の帝国外縁部

ユーラシアの東方では、クビライ政権の艦隊による派兵や服属要求が積極的に行われた。一方で、中国と古くから交渉のあった諸国との間の交易関係は、一時の途絶を挟みつつ維持された。たとえば、二度の「蒙古襲来」を経験した後の鎌倉・室町期日本との関係においても、幕府の保護を受けた寺社造営唐船の派遣や、無学祖元《むがくそげん》、一山一寧《いっさんいちねい》らの来日など禅僧の往来が見られた。

一九七五年、韓国南西部の新安《しんあん》沖の海底で大元ウルス時代の沈没船が発見された。残長二八・四メートルの船体とともに、銅銭、銅錘《どうすい》、金属器、硯、荷札・将棋の駒および二万点を超える龍泉窯《りゅうせんよう》産の青磁、白磁、建窯《けんよう》産の天目《てんもく》や高麗の象嵌《ぞうがん》青磁などが引き揚げられた。一説ではこの沈没船も東福寺の造営料唐船であり（中村、二〇一三）、日本への航海途上で沈んだ。膨大な積荷は活発な交易関係の動かぬ証拠である。

その前年、泉州市近郊の后渚《こうしょ》港でも一隻の沈没船が発掘されている。南宋期のものと推定される残長約二五・五メートルの木造船からは、搭載されていた多くの南海物産が発見され、海外から帰帆したときに何らかの原因で沈没したものと推定されている。一説には蒲寿庚が派遣した貿易船であるといわれており、当時ジャワが新たな集散地となっていた胡椒をはじめ、ビンロウ・水銀・朱砂（水銀や赤色顔料のもととなる紅色の鉱物）・龍涎香《りゅうぜんこう》（アンバーグリス）、そしてアラビアが原産地の乳香も発見されている。荷主を示す墨書のある木製の荷札も多数発見され、商人やその代理人らを荷物とともに運んでいたことが推測される。

東シナ海域の中国から旅立つ船が運んだのは陶磁・銅銭などの加工品《アーティファクト》であり、南シナ海域の中国に還る船が運んだのは香辛料などの原材料《ローマテリアル》であった。この往路と帰路の中国船の積荷のコントラストは、両海域の異なる自然環境に基づき、古代から近世まで長期にわたって持続した、非対称の貿易構造を反映する。

後者の沈没船の出土地である后渚は、一二九二年のクビライの命令によるジャワ遠征艦隊の出航地として歴史に名を刻む。ジャワ遠征時、中国船は南方海域への出航を禁止された。しかし、クビライ治世の末期、ジャワ遠征のすぐ後の状況を述べるマルコ・ポーロの旅行記によれば、実際にはジャワには多数の中国船が訪れていた。

大元ウルスの遠征軍をうまく利用し敵対勢力を滅ぼしたラーデン・ヴィジャヤは、トロウランにマジャパイト朝を建てた。クビライ以降の大元ウルスは平和的な対外政策を採り、使節の往来がほぼ二年ごとに行われ、交易も平和裏に行われた。その後、マジャパイト朝の王権が弱体化した時期には、大元ウルスの権威を利用するためほとんど毎年遣使し、一三二八年の正月には王自らが大元ウルスに入朝した。その後、宰相ガジャ・マダのもと秩序を回復し、一三三二年、総勢八三名もの使節団を大元ウルスに送り込んだ（丹羽、一九五三、一八一～一八八頁）。

ハヤム・ウルクの時代（一三五〇～一三八九年）、マジャパイト朝は最盛期を迎えた。マジャパイト朝の繁栄は、農業を基盤とする経済発展に支えられていた。乾季と雨季が明瞭なコントラストをなす穏やかな気候の東部ジャワにおいて、内陸の

図1−4　ジャワ東部の港トゥバン

クビライが派遣した遠征軍が上陸した（インドネシア・ジャワ東部トゥバン港）。
出典：2013年8月23日筆者撮影。

図1−5　マジャパイト朝の繁栄を描いたレリーフ

左端は市場の様子か（インドネシア・ジャワ東部ブリタル近郊チャンディ・プナタラン）。
出典：2013年8月22日筆者撮影。

平野部に位置するトロウラン地域の地理的環境は、農業の開発発展に適した。力をつけたマジャパイト朝は、トゥバン・グルシッ・スラバヤなどジャワ北岸の諸港を支配した。これらの港には中国のほかインド洋からの船舶が訪れた。マジャパイトの商人は、本国の穀物や農産物を、中国からの陶磁器や銅銭、ベトナム産やタイ産の陶磁器や香料と交易した。マジャパイト朝の影響圏は周辺海域にも及び、バンダ・テルナテ・アンボン・バンジャルマシンやマラカ・フィリピンから貢納を受けていたという。

（3）新たな物産・技術結合

クビライの時代、すでに機能していたユーラシア大陸を東西に横断する交通網に、南宋の港からマラッカ海峡を越えインド洋方面まで伸びていた海上の交通網がリンクし、ユーラシアを還流する交易ネットワークが完成した。クビライの死後から少し経った、一三〇五年頃から、チンギス一族間の対立が収まり、モンゴル帝国のゆるやかな連帯が復活した。これによって「パクス・モンゴリカ」と呼びうるような平和と繁栄の時代が訪れた。その結果、ユーラシア規模で人が行き交い、モノ・技術が交流するようになった。こうしたヒト・モノ・技術の交流を扱う、海域アジア史と呼ばれる学問領域の知識は、文献史学と考古学の国際的・学際的なタイアップにより、今も大幅に刷新され、深化しつづけている。

行き交う財貨　ともにチンギスの末子トルイの家系が支配する中国の大元ウルスとイランのフレグ・ウルス（イル・ハン国）の間では、とりわけ活発な人とモノの往来がみられた。フレグ・ウルスの史家ワッサーフの『封土の分割と世紀の推移の書』（通称『ワッサーフ史』）によると、一二九七年、フレグ家のガザンから大元ウルスの成宗テムルのもとへ派遣されたジャンク船には、宝石・黄金杯・狩猟用の豹など大元皇帝への贈物のほか、勅令により国庫から一〇トマンもの額の（一トマンは一万ディナールに相当）の黄金が貿易資本として支給され、さらに使いの一人アフマドとその仲間たち自身の商品・宝石・財宝も積み込まれたという。四年後、かれらは成宗からフレグ家の中国領の分け前としての宮廷工房の生産品や貴重な財宝を積み、三隻のジャンク船で帰帆した。このように使節の船には膨大な金額に相当する品物が積み込まれ、事実上の貿易船団であったといわれている（惠谷、一九六六）。

ほかに、皇族・王侯の出資と委託を受けて交易に従事したオルトク商人の活躍もさかんであった。また税収増に敏腕をふるう財務官僚の主導のもと、中央政府が資金と船を準備し特権商人に貸与する官本船貿易も行われた。ときに民間の貿易船の出航が禁止され独占的に行われることもあった。このようにモンゴル帝国のもとでは、公権力自体が貿易の主体となるとともに、国家の民間貿易への支配も強まるなど、ある種の秩序化の傾向が見て取れる。国家の保護のもとで、特権的な商人により一度に多くの財貨が長距離を運ばれるという「護送船団方式」が、「モンゴルの世紀」の貿易の一つの特徴である。同時期、日本から中国に派遣された寺社造営料唐船も注目に値する。これらには、鎌倉幕府が一出資者として関わっていたのか、それとも、寺社造営という名目で上納金を賦課したものか、議論がある。後者に関連して、幕府の関与の仕方が一出資者から管理者へと変わっていったという見方もあり、そうであれば、幕府の貿易支配強化という傾向を示すようで興味深い（中村、二〇一三）。

大元ウルスは、一三二〇年以降インド北部に成立したイスラーム教を奉ずるトゥグルク朝との間でも外交接触をもった。イブン・バットゥータ『諸都市の新奇さと旅の驚異に関する観察者たちへの贈り物』（通称『三大陸周遊記』）は、シナの王すなわち大元ウルスの大ハンからトゥグルク朝スルタンに贈られた品目と、その返礼としてスルタンがシナの王に贈った品目を記録している。その品目から、当時どのような品々が海を運ばれていたのかをうかがい知ることができる。まず、男女の奴隷が挙がっているが、その人数はスルタンからシナの王へ一〇〇人、シナの王からスルタンへ二〇〇人というように、シナの王からスルタンへの贈り物が、スルタンからシナの王への贈り物のほぼ二倍の数量になっているのがわかる。次に挙がっているのはカムハー織の衣服五〇〇着である。泉州産のものと杭州産のものがそれぞれ一〇〇着あったと記されている。イブン・バットゥータの旅行記の訳注を行った家島彦一によれば、カムハーというのは、「金花」または「金波」という漢語の音写とみられ、金糸で織った錦、金襴《きんらん》を指す。モンゴル時代には、大都（ハーンバーリク）産と並んで杭州産と泉州（ザイトゥン）産の織物が有名で、それぞれハーンバーリキーヤ、ハンサーニーヤ、ザイトゥーニーヤと呼ばれていた。なかでもイブン・バットゥータは泉州産のものが大都産・杭州産のものより優れていると述べる（イブン＝バットゥータ、一九九六～二〇〇二、六、一六～一七頁および七、二六頁）。

海と陸の陶磁の道

「モンゴルの世紀」のユーラシア東西の共時性を物語るのが青花《せいか》（または青白磁、染付、ブルーアンドホワイト）の流行である。この時代、中東産のコバルト原料が中国に伝わり、白地にくっきりとした青い模様（「青花」）を描いた磁器が景徳鎮で多く作られた。青色と白色の鮮やかなコントラストと、牡丹紋、魚藻紋、花草紋、龍紋、鳳凰紋、蓮華紋など洗練されたタッチで緻密に描かれた紋様は多くの人を魅了し、ユーラシア各地に運ばれていった。家島彦一によると、中国陶磁はアラビア語で「シーニーヤ」（中国産）と呼ばれ、遠い異国で黄金の装飾が施されたりして祝い品や贈呈品などになった。それらは泉州や広州から中国船でカリカット、クイロンなど西南インドの港に運ばれ、いったん陸揚げされた。その後、沿岸航路のダウ船に積み替えて西北インドのカンベイ港に運ばれデリーに陸送された。また、ダウ船でアラビア海岸、ペルシア湾や紅海の交易港を経てシリアに到達した。シリアのダマスカスでは、若い奴隷が主人の中国製の陶磁皿を割ってしまい、主人に殴られそうなところをワクフ（イスラームにおいて公共事業や慈善事業に使われる寄付金の一種）によって救われたといい、インドのデリーにあるトゥグルク朝の宮廷で、王の下賜品のルビー、エメラルド、真珠などの宝石を盛る器として使用されていたという（イブン＝バットゥータ、一九九六～二〇〇二、一、二八二頁および五、六〇頁、一三九頁）。

栗山保之は、イエメンとその周辺地域を支配したラスール朝が、紅海沿岸、東アフリカ、インド西海岸、東南アジア、東アジアの海上商人や商人が行き来する国際交易港アデンにおいて、貿易品の厳格な輸出入通関管理を通じ、インド洋交易を掌握し、莫大な貿易収入を得ていた様子を明らかにした（栗山、二〇一二、一二四～一四二頁）。氏はさらに『壮麗なるムザッファルの時代におけるイエメンの統治と法律そして諸慣習に関する知識の光』という一三世紀のラスール朝で書かれたアラビア語史料をもとに、アデン港の取扱品目、生産・積出地、同港までの経由地およびその税額の項目を一覧表にして紹介している。その品目には、絹布・縞紋外套・更紗腰巻布・高級刺繍入服などの繊維製品、皮革製品、宝石、鉱物、香料、顔料、染料、紙類、油脂類、果実類、穀物、奴隷、動物、動物歯牙類に加え、様々な名称の磁器もみえる。うち出航地を明示する泉州港積出しの磁器深皿、磁器皿、四脚磁器壺、鼎磁器壺が目を引く（栗山、二〇一二、九四～九五頁）。おそらく、中国各地の窯で製造された磁器が、泉州港から運ばれたものであろう。実際、三ないし四脚をもつ龍泉窯産や鈞窯《きんよう》産の磁器を、ロンドンの大英博物館、ヴィクトリア&アルバート博物館やケンブリッジのフィッツ・ウィリアム博物館の中国陶磁コレクションに見ることができる。

泉州の磁器については、イブン・バットゥータの旅行記にも言及があるが、興味深いことに、磁器は泉州と広州でしか作られていないとする（イブン＝バットゥータ、一九九六～二〇〇二、七、一五頁）。もちろんそれは正確ではない。景徳鎮や龍泉といった有名な窯の製品の出土例が多く存在するからである。ただ一面の真実を伝えてはいる。近年、景徳鎮産や龍泉産とよく似た型の出土磁器の相当量が、泉州近郊の磁灶《じそう》をはじめ福建南部の窯で一二～一三世紀に焼かれたものであることが判明しているのだ。大量のコピー商品が庶民の需要に応え、海外に販路を広げていたと考えられている（Ho, 2001）。

重量のある陶磁器は船底のバラストとして活用され、主として海路で大量に運ばれたと考えられることから、それが運ばれたルートは、陸のシルクロードとの対比で「海のシルクロード」または「陶磁の道」と名づけられている。現在、「陶磁の道」の痕跡を探るべく、港湾都市遺跡や海底沈没船から出土する陶磁片のデータが精力的に集められ、分析されている。韓国沖での新安沈没船の発見以降、マニラの国立博物館がフィリピン近海で沈没船調査を行い、一隻あたり数千点規模の陶磁器を引き揚げたほか、広州沖、ジャワ島近海での沈没船調査など成果が続々と報告されている（坂井、二〇〇八、二〇〇九）。都市遺跡についても、エジプト・カイロのフスタート遺跡、博多、沖縄の首里城跡、マレー半島のサティンプラ（Stargardt, 2001）、スマトラ島西岸のバルス近郊のロブ・トゥア遺跡（Perret ét Surachman, 2009）、マジャパヒト朝の都トロウラン遺跡などから出土した元青花《げんせいか》などの中国陶磁片は相当量にのぼる。

モンゴル帝国の時代、「陶磁の道」は、交易の最大の出資者・消費者であったモンゴル王侯の御膝元である草原都市につながる、キャラバンの道とも重なっていた。そのことを示すかのように、カラコルム、大元ウルスの冬の都大都《だいと》（現北京）、夏の都上都《じょうと》（内モンゴルドロンノール県北西）の跡地や、その少し北にあるチンギス・ハン家の姻戚コンギラト家の本拠地があった応昌路《おうしょうろ》古城、やや西の集寧路《しゅうねいろ》古城、浄州路《じょうしゅうろ》古城、現内モンゴル自治区東部に位置する、かつて遼や金の都の一つが置かれた大寧路《だいねいろ》古城、フフホト近くの遼代から続く豊州路《ほうしゅうろ》古城、同西部のかつて西夏の支配地域であり、モンゴル治下に入り亦集乃《エチナ》路が置かれたカラホト古城、チャガタイ家の本拠地があったアルマリク遺跡（新疆ウイグル自治区の霍城県）など、モンゴル帝国期の都市遺跡から、龍泉窯・磁州窯・鈞窯産とみられる中国陶磁の出土例が次々と報告されている。アム川の西に位置するホラズムのタシュ・カラ遺跡からも、元青花が出土している。サマルカンドのアフラシアブ遺跡からも、龍泉窯青磁が発掘されているという報告がある。陸上の草原ルートでも中国陶磁が西へ運ばれていたことを示唆する（長谷部、二〇〇五、一四八頁）。

「絹の道」は陸路だけではなく、海路でも杭州や泉州からインド洋へ延びており、逆に「陶磁の道」も草原ルートにまで接続していた。この、陸と海を分かたずユーラシアを環状につないだ道を、マルコ・ポーロ、イブン・バットゥータらと同じように、名の残らない多くの旅人が、ときにキャラバンで、ときに船団で行き来し、また、東西の宗教・文化・技術が行き交ったのだ。

軍事技術の融通

一五～一六世紀、ヨーロッパ人の世界進出において、重要な武器となったのは火薬兵器である。その火薬兵器の発達史において、じつは「モンゴルの世紀」は大きな転機となっている。プラノ・カルピニのジョヴァンニはモンゴル帝国についての見聞を報告するなかで、モンゴル軍が備える各種の装備や兵器の叙述とそれに対する対処法の提言に多くの字数を割いている。彼はそのなかでモンゴル軍が使用する「戦争用の機械」に言及する。これは攻城戦のための投石器とみられる。また、それでも城郭を落とせない場合、彼らが「ギリシア火」（のようなもの）を投擲するとも述べている。

モンゴル帝国は、征服戦争の過程で、異国の軍事技術を、それを扱う技術者集団ごと接収してみずからのものとし、新たな遠征先で次々と実戦に投入した。モンゴル帝国の登場以後、中東で発達した最先端のカウンター・ウェイト（平衡錘）式投石器が即座に中国に伝わり、中国で発達した火薬を用いた兵器が瞬く間に西方に広まった。その背後にある広域ネットワークを探ってみよう。

ペルシア語文献にみえるマンジャニーク、漢語文献にみえる回回砲《かいかいほう》は、いずれもカウンター・ウェイト式投石器を指す。その仕組みは次のようである。台座に垂直に立てた二本の支柱の上部に、間にアームを挟むような形で横軸を通し固定する。固定した部分を支点として、アームの支点から遠い側の先端に石弾を入れる袋を吊るし、支点に近い側の先端には重しを搭載する箱をしつらえる。重しがある先端が上方になるようアームの石弾を吊るす側を下げてフックで固定する。フックを外すとアームが弧を描いて素早く振れ、石弾が袋から放出される。中国科学史家ジョセフ・ニーダムによれば、九一（または一三六）キログラムの石を二七四メートル飛ばせたという。

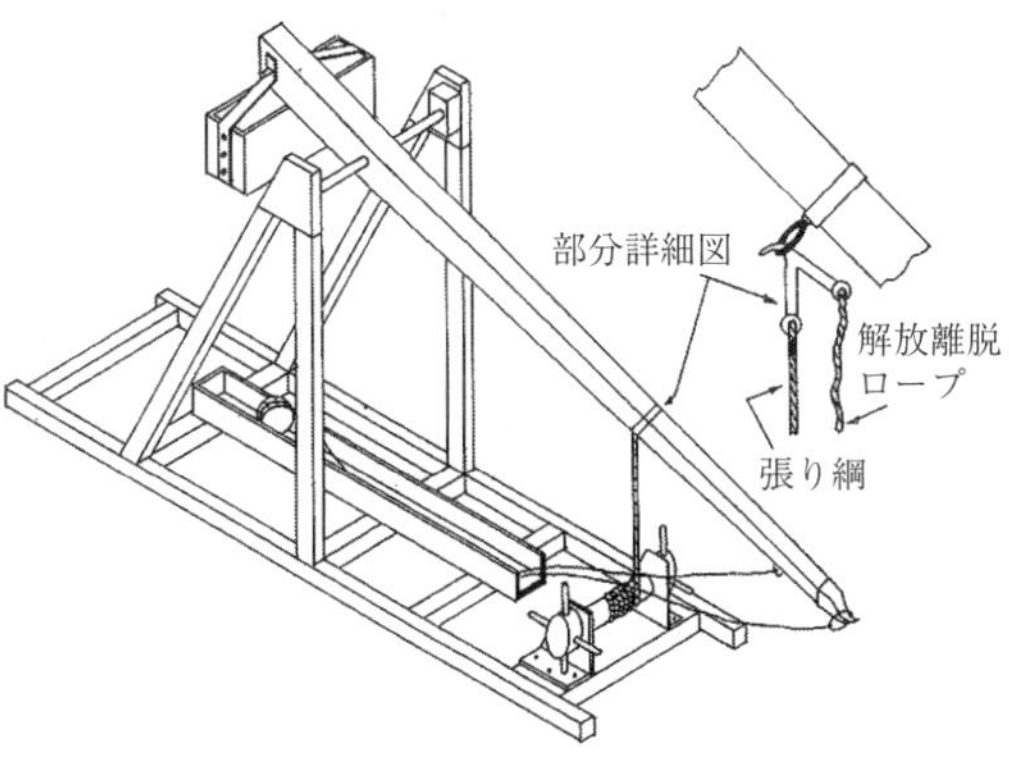

図1－6　カウンター・ウェイト式投石器

出典：Donald R. Hill, "Trebuchets," *Viator, Medieval and Renaissance Studies*, Vol. 4, 1973, p. 115.

ニーダムによれば、中国では紀元前四世紀から投石器は知られ、徐々に大型化し威力も増大させていった。しかし、構造は、アームの先端に取りつけられたひもを多人数で一斉に引くことによって石を飛ばすというシンプルなものであった。中央アジアでは、ソグディアナ（トランスオクシアナ）のペンジケント都市遺跡で見つかった八世紀初頭の宮殿の壁画に、投石器が描かれている。そこには五人がひもを引く様子が描かれている。一一世紀にガズナ朝のマフムードがアラクの町（現 アフガニスタン東南部）の包囲戦でカウンター・ウェイト式投石器を使用する様子を描いた細密画が知られているが、これは一四世紀の書物に描かれたものであり一一世紀当時の現実を反映していない。カウンター・ウェイト式の投石器は、一二世紀末に北アフリカで誕生したとされる（Needham, 1986, pp. 216-217, 237-238：影山、二〇一一、一三六頁）。

一三世紀半ば、モンゴル軍によりカウンター・ウェイト式投石器（マン

図１－７　敦煌出土の10世紀半ばの仏教絹画に描かれた火槍

出典：Joseph Needham, *Science & Civilization in China*, vol. 5, part. 7, Cambridge University Press, 1986, p. 225.

図１－８　鷹島海底出土てつはう（松浦市埋蔵文化財センター蔵）

出典：http://www.city-matsuura.jp/www/contents/1379132759826/index.html

ジャニーク）が使用された状況や中国への技術伝播に関わったアクターについては、詳細な記録が残されている。一二五八年、モンケの命令によりフレグがアッバース朝の都バグダードを包囲した戦いにおいてマンジャニークが使用された。周辺の山々から採集した巨石を投石機で飛ばし城壁を貫通したことが決定打となった。一二六八年から七三年にかけて、大元ウルスが南宋の防衛線を西側から攻略するため、漢水を挟んで向かい合う襄陽・樊城を包囲した際、ウイグル人武将アリクカヤの要請を受けクビライがフレグ家当主アバカに依頼し、技術者のアラー・ウッディーンとイスマーイールを派遣させた。かれらが組み立てたマンジャニークでまず樊城の城壁を破壊し、そこから襄陽を砲撃し陥落させることができた。

プラノ・カルピニのジョヴァンニのいう「ギリシア火」が何かはわからないが、モンゴル軍が使い、瞬く間に西方に伝播した火薬を用いた火器について探ってみよう。

九世紀頃、唐の時代の中国で火薬が発明されたのち、一〇世紀から一二世紀にかけて、宋や金の軍隊は、火薬を用いた炸裂弾、火箭と呼ばれる一種のロケット、火槍という火炎を発する槍など、火薬をもちいた種々の兵器を開発した。「震天雷《しんてんらい》」と呼ばれる鉄製や磁器製の爆弾も登場していた。大元ウルス軍が日本遠征で使用した「てつはう」は金軍が用いた「震天雷」とほぼ同じものであると考えられている。

ラシード・ウッディーンの『集史』によれば、一二五八年、フレグ軍のバグダード包囲の際、モンゴル軍が「カヴァリール・ナフト」という火器を投擲したという。「カヴァリール」はアラビア語由来のペルシア語でフラスコ・瓶を指す。マムルーク朝の学者カルカシャンディー（一四一八年没）によれば「カヴァリール・ナフト」とは、ポットに「ナフト」を入れて点火し投擲し、城塞を焼き討ちするものであった。ここでのナフトは石油を意味するというのが有力な説だが、ナフトはやがて火薬の意味をもつようになる。その過渡期における用例は混乱している。『集史』はまた、フレグ軍がモンゴリアを発つとき、皇帝モンケはナフト、マンジャニーク・弩（いしゆみ）を扱う中国人工兵を同行させたという。旧金朝の中国人は当然、火薬兵器を知っていたので、『集史』で石油を用いた火器とみなされているものが、実は火薬兵器であった可能性はあるだろう。

いわゆる大砲の祖形となる銅製・鉄製の金属管形の射撃性火器（中国語で「火銃」と呼ぶ）も、大元ウルス支配期の中国に出現した。これは、宋代の竹筒を用いた「火筒」から派生したものである。「火銃」の実物も少なからず伝存している。考古学的考証を経たものとしては、内蒙古蒙元文化博物館が収蔵する、パクパ文字で大徳二（一二九八）年の銘が刻まれた全長三四・七センチ、口径一〇センチの銅火銃がある。これは、中国国家博物館蔵の至順三（一三三二）年の紀年の銅火銃に代わり、最古の紀年を有する火銃となった。

右の大徳二年の紀年をもつ銅火銃は、東部モンゴリアの上都遺跡周辺の牧民の家で発見された。発見場所と大徳二年という紀年は興味深い。クビライの治世の末期に東部モンゴリアで勃発したナヤン、カダアンの反乱が収束してから六年後であり、クビライ政権はまだ東部モンゴリア方面への警戒を解くことができず、北方の精強な騎馬軍団に対抗するために砲兵部隊を上都の近辺に配備し、睨みを利かせていたと考えられる。騎馬軍団に対抗するための射撃性火薬兵器の使用は、遊牧民政権である大元ウルスにはじまったことになる。

さらに興味深いのは、一九八四年、中国山東省登州港の蓬萊水城で出土した、残長二八・六メートル、残幅五・六メートルの戦船である。この古船が、石弾、「銅砲」、「鉄砲」をともなっていたからである。古船は大元ウルス時代の末期もしくは明代初期のものと推定されている。一四九八年、ボンバルド砲（大口径の臼砲）を備えたヴァスコ・ダ・ガマ艦隊がインドのカレクト（カリカット）王国を訪れ、ポルトガルによるインド洋貿易支配が幕を開けた。その一〇〇年以上前、その祖型である射石砲を装備した軍船が、中国の沿岸部を守っていたことになる。

図1－9　泉州のモスク清浄寺

モンゴル時代に建造されたペルシア様式の門をもつ。

出典：2004年1月12日筆者撮影（中国福建省泉州市内）。

図1－10　泉州のモスク清浄寺の門の内側

中央の門の壁面にアラビア碑文，左の碑亭に漢語碑文がある。

出典：図1－9と同じ。

モンゴル帝国の出現以後、火薬と火薬兵器についての情報は急速に西方へ伝播する。それらの伝播を担ったアクターについては、ニーダムも考察はしているが多くは不確かなままである。しかし、モンゴルがユーラシア東西で展開した戦争が技術の伝播に果たした役割は無視できない。そして、一三世紀のうちにビザンツでマルクス・グラエクスが、シリアでハサン・アル＝ランマーフが、イギリスでロジャー・ベーコンが火薬について記し、一四世紀には、ドイツでベルトルド・シュヴァルツが火薬を実際に作った。一四世紀になると金属製火銃も西方へ伝わり、その世紀の終わり頃には北アフリカやヨーロッパで普遍的な兵器となった（Ayalon, 1979：Needham, 1986, 45）。

（4）ユーラシアを旅する人々と宗教教団

ユーラシア東西を結ぶ商品や技術の交流において、モンゴルの寛容な宗教政策のもと、宗教教団がもつ広域の人脈・組織の広がりが、とりわけ長距離を移動する人々にとって欠かせない役割を担っていた。

モンゴル皇帝の宗教に対する態度について、ジュヴァイニーは、『世界征服者の歴史』で「かれらは信仰や宗教に反対しない。……むしろかれらはそれらを奨励する」といい、宗教の学識者への免税などを述べるとともに、皇帝モンケの世には、チンギスの一族（ウルク）の幾人かがイスラームの教えを奉じ、その配下の者たちをイスラームの光が飾りつけている、と述べている。

一三世紀半ばから末期にかけてのモンゴル帝国においては、ジョチ・ウルス当主のベルケとフレグ・ウルス当主のガザンのイスラーム改宗が知られる。ガザンの改宗を導いたのは、スーフィー教団のクブラヴィーヤの創始者ナジュム・ウッディーン・クブラーの弟子サイフ・ウッディーン・バーハルズィーであった。そして、ベルケの改宗を導いたのは、シャーフィイー派のイスラーム知識人サドル・ウッディーンであるが、彼の父はナジュム・ウッディーン・クブラーの弟子であった。モンゴル帝国の首都カラコルムの遺跡で、スーフィー教団クブラヴィーヤのハーンカー（修道場）の存在を示すペルシア語碑文が発見され、モンゴル帝国内におけるスーフィー教団の活動の一端を浮き彫りにした。一方で、改宗したモンゴルの間でもシャーマニズム的な信仰の残存が見られ、受容は多分にシンクレティックな形であったことが窺える。イスラームに改宗したフレグ家の当主ガザンは、「イスラームの帝王（パードシャーへ・イスラーム）」と称された。一方でその支配権の根幹には、チンギス・ハンの一族である「黄金の氏族」の一員であることが重要であり、この両者が、支配権の正当性を支える原理となっていったと考えられる（安藤、一九九五、二五二～二五六頁）。

泉州の古モスク（イスラーム寺院）清浄寺は、本格的な西アジア建築様式のファサードが残存する中国で唯一の例である。創建時期は、門の内壁に埋め込まれたアラビア語碑文によればヒジュラ暦四〇〇年頃（一〇〇九～一〇年）であり、寺内に立つ漢語碑文によれば南宋時代の一一三一年という。アラビア語碑文は、ヒジュラ暦七一〇年（一三一〇～一一年）に、アフマド・イブン・ムハンマド・アル＝クドゥスィー別名ハージー・ルクン……アル＝シーラーズィーなる者がアーチ、回廊、窓とともに立派な門を作ったという。アル＝クドゥスィー（エルサレム出身）とアル＝シーラーズィー（イランのシーラーズ出身）という二つの由来名をもつこの人物は、おそらくエルサレム出身でシーラーズに住み、その後、泉州にやってきた。しかも、ハージーという称号はメッカ巡礼を行ったことを示す（Chen et Kalus, 1991, pp. 64-66）。当時の中国には存在しなかったヴォールト天井（穹窿）をもつファサードは、「モンゴルの世紀」の地域を超えた建築技術・様式の交流の産物と考えられる。

清浄寺境内に立つ漢文碑文「重立清浄寺碑」によると、一三四九年にこの寺院を再度修築した夏不魯罕丁は、西方から大元ウルスへ向かう貢使が乗った「貢奉の船」でやってきた。この人物はイブン・バットゥータの旅行記にも、泉州の町の高徳のシャイフであるブルハーン・ウッディーン・アルカーザルーニーとして登場する。家島彦一によれば、かれはカーザルーニーヤというシャイフ・アブー・イスハクを開祖とするスーフィー教団の派遣員であった。同教団は、ペルシア湾から中国までのあらゆる主要港にハーンカーを設けており、航海安全や商売繁盛を祈願する船乗りや商人の信仰を集めていたという（家島、一九九一、一二七頁）。泉州のモスクを修築したアフマド・イブン・ムハンマドが由来名として名乗るシーラーズは、カーザルーンの東方一二〇キロにあり近接する地域に含まれる。イブン・バットゥータはまた、インド西北のグジャラート地方の港市キャンベイに、カーザルーン出身の「商人王」ザキー・アッダウラ・ワ・ウッディーン・ウマル・ブン・アフマド（一三三三／一三三四年没）がいたことを伝えている。キャンベイにある彼の墓石の様式は、スマトラ島のスムトラ・パサイ王国スルタンのザイン・アル＝アービディーンの王女ミフラスィヤフ（一四二八年没）の墓石や、ジャワ島のグルシックにある「九聖人」の一人マリク・イブラヒム（一四一九／一四二〇年没）の墓石と一致している。カーザルーン・キャンベイ・スマトラ・グルシックを結ぶ海の広域ネットワークの影響は、「モンゴルの世紀」を越えて一〇〇年近く続いていた。

中国沿海部諸都市では、故人の出身地を記したアラビア語銘文をもつ墓石が多数発見されている。それらには、大元ウルス期の沿海部諸都市のムスリム移民たちが、自己のアイデンティティを結びつける地名（「ニスバ」＝由来名というムスリム人名の一要素から判明する）が刻まれている。その地名を列挙すると、以下のようになる。

大都：ブハラ、カズウィーン
揚州：アルマリク[12]、エルサレム
杭州：ブハラ、イスファハーン、ホラーサーン、シムナーン、ハラブ（アレッポ）
福州：ホラズム（アム川下流域）
泉州：ブハラ、バラーサーグーン、アルマリク、ホラズム、タブリーズ、ジャージャルム、ジュルジャーン（グルガーン）、ギーラーン、アルダビール、カズウィーン、シャーフリスターン（ホラーサーン地方）、イスファハーン、ファール（シーラーフ）、ティハーマ（紅海〜ヒジャーズ地方）、アフラート（ヒラート）

これらの墓石のアラビア語銘文には、「さすらい人として逝った者は殉教者として亡くなった」とか「さすらい人の死は殉教である」といった、イスラームの預言者ムハンマドのものとされる言葉がよく見られる。じつは、この言葉は、カズウィーン出身のイブン・マージャというイスラーム伝承学者が九世紀にまとめた、『キターブ・アル＝スナン』というイスラーム伝承集（ハディース）に確認される。カズウィーン周辺のムスリムによって信じられていた聖伝承が、「モンゴルの世紀」の広域ネットワークを通じて中国に伝えられたと推測される（向、二〇一八）。

もちろんムスリムだけが異郷人の代表だったわけではない。北京（モンゴル時代の大都）西郊の房山県では大元ウルス期の「十字寺」というキリスト教施設の存在を示す漢文碑文や彫刻の施された石材が、揚州ではエリザベスという名の女性東方キリスト教徒の墓石が、泉州でも同様の墓石多数が、発見されている。

モンゴル政権の周辺にも、多くの東方教会のキリスト教徒がいた。モンゴル皇帝と婚姻関係を結ぶ有力部族オングトの君主も早くから東方教会のキリスト教に改宗しており、そこの人々の間でも信仰されていた。オングトの本拠地があったオロンスムでは、宮殿跡、中国の陶磁器やペルシア青陶など交易の証拠となる出土品とともに、「ネストリアン・クロス」とよばれる特有の十字架紋様をあしらった墓石や教会跡が確認されている。

大元ウルス支配期の状況を伝えるマルコ・ポーロの旅行記は、テンドク（現 呼和浩特《フフホト》）、クンクン（現 漢中）、ヤチ（現 昆《クン》明《ミン》）、ケンジャンフ（現 西安）、チンギャン（現 鎮江）、フージュー（現 福州）、ザイトゥン（現 泉州）で東方教会のキリスト教徒の存在を記している。そのほか、現在までにユーラシア東部の各地で、大元ウルス支配期のものを含む東方教会のキリスト教関係の膨大な文献・遺物が出土している。アルマリク遺址をはじめセミレチエ地方付近でシリア語銘文をもつ墓石が、天山山脈トルファンからはシリア文字・ソグド語・ウイグル語などで書かれた東方キリスト教文献が、大量に出土している。敦煌莫高窟《とんこうばっこうくつ》でも、大元ウルス期の北区洞窟で発見のシリア語の文献ほか、漢文、ウイグル語東方キリスト教文献および絹画が発見された。内モンゴルでも、カラホトで少なくとも八件の東方キリスト教文献写本が出土し、オルドス地方で大量のネストリアン・クロスをかたどった青銅器（装飾、容器、印）が出土し、前述のオロンスム、ダルハンムーミンガン旗の木胡児

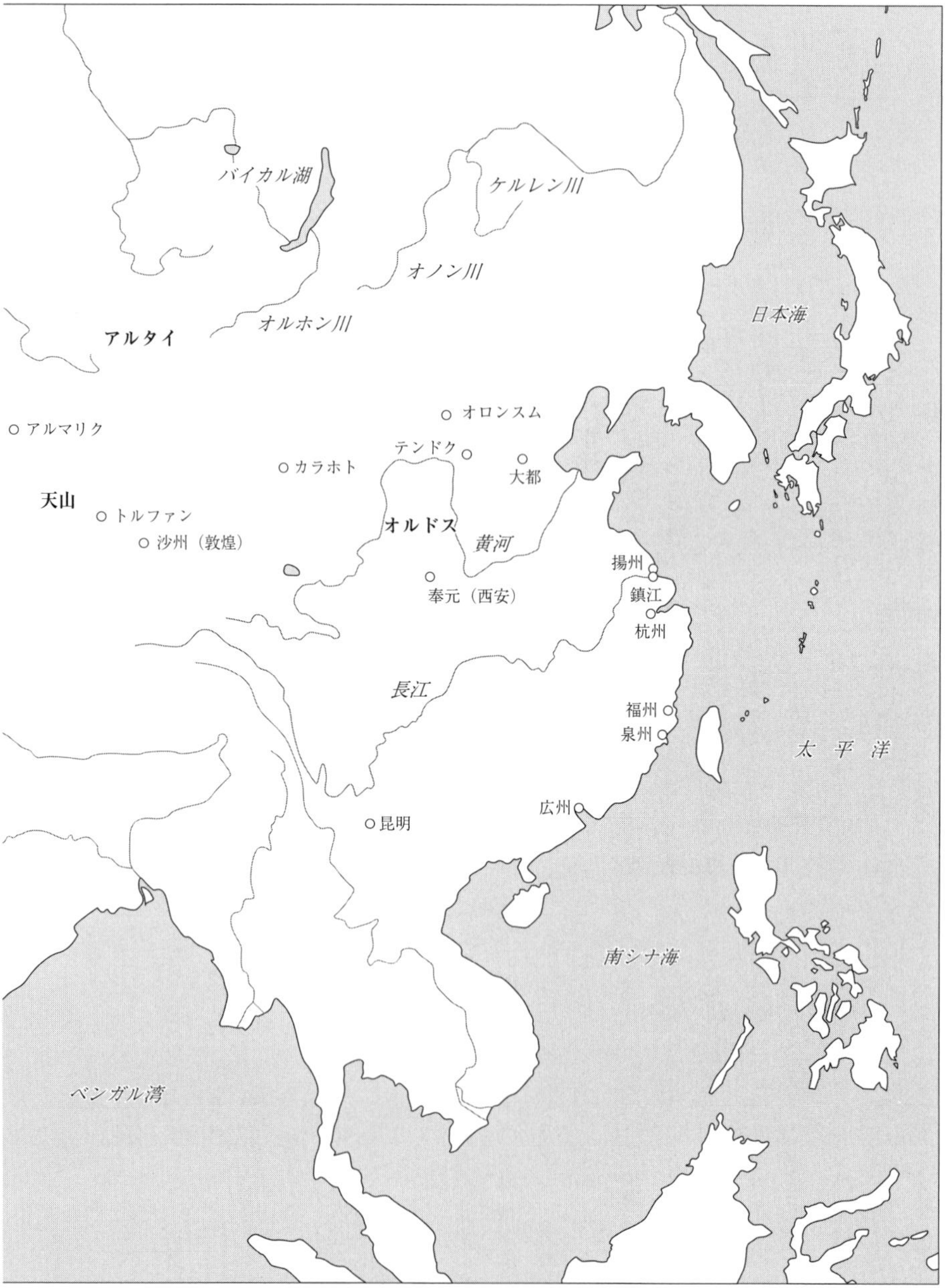

におけるムスリム異邦人たちの出身地

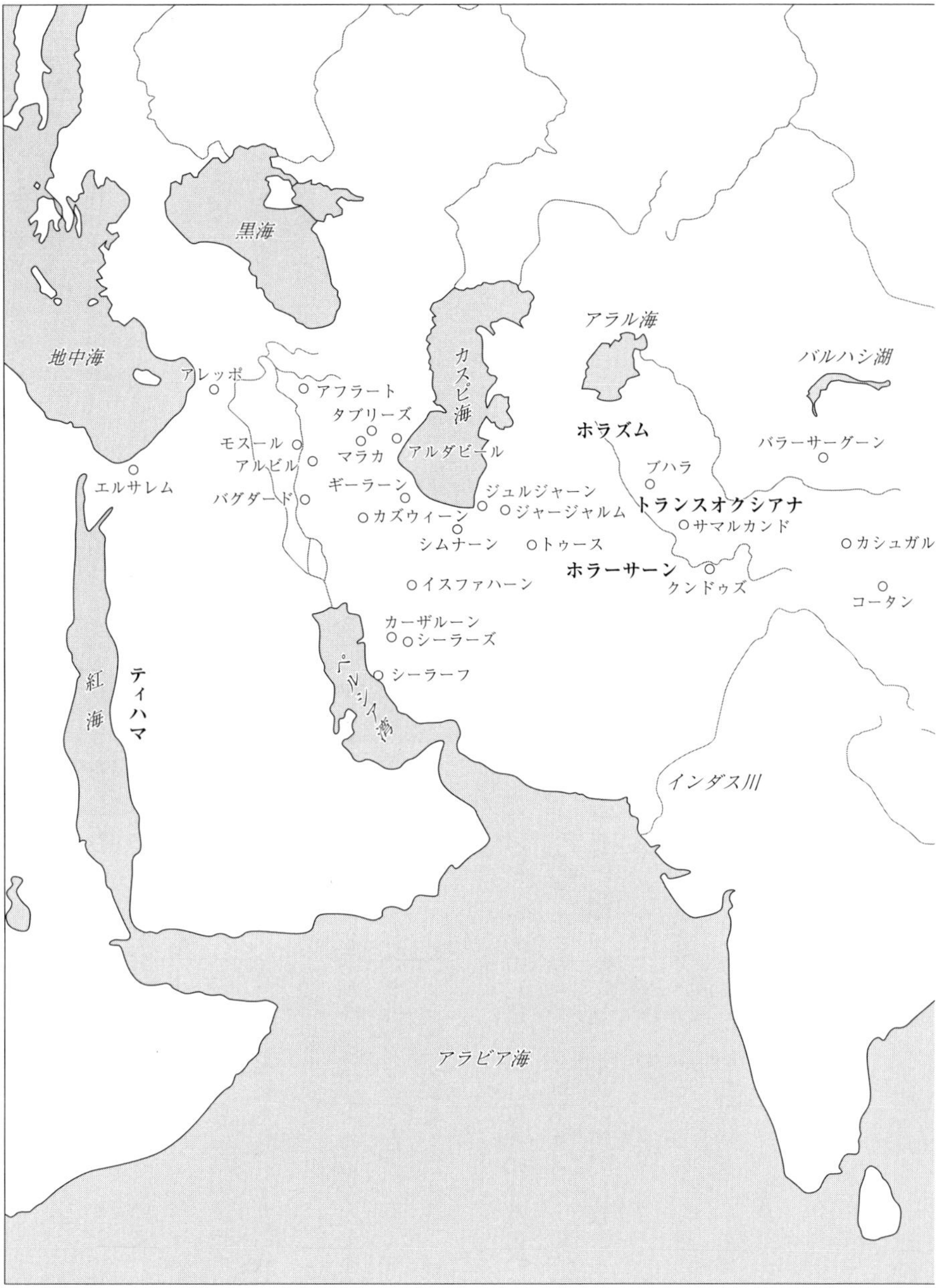

図1－11　モンゴル治下中国沿海部

出典：Biran 2005, Appendix 2, Map 3をもとに加筆。

索卜日嘎古城近辺、四子王旗《ししおうき》の王墓梁からもモンゴル時代の東方キリスト教の墓石が見つかっている。新出資料が多すぎて研究が追いつかない状況である（牛、二〇〇八、一～四一頁）。

クビライの時代、今の北京西郊の房山地区に居住していたウイグル人景教（東方教会キリスト教）僧ラッバーン・サウマとその弟子マルコスが、エルサレムを目指して西域南道を通り、トランスオクシアナを経由してバグダードに至る。マルコスはヤフバラッハーと名乗り、バグダードで聖職者の最高位である法王にのぼり詰める。サウマはさらにヤフバラッハーの推薦でフランスに派遣され、パリでフランス王フィリップ四世と、ボルドーでエドワード一世と会見を果たす。サウマがペルシア語で語った記録にマルコスの伝記を付しシリア語に訳した写本が、一八八七年にイラクで発見され、一九二八年にウォリス・バッジが英訳、一九三二年、佐伯好郎が邦訳した。

それによれば、サウマとマルコスは、沙州、ホータン、サマルカンド、カシュガル、ホラーサーン地方のトゥース、マラガ、ベトゥ・ガルマイ、アルビル、モスール、マルディーン郊外、ティグリス川右岸のジャジラートなど、行く先々で各地に府主教座・主教座・修道院の組織網を張り巡らせた東方教会キリスト教徒たちの協力を受けることができた（那谷、一九九三、七七頁）。

一二六七年、教皇クレメンス四世の使いとして、海路で泉州・楊州を経由し、いまの北京にあたる大元ウルスの都ハンバリク（大都）にやってきたイタリア出身のフランチェスコ会士モンテ・コルヴィーノのヨハネスは、オングトの本拠地に教会を建て、宣教活動を行った。戦前、江上波夫がオロンスムを調査し、東北隅の建物跡をヨハネスの建てた教会と推定した。彼を受け入れたオングトの王ゲオルギスは子に主安（ジュアン）つまりヨハネスという名をつけた。ゲオルギスの死後、ヨハネスはハンバリクに移り三つの教会を建てるなど活動をし、ローマ教皇への手紙を書いた。一三〇七年、教皇クレメンス五世によって、ヨハネスをハンバリクの大司教に任命する教書が出された。これにより、一介の托鉢僧ヨハネスは、東方におけるキリスト教聖職者の最高位となる。ヨハネスの宣教活動を支援すべく、ローマ教皇はさらに七人、次いで三人のフランチェスコ会士を中国に送る。そのなかに泉州の司教となったペルージアのアンドレアやオドリコがいた。

5　陸と海のポスト・モンゴル時代

（1）陸のポスト・モンゴル時代――近世帝国

一六～一七世紀のユーラシア東西の人的・物的交流の活発化が既存の体制に衝撃を与え、その衝撃に対する主体的な対応として新しい国家や社会体制が形成された。その特徴はそれぞれ異なっていたが、この新しい秩序形成の動きに注目して「近世」という概念が用いられ、近年、その共時的な歴史展開が着目されるようになってきた（岸本、一九九八）。この近世を彩る特徴が、ポスト・モンゴル期のユーラシアに並立した新興の諸帝国の、長期にわたって安定した秩序、そのもとで実現した生産性の高い農業・手工業、高い生活水準、独自の文化芸術の繁栄である。従来はそれぞれヨーロッパ史、イスラーム史、インド史、中国史として別個に扱われることの多かった、ロシア帝国、オスマン帝国、サファヴィー帝国、ムガル帝国、清帝国などを「近世帝国」ととらえ、その共時性について柔軟な比較が試みられている（羽田、二〇〇〇：岡田編、二〇〇九、杉山執筆、二九〇～三〇一頁）。

これら「近世帝国」はいずれも火薬兵器と深い関わりをもつ。ムガル帝国では一五一〇年以降、火縄銃を備えた部隊が騎馬隊とならんで主力となる。『バーブル・ナーマ』によれば、一五二七年、王子フマーユーンが指揮する中軍が、火縄銃とザルブ・ザン砲（細長い砲身をもつカルバリン砲か）で敵の戦列と戦意を粉砕し、数に勝るラージプートの騎馬隊と戦象部隊を撃破した（間野、一九九八、五〇九、五九〇頁：Smith et al. 2012, pp. 625-627）。一五一四年、オスマン帝国は最新の小銃を備えたイェニチェリの活躍により、アナトリア東方のチャルディランで、サファヴィー帝国トルコ系騎馬軍団キジルバシュを打ち負かした。その後、サファヴィー朝でもアッバース一世の改革により火薬兵器を導入した。一七世紀半ば、新式の火薬兵器を積極的に導入した清帝国は、明帝国を滅ぼし、朝鮮の鉄砲隊の援軍とともに黒竜江付近でロシア帝国軍を撃退した。「モンゴルの世紀」にユーラシアの西方へ伝えられた火薬兵器は、ヨーロッパで改良され、ヨーロッパ勢力の世界進出の武器となった。ユーラシア東西の地域間交流が活発化した一六～一七世紀には、火薬兵器が様々なルートでユーラシアを駆けめぐり、技術移転が起こり、戦術・軍隊編成・築城法など戦争に関わるすべてを大きく変えた（久芳、二〇一〇、四～一一頁）。最終的には、折からの日本銀・新大陸銀が火付け役となった交易ブームにうまく乗って力を蓄え、火薬兵器の導入に成功した軍事商業勢力が、近世の地域秩序を形づくり、近世帝国に衣替えしていく（岸本、一九九八、四九～六五頁）。

一方、かつてモンゴルが戦場に投入したカウンター・ウェイト式投石器マンジャニークは、回転運動を直線運動に変換する機関の発展の基礎となる。一七一二年頃のトマス＝ニューコメンの蒸気機関も同じ原理を応用している。この「戦争のための機械」は一五世紀イタリアのルネサンス文人たちの想像力を大いにかきたて、一四三二年頃にマリアーノ＝タッコラが、一四八五年頃にレオナルド＝ダ＝ヴィンチが様々なタイプの投石器を描いた（Needham and Yates, 1994, pp. 204-205）。広い意味で、「モンゴルの世紀」が近世に芽吹く種を播いたことは疑いない。

「近世帝国」の広大な版図の支配を可能にした統治システムと、神に付与されたものとしての権力の普遍性主張にも、チンギス・ハンの帝国に淵源するものがある。たとえば、一部で正当化に利用された「チンギス統原理」は、神から権力を授かったチンギス・ハンの血筋を継ぐ者こそが、至上無二の権力者たりえるという主張である。この種の主張を掲げることは、匹敵する最高権力の存在を許さず、必然的に世界征服を志向することとなるが、より現実的な政権の多くは、認識論的に外部のない一元的世界を自己中心的に理念化することとなる。これが「近世帝国」のもつ拡大志向と閉鎖性をともに説明する。

狩猟民のマンジュ族が建てた清帝国の場合は、入関（中国進出）以前からモンゴルの一部部族を支配しており、第二代のホンタイジのとき、大元ウルス皇帝の玉璽を献上されるなど、モンゴルに対してはハンとしての顔をもっていた。明帝国に代わって中国を統治するようになってからは、マンジュ・モンゴルのハンに中国皇帝という顔が加わった。また新疆やチベットを支配するようになると、イスラームやチベット仏教の教義に基づく権力者としての顔ももつようになった（岡田編、二〇〇九、杉山執筆、一三一～一四九頁）。

ティムール帝国においては、君主位の継承は基本的に有力者が構成するクリルタイの推挙・承認というモンゴルと同様の原則を踏襲している。そのうえ、ティムールはチンギス・ハン家の女性と結婚してキュレゲンの尊称を帯び、ティムールによる次男ジャーハーンギール（とその息子たち）の後継指名においては、いずれもチンギス・ハン直系の子孫を母にもつことが理由であった可能性も指摘されている。統治に関しても、かつて中央アジアを支配したチャガタイやオゴデイの血筋をひくハンを擁立し、君主・地方支配者・帝室有力者の命令書にはいずれもハンの名前を記し、ハンの勅命をいう形式をとっていた。従来、トルコ・モンゴル系という出自と豪奢なオルド（天幕）での生活ぶりから、ティムールを遊牧君主ととらえ、彼の帝国を単純に「遊牧国家」ととらえる向きもあった。しかし、ティムールの場合、かつての遊牧君主とは生活パターンが異なっており、夏営地・冬営地は単なる避暑・越冬の地ではなく、前者は征服活動のための軍事拠点となっており、後者は都市近郊に位置する宮殿などの施設をともなう庭園（バーグ）で、遠征準備や内政を行う場となっていた。冬営地の都市での大建設事業と駅伝網整備による首都圏の形成など、近年は様々な性格をもつ複雑な実態にも分析が及んでいる（川口、二〇〇七、一六～八六頁：川口、二〇一三）。

一五世紀半ば、興隆に向かうモスクワ大公国のイヴァン三世は、ビザンツ最後の皇帝の姪ゾエを妃とし、ローマ皇帝の紋章である双頭の鷲を用い、皇帝を意味するツァーリの称号を名乗り、「全ルーシの主」を称した。一六世紀半ば、「雷帝」イヴァン四世は、オスマン帝国を手本に、大貴族を押さえ、士族を中核とした中央集権化を進めた。彼は一時とはいえ、自らが征服したカザン・ハン国のチンギス・ハンの子孫とされるシメオン・ベクブラートヴィチを「全ルーシ」の大公に任じた。その後、一七世紀前半の天候不順と動乱（スムータ）の時代を経て、一七世紀の半ばにロマノフ朝が誕生し、ロシア近世帝国の時代が幕を開ける（和田、二〇〇一、三八～六二頁：土肥、二〇〇七、五二～六四頁）。

オスマン帝国・サファヴィー帝国・ムガル帝国は、モンゴル帝国以前の中央ユーラシアのトルコ系諸政権やモンゴル帝国・ティムール朝の伝統を一部で引き継ぎ、強固な統治体制を構築しつつも、それぞれの環境に柔軟に適応し独自色を有していた。これらの最大規模の近世帝国は、大体において周辺海域支配への関心が薄かった。その間隙を突くように、ポルトガル、オランダ、イギリス、フランスなどヨーロッパ諸国が次々にユーラシア南縁の主要な港に拠点を築き、海上交易を掌握していく（羽田、二〇〇七）。徐々に強まるヨーロッパとの接触は、一部で国境や対等な外交関係といった近代的な認識を芽生えさせた。しかしそれらは「近世帝国」が理念化する一元的な世界秩序と矛盾するとは限らず、むしろそれを強化したり温存させたりもした。

領内にキリスト教徒をかかえるオスマン帝国にとって、キリスト教世界は自らが支配する世界の一部であった。一六世紀前半のハンガリー遠征とウィーン包囲は、「真の皇帝」スレイマンによる、ローマ皇帝を僭称する「スペイン王」カール五世の討伐であった。しかし、一六世紀後半、スレイマンの晩年以後、オスマン帝国の領土的拡大が限界に達し、ヨーロッパ側の防衛線が強化されることによって、両者の間に境界線が出現した。その結果、彼我の他者性が強調され、建築・文学・絵画などの面で独自のイスラーム文化が花開いた（新井、二〇〇二、一一八〜一六一頁）。

清帝国はほかと比べ、伝統的に海域支配への関心が強かったといわれるが、広東におけるヨーロッパ諸国との貿易関係は、対内的には朝貢関係という伝統的な枠組みのなかに覆い隠してしまうことが可能であった。また清帝国はロシア帝国とネルチンスク条約、キャフタ条約を締結し、国境線を画定する対等な外交交渉を行う必要に迫られた。しかし、一方で対内的には外国はすべからく朝貢国という伝統的原則を貫徹しようとした。対ロシア外交は、清の一握りの支配層によって主として満洲語で行われるなど、漢族の被支配層には見えない仕組みとなっていた（岡田編、二〇〇九、柳澤執筆、一九一〜二〇〇頁）。

ムガル帝国の富は、第四代ジャハーンギールのときオスマン朝・サファヴィー朝をしのぎ世界最大といわれた。ヨーロッパ諸国にとってこの上ない貿易相手であったが、ムガル宮廷側にとってもニューグラナダ（現在のコロンビア）産のエメラルドなど貿易がもたらす奢侈品への需要があった。一七世紀に入り、ムガル帝国は貿易相手をポルトガルからイギリスに切り替える。そのきっかけは、一六一三年にインドの主要貿易港スーラトで起きた、ポルトガルによるラヒミー号の拿捕事件であった。ジャハーンギール帝の母マリヤム・ウッザマーニーが経営するラヒミー号は、メッカ巡礼者と莫大な商品を運んでメッカの外港ジェッダとスーラトの間を往復していた。ポルトガルとの関係が悪化したムガル帝国側は、イギリスにポルトガルの襲撃からかれらの巡礼船を守ることを期待した。ジャハーンギール帝の后ヌール・ジャハーンをはじめ、ムガル帝国の貴人たちも貿易を経営しており、キャラコ（インド綿）やインディゴ、デカン高原産のダイヤモンドなどを輸出していた（Findly, 1993, pp. 128–160; Smith et al. 2012, pp. 613–615, 629）。

その後、ムガル帝国では、イギリス東インド会社が、ベンガル太守に占領された要塞カルカッタを奪い返す戦いの結果、協力者の新太守から恩賞としてジャーギール（領地とその税収）を与えられた。やがてイギリス東インド会社は、インドのその他の諸勢力を屈服させ藩王国としていくが、その最初の段階の関係は、従来の伝統的在地支配の枠組みを踏襲する形をとった（羽田、二〇〇七、二九九〜三〇六頁、三三三〜三三六頁）。

（2）海のポスト・モンゴル時代──「交易の時代」前夜

海の歴史の観点からは、大元ウルスと明帝国の間に大きな転換がある。秩序の回復に成功した明帝国は、大元ウルスとは正反対の政策をとり、海禁が施行され、それが倭寇の活動の爆発をもたらした。変化は、かつて対外的接触の前線であった泉州においてもっとも顕著であった。海外貿易への従事を禁じられた外来商人の子孫たちの一部は郊外または海外に離散し、地方のエリート層は科挙試験を目指す。一方、反体制の傾向が強い漳州《しょうしゅう》は、海賊ないし私貿易の拠点となった。明帝国初期に、海域世界の諸国から朝貢使節がやってきたことは、宋の初期と類似する。しかし、海禁が施行されるとともに、これらの諸国との間には、朝貢関係をベースとした、より中央の管理を強化した貿易システムが構築された。結果、朝貢と本来別系統の役所であった市舶司の役割は大きく変化した。ただし、中央直轄による管理貿易体制は、大元ウルスに淵源を見出すことが可能であり、「モンゴルの世紀」からの連続面もあった。

明の時代に交易の形は大きく様変わりしはじめる。それは、一つには日本・朝鮮・琉球・ベトナム・タイなどといった、海域アジア諸国のターミナルがますます力をつけてくることによる。「交易の時代」とそれ以後の東アジア海域世界の主役となる主要なターミナルは、すでに徐々に顔を見せ始めていた。スペインと結びつくフィリピン（ルソン＝呂宋）も、新大陸銀という大きな後ろ盾を獲得する以前から、宋代の文献にはルソン島は麻逸として、ミンダナオ島のブトゥアンは蒲端として表れ、大元ウルス時代の史料にはマニラ（麻里噜、麻里芦）がはじめて登場する。タイ人の城市（ムアン）を指す「暹」も大元ウルス時代の文献に登場してくる。

国際商品である陶磁生産においても中国の独占が崩れる。フィリピンのパンダナン沖の沈没船からはベトナム青花やチャンパー青磁が、上述のトロウラン遺跡からもベトナム青花が出土している。明がのちに海禁政策をとったことで、一五世紀末まで中国陶磁の輸出が激減すると、ベトナムの紅河デルタのチューダウ窯産のベトナム青花やチャンパー王国のビンディン地方産の青磁、タイ中部シーサッチャナライの青磁や鉄絵の輸出が、中国陶磁と交替するように発展した（坂井、二〇〇八、一八五〜一八六頁）。

商業と宗教とが結びついた交易離散共同体（ディアスポラ）の動向に着目すると、変化の底にある一貫した流れを見出すことができる。仏教・ヒンドゥー教にシヴァ教や土着の信仰が共存していたジャワにおけるイスラーム受容の歴史は、「九聖人」（ワリ・ソンゴ）の伝承によって語られてきた。一五世紀の初めから一六世紀末にかけてジャワの各地でイスラームの伝道に功績のあった一群の人々である。こうした聖人のなかにはアラビア、ペルシア、インド、中国の出身とされる者がいる。広くインド洋を越えて中東・南アジアに広がるイスラーム知識人の人脈やスーフィーのシルシラ（師資相承）につながる者たちであった（中村、一九九一）。ところが、かれらの伝道によって崩壊に導かれたとされる最後のヒンドゥー・仏教王国マジャパヒトの王都トロウランのイスラーム墓園マカム・トロロヨ（「死者の広い土地」の意）からは、プトリ・クンチャナ、デヴィ・アンジャスモロといった名をもつマジャパイト王族のものをはじめ、一四世紀後半の没年を刻んだジャワ人ムスリムの墓碑が多数発見されている。一五世紀初頭の王の周囲のムスリム・コミュニティーの存在や、王宮周辺のムスリム居住地の存在は年代記にも示されているが、実際にその記述を裏づける証拠として興味深い[13]。東南アジアにおけるイスラームの浸透は一五〜一六世紀に急激に始まったのではなく、漸進的に進んでいった可能性が高い。

ブルネイ博物館所蔵のスルタン・マハラジャなどの肩書きが記された無紀年のアラビア語墓碑は、泉州で出土の一三〇一年の紀年をもつアラビア語墓碑と、形態と銘文の特徴が完全に一致する。前者は一四世紀初頭のムスリムのスルタンの墓石であると推定される。これは一三六八年に王国を樹立したとされるブルネイの初代スルタン・ムハンマド・シャーより半世紀以上も早い。マカム・トロロヨの墓碑群の紀年（没年）のタイム・スパンは、一三六八〜一六一一年に及ぶ。中国沿海部の泉州・揚州・杭州・広州にみられるアラビア語墓碑のタイム・スパンは一一七三（一一二九?）〜一三七一年となっており、多くがモンゴル帝国支配後半期の一二七〇年代〜一三六〇年代に集中している。両者が入れ替わるように増減したことは、ムスリム商人たちの来航と居留のセンターとしての地位の交替を示すかもしれない。

大元ウルス支配期末期にあたる一三六〇年代を超えると、中国沿海部におけるアラビア語墓碑数が激減するのには、明白な理由が考えられる。それは、特にムスリム商人が多く来航し居住していた泉州で、ムスリム騎兵軍団「亦思巴奚（イスパーハ?）」が町を占拠し、その平定後に数千人のムスリムが殺害され、ある者は周辺農村に逃れ、ある者は海外に逃れるなどしたためである。さらに、追い打ちをかけたのが、明の洪武帝による、泉州の蒲寿庚一族に対する貿易従事禁止令であったとされる。その結果、ムスリム商人たちの来航するセンターは東南アジアに移行せざるをえなかった。やがてマラッカ王国がイスラーム化すると、大元ウルスの時代には南中国港市、北スマトラ、そしておそらくはブルネイなどに拠点をもっていたムスリム商人が、そこに多く集まるようになったであろう。

（3）モンゴル時代の一つの帰結としての鄭和の航海

明帝国の前期には、「モンゴルの世紀」の海上交流を再現する、むしろそれを上回る規模の、史上に名高い鄭和《ていわ》の大航海がみられた。鄭和の大航海は、明帝国の対外政策の積極的側面が最大限に発揮された局面である。永楽帝のこの企図は、かつて楊庭璧の艦隊に海外遣使を行わせたクビライの狙いと比較しうる。目的は通交関係の再構築とその一層の拡大にある。永楽帝の時代には、海禁によって中国港市が民間海上商人の基地として機能できなかったので、マラッカやジャワなどを新たな中心に広域の交易関係が再編されるという、宋の統一以前や大元ウルス初期と同様の状況にあった。海上商人の交易活動のセンターの役割を再び中国港市側にひきつけることで、交易構造の配置転換を打開する試みを担ったのは、宋では海上商人自身であったが、大元ウルスと明においては帝国自身によって積極的な遣使を通じなされた。

大元ウルスと明帝国の連続性は鄭和のバックグラウンドにもみることができる。かれは雲南ムスリムの子孫であり、一説では大元ウルス時代の雲南地方長官サイイド・アジャッルの血を引くとされている。明帝国が雲南を征服した際、鄭和は捕えられ宮廷に宦官として入れられ、やがて永楽帝の頃には頭角を現し、宦官のトップの地位にのぼり詰めた。すでにみたように、大元ウルスの時代から雲南と泉州とは、サイイド・アジャッル家を介してつながっていた。両地域はモンゴル帝国においても、ともに帝国外部と接触する境界に位置していた。雲南はベンガル湾を越えてメッカにつながり、福建は有名な貿易港であったし、ともにムスリムの入植が目立った。

鄭和の艦隊が、本章で繰り返し触れた中国系ムスリムの交易網を利用した可能性もある。泉州東郊にある霊山聖墓のムスリム先賢墓のそばに、一四一七年、鄭和が第五回目の「西洋」への航海にあたり、香をあげたことを記す蒲和日《ほわじつ》によって建てられた碑文がある。蒲和日は蒲寿庚の子孫とされ、そのことは鄭和の航海とかれら一族との関わりを示唆する。だが、ムスリムは、この冒険に関わった多様な集団のなかで際立っていたわけではない。福建省長楽県には、鄭和が風待ちで寄航した時に現地の南山寺の天妃像に祈りを捧げたことを記す碑文が現存する。スリランカには、漢語・ペルシア語・タミル語で記され、それぞれ仏陀・ヴィシュヌ神・アッラーを讃える碑文を残している（大隈、一九九七）。これらの碑文は鄭和の航海が様々な文化伝統に属する人々の協力によって行われたことを示し、そしてそれは、一つの宗教や文化伝統が他を支配せず、様々な文化伝統が共存するという「モンゴルの世紀」的価値を反映している。

以上、本章では「モンゴルの世紀」を中心に、ユーラシア規模の「世界」を行き交うヒト・モノや知識・技術・価値観といった有形・無形のアクターに着目し、それらが空間と時間を超えてつながり、連鎖するネットワークの広がりをありのままに提示してきた。遠距離交易の発展・衰退や帝国秩序はこの広域ネットワークを介して発展し、逆にまたその維持をも担っていた。帝国秩序の完成局面は、国際商業の極大とは必ずしも一致していないし、「モンゴルの世紀」が国際商業の極大であったかどうかもわからない。そもそもユーラシアの遠距離交易の規模を数値化して示すことも難しい。しかし、この世紀のユーラシア大の「世界」における、ある種の「グローバル」な性質、すなわち、ヒト・モノ・技術・情報・価値観などあらゆるアクターを媒介する広域ネットワークの融通性を示すことはできたのではないか。その融通性を維持安定させるシステムとして帝国の意義をとらえることができるかもしれない。ユーラシア遠距離交易のサイクルを明確に示すことはできなかったが、今後、各種の考古学的データを網羅的に比較することで、より長期的な遠距離交易の動向解明に資することができるかもしれない。

注

（1）「社会」の全体性をアプリオリに想定することなく、具体的なアクターの作用や社会的な言説に基づいて社会的関係性をとらえようとする、近年のアクター・ネットワーク理論のアプローチを参照（Latour, 2005）。

（2）岸本（一九九八）などを皮切りに、幅広い地域を対象に含め、国内外で盛んに展開されてきた「近世」論については青木敦の整理を参照（青木、二〇一三）。

（3）ユーラシア史全体を時代区分する試みはいくつかあるが、本節では妹尾達彦・森安孝夫のもの（妹尾、二〇〇一：森安、二〇〇七）を参考に、伊藤一馬・後藤誠司・矢部正明と協力し作成した時代区分をベースとして用いた（矢部、二〇一一）。パトリック・マニングによる「移動」・「交換」・「帝国」の三つのサイクルを軸とした時代区分も参照（Manning, 2015）。

（4）北方ユーラシアの毛皮や金、コータンの玉、中国の絹、アフガニスタンのラピスラズリの流通、馬や車や西アジア的農耕複合といった技術や図像デザインの伝播などが考古学から示されている（川又、二〇〇六）。

（5）近年、若手を中心に遼・金・西夏・宋の時代の東部ユーラシア地域の多言語史料に基づく研究が活性化している（荒川・澤本・高井・渡辺編、二〇一三）。

（6）カラキタイを単純にモンゴル帝国の原型とみなすのは、両者の規模や支配の性格、社会にもたらした影響の違いを度外視するものであり、慎重論がある（Biran, 2005, pp. 119-120）。

（7）二〇一二年四月二七～二九日、韓国・梨花女子大学にて開催の第二回アジア世界史学会（ＡＡＷＨ）におけるパネル Did "Pax Mongolica" Emerge from Nothing?: The Inter-regional Exchange Network before the 13th Century での伊藤一馬らの議論に基づく。

（8）親衛隊はモンゴル語で「恩寵あるもの」を意味したケシクと総称された。もとはテムジン（のちのチンギス・ハン）と苦難を共にした僚友（ネケル）から構成され、氏族的な血の原理を離れ、彼に絶対の臣従を誓う側近集団であった。親衛隊はまた幹部養成機関の機能を果たし、モンゴル帝国の政治・軍事機構における要職はほとんど親衛隊出身者で占められた。親衛隊は、チンギスの諸子・諸弟のウルスにも設けられ、遊牧君主直属軍となった。

（9）イスラーム化以前のユーラシアにおけるトルコ系遊牧国家では、カガンと呼ばれた支配者は、天上の神である①テングリ（「天」）から「幸運」ないし「祝福」を意味する②クトゥを授けられ、支配を命じられ、クトゥが去ると国家の瓦解が起こる。カガンの役割とは、慣習法を意味する③トゥル（後にトゥレ）に基づき、④エルあるいはイルと称される「国家」を平和に治めた（安藤、一九九五、二三三頁）。こうした思想はモンゴル帝国でも継承されていることが確認できる。ほかに宗教に対する寛容さや中央と左右両翼からなる政治・軍事体制もモンゴルがトルコ系遊牧国家から受け継いだ。

(10) オゴデイの時代、旧金朝支配領域であった中国華北地方では、戸口調査が行われ、そこに、チンギス一族以下の千人隊長の所領がモザイク状に設定された。所領における戸口と土地の支配権および税収が世襲の分前（クビ）として与えられた（松田、一九七八）。また、各ウルスの領主が所領の受領、税収をめぐる紛争の調停などの目的のため巡察するジャルグチの制度が発達した（四日市、二〇〇五）。その一方、中央の税収から、世襲の分前以外の個別の賜与（ソユルガル）や贈与（サウカ）も盛大になされた（Buell, 2010, pp. 123-124）。

(11) 現在ヴァチカン公文書館には、グユクの玉璽があるペルシア語の手紙のみが残る。

(12) 研究ではアルマリクではなくMalaga（スペイン）の可能性も併記される（Chen et Kalus, 1991, p. 117）。考古学者の黄文弼が一九五八年の踏査に基づき、イリ地区霍県城の東一三キロ地点の古城をアルマリク遺址と確定した。この遺址からの中国陶磁などの出土状況を鑑みれば、泉州・揚州の碑文に見える地名もアルマリクとするのが妥当だろう。

(13) 一五世紀前半、マジャパイト朝期のジャワに福建・広東系の中国系ムスリムが存在したことを、鄭和の第四次航海（一四一三年出航）と第七次航海（一四三一年出航）に従った馬歓が『瀛涯勝覧』（一四一六年頃）に記している。デ・フラーフ訳『スマランとチレボンのマレー語年代記』にも、一五世紀のマジャパイトに多くのムスリムの存在を語る。『キドゥン・スンダ』というジャワ韻文文学作品に、ハヤム・ウルクと結婚することになっていたスンダの王女を護衛するスンダの軍が都の南方の大モスクでマジャパイトの軍と会したという。このモスクの遺構は確かめられていない。

参考文献

青木敦「ユーラシアの近世・中国の近世」『歴史評論』七六三、二〇一三年。

アブー＝ルゴド、ジャネット・L著、佐藤次高・斯波義信・高山博・三浦徹訳『ヨーロッパ覇権以前――もうひとつの世界システム』上・下巻、岩波書店、二〇〇一年。

新井政美『オスマンvs.ヨーロッパ〈トルコの脅威〉とは何だったのか』講談社、二〇〇二年。

荒川慎太郎・澤本光弘・高井康典行・渡辺健哉編『契丹［遼］と一〇～一二世紀の東部ユーラシア』勉誠出版、二〇一三年。

安藤志朗「トルコ系諸王朝の国制とイスラーム」堀川徹編『講座イスラーム世界三　世界に広がるイスラーム』栄光教育文化研究所、一九九五年、二三一～二六五頁。

イブン＝バットゥータ著、イブン＝ジュザイイ編、家島彦一訳注『大旅行記』（東洋文庫六九一）第一〜八巻、平凡社、一九九六〜二〇〇二年。

今津節生「4．長崎県松浦市鷹島海底遺跡出土品のX線CT調査」『蒙古襲来、元の軍船からみえてくるもの』（鷹島神崎遺跡国史跡指定紀念シンポジウム要旨集）、二〇一三年、一八七〜二〇〇頁。

ウォーラーステイン、イマニュエル著、山下範久訳『入門世界システム分析』藤原書店、二〇〇六年。

惠谷俊之「ガザン・ハンの対元朝使節派遣について――一四世紀初頭におけるイラン・中国交渉史の一齣」『オリエント』八―三・四、一九六六年、四九〜五六頁。

大隅晶子「コロンボ国立博物館所蔵の「鄭和碑文」について」『MUSEUM東京国立博物館研究誌』第五五一号、一九九七年、五三〜七二頁。

岡田英弘編、宮脇淳子・楠木賢道・杉山清彦・岩井茂樹・M・エリオット・村上信明・山口瑞鳳・柳澤明・鈴木真・上田裕之・岸本美緒・渡辺美季・中村和之・渡辺純成著『別冊環一六　清朝とは何か』藤原書店、二〇〇九年。

影山悦子「ソグド人の壁画」曽布川寛・吉田豊編『ソグド人の美術と言語』臨川書店、二〇一一年。

川口琢司『ティムール帝国支配層の研究』北海道大学出版会、二〇〇七年。

川口琢司「ティムールの冬営地と帝国統治・首都圏」『史学雑誌』第一二二編第一〇号、二〇一三年、一〜三八頁。

川又正智『漢代以前のシルクロード――運ばれた馬とラピスラズリ』雄山閣、二〇〇六年。

私市正年『イスラム聖者』講談社、一九九六年。

栗山保之『海と共にある歴史――イエメン海上交流史の研究』中央大学出版部、二〇一二年。

栗生沢猛夫『タタールのくびき――ロシア史におけるモンゴル支配の研究』東京大学出版会、二〇〇七年。

岸本美緒『東アジアの「近世」』山川出版社、一九九八年。

久芳崇『東アジアの兵器革命――十六世紀中国に渡った日本の鉄砲』吉川弘文館、二〇一〇年。

坂井隆「貿易陶磁」桃木至朗編『海域アジア史研究入門』岩波書店、二〇〇八年、一八〇〜一九〇頁。

坂井隆「インドネシア、トロウラン遺跡とベトナムタイル」『金沢大学考古学紀要』第三〇号、二〇〇九年、二八〜四一頁。

妹尾達彦『長安の都市計画』講談社、二〇〇一年。

平雅行『親鸞とその時代』法藏館、二〇〇一年。

田家康『気候文明史――世界を変えた八万年の攻防』日本経済新聞出版社、二〇一〇年。

土肥恒之『興亡の世界史一四　ロシア・ロマノフ王朝の大地』講談社、二〇〇七年。

中村翼「日元貿易期の海商と鎌倉・室町幕府――寺社造営料唐船の歴史的位置」『ヒストリア』第二四一号、二〇一三年、九三〜一二一頁。

中村光男「東南アジア史のなかのイスラーム――秩序と変革」石井米雄編『講座東南アジア学　第四巻　東南アジアの歴史』弘文堂、一九九一年。

那谷敏郎『十三世紀の西方見聞録』新潮社、一九九三年。

丹羽友三郎『中国・ジャバ交渉史』明玄書房、一九五三年。

長谷部楽爾「モンゴルに見る中国陶磁」横浜ユーラシア文化館編『ユーラシアを駆ける――遊牧世界とオロンスム遺跡』横浜ユーラシア文化館、二〇〇五年、一三三〜一六一頁。

羽田正「三つの『イスラーム国家』」『岩波講座　世界歴史一四　イスラーム・環インド洋世界』岩波書店、二〇〇〇年、三〜九〇頁。

羽田正『興亡の世界史一五　東インド会社とアジアの海』講談社、二〇〇七年。

羽田正編『東アジア海域に漕ぎだす一――海から見た歴史』東京大学出版会、二〇一三年。

本田實信『モンゴル時代史研究』東京大学出版会、一九九一年。

松田孝一「モンゴルの漢地統治制度――分地分民制度を中心として」『待兼山論叢』一一号（史学篇）、一九七八年、三三〜五四頁。

間野英二『バーブル・ナーマの研究Ⅲ　訳注』松香堂、一九九八年。

森本公誠「第四章　マムルーク朝とインド洋・地中海貿易」『東西文明の交流　第三巻　イスラム帝国の遺産』平凡社、一九七〇年、一七九〜二一八頁。

森安孝夫『興亡の世界史五　シルクロードと唐帝国』講談社、二〇〇七年。

家島彦一「マムルーク朝の対外貿易政策の諸相――セイロン王 Bhuvanaikabāhu I とマムルーク朝スルタン al-Manṣūr の通商関係をめぐって」『アジア・アフリカ言語文化研究』二〇、一九八〇年、一〜一〇五頁。

家島彦一「ムスリム海民による航海安全の信仰――とくに Ibn Baṭṭūṭa の記録にみるヒズルとイリヤースの信仰」『アジア・アフリカ言語文化研究』四二、一九九一年、一一七〜一三五頁。

矢部正明「中央ユーラシア史用語解説試案――本当に必要な用語とは？」『世界史のしおり』二〇一一年度二学期号、一三〜一五頁。

山内晋次『日宋貿易と「硫黄の道」』山川出版社、二〇〇九年。
山下範久「帝国化する世界システム――『長い二〇世紀』とその帰結」山下範久編『帝国論』講談社、二〇〇六年、二〇七〜二三八頁。
山下範久『現代帝国論――人類史の中のグローバリゼーション』日本放送出版協会、二〇〇八年。
四日市康博「ジャルグチ考――モンゴル帝国の重層的国家構造および分配システムとの関わりから」『史学雑誌』一一四―四、二〇〇五年、一〜三〇頁。
四日市康博編著『モノから見た海域アジア史――モンゴル〜宋元時代のアジアと日本の交流』九州大学出版会、二〇〇八年。
ルゴフ、ジャック著、池上俊一・梶原洋一訳『アッシジの聖フランチェスコ』岩波書店、二〇一〇年。
和田春樹『ヒストリカル・ガイド――ロシア』山川出版社、二〇〇一年。
喬治蘭（George Lsne）「聚景園穆斯林塋地的墓碑」李治安、宋濤主編『馬可波羅遊歴過的城市――Quinsay 元代杭州研究文集』杭州出版社、二〇一二年、二三八〜二五一頁。
亜暦山大莫頓（A.H. Morton）「元杭州鳳凰寺回回墓碑考」姚大力、劉迎勝主編『清華元史』第一輯、商務印書館、二〇一一年、一九三〜二一四頁。
牛汝極『十字蓮花――中国元代叙利亜文景教碑銘文献研究』上海古籍出版社、二〇〇八年。
Ayalon, David, *The Mamlūk Military Society: Collected Studies*, Variorum, London, 1979.
Biran, Michel, *The Empire of the Qara Khitai in Eurasian History, Between China and the Islamic World*, Cambridge University Press, 2005.
Buell, Paul D., *The A to Z of the Mongol World Empire*, Lanham, Toronto, Plymouth: The Scarecrow Press, 2010.
Da-sheng, Chen et Ludvik Kalus, *Corpus d'Inscriptions Arabes et Persanes en Chine 1: Province de Fu-Jian*（*Quan-zhou, Fu-zhou, Xia-men*）, Paris, 1991.
Chuimei, Ho, "The Ceramic Boom in Minnan during Song and Yuan Times", in Schottenhammer, Angela（ed.）, *The Emporium of the World: Maritime Quanzhou, 1000–1400*, Brill, 2001, pp. 237–282.
Findly, Ellison Banks, *Nur Jahan: Empress of Mughal India*, Oxford University Press, 1993.
Latour, Bruno, *Reassembling the Social: A Introduction to Actor-Network Theory*, Oxford University Press, 2005, pp. 1-17.
Manning, Patrick, "Settlement and Resettlement in Asia: Migration vs. Empire in History," *Asian Review of World Histories* 3 - 2 (2015),

pp. 171–200.

Needham, Joseph, *Science & Civilization in China*, vol. 5, part 7, Cambridge University Press, 1986.

Needham, Joseph and Robin D. S. Yates, *Science & Civilization in China*, vol. 5, part 6, Cambridge University Press, 1994.

Perret, Daniel and Heddy Surachman, éd., *Histoire de Barus, Sumatra III, Regards sur une place marchande de l'océan Indien* (*XII*e – *milieu du XVII*e*s.*), Cahier d'Archipel 38, Paris, 2009.

Smith, Bonnie G. Marc van de Mieroop, Richard von Glahn and Kris Lane, *Crossroads and Cultures: A History of the World's Peoples*, Bedford/St. Martin's, 2012.

Stargardt, Janice, "Behind the Shadows: Archaeological Data on Two-way Sea-Tradenbetween Quanzhou and Satingpra, South Thailand, 10th–14th Century," in Schottenhammer, Angela, ed., *The Emporium of the World: Maritime Quanzhou, 1000–1400*, Brill, 2001, pp. 309–394.

第2章　一六世紀「大航海」の時代とアジア

岡　美穂子

1　銀の世紀とイベリア半島

一六世紀の世界史的な特徴を一言で表すならば、「グローバル化」、すなわち交接しながらも、それまでの相互の影響が長期的かつ限定的であった各地の交易圏・文化圏が、密で短期的な連動性のもと、互いに影響を与え合うようになったことであろう。そして、世界を一体化させるのに、大きな役割を果たした物産が、「銀」であった。それは一九世紀まで、世界経済を実質的に動かす物産であり続けた。銀の流れが世界経済の動脈として、各地域間交易の決済手段となった事実は、それらが産出される地域に対する世界中の人々の関心を、否応なく駆り立てることになった。奇しくも一六世紀に開発され、長距離交易を推進する原動力となった銀山を擁した地域の一つに、極東の島「日本」があった。

(1) 石見（大森）銀山

当時、海図・地図の知識・技術で世界一の水準を誇ったリスボンの工房で製作された世界地図に、日本列島がある程度具体的に描かれ始めたのは、一六世紀中葉のことである。当初は、琉球列島の一部として「日本」が描かれていたが、一五四〇年代にポルトガル人が華人海商の船に同乗して日本に出入りし始めると、ヨーロッパに伝わる日本に関する地理情報も急

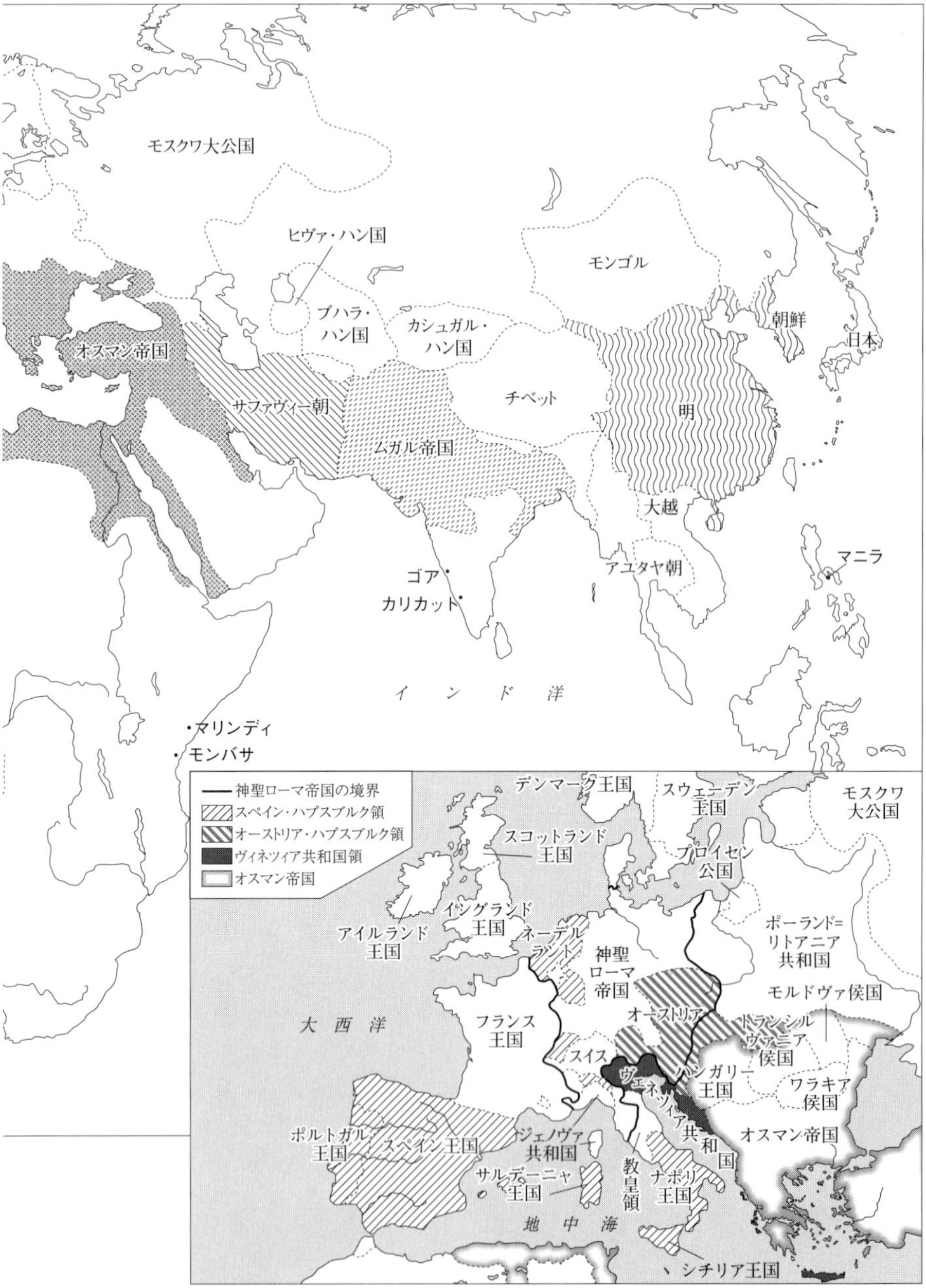

と16世紀後半のヨーロッパ

図2－1　16世紀頃の世界

出典：南塚信吾・秋田茂・高澤紀恵責任編集『新しく学ぶ西洋の歴史』ミネルヴァ書房，2016年，28-29頁に加筆。

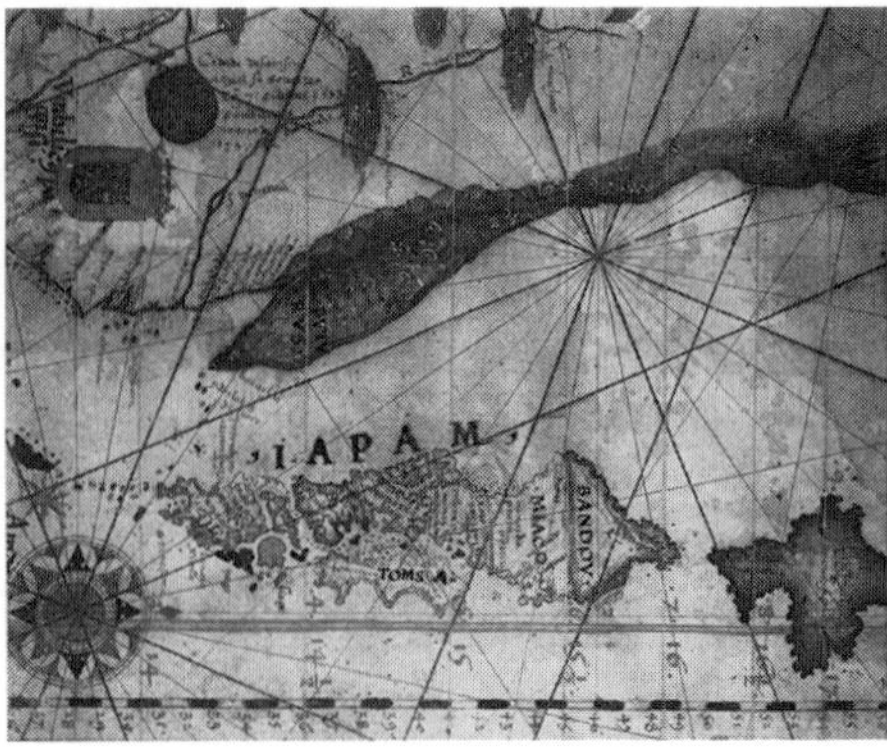

図2−2　バルトロメウ・ヴェーリョの世界図
（フィレンツェ科学史博物館）

速に増えた（村井、二〇一三、三九〇〜三九四頁）。日本の本州西部にある銀山の存在は、バルトロメウ・ヴェーリョ製作の地図（一五六一年）に明確に描かれる。これはその時期、開発が本格化した石見銀山を指しているとみられる。

しかし、日本列島ないしはその近海にある別の「銀の島」は、ヨーロッパ人の間で一七世紀になっても探索対象であり続け、多くの地図は蝦夷島をその対象と比定していた。一六一一年スペイン領メキシコ（ヌエバ・エスパーニャ）を出発し、日本に到着したセバスチャン・ビスカイノ一行は、将軍徳川秀忠に対する外交使節であったが、日本近海における金銀島探索もその主目的の一つとしていた。また、オランダ東インド会社は、一六三九年と四三年に二度、太平洋上での金銀島探索を目的とした艦隊を派遣している（岸野、一九七八）。それほどまでに、日本周辺は銀産出地域として、世界の注目を集めていた。

一六世紀後半から一七世紀前半にかけて、世界の銀産出量の三分の一を担ったと推定される石見銀山の開発は、博多商人神屋寿禎《かみやじゅてい》に始まるといわれる。一四世紀にはすでに山口の守護大名大内氏が銀の採掘を始めたとの伝承があるものの、豊富な銀鉱の地としてはそれほど知られていなかった。一五二六年頃、神屋が再開発に乗り出し、一五三〇年には博多経由で朝鮮人の鉱山技術者宗丹《そうたん》と桂寿《けいじゅ》を招来し、灰吹き法が導入された。灰吹き法は、鉱石に鉛を加えて溶かし、含銀鉛（貴鉛）とその他の成分に分離したうえで、鉄鍋に敷き詰めた灰（キューペルの代用）の上で貴鉛を熱して銀を取り出す技術であった。一度の工程では高い純度の銀を取り出すことができず、作業を繰り返すことで純度を高めることができた。石見の銀鉱石は銅の含有率が低かったため、純度の高い銀を取り出しやすかったともいわれる。石見銀山の開発にともなって、当時、日本随一の商都であった博多や堺と石見地方を結ぶ航路や街道が整備され、そのルートにあたる宿場町等が発展した（原田、二〇一三）。

その後、中国・山陰地方における大内氏の支配力は、陶《すえ》氏による謀反、尼子氏、毛利氏の台頭等で一挙に崩れ、一五六一年頃、銀山一帯は毛利氏の掌中に収められた。続いて、織田信長による天下統一事業と後継者豊臣秀吉の中国平定があり、豊臣氏と毛利氏の共同管理を経て、江戸幕府による直轄領としての管理が始まった。開幕当初より江戸幕府は貨幣経済の基礎構築と安定化のため、全国の主要な鉱山の直轄化を図った。石見銀山もまた周辺地域と合わせて天領となり、一六〇一年には初代代官大久保《おおくぼ》長安《ちょうあん》が着任した。石見銀山で灰吹き法により精錬された銀の純度は非常に高く、約九八パーセントの純度であった。一五七一年に開港された長崎における外国貿易では、ソマ銀と呼ばれる純度の高い銀が決済手段として好まれ、純度の劣る丁銀は、積出し用に密かに精錬改鋳されることもあった（小葉田、一九七六）。

（2）「新大陸」の銀山

奇しくも石見銀山とほぼ同時期に、スペイン人が征服した中南米でも大規模な銀山開発が始動した。中南米の銀鉱から採掘される銀は、主にヨーロッパへ向かうもの、中国との交易のためにガレオン船で太平洋を運ばれるものとあったが、一七世紀初頭の中国には毎年、日本からの銀二〇〇トンとは別に、ほぼ同量の銀が太平洋・フィリピン経由で吸収されたと推定されている（フリン、二〇一〇、七四頁）。これらの銀が、中国に与えた影響については、それを同国の商業社会を大きく変革する要因となったと指摘する説、一定の変化をもたらしながらも、諸要因から限定的と評価する説等が知られる（フリン、二〇一〇、一六～一九頁：岸本、二〇一三）。いずれにしても、その価値は地域によって大きく異なるとはいえ、銀という世界で共有可能な「通貨的」金属が大量生産され、それを元手に、世界各地の商品が交換可能となることで、より広範囲に商品が移動し、またその量もそれ以前の時代と比較すると、海上交通の発達と相乗して、圧倒的に増加したという因果関係は否定できない。

一四九二年に「新大陸」を発見したコロンブスに続くスペイン人征服者（コンキスタドール）たちは、私兵を率いて中南米の島嶼部から大陸に乗り込み、インディオの殺害・奴隷化を通じて獲得した土地を領有し、土地の開発に勤しんだ。彼らは征服した土地を名目上スペイン国王に捧げる一方で、その地の統治権を得て、キント（五分の一税）と呼ばれるインディオから搾取した税金の上納と引き換えに、「管理者」としての地位を与えられた。しかしながら、天然資源をはじめとした豊饒な可能性が次第に明らかになるにつれ、スペイン王室は新大陸の管理に強い関心を抱きはじめ、一五二四年に宮廷内にインディアス枢機会議が設置された。征服者たちの放埒で乱暴な支配を管理するべく、一五三五年、現在の中米地域にヌエバ・エスパーニャ副王領、一五四三年、ブラジルを除く南米地域にペルー副王領が設置され、枢機会議の承認の下、大貴族が副王に任じられるようになった。

その一方で、征服者たちはインディオをキリスト教に改宗して「文明を授け」、「保護する」ことを名目に、インディオからの労働提供や貢納を権利とすることをスペイン国王が容認した制度（エンコミエンダ）を建前に、インディオからの搾取を極めた。新大陸での鉱山開発が始動した一五三〇年代、開拓者（エンコミエンデロ）たちは、エンコミエンダ制を口実にインディオを鉱山労働へと駆り立てていった。またスペイン王室が派遣する副王たちの権威を否認して反乱を起こし、初代ペルー副王は殺害される等、スペイン王室による新大陸の統制は円滑とは言い難いものであった。

メキシコで初めて銀鉱脈がスペイン人に知られたのは一五二五年のことで、一五三〇年代には他の銀山開発も始まった。一五四〇年代には、サカテカス（一五四六年）、グアナファト（一五四八年）で大規模な銀鉱脈が発見され、メキシコの鉱山から産出される銀は、大西洋貿易用にサンタ・クルスへ、そして太平洋のガレオン貿易用にアカプルコへと随時運ばれていった。サカテカスの銀鉱脈は一つの山に限らず、一帯の広い範囲にわたったため、一九世紀までメキシコの銀産出量の大半を支え続けた。

メキシコの豊富な銀鉱と比較すると、ボリビア（ペルー副王領）のポトシ銀山開発（一五四五年）では、主にセロ・リッコと呼ばれる山に銀鉱が集中していた。そのため、一八世紀中には銀鉱脈は枯渇するに至る。ペルーには、一五六九年、フェリペ二世の腹心フランシスコ・デ・トレドが副王として着任し、エンコミエンデロが放埒を極める植民地の行政改革に乗り出したが、その政策のなかには、鉱山等におけるインディオの奉仕労働を制度として整備したミタ制、水銀を用いた高度な銀の精錬法であるアマルガム法の導入等があった（青木、二〇〇〇）。

中南米の金銀鉱山では、一五七〇年代にアマルガム法が導入されたことで、銀の精錬技術が格段に飛躍した。元々はメキシコへ招来されたドイツの鉱山技術者が伝えたとされるアマルガム法は、常温では液体状になる水銀を用いて純度の高い金属を取り出す方法である。鉱石を細かな粉状になるまで挽き潰し、水銀と水を加えると、水銀に鉱物のみが吸収される。それをキューペルと呼ばれる灰皿の上において加熱すると、水銀が蒸発し、皿の上に純度の高い金銀が残った。この方法では水銀が不可欠であったことから、水銀鉱山の開発も進み、インディオ鉱山労働者に対する需要はさらに増加した。このように、鉱山労働には、現地のインディオが大量に動員されたが、疫病、劣悪な労働環境による逃亡や死亡で労働力確保が困難になると、多くのアフリカ人奴隷が大西洋貿易で輸入されるようになった(1)。

一六世紀のハプスブルク朝スペインは低地地方、ミラノ公国やジェノヴァ、ナポリ公国といったイタリアの重要地域を傘下におき、ヨーロッパの相当広い領域に影響力をもっていた。独立を求める帝国領内の諸地域との長年にわたる戦争を繰り返しながらも、スペインがヨーロッパにおける華々しい覇権を維持できたのは、ひとえに新大陸からもたらされた銀の力に負う。

ハミルトンは、新大陸からの金銀流入の激増により、スペインとその影響力の強い地域では一世紀にわたってインフレが続き、一六世紀末のスペイン国内の物価は、同世紀の初頭の四倍にまで膨れ上がったとする説（価格革命）を導き出した(Hamilton, 1934)。しかしその後、一六世紀ヨーロッパのインフレ現象は、新大陸からの金銀材料の流入にともなう貨幣流通量の増加のみからは、その現象を説明しえないと指摘されるに至っている。まず第一に、スペイン領の新大陸産の銀の増産は一六世紀中葉に始まる大規模開発によるものであるのに対し、一六世紀のインフレ現象はその初頭からすでに始まっていることが疑問視された。そのインフレの背景には複層の要因があることを指摘する諸説が展開され、現在では、人口増加と農産物の供給の不均衡が主な原因であったとする見方が有力である。

しかしながら、スペイン王国の財政が、新大陸の鉱山主たちから上納されるキントやセビーリャの税関で納められる関税等で俄かに潤沢となったのは事実であった。であるにもかかわらず、新大陸のスペイン人支配者たちに対して有効な統制力を発揮できず、植民地行政も混乱しがちな中、イングランドとの戦争や低地諸国の独立運動鎮圧に要する戦費にこれらの収入が費やされ、さらには低地諸国やカタルーニャ地方の独立等で税収入が激減したこと等を原因に、一七世紀には急速にスペインの国力は衰退していった。

(3) ポルトガル・スペインとイタリア人

一七世紀以降現在に至るまで、イベリア半島は一六世紀の繁栄を、一度たりとも取り戻していない。大航海時代を牽引したスペインとポルトガルは、イベリア半島において隣接し、その境界も時代に応じて移動が著しく、一五八〇年から一六四〇年まで、ポルトガルはスペイン王フェリペ二世から四世の統治下に置かれた。フェリペ王たちの時代に限らず、代々王家の血脈の交配は非常に盛んであった。何故この二つの国が、「グローバル化」を導くルートの敷設に至ったのであろうか。

イベリア半島は、本来豊かでヨーロッパ内でも勢いがあったり、強力な王権が存在した地域ではない。むしろ、一五世紀までいくつかのキリスト教国とアル・アンダルスと呼ばれる複数のイスラーム都市国家で構成された、ヨーロッパ内で特異的にイスラーム勢力の強い地域であった。それゆえに、文化的には西アジアから地中海のイスラーム文明の恩恵を色濃く受けながらも、それを駆逐(レコンキスタ)した自負のあるキリスト教国の宗教的・政治的反動が、マグレブ地方のイスラーム諸王朝への対抗・報復意識へと強くつながった結果、外洋進出が促進されたとみる傾向もある。さらには大西洋というヨーロッパの「外洋」に面した地理条件の下、一五世紀中葉までには、アゾーレス諸島やカナリア諸島といった大西洋の島々を探索する海洋技術を発展させていたことも重要である。しかし、それらの諸条件が下地にあったとしても、外洋進出を具体的かつ強力に後押ししたのは、紛れもなく経済的動機であった。

ブローデルは一五五七年から一六二七年を「ジェノヴァ人の世紀」と名づけた(ブローデル、一九九五、一九八~二二〇頁)。ジェノヴァと大航海時代の関係性は、コロンブスがジェノヴァ人であったこと以外、一般的には印象が薄い。しかしコロンブスの航海と、その前後のスペイン・ポルトガルの航海事業に続く交易運営の裏側には、東方(レパント)交易をめぐってヴェネツィア共和国との戦いに敗れたジェノヴァ共和国の商人貴族たちによる、大規模な資本の投下があった。大航海時代を資本面に限定していえば、その真の主役はジェノヴァ人と、後で登場する陰の存在「新キリスト教徒(コンベルソ)」であったといっても過言ではない。

一三八一年、トリノ条約により、ヴェネツィアとの百年戦争がジェノヴァの敗北で終わった。東地中海の交易の要所を支配し、黒海交易をほぼ独占してきたジェノヴァであったが、オスマン朝トルコの躍進と黒海交易への参入、フランス軍による占領と、ジェノヴァの自治とそれを支える経済は衰退へと向かった。地中海交易において劣勢となったジェノヴァ商人は、生き残りをかけて、新しい経済資源を模索した。その一つが、ユーラシア大陸の最西端に位置したポルトガルであった。一四世紀前半にカナリア諸島に到達したポルトガル人は、その後一五世紀前半にマデイラ諸島、アゾーレス諸島、ヴェルデ諸島といった大西洋上の島々を「発見」したが、いずれの事業にもジェノヴァ人が関わっていた（アタリ、二〇〇九）。

ジェノヴァ人は一四世紀以降、砂糖プランテーション事業を地中海のキプロス島、シチリア島、さらにはポルトガル南部のアルガルヴェ地方に展開していたが、マデイラ諸島が一四一九年に「発見」されると、気候がサトウキビ栽培に適していることを察知し、プランテーションを同地に導入した。コロンブスはその青年期、ジェノヴァの海運業に従事し、ポルトガル、イギリス、フランドル等に航海したが、一四七六年以降はリスボンに活動の拠点を置いて、砂糖で潤うジェノヴァの富豪センチュリオーネ家の代理商となった。一四八〇年頃には、ポルト・サント島の領主の娘を娶り、その統治権も継承している。

コロンブスの青年期の活動は、マデイラ諸島とジェノヴァを結ぶ交易ルート上にあった。マデイラ諸島で生産される砂糖の大半はアントワープのポルトガル商館へ送られたが、一五世紀末には、キプロス島の砂糖生産量を超え、当時のヨーロッパで取引される砂糖のうち、もっとも重要な位置を占めるようになった。マデイラ諸島は、ブラジルのサトウキビ栽培が軌道に乗るまで、ヨーロッパで取引される砂糖のもっとも主要な生産地であり続けた。

リスボンのジェノヴァ人共同体は一五世紀にはすでに存在し、ポルトガル王室に対するコロンブスの発見事業の売り込みを画策したことで知られているが、リスボンの商業機能とジェノヴァ人の具体的な関係については、未だ解明されていない点が多い。むしろ、一六世紀初頭のリスボンではフィレンツェ商人の影響が強く、インド＝リスボン間の交易においても、フィレンツェ商人がかなり深く関わっていたことが指摘されている（Subrahmanyam, 1990, pp. 2-15）。ジェノヴァ人の具体的な活動については不透明であるものの、一九世紀までマデイラ島の領主であったスピノラ家は、ジェノヴァの四大商人貴族であったスピノラ家の傍流であり、二〇世紀にはサラザール革命後の新政府で初代大統領となったアントニオ・スピノラを輩出している。

ポルトガルと比較すると、スペインにおけるジェノヴァ人の存在はより明確である。一五二八年、ジェノヴァはフランスによる支配をスペイン艦隊の援軍を得て脱し、ハプスブルク朝スペインの一部に保護州として組み込まれたことで、スペインの王室財政並びにアメリカ大陸の貿易を資金面から強力にサポートするようになっていった。フェリペ二世統治下の一五七五年の時点で、スペイン王室のジェノヴァ商人に対する債務は、一三〇〇万ドゥカットに及んでいた（Kirk, 2005, p. 66）。低地諸国での戦争やカタルーニャ地方の制圧、対英戦争等、莫大な出費を要する事業が重なり、華々しくみえるスペインの財政は実際のところ火の車であった。負債の埋め合わせとして、スペイン王室は宮廷内や植民地の要職をジェノヴァ人や新大陸で勢いをつけたコンベルソに委ねることもあった（Pike, 1966, 1972）。

ポルトガルでマデイラ島の砂糖貿易に深く関わったスピノラ一族は、スペインではセビーリャ等を中心に、同じくジェノヴァ出身の商人貴族ドーリア家と競い合って、新大陸との交易に投資家として参加した。スペイン王室の債務が増加するにつれ、セビーリャに到着する新大陸からの船に積み込まれた銀の多くは、国営税関ではなく、地中海を通ってジェノヴァへと運ばれるようになったという。

スペイン宮廷内で重用されたスピノラ家の一族には、対低地諸国戦争の将軍として有名なアンブロージオ、セビーリャにおけるスピノラ家の家業を厭ってイエズス会の修道士となり、マカオを経て日本に渡り、元和の大殉教で長崎において焚刑に処されたカルロ・スピノラ等がいた（スピノラ、一九八五）。日本で布教活動に従事したスピノラは、京都における布教でヨーロッパの数学や建築技術、天文学を伝授し、長崎においては布教資金獲得のために、ポルトガル人の交易に多額の投資を行い、日本人からの貿易投資を募る斡旋業務にも従事した（岡、二〇一〇、二六七〜二六八頁）。

（4）地図上の世界分割――デマルカシオン

コロンブスの大西洋横断により、世界には「未発見の土地」が多く存在することが認識され、先進的に「発見事業」を進めたスペインとポルトガルの間には、熾烈な競争関係が生まれた。教皇子午線（一四九三）を経て、トルデシリャス条約（一四九四）によって、カーボ・ヴェルデ西端より三七〇レグアを境界とし、その東側がポルトガル、西側がスペイン領とされた。コロンブスの航海がもともと香辛料の潤沢なインドを目指したものであったことからも、インドとアウレア・シェルソネスス（黄金半島）として漠然と意識されていた東南アジアの半島部と島嶼部の地図上の領有権は、スペイン・ポルトガルの双方にとって重要な問題であった。地球が球体であることは、一五世紀末のヨーロッパ知識人のあいだではすでに認識されていたが、それが実際に証明されたのはマゼランの航海（一五一九～二二）によってであり、それまではトルデシリャス条約で引かれた大西洋上の子午線の対蹠線を確定させるのは不可能であった（合田、二〇〇六）。

丁子やナツメグといった香辛料の産地として知られるようになったマルク諸島のティドレ島にはマゼラン艦隊の到着以前にポルトガル人が通商を始めていたが、ティドレ島領主とポルトガル人の関係悪化により、ティドレ島の領主は、マゼラン艦隊のスペイン人を優遇しようとした（生田、一九九八）。マルク諸島の領有問題は、スペインとポルトガルの大航海時代における最大の争点であったが、結局サラゴサ条約（一五二九）でスペイン国王が三五万ドゥカドと引き換えに、マルク諸島における権利を放棄したため、同諸島から二九七・五レグアの子午線を以て、その西側をスペイン領、東側をポルトガル領として、世界の分割（デマルカシオン）が一応の決着をみたのである。しかしスペイン人はその後もマルク諸島を諦めきれず、太平洋を横断する艦隊が派遣されるたびに、マルク諸島周辺でポルトガル人と紛争を繰り返した。

サラゴサ条約で引かれた線に従えば、フィリピンもまたポルトガル領となる。しかし同条約においてマルク諸島での権利を放棄したスペイン国王カルロス一世（神聖ローマ帝国カール五世）は、国内の貴族の反発を抑える目的で、一五四一年、ヌエバ・エスパーニャ初代副王アントニオ・デ・メンドーサに命じてビリャロボス艦隊をアジアに派遣させ（一五四二）、マルク諸島への足がかりを作ろうとした。太平洋を横断したビリャロボスはフィリピン諸島に上陸し、これをスペイン領として宣言した。

当時、カルロスはポルトガル王女イサベルを王妃として迎え、カルロスの妹カタリーナはポルトガル国王ジョアン三世に嫁ぐという二重の婚姻関係によって両国は結束していたため、フィリピン領有宣言に関しては、ポルトガル側からの大きな反発は見られなかった。その当時のフィリピンは、若干の金の産地として認識されていたものの、大きな資源価値が見出されていなかったことも理由であろう。これを以て、フィリピン諸島はサラゴサ条約の子午線の東側に位置しながらも、アジア唯一のスペイン領となった。

(5) スペイン領マニラとガレオン貿易

カルロスがいったん棄権したアジアに再び関心を取り戻したのは、一五二〇年代にポルトガル人が中国沿岸部に進出し、密貿易で取引された中国産商品がヨーロッパ市場に以前より潤沢に流れはじめ、アジア交易に新たな価値が見出されたことも影響していたはずである。ビリャロボス艦隊がフィリピン諸島出発後、マルク諸島でポルトガル人に捕縛され、結果として遠征が失敗に終わったことで、その後しばらくスペイン王室はフィリピンに価値を見出さなかった。フィリピンの植民地化計画はフェリペ二世の時代に再燃し、一五六四年にはレガスピを艦隊長とした遠征隊が組まれ、メキシコのナビダ港を出発した。まずセブ島が一五六五年、ルソン島が一五七〇年に征服され、一五七一年には植民地首府として「マニラ市」の建設整備が着工された(モルガ、一九六六、四六〜四七頁)。

一五七四年、未だ建設途上のマニラ市を、広東省出身の林鳳《リマホン》を首領とした大規模な華人の海寇集団が襲った。初期のスペイン領マニラと明朝の外交は、林鳳への対処問題をめぐって進められていった経緯がメンドーサ『シナ大王国誌』に詳しく描かれている。ルソン島は本来華人商人の交易圏にあって、スペイン人たちはフィリピン到着後まもなく、多数の華人商船がもたらす中国産商品を目にした。林鳳は四〇隻ほどの船舶を率いていたが、たまたまマニラから中国への帰途にあった華人の商船を襲って、マニラがスペイン人の逗留によって豊かになりつつあるのを知り、同地を急襲したとみられる。

その後、主に中国産商品の取引を目的に、メキシコのアカプルコからマニラへ向けて、毎年三隻の商船(ガレオン船)が派遣されることになったが、一五九三年には二隻に限定された(Schurtz, 1939)。それにより、ガレオン船の大型化が進んだだけではなく、実際にガレオン船に乗り組む商人以外に、中南米の銀を投資する投資貿易家たちが群がり、遭難時の保障機能のついた海上貸付が盛んに運用された。この投資では、受け取り手の海難時の返済義務の免責を保障するかわりに、高利が条件とされた。同様の投資は、ポルトガル人のアジア交易や、その影響を受けた日本の南蛮貿易、朱印船貿易でも同時にみられ、日本人や中国人も投資に加わった(岡、二〇一〇、一九三〜一九八頁)。

一五七八年、若いポルトガル国王セバスチャンが継嗣を残さずにモロッコで戦死し、臨時的にセバスチャンの大叔父にあたる枢機卿エンリケが王位に就くも在位二年で死去、王位後継争いを経て、ポルトガル王女を母としたスペイン国王フェリペ二世がポルトガルの王位に即位（一五八〇）、一六四〇年まで、両国は同君統治（事実上の併合）の状態に置かれた。フェリペは両国の政治機構や海外領土の運営に関しては従来通りとし、分立統治を前提とした。その政策の一環で、国外のポルトガル人とスペイン人との通商を禁じたが、華人ルート以外で、マニラのスペイン人が中国産商品やインド・東南アジア諸産物を円滑に入手できる方法に、マカオのポルトガル人との通商があった。スペイン国王によってマニラ＝マカオ間通商は本来禁じられていたものの、実際には黙認されていた。この両地域の交易を担ったのは、カザードと呼ばれる現地在住ポルトガル人であった。マカオのカザードの半数近くはユダヤ教からカトリックに改宗した「新キリスト教徒（コンベルソ）」であった（Sousa, 2010 : Boyajian, 1993）。

2　宗教と商業——ユダヤ人離散の影響

スペイン・ポルトガルの大航海事業によって教化すべき対象が大量に見出された時代、ヨーロッパのカトリック教会は、宗教改革の渦中にあった。新設修道会イエズス会や、一三世紀以来カトリック教会内部において中心的存在を担ってきた托鉢修道会の分派が海外進出を積極的に進めた背景には、プロテスタント勢力の増加にともなう、カトリックの数的拡大の必要性があった。「発見の土地」の原住民らの教化対策もあって、近代の国際法学や経済学の基礎となるサラマンカ学派のような新しい神学研究も発展した。

この時代、ハプスブルク朝スペインとその周辺地域が抱えた大きな社会問題に、ユダヤ教やイスラーム教から改宗した新キリスト教徒、すなわち「コンベルソ」と呼ばれる人々の問題があった。彼らに関する問題は、今日ではイベリア半島の宗教問題にとどまらず、彼らの商業ネットワークの変遷と、それと同時に進行したアントワープ、ロンドン、アムステルダム、イスタンブル等の都市の経済的発展に関わる、世界史上の重要な論点として認識されている（Bodian, 1997 : Israel, 1997）。

(1) イベリア半島のユダヤ人——セファルディム

ローマ帝国によるエルサレムの植民地化を契機としたディアスポラ（離散）で、ユダヤ人の多くが地中海沿岸諸国へと拡散した。ウマイヤ朝、ムラービト朝、ムワッヒド朝等のイスラーム王朝やアル・アンダルスのイスラーム王国が長く支配したイベリア半島では、各時代の宗教政策により、ユダヤ教徒人口に変動はあったものの、彼らがこの地から激減することはなかった。

イベリア半島のユダヤ教徒は基本的に都市民で、多くが大都市部に集住しており、時代によって若干の差異はあるものの、大都市でのユダヤ教徒比率は一〇分の一程度と考えられている。とりわけグラナダやセビーリャ等のアンダルシア地方に多く、グラナダ市民の五分の一を占めたと推計されている。

一四世紀末、もともと潜在的にあった反ユダヤ主義思想がキリスト教徒民衆の間に徐々に高まり、一三九一年、セビーリャで大規模なユダヤ教徒虐殺事件が起きた。反ユダヤ運動はカスティーリャ王国やアラゴン連合王国内の他の大都市にも広がり、各地でキリスト教徒によってユダヤ教徒が虐殺され、シナゴーグや集住居住区（アルハマ）が破壊された。この時期から、キリスト教徒への改宗者（コンベルソ）の数が増大したが、コンベルソのなかには表面的な改宗者も多く、キリスト教徒民衆の間には、引き続き彼らに対する不信感が拡大していった（関、二〇〇三）。

カスティーリャやアラゴン王国領内でユダヤ教徒の迫害が激化した頃、ポルトガルはアヴィス朝の勃興期にあった。王朝交代には、世代ごとに緊密な縁戚関係を築いてきた隣国カスティーリャ王国の間接支配からの脱却という要因が強く影響したために、両国の関係は悪化していた。そのため、カスティーリャ、アラゴン領内での迫害を受け、多数のユダヤ教徒がポルトガルへと移住した。一四世紀末には、ポルトガルのユダヤ教徒共同体の数は、三一から一五〇へと変化したといわれる（Tavares, 1995, pp. 9–15）。

イベリア半島のユダヤ教徒の職業は、小規模な小売業者や皮革、染色業等の職人が大半であったが、金融業のほか、医師、数学者、天文学者、地理学者等の学問分野では独占が目立っていた。「航海王子」として知られる、アヴィス朝の始祖ジョアン一世の王子エンリケは、クレスケス家を中心とするマジョルカ島のユダヤ人地理学者集団から、ポルトラーノ型世界図

「カタロニア図」の製作者として名高いアブラハム・クレスケスの息子ジャフーダ・クレスケスを筆頭とする、海図・航海技術者グループを招来し、国内で海洋技術の指導に当たらせた。クレスケス本家は、一四世紀末の激しい弾圧でカトリックに改宗したが、海図製作者を中心とするマジョルカの海洋技能集団の一部は、信仰の自由が保障されたポルトガルへと移住していった（Novinsky, 1990）。

より後の時代には、ジョアン二世がサラマンカ生まれの天文学者アブラハム・ザクートをポルトガルへ招来し、マルティン・ベハイムやジョゼ・ビジーニョといったユダヤ教徒の学者を集めて「海洋学諮問委員会」を組織し、航海・海洋技術のさらなる発展を促した。一六世紀にアジアや新大陸を描いた精緻な世界図や航海図で知られるオーメン一族、ドウラード一族、バルトロメオ・ヴェーリョといった地図製作者たちも、元はユダヤ教徒のコンベルソであった（Lach, 1965）。

カスティーリャやアラゴン領内に存在するユダヤ人やコンベルソに対する強い差別を背景に、ポルトガルへの移住人口は増加したが、もっとも劇的な変化はカスティーリャ・アラゴン連合国の両君主イサベルとフェルディナンドの名の下で発されたユダヤ人追放令（一四九二）であった。

ジョアン二世の死後（一四九五）、傍流でありながらポルトガル王位を継承したマヌエル一世は、経済振興を目的に、当初ユダヤ教徒優遇策を展開したが、カスティーリャ王女との婚姻により、カスティーリャとの同調政策を採らざるを得ず、改宗者を国内に留める目的で、表面上改宗した者には穿鑿を緩めた。この政策でポルトガルのユダヤ教徒はすべてコンベルソとなった。しかし、このような比較的寛容な方針も、スペイン国王カルロスの妹カタリーナを王妃に迎えたジョアン三世の時代に厳格化し、コンベルソのポルトガル脱出の動きが顕著化した。

（2）アントワープのポルトガル商館

コンベルソがイベリア半島からの移住先として選んだ都市の一つに、アントワープがあった（Leone Leoni, 2005）。アントワープはブリュージュの衰退にともない、一五世紀末にフランドル地方の交易都市として一躍発展を遂げていた。ブリュージュに本来あったポルトガル商館が一四九九年にアントワープへ移され、一五〇三年には、インド産香料を積載したポルトガル船が同港へ来航した。以後、アントワープはインドからリスボンへと到着する香辛料のヨーロッパにおける最終目的地となっていった。それにより、南ドイツの銀・銅の流れがヴェネツィアからアントワープへと変化した。

ドイツの金属、フランドルやイギリス産の毛織物、アジア産の香辛料や絹織物等、世界各地の商品がアントワープで取引されるようになると、そこを拠点とする外国人の数も激増していった。アントワープには史上初の株式取引所が設けられ、ヨーロッパの商業・金融の中心ともなった。アントワープのポルトガル商館は、ヨーロッパにアジア産商品を供給する最大勢力として現地でも趨勢を誇った。一五二六年三月三一日付のカルロスによる勅令を以て、低地諸国へのコンベルソの安住が保障されたことで、イベリア半島から移住するコンベルソの勢いは加速し、彼らはアントワープ商館で重要な役職を占めるようになった。

商館の領事は毎年二人が選出され、うち一人が商務員（フェイトール）として取引上の実務を担ったが、その職務はほぼコンベルソ商人に独占された。フェイトールは取引商品の売買のみならず、資本の集約や利益の再分配、投資利率の調整等も職務とした。その投資斡旋は、ポルトガル船がヨーロッパにもたらすアフリカ・アジア産商品買い付けに出資しようとする外国人を主なターゲットとしていた（Leone Leoni, 2005）。

このような遠距離交易への出資・投資システムは、本来ヨーロッパ、特にイタリアの地中海交易で頻繁に用いられた海上貸し付けを起源としているが、教会法で禁じられていた高利を前提としていたため、ポルトガル国内ではユダヤ教徒の商人たちの間で扱われてきた(2)。

アントワープのポルトガル商館は順調に利益を上げていたにもかかわらず、一五四九年二月一五日付の勅令で、ジョアン三世により突如その閉鎖が命じられた。これは商館からのジョアン三世に対する貸し付けが莫大な額へと増長し、国王がこれらの契約を反故にしようとしたこと、中南米や日本で銀鉱開発が進み、高価なドイツ産の金銀の利用価値が低減したこと等が要因と考えられている。さらに、一五四〇年代にポルトガル国内での異端審問が強化されたことに対し、アントワープのコンベルソたちがジョアン三世に融資の停止を示唆しつつ、その政策を糾弾したことがその背景に影を落とした原因とも指摘される（Saraiva, 2001）。

ポルトガル商館の閉鎖は、アントワープの商業全体に斜陽をもたらすことになった。折しもアントワープを名目上支配していたスペインとイングランドが敵対し、アントワープの重要な顧客であったイングランドとの取引に大きな障害が生じた。さらに、「八〇年戦争」として知られるオランダ独立戦争（一五六八〜一六四八）はアントワープにも被害をもたらした。フェリペ二世統治下、アントワープには国王の側近アルバ公爵フェルナンド・アルバレス・トレドが執政官として派遣され、プロテスタントやコンベルソの弾圧を開始したため、彼らは独立後のオランダの中心となる、宗教的に寛容な町アムステルダムへと移住していった。最盛期には一〇万人を数えたアントワープの人口は、一五八九年には四万人にまで減少した。その後、アントワープのネットワークと資本を吸収したアムステルダムは、世界貿易の中心となっていく（Bodiam, 1997）。

（3）メンデス＝ベンヴェニステ（ナッシ）一族

アントワープを拠点に成長し、スペインとポルトガルでの迫害を原因に世界各地に拡散し、グローバルな商業ネットワークを築いたコンベルソの一族として、メンデス＝ベンヴェニステ（ナッシ）家は傑出した存在であった。一六世紀前半のアントワープでメンデス家は最大の勢力を誇り、その莫大な財力を背景にイベリア半島からのコンベルソの脱出を経済的に支援した。彼らのうち多くは、イタリアのフェラーラ公国に移住し、さらにはそこからヴェネツィア等の商業都市、さらにはオスマン朝トルコ、北アフリカへと拡散していった。

フランシスコ、ディオゴのメンデス兄弟は、もともとスペイン・ポルトガルの宮廷ユダヤ人で、羊毛輸出を主とするブルゴス＝フランドル地方間の経済と太いパイプを持ったことで知られるベンヴェニステ一族の出身であった。一五世紀末にスペインからポルトガルへ移住後、インド交易で財を成し、フランシスコはリスボン、ディオゴはアントワープにそれぞれ拠点を構え、一族で胡椒貿易から王室への銀行業務までを幅広く手がけた。フランシスコの妻ベアトリス（グラシア・ナッシ）は夫の死後、義弟ディオゴを頼ってアントワープへ移住し、その後自分の娘とディオゴの養子（血縁上の甥）ジョアン・メンデス（ヨゼフ・ナッシ）を結婚させた。ディオゴ没後は、ベアトリスがジョアンと共にメンデス一族のネットワークの中心的存在となり、フランスやスペイン王室、教皇への融資を通じて、各国の政治権力の中枢にも深く介入した（Roth, 1977：

Roth, 1992)。

その後、メンデス一家はヴェネツィアを経て、オスマン朝のスルタン・スレイマン一世にイスタンブルへ迎えられた。ヨゼフ・ナッシと改名したジョアンはスレイマン一世の外交顧問、ヨーロッパ各国への大使、さらにはオスマン宮廷の財務大臣へとのぼり詰め、エーゲ海の島々を含むナクソス公爵に任じられた。グラシアと改名したベアトリスもまた、スレイマンからパレスチナのティベリアを多額の納税を条件に貸借し、イベリア半島からの亡命ユダヤ教徒とコンベルソのためのコロニーを建設した。メンデス家のみならず、イベリア半島からオスマン朝へ亡命した人々は、領内各地でユダヤ教に再改宗してユダヤ人共同体を作り、国際貿易や商業、学問の分野で活躍した。彼らの子孫は「ラディーノ」と称していまだイスタンブルをはじめとするトルコ領内にあって、ラディノ語というイベリア半島のユダヤ人共同体で使われてきた伝統言語を伝えている。

メンデス＝ナッシ一族の物語は、往々にして、スレイマン一世の後継者セリム二世とヨゼフの確執、ヨゼフの死（一五七九）によるオスマン朝におけるナッシ家の没落のエピソードで終わりを迎える。しかしながら、一六一〇年に長崎港で沈んだポルトガル商船ノッサ・セニョーラ・ダ・グラッサ号（通称マドレ・デ・デウス号）の積荷の荷主だった一人は、ジョアン・バッティスタ・ナッシと称するマカオ在住の商人であった（高瀬、一九九四、四九四頁）。その事実は、ポルトガル人の遠距離交易ネットワークにおいて、メンデス＝ナッシ一族がいまだ健在であったことをうかがわせるものである。

（4）インド在住のコンベルソ

ポルトガル国王ジョアン三世は発足間もないイエズス会支援を約束し、すでにポルトガル人がいくつかの拠点を築いていたインドへ、宗教指導者としてイエズス会士を派遣することを望んだ。その任に当たることになったフランシスコ・ザビエルは、一五四一年四月七日にリスボンを出港、モザンビークでの越冬を経て、翌年五月六日に、エスタード・ダ・インディア（ポルトガル領インド）の首都ゴアに到着した。その後、ゴアを拠点にインドの漁夫海岸等で宣教し、マラカ（マラッカ）、マルク諸島での布教活動を経て、一五四九年八月に来日した。

ザビエルが一五四六年、マルク諸島滞在時にジョアン三世に宛てた書簡[3]には、インドに居住するポルトガル人の宗教生活について、次のような主張がなされている。

インディアにいるポルトガル人のキリスト教の信仰心は薄く、彼らと結婚する現地人やその子供たちにはキリスト教がまったく伝わっていない、さらにインディアにいるポルトガル人は、ユダヤ教やイスラーム教を実践しており、それを隠してもいない。よって宗教裁判所が必要である。

図2-3　ゴアの異端審問の図

すなわち、インドにいるポルトガル人のなかには、多数のコンベルソがおり、監視が緩いために、公然と元の信仰に戻る者がいるという事実の告発であった。

この書簡は、ゴアへの宗教裁判所導入をザビエルが提言したものとして、しばしば引用されるが（小岸、二〇〇五、六八〜六九頁）、実際の宗教裁判所設置は一五六一年のことであり、王位もジョアン三世からセバスチャン王とカタリーナ王妃の後見時代へと代替わりしているから、ザビエルの提言がゴアの宗教裁判所開設と直接の因果関係にあるとは言い切れない[4]。とはいえ、その内容は、ザビエルが実見したインド在住ポルトガル人の実態を表すものとして大変興味深い。すなわち、ヴァスコ・ダ・ガマがインドに初めて到着した際に、カリカットの王にその来航の目的を尋ねられ、「スパイスと魂（キリスト教への改宗者）を求めて」と返答したという逸話が常に引き合いに出される「ポルトガルのアジア進出」は、実際のところ、現地のポルトガル人にしても、別段敬虔なキリスト教徒ではなかったことを示すからである。

その後、ゴアの市街中心部に宗教裁判所が設置され、現地在住のポルトガル人で背教の疑いが強い者、キリスト教に改宗した現地人で異端の疑いがある者が捕えられ、宗教裁判にかけられ処罰されるようになると、ゴア在住コンベルソのポルトガル人は、王国の権力が及び難いさらなる遠隔地、マラバール海岸南部のコチンやその先の香料貿易の拠点マラカへと移動していった。

一五七九年付のイエズス会の内部告発文書には、インドで宣教に従事するイエズス会士の一部に、コンベルソ出身の者がいることの弊害と、彼らの現地在住ポルトガル商人たちとの結びつきが問題視された内容のものがある。そのなかで、中国広東省の港町マカオに住むポルトガル人商人の半分は、異端容疑の強い改宗者であったことが明言されている（岡、二〇一三A）[5]。

3　インド洋世界とポルトガル人

ポルトガルの海洋進出は、喜望峰からその先のインド洋海域の航海においては、数世紀前からムスリムの商人たちが活用していた航路やネットワークを踏襲したものであった。

（1）一五世紀末の東アフリカ

ヴァスコ・ダ・ガマはマリンディで同地の首長（シャイフ）からムスリムの水先案内人を与えられ、その案内によりインド洋を一直線に渡ることができた。バロス等のポルトガルの年代記には、その人物はマレモ・カナと称するグジャラート人であったと記される[6]。喜望峰を回ってから、ガマの艦隊はモザンビーク島、モンバサの港に立ち寄ったが、いずれの地でも現地のシャイフから襲撃を受け、十分な補給を受けることができなかった。マリンディ港で受け入れられたのは、同地のシャイフがモンバサと敵対関係にあり、ポルトガル船の装備や火器に少なからぬ興味を示したことによる。インド洋に面するアフリカの港町として交易が盛んであったマリンディには、ポルトガル商館が一五〇〇年頃に設置され、現地のシャイフ支配下で、ポルトガル人のアフリカ東海岸交易の拠点となった（富永、二〇〇八）。

モザンビーク、モンバサ、マリンディは、当時、いずれもキルワ王国に名目上属してはいたが、必ずしもキルワのスルタンの影響力は絶対的ではなく、それぞれの地域権力が拮抗する状態にあった。折しも、ガマが訪れた一五世紀末には、スルタンの王統は途絶し、宰相（エミール）がキルワ王国の政権を掌握していたが、正式な王統ではないエミールに対する反感も強く、各地域の権力者たちに対する求心力は衰えていた。一五〇〇年にキルワを訪れたポルトガルのペドロ・アルヴァレス・カブラル艦隊はエミール・イブラヒムに友好通商を求めたが拒絶され、一五〇二年にふたたびスワヒリ海岸へ到来したガマの艦隊は、マリンディ、スファーラの諸港、モザンビークの領主たちと通商協定を結び、武力を背景にキルワに圧力をかけた。

一五〇五年、キルワを包囲したフランシスコ・アルメイダの艦隊は、エミール・イブラヒムを放逐し、ポルトガル人と友好関係にあった貴族ムハンマド・イブン・ルクン・アド・ディンを王位に据えた。ムハンマド自身は王位就任を潔しとせず、前王の王子ミカンテを王位に就けようとしたが、その画策中に暗殺された。ミカンテがいったん王位に就いたものの、ポルトガル人は故ムハンマドの息子フセインを新王に就けようとし、ミカンテとフセインの勢力は対立状態となった。インド副王フランシスコ・デ・アルメイダはキルワの不安定な政治状況を憂慮し、監督官として駐在させていたペドロ・フェレイラ・フォガッサを更迭し、代わりにヌーノ・ヴァズ・ペレイラを据えた。東アフリカの諸港は金や象牙、そして奴隷といった商品を入手できる土地として、ポルトガル人のインド交易に不可欠なものとなっていたからである。

ペレイラはフセインに王位を継承させたが、キルワ王国の地方領主たちの懐柔策として、スワヒリ海岸におけるポルトガル人の交易特権の緩和を提供した。しかしフセインの王権が増長を始めると、ポルトガル人の権益減少が憂慮され、ミカンテがふたたび王位に戻された。以後、かつてキルワ王国の支配下にあったインド洋交易で栄えた港町には、マリンディを残しておおむねポルトガルの要塞（駐屯地）が築かれ、一七世紀末にオマーン王国がアフリカ東海岸を支配下に治めるまで、ポルトガル人による不完全な交易支配が続いたが、現地政権もまた彼らの力を利用しつつ、近隣勢力への対抗を図ろうとしたのである。

(2) マラバール海岸の港市国家

一四九八年五月二七日、ガマがカリカットへ到着した際、同地の王(ザモリン)[7]がその宮廷に迎えた。カリカットは、マラバール海岸にあるコチン、クイロン等の他の王国を一四世紀から一五世紀にかけて侵略し、ザモリンは近隣王国を従える盟主であった。カリカット港では胡椒、ラック、綿布、生姜等の産物が取引され、西からはムスリム商人、東からは華人の船が行き交う、マラバール海岸の主要な港であった。ザモリン自身はヒンドゥー教徒であったが、ムスリム商人との交易を促進し、その港では、一隻につき六〇〇セラフィンの停泊税を徴収した。当初はポルトガル人との交易を歓迎したザモリンであったが、ガマが停泊税の支払いを拒否したことから、両者の間で互いに人質が捕えられ、緊迫した状況へと一変した。その後ポルトガル人の人質は解放され、ガマの艦隊はポルトガルへ向けて出港した[8]。

一五〇〇年九月、第二次インド遠征隊であるペドロ・アルヴァレス・カブラルの艦隊がカリカットに入港した際、同港にはすでに多くのムスリム商人が来航していた。カブラルは王位継承後まもないザモリン(ガマが面会した王の後継)と商業協定を結び、ポルトガル商館の設置を求めて認可された。しかしながら一二月にムスリム、ヒンドゥー商人から商館襲撃を受け、報復として艦隊の大砲でカリカットを砲撃し、市街を壊滅させた。カブラル艦隊はコチンに移動し、同地のラジャと商業協定を結んだ。一五〇二年に再来したガマの艦隊はカリカット制圧の意図により、ふたたび市街に砲撃を加えた。以後、オスマン朝、マムルーク朝、グジャラート王国等の支援を受けたカリカットは、イスラーム勢力対キリスト教勢力の信仰と交易支配の対立関係に巻き込まれていくことになる(Boxer, 1985)。

その後カリカットではポルトガル人との戦闘が続き、一五〇八年のチャウルの戦いでは、カリカット・イスラム連合軍が勝利したものの、翌年のディウの戦いでは、ポルトガル艦隊が勝利し、ポルトガルのマラバール海上支配が優勢になった。これを受け、一五一三年、ザモリンはポルトガル人に商館の設置と交易を許可し、親和策に転じた。その背景には、近隣のコチンがポルトガル人の武力を背景に、それまでのカリカットへの従属を放棄したことがあった。しかしザモリンはカリカットでの交易管理の手を緩めることはなく、他方でポルトガル人は数度にわたってザモリン暗殺を試みる等、両者の緊迫した関係は続いた。

一五四〇年、カリカットを離れ近隣のポンナニに宮廷を置いたザモリンは、外港となったカリカットにおけるポルトガル人の交易独占を許した。一五七〇年、再びポルトガル人とザモリンの仲は険悪化したが、カリカットの将軍クンハリ・マラカルの勢力が対ポルトガル戦勝利を経て増長し、ザモリンの王権をも脅かすようになると、一五八〇年代、ザモリンは再びポルトガル人と手を結び、クンハリ勢力打倒に乗り出した。一七世紀に入るとカリカットにはオランダ、イギリス東インド会社の船が来航し、ザモリンはヨーロッパ人の勢力争いを巧みに利用しながら、交易管理と近隣王国との対抗を継続していった。

カリカットのザモリンに対し、一四世紀からの戦争を経てカリカットに従属していたコチンのラジャは、ポルトガル人到来を好機と考えた。前述のように、ポルトガル人とザモリンの関係が悪化すると、ポルトガル人をコチンに迎え入れ、以後インド－ヨーロッパ間の胡椒貿易の拠点として繁栄することになった。コチンは本来、東南アジアからは華人の交易船が、アラビア半島やグジャラート王国からも商船が来航する港市であった。一五世紀の七次にわたる鄭和艦隊のマラバール海岸遠征記録からみても、コチンへの入港回数は、カリカットに次いで多い（山本、一九六八）。前述のように両者は、コチンがカリカットに従属する関係ではあったが、コチンのラジャにはカリカットからの独立を志す野心があった。ラジャにとってポルトガル人への迎合は、カリカットに対抗するための一手段であったのは明らかである。

インド方面に向けてリスボンを出港するポルトガル船は、ゴアあるいはコチンを最終目的地としたが、ゴアがポルトガル人の直接統治下にあったのに対し、コチンは概念上エスタード・ダ・インディアの範疇にはあったが、ポルトガル人が町を支配したわけではなく、本来のラジャとポルトガル国王－インド総督（副王）間の協定を通じて、要塞と商館を擁する地であった。一七世紀に入るとコチンの政情はラジャとその宮廷内部、続々と到来するヨーロッパの商人たちの均衡と衝突を背景に親オランダ的なものへと変化し、一六六三年にポルトガルの軍事勢力は完全にオランダ東インド会社によって駆逐された。しかしながら、コチンにいた「ポルトガル人（の子孫）」の商人たちは、その後も継続してコチンにあって、オランダ人と現地人の仲介者として生き残る者もあった（Schorch, 2008）。

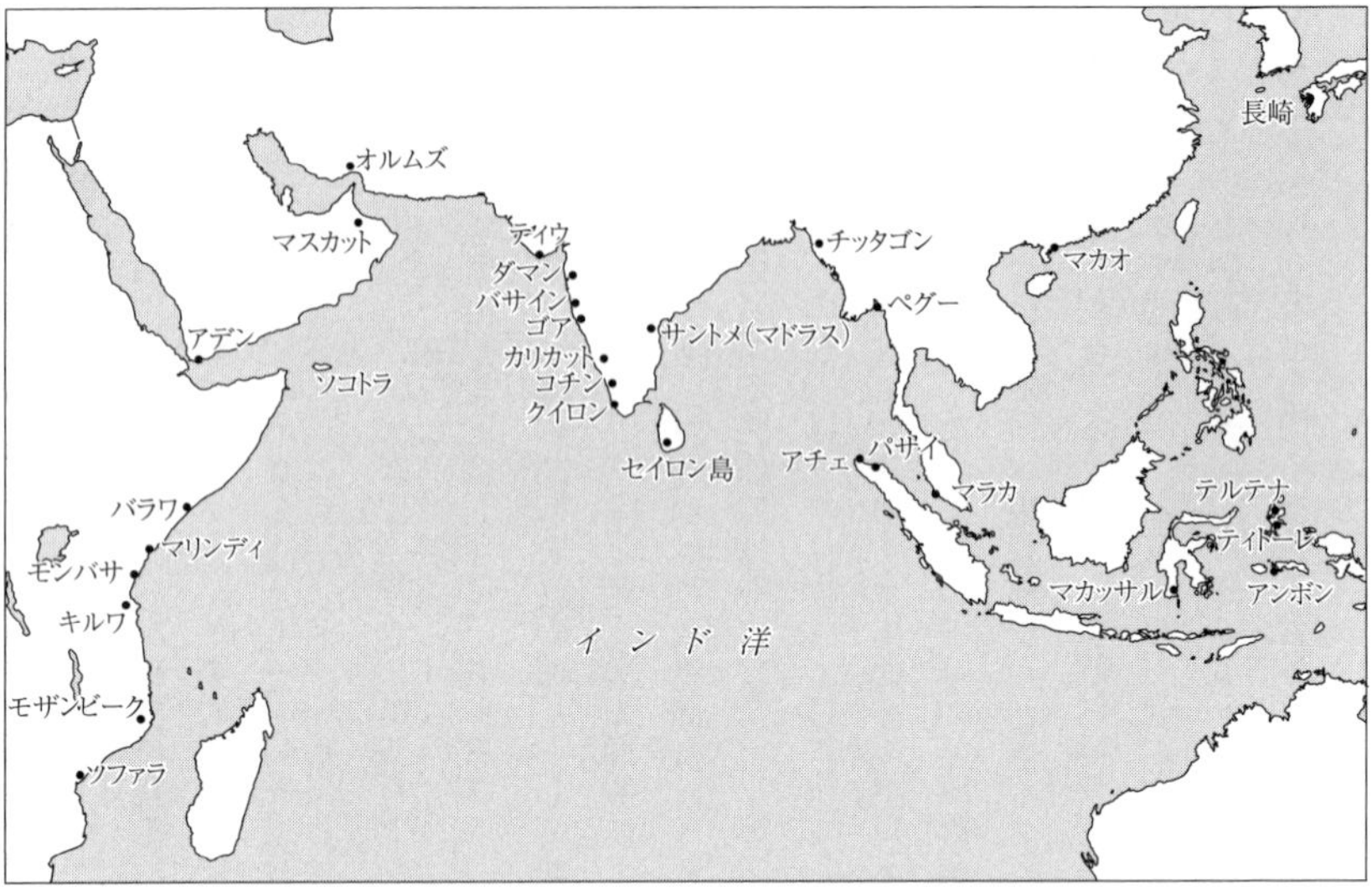

図2－4　東アフリカ－東アジアの重要な港町

（3）香料の船――ナウ・ダス・ドローガス

近年は、沈没船考古学の発展により、文献からだけではなく、実際にどのような商品がアジアからヨーロッパへ輸送されていたのか、具体的に知ることができる。

インド－ヨーロッパ間を移動したポルトガル船の場合、やはり代表的なものは「ナウ・ダス・ドローガス（香料の船）」である。一九九八年に開催されたリスボン海洋万博におけるポルトガル館の目玉は、リスボンのテージョ川河口に沈む船からの発掘品であった。この船は、一六〇六年に沈没したノッサ・セニョーラ・ドス・マルティルス号と推定される。同船にはミゲルという洗礼名の日本人が乗船しており、日本で布教活動に従事したイエズス会士フランシスコ・ロドリゲスの従僕として渡欧の途にあったが、この遭難でロドリゲスは溺死し、ミゲルは生き延びてリスボンのイエズス会修道院に一時滞在した[9]。

マルティルス号はコチンで荷物を積載したが、その発掘品は、当時アジアからヨーロッパへ運ばれた商品の多様性を物語っている。同船のスペックは積載量六〇〇トン、全長六八メートルであったと推定されている。主な荷積みは二五〇トンの胡椒で、沈没時を描写した記録には、テージョ川が胡椒で黒く染まったとある。そのほか、鉛（棒状、板状）や東南アジア（ビルマ、タイ）産のコンテナ容器と思われる大型の陶器、中国産陶磁器、スペイン領アメリカ産の銀貨、航海用具やピューター製食器等が沈没船の船体とともに発掘されている。なかでも、中国産陶磁器の発掘事例が顕著であり、商品として運ばれていた景徳鎮民窯磁器（カラック磁器）、漳州窯産磁器（スワトウ）等の青花の大皿、中皿、花瓶等が見られる。おそらくコンテナ容器であった中国産の陶器や、生産地が中国南部と推定されている一六世紀特有の色鮮やかな華南三彩壷等の発掘事例もある（岡、二〇一二）。

4　ポルトガルのインド洋「支配」

東アフリカやマラバール海岸の諸港市の状況を大雑把にみると、大航海時代に「ポルトガルが占有した」と考えられがちな地域の大半は、在来政権の国内の政治状況や、近隣の王権との紛争や均衡から生じる「必要性」から、有益なものは留められ、有害で不要になると排除される傾向にあったという見方ができる。

ポルトガルのインド洋「支配」は、従来「点（要塞・商館）と線（交易ルート）」によるものであったと説明される。その代表的な支配形態に、「カルターズ」と呼ばれる通行許可証の制度がしばしば挙げられるが、その実効力はいかほどのものであったのであろうか。

（1）カルターズ

航海と交易を、当局から許可を得た船舶に制限する制度は、ポルトガルでは一四四三年にエンリケ航海王子が、ポルトガル国王アフォンソ五世と教皇エウゲニウス四世の承認のもとで始めたが、これは彼自身の西アフリカ沿岸への航海と交易独占を目的としたものであった。インド洋においてポルトガル人が交通支配のために設定したカルターズ（cartaz）制度は、アラビア語で「紙、書類」を表す qirṭās を語源とする。様々なポルトガル語文献で「当地（インド）で〈カルターズ〉と称される通行許可証」という表現が用いられていることからも、インド洋で元々存在した通行許可証の制度を、ポルトガル人が踏襲したと考えられる。

広大なインド洋でムスリム商人や華人商人の交易ネットワークの存在を確認したポルトガル人は、交易で繁栄する港町の支配者との間に、要塞あるいは商館の設立を求めた協定を結び、これら各地の要塞、商館間で交易に従事するすべての船に、カルターズの携行を求めた。カルターズには、船長の氏名、船の大きさ、乗組員の内訳等が記載される必要があった。カルターズの発給そのものに係る手数料は小額であったが、出発に際して保証金をポルトガル要塞に委託させ、帰港の際にはそこから関税が支払われる仕組みであった。また渡航先にポルトガルの要塞や商館がない場合でも、近隣のそれらに立ち寄って関税を納める義務が課せられた。ポルトガルの沿海警備艇によって、行き交う船舶は監視され、カルターズの不携行が見つかれば、積み荷は押収されることになっていた（ピアスン、一九八四、六二～六六頁）。

しかし、カルターズは、ポルトガル人が要塞あるいは商館を置く地域間の交易であることを前提にした制度であったため、それ以外の地域間の交易は守備から漏れがちで、逆にポルトガル人の交易支配を厭うムスリム商人や現地の商人たちは港を変えて交易を継続した。

（2）ゴアの官僚機構と社会

ポルトガル人がごく限られた地所への要塞建築や、現地政権の交易システムの一部を担う商館を建設して逗留した場所とは異なり、その町全体をポルトガルの領地として直接的に統治下に置いた都市は、マラバール海岸のゴアとインド北部のバサイン（ポルトガル支配一五三三～一七三九）、マラカが主たるものであった。インド北西海岸ではその他ディウ、ダマン、ペルシア湾の出入り口であるホルムズ等に、現地支配者から地所の割譲を受けて要塞を建造し、インド洋ーアラビア交易の支配を目論んだ。

マンドゥヴィ川河口の中洲であるゴア島は、本来インド中南部の盟主ヴィジャヤナガル王国の支配下にあったが、一四六九年にバフマニー朝に征服され、その後バフマニー朝から独立を図ったユースフ・アーディル・シャー（ペルシアないしオスマン朝出身といわれる）率いるビジャープル王国が一五世紀末に占領した。同港は、主にアラビア半島のオルムズからインドへの馬輸入で栄えていた。このため、ヴィジャヤナガル王国にゴア島の支配を許されながら、アーディル・シャーの軍勢に駆逐されたヒンドゥー教徒の海賊頭領ティモジャは、カリカットを追われたポルトガル艦隊と内通を図り、一五一〇年アフォンソ・デ・アルブケルケにゴア島を占拠させた。ティモジャは功績により、いったんゴアのインド人を統治する役職を任されたが、背任の疑いで任を解かれ、再び海上で私掠行為を働くようになった（ピレス、一九六六、一四五頁）。ゴア島そのものに関して、ポルトガル人の占領以前の港町としての重要性は、カリカットやコチンに並ぶべくもなかったが、ポルトガル人が巨大な要塞を手始めに都市として整備し、やがて一五三〇年にエスタード・ダ・インディアの首都がコチンからゴアへと移された。ビジャープル王国そのものは一七世紀末まで存続し、たびたびゴアの奪還を図ったが、ポルトガル人率いる軍勢によって強固に守備されたため、再征服は失敗に終わった。

一五三〇年以来、ゴアには、ポルトガルのインド総督ないしは副王が置かれた。総督、副王の肩書きは任命された貴族の宮廷内での影響力に左右されたが、基本的には大貴族が国王の任命により、艦隊を率いてインドに赴任するというものであった（リンスホーテン、一九六八、三二一頁）。一五八〇年頃のインド総督の年収は一万八〇〇〇クルザード程度に計上されるが、その他賄賂や贈答品等の副収入も絶大であった。インド副王（総督）の下には、顧問会議、諮問小委員会、裁判所、司法官、王室財産評議会が設置され、大司教は宗教的権威のもとに一定の発言権を持ったが、基本的にすべての司法権は副王の裁決を最終判断とした。また副王指揮下ではないが、有力市民によって構成される評議会《ゴア市参事会》があり、行政に対しかなりの発言権を有した（ピアスン、一九八四、五四〜五五頁）。

リスボンを出航する艦隊に乗り組んでインドに到来する兵士たちは、一隻につき四、五〇〇人ほどで、なかには犯罪者も含まれていた（Boxer, 1984, p. 49）。艦隊に乗り組むに当たり、リスボンの法務局で兵士登録をしたが、それは必ずしも兵役に就くことを強制するものではなく、インド到着後は、それぞれが自由に商人等に転向することができた（リンスホーテン、一九六八、二九三〜三〇五頁）。その他、官僚や、一獲千金を目指してやってくる商人のほかに、多くの男女の孤児が送られた。男児はポルトガルの支配体制のなかで下級の役人や兵士として雇用され、女児は基本的に独身で着任する官僚や上級兵士の妻となるために女子修道院で養育された。

一六世紀末にゴアに滞在したオランダ人リンスホーテンによると、ゴアの市中には、ポルトガル人やその混血児のみなら

図２－５　ゴアの正門――イスラーム教徒制圧のシンボル

ず、インド人をはじめ、多民族の人々が暮らし、各々の宗教儀礼を行っていたという。キリスト教に改宗した者が異教習慣を公にすると、宗教裁判所によって処罰されるとあるが、同時にゴア周辺のキリスト教徒のインド人が旧来の宗教習慣を実践することは、容認されているという矛盾も記される（リンスホーテン、一九六八、三三三頁）。ポルトガル人が拠点を置いたゴア島には五つの門が設けられ、現地人商人が島外へ出かける際は、許可印が腕に押されることになっていた（リンスホーテン、一九六八、一八二頁）。イスラーム、ユダヤ、ヒンドゥー教徒のほかに、とりわけアルメニア人のキリスト教徒が多いことも報告されている。このようなアルメニア人は、ポルトガル船に乗り込んで、一七世紀初頭には日本へも来航したが、当時サファヴィー朝イランでは外国貿易はアルメニア人のほぼ独占状態にあり、彼らがインド洋に張り巡らしていたネットワークには、敵対するはずのポルトガル人の拠点ゴアも含まれていたと考えられよう（Matthee, 1999）。

（３）グジャラートから紅海へ

ポルトガル人のアジアへの進出初期は、ムスリム商人たちの要請を受けたイスラーム国家との海上での覇権争いの戦闘が続いた。現在もダマン＝ディウ連邦直轄領として一括りの行政区分（周囲のグジャラート州とは区別）にあって、インド北部のカンバイ湾両端に位置するダマンとディウ島は、それぞれ一五五七年、一五五四年にポルトガルが覇権を確立した。両者ともグジャラート王国のアラビア交易の港町として機能しており、前述のディウの戦いでマムルーク朝の艦隊に勝利したポルトガル人は、紅海からインド洋にかけての交易路で優勢となる。

しかしながらディウ島の占拠ならびに要塞建造はグジャラート王国から拒まれ、要塞建造が実現したのは、ムガール帝国軍の侵入に際し、グジャラート国王バハードゥル・シャーが、軍事力提供を見返りにそれを許可したことによった（一五三五)。その後一五三八年、ポルトガル人のインド洋覇権確立を阻止する目的で、オスマン帝国のスレイマン・パシャ率いる七二隻の船舶から成る大艦隊がディウへ派遣され(Black, 2002, p. 60)、ポルトガル要塞を攻撃したが、失敗に終わった。グジャラートのスルタンはオスマン帝国勢力の自領への侵入を警戒し、オスマン帝国側に然るべき情報を提供しなかったといわれる(10)。一五五四年、グジャラート王国宮廷内で王位継承に乗じた内紛が起こり、その最中にポルトガル人はディウ全島を掌中におさめた。グジャラート王国はムザファール・シャー三世が王位にあった一五七二年、ムガール帝国のアクバル大帝に攻撃され、従属する一領となった(11)。

ダマンはディウ島の対岸にあって、グジャラート王国に入港するあらゆる交易船をカルターズの発給によって管理しようとするポルトガル人の戦略上の拠点として、一五五七年にグジャラート王国より割譲された。グジャラート国王や宮廷人はムスリムであったが、交易を担っていたのは「グザラテ(グジャラートの人)」と呼ばれるジャイナ教徒・ヒンドゥー教徒を主とする集団であった(ピレス、一一二頁)。

インド北西部においてポルトガル人がゴア同様に比較的徹底した管理を敷いた町は、バサインであった。一五二八年以降ポルトガル艦隊がグジャラート王国領内のバサインを襲い、一五三四年にはバハードゥルとインド総督ヌーノ・ダ・クーニャの間で、「バサイン条約」が結ばれ、王国支配下のバサイン、ボンベイ島、サルセッテ島、ターネ等の港町がポルトガル人に割譲された。これらの町はバサインに築かれたサン・セバスチャン要塞に駐屯するポルトガル人の司令官によって統括された。

バサインは元来、内陸部から材木がウリャス川で運ばれ、アラビア半島へ向けて輸出される積み出し港であった。このため、造船産業が発達していたが、ポルトガル人は同地を占拠し要塞都市としつつ、ポルトガル本国からやってきてアジアで独立してアジア域内交易に乗り出すポルトガル人商人に船舶を提供する港となった。この地で主に使用された材木は良質のチーク材であった。バハードゥルがポルトガルと友好協定を結んだのは、同時期にムガール帝国のグジャラート侵入が本格化し、対ムガールの軍事力提供をポルトガルに求めたことにあった(ピアスン、一九八四)。

グジャラートの支配者たちは、イスラーム教徒とはいえ、ムガール帝国やオスマン朝の自領への侵入・介入に非常な警戒心を持っており、ポルトガルの軍事力をその防衛のために利用する機会が度々あった。グジャラートの主要な港町にポルトガル要塞が建造されたのは、ポルトガル人がそれらの地を軍事的に制圧したからではなく、グジャラートの支配者による防衛機能強化の意図の下に生じた結果であった。[12]

5　マラカ以東の海域

(1) マラカ（マラッカ）

グジャラート王国の商人たちは、インド洋各地で縦横無尽に交易を行っていた。その活動がアフリカ東海岸の港町にまで及んでいたことは、ヴァスコ・ダ・ガマをインド洋へ案内した水先案内人がグジャラート商人であったことからもわかる。トメ・ピレスの『東方諸国記』には次のような記述がある。

カンバヤ（グジャラート王国）の商人は、他のどの地域よりもしっかりとした根拠地をマラカに置いている。昔はマラカには一〇〇〇人ものグザラテ商人がおり、そのほかに常に往来しているグザラテ人の水夫が、四、五〇〇〇人もいた。マラカはカンバヤなくしては生きてゆかれず、カンバヤもマラカなくしては豊かに繁栄することはできない（ピレス、一九六六、一一七頁）。

一五一一年、インド総督アルブケルケ率いるポルトガル艦隊はマラカ王国を襲い、スルタン一族をブレタンへ追い出して、同地を占拠した。[13]しかしながら、東南アジア島嶼部の香辛料や中国産商品が集積するマラカを掌握したとはいえ、マラカを起点としたインド、東南アジア、中国等の様々な地域との交易ルートをすぐさま知ることができたわけではなかった。ポルトガル人はマラカ占拠後、同地で交易に従事していたグジャラート商人や「ケリン」と呼ばれるインド出身でマラカに定住したイスラーム商人たちの船に同乗して各港を訪れるようになった（Subrahmanyam, 1990, pp. 16–46）。マラカの「ケリン」のうち、最大の勢力はタミル人とテルグ人であり、主に綿布が商品であるベンガル湾諸港との交易は彼らが担っていた（ピレス、一九六六、四六〇頁）。

マラカに出入りする外国商船の大半は、グジャラート商人、ケリン、そして華人のものであったが、当初、ポルトガル人は彼らの船に便乗して交易に参加した。カルターズ（通行許可証）も、セイロン島より東の海域では在来の交易船との協力関係も必要であったことから、マラバール海岸からペルシア湾入り口までのポルトガルの巡視艇の活動と比較して、その影響はほとんど見られなかった（Subrahmanyam, 1990, p. 29）。

ポルトガル人が占拠して間もないマラカに滞在し、マラカ王国の歴史や風土、交易等について詳しく記したトメ・ピレスは、近隣の東南アジア島嶼部の島々から多くの奴隷がマラカへ集まる理由として、次のように述べる。

マラカでは多数の奴隷が使用される。これはマラカではこれまで述べたどのようなこの地帯のどの王国や港よりも大きな取引がおこなわれているために、皆がマラカに来るためである。……ここには東方全体から来た高価な品物が見られ、西方全体から来た高価な品物が売られている……マラカは季節風の吹き終わるところにあるので、望むものはなんでも、時には必要以上に多く手に入る（ピレス、一九六六、三七五頁）。

ポルトガル艦隊来襲により、スルタン一族はムアル河上流へ逃れたが、ポルトガル人はマラカの交易港としての機能を維持するべく、現地を支配する官僚を選出した。その際にイスラーム教徒の管理官として任命されたのがジャワ人のウティムタ・ラジャ、ケリン人その他の人々はニナ・シャトゥというケリンの商人であった。ウティムタ・ラジャは、来襲以前にポルトガル艦隊に内通していたが、のちに旧マラカ王国の皇太子と結んで、マラカ奪還を謀り、アルブケルケに処刑された（ピレス、一九六六、四八二頁）。ニナ・シャトゥはその後ブンダハラ（宰相）に任命され、ポルトガル人はニナ・シャトゥの所有船に便乗して、初めて中国方面での交易へ赴いた。ピレスは、一五一五年にシャトゥが毒殺された際、それがもたらすポルトガル王国全体の権益への被害の甚大さを嘆き、現地人の交易を円滑に維持するために、交易を担う各勢力には、非ポルトガル人の執政官が任命される必要性を言明している（ピレス、一九六六、四九七頁）。

ピレスの考えは、本来マラカの交易が、各地の商人との取引を差配するそれぞれのシャーバンダル（港湾長官）によって担われてきた形態を理想とし、それを維持することでマラカに来航する交易船からの関税収入が保障されるという合理的なものであった。しかし、事態はピレスの提言とは反対の方向へ向かい、旧マラカ王家の王族や近隣の王族等、かつての宮廷人の反乱とその鎮圧等を経て、現地人の支配ヒエラルキーはいよいよ弱体化した。その結果として、ポルトガルが支配するマラカを敬遠したグジャラート人、ケリン人等の船は、アチェやドゥマク、バンテンといった別の港市へと移動して取引するようになり、マラカ王国の往時の繁栄を、ポルトガル人はそのまま享受することは叶わなかったのである（弘末、二〇〇四）。

以後、マラカを拠点とした周辺地域との交易は、ポルトガル人司令官にその権利が一任され、各航路は、軍事功績等に応じて（後に権利売買で）、毎年航海権が分配された。その航路はマラカを中継地とする次のような商品の移動であった。①中東、インド方面の産物（綿織物等）の東南アジア各地への輸送、②東南アジア大陸部産農産物の島嶼部（耕作地が少ない）への輸送、③東南アジア島嶼部産の香辛料のインド方面への輸送。これらのルートは基本的には、ポルトガル人がアジア交易に参入する以前からあった海上交易ルートとほぼ同一のものであった。ポルトガル人参入後も、現地人の交易が衰退したわけではなく、競合する勢力として併存した（リード、二〇〇二）。

ただし、マルク諸島の香料貿易とゴアーマラカーマカオ間、さらにはマカオー長崎間の航路はポルトガル国王が任命するカピタン・モールに名目上、独占が許されていた。しかし実際のところ、これらの航路では私貿易商船も活動しており、それは歴代インド副王にも黙認されていた。すなわちポルトガル人のアジア交易の構造は、最初から「秩序」と「無秩序」が併存するものであった。

（2） カザード

かつて港町として栄えたアジアの諸都市には、必ずしもポルトガルが長期にわたって領有したわけではないにもかかわらず、一九世紀頃までポルトガル人町が存在した地域がいくつかある（生田、二〇〇一）。よく知られているところでは、タイのアユタヤ、バンコク、ミャンマーのペグー（バゴー）周辺、世界史の教科書では一六四一年にオランダ東インド会社によってポルトガル人が駆逐されたと学ぶマラカである。アヘン戦争後、西洋列強の中国進出の過程で、ポルトガルが正式に領有宣言したマカオもまた、それ以前は明・清朝の貿易システムにおいて、ポルトガル人等に「出島的」滞在が許された港であった(14)。

アジア諸地域で交易機能の一部として存続した「ポルトガル人町」に住み続けてきた「ポルトガル人」たちは、ポルトガル人の姓を持つとはいえ、外見的にはその他の現地人と大差ない場合が多い。これは数世代にわたって現地人との交配が繰り返された結果でもあるが、それ以外にも、ポルトガル人の主人が所有した奴隷等の子孫で、遺伝子的にはポルトガル人の血がまったく入っていない場合もある。ポルトガル人で現地人（あるいは混血）と結婚し、その土地に居ついた者たちは、一六世紀以来「カザード（既婚者）」と呼ばれた。各地に残る「ポルトガル人町」の中核を形成してきたのは、これらのカザードとその子孫たちである。

カザードがとりわけ集住したのは、ベンガル湾に面した諸王国とアユタヤ、マカオであった。彼らはアジアのポルトガル人の集住地を拠点に交易ネットワークを広げ、一七世紀後半以降は、イギリス東インド会社やオランダ東インド会社の交易システムにおいて、現地社会との仲介者的存在と化していった。一六世紀中でも、カザードのなかには各地で指折りの裕福な商人となり、自己で船舶を所有して拠点とする港町から複数の他の港町間の交易を担う者、身内や手下の船長を使って、多角的な運営を行い、巨額の財を築く者もあった。ポルトガル王国内での身分とは無関係に、アジアで身をおこし、現地のポルトガル人コミュニティの首領となったカザードもいた。

ポルトガル人は一五二〇年代よりマラカに往来する華人海商に導かれて、中国沿岸での取引を始めたが、それは同時期に活動を活発化させた後期倭寇と同種とみなされる、「仏朗機夷《フランキ》」と呼ばれるものであった。彼らの密貿易拠点双嶼《そうしょ》（現在の寧《にん》波《ぼう》沖六横島《ろくおうとう》）は、一五四八年から翌年に明朝の朱紈《しゅがん》率いる討伐軍に襲撃を受けたが、その際、同地にいたポルトガル人も中国人等と共に捕らえられた。これらのポルトガル人は、ディオゴ・ペレイラと称するポルトガル人を首領とする、主にスンダ列島－中国間で胡椒貿易を行う一団であった。

ペレイラの一団は双嶼来航前に、アユタヤへ立ち寄り、ビルマのアユタヤ侵攻に際してアユタヤ軍の傭兵として戦闘に参加している。アユタヤは、ポルトガル人がマラカを占拠してまもなく始まった中国との取引における重要な港で、マラカから中国方面へ向かう船は基本的に同港に寄港し、島嶼部から積んできた香辛料や奴隷等を降ろし、鹿皮や蘇木、銀、鉛、その他鉱物等の中国向け商品を積み込んだ。また水夫のリクルートや船舶の修理、その他継続航路の安全状況等の情報交換が同地で行われていた（岡、二〇一三B）。一五四三年、種子島に来航したポルトガル人も、アユタヤで倭寇の首魁王直《おうちょく》の船に乗り組んだ可能性が高いといわれる。この種子島グループのほかにも、一五四〇年代前半に日本に上陸したポルトガル人は記録に残る以外にも大勢想定されるが、彼らにおおむね共通するのは、アユタヤで華人の船に乗り組んだ点である。アユタヤを発つ華人の船は基本的に浙江省の双嶼を目的地としていたが、暴風等により航路を逸れた場合、潮流の関係で琉球列島や南西諸島等に漂着する場合があった。一五七〇年代にも、アユタヤからポルトガル人を乗せた華人の船が五島列島へ漂着した事例もあり、アユタヤ－中国間貿易の延長線上に日本があったと考えることも可能である。

朱紈軍が倭寇討伐のため、密貿易拠点である双嶼に侵攻した際、ペレイラ自身はすでにマラカに帰還していたが、彼の船三隻は双嶼にあり、最終的に乗組員は拿捕ないしは殺害された。同時代の中国の文献『甓余雑集《へきよざつしゅう》』では、その乗組員には多くのインドや東南アジア出身者、モザンビークの黒人兵等があったと記される。ペレイラはその後も拠点を変えて、華人海商との密貿易に従事するが、日本での布教後、中国布教を目指したザビエルはペレイラの活動に着目し、ペレイラをインド副王使節に仕立て、明朝との正式な通好を結ぶことを画策した。その計画は、ペレイラに反感を持つマラカ司令官の妨害とザビエルの死により実現しなかったものの、一五五七年頃にマカオが正式に広州の海道副使からポルトガル人の居留地として貸し与えられることになった際、その地のポルトガル人をまとめる首領にペレイラが選出された（岡、二〇一〇、三五～五二頁）。

同時期、日本－中国間の交易を正式に担い、マカオのポルトガル系住民の統括を任務としたカピタン・モールが国王から任命されたが、それとは別に、ペレイラは同地のポルトガル人を実質的に代表する立場にあり続けた。日本渡航前にマカオに逗留するイエズス会士たちも、ペレイラを「マカオの最有力者」として記し、イエズス会の修道院が建設される以前は、彼の屋敷に逗留するのを習慣とした。

ペレイラの活動は、中国沿岸のみならずアユタヤでも顕著であったが、火器の扱いに手慣れたポルトガル人は、ビルマのタウングー朝や近隣のヤカイン（アラカン）王国等でも重宝された。なかでも当初、塩商人としてヤカイン王国に定住し、のちにヤカイン国王からヤンゴン近くの港町シリアムの統治権を与えられたフェリペ・デ・ブリト・ニコテは、シリアムを名目上ポルトガル王国に献上し、インド副王アイレス・ダ・サルダーニャから「ペグー王」の称号を任じられ、ジャワ人女性とポルトガル人の間に出来たサルダーニャの姪を娶った（奥平、二〇〇一）。

一七世紀初頭にタウングー朝ビルマを再興して、周縁地域の統一に乗り出したアナウッペッルン王がシリアムを奪還した際、ニコテのもとで定住していたポルトガル人の多くは殺害されるか、ビルマ王への服従を求められた。ニコテ自身はシリアム陥落（一六一三年）後に処刑されたが、その後ビルマ王に従ったポルトガル人は「バインギー（フランキが訛った表現）」と呼ばれ、砲兵としての特殊技能を買われてビルマ軍の一部隊となり、エーヤワディー川の支流であるムー川の渓谷周辺（現 シュウェボー）に集住し続けた（Castro, 2002）。

（3）マカオの貿易構造

カザードの主な生業は、現地商人と来航するポルトガル人の間を仲介する代理人、船員、傭兵等であったが、なかには自船で交易に乗り出し、その地域で重要な商人となる者も多数いた。中国の港町マカオは、そのようなカザードたちの集住地域であった。

マカオの中継交易港としての二大機能は、中国で需要のある東南アジア産商品の輸入と日本－中国間の代理交易であった。日本－マカオ航路は、建前上は国王から特権として航海権を与えられたカピタン・モールの独占形態にあったが、当局の管理が行き届かないマカオでは、多くの商人が自船で日本との交易を行った。一六一〇年頃まで、ほぼ毎年、カピタン・モールが率いる船以外に、私貿易商船が日本へ来航した（岡本、一九七四）。

このような私貿易船による取引は、主にファミリー・ビジネスであったのに対し、マカオ在住のポルトガル人は、カピタン・モールの船に、手数料支払いを条件に各自の商品を載せることができた。すなわち南蛮貿易のカピタン・モールの収入の大半は、この手数料から生じる利益であった。とりわけ南蛮貿易の主要取引品である生糸に関しては、「アルマサン組合（コンパニア）」と呼ばれる一種の出資組織が形成され、出資高に応じて、帰着後の利益が分配される仕組みとなっていた。組合で取引される生糸は、同じ等級のものに関しては値段が一律に定められた。

組合による広州市場での生糸の一括購入は、一五七〇年頃にマカオで始まったが、一六〇四年に江戸幕府が制定した糸《いと》割符《わっぷ》制により、長崎での売却時にも価格の一元化が図られることとなった。生糸以外の商品は、別途手数料が定められるものの、一定の取引価格は存在せず、荷主または代理人の差配で売却された。イエズス会は当初、知己の商人に資金を委託して、買い付けと売却を任せる手法をとっていたが、組合が創設されて以来、その全体量のおおよそ一割が優先的に与えられる大口枠の出資者として取引を行った（高瀬、二〇〇二、一二三〜一八四頁）。[15]

マカオを拠点に活動するポルトガル人のなかには、長崎に居を構える者もあった。彼らはマカオ－長崎間の交易のみならず、長崎－マニラ間の交易にも従事した。一五九五年から一六〇三年にかけて、スペインのマニラ政府の高級官吏としてマニラに滞在したアントニオ・モルガの記録には、「日本からも同様に、日本商人やポルトガル商人の帆船が毎年長崎の港から、一〇月末と三月頃の北風に乗って来島し、同じ手続きに従ってマニラに入り、錨をおろす」とある。

前述のように、一五八〇年、スペイン国王がポルトガル国王を兼任することになった際、ポルトガルとスペインの独占交易圏間の通商は禁じられた。そのため、マカオ－マニラ間の通商は違法行為であったが、日本に居住するようになったポルトガル人は、長崎－マニラ間の通商にも従事していたのである。例を挙げると、アントニオ・ガルセスという長崎在住のポルトガル人商人は、一六〇四年から一四年の間に、六通の朱印状を受け、マニラ等に船を送った。ほかにもマヌエル・ゴンサルヴェス、バルトロメオ・メディナ、マヌエル・ロドリゲス、ゴンサロ・ヴィエイラという名のポルトガル人が、江戸幕府が発給する海外渡航朱印状を得ている（岩生、一九八五）。

一六世紀末のカンボジアには、ゴウヴェアというポルトガル人と日本人の混血児が、私掠も行う海賊商人として出入りしていた（岩生、一九六六）。マカオ－長崎ルートでも、ヴィセンテ・ロドリゲスというポルトガル－日本の混血児が次第に頭角を現し、マカオきっての富豪の娘婿となって、長崎－マカオ間の交易に個人船主として従事した。この一族は、イエズス会の代理商としても活動し、カピタン・モールの船への積載が許されていない量の生糸や、その他のイエズス会名義の商品を取引した（高瀬、一九九四、四七一～五〇八頁）。

一六世紀末のマカオと長崎を訪れたフィレンツェの商人カルレッティは、マカオから長崎へ渡る際、日葡混血児の船長（おそらくロドリゲス）が率いる船に乗り合わせた。その乗組員の大半は日本人であったが、ポルトガル人もおり、混血児の船長は彼らの均衡を保つ役割があったと観察している（Carletti, 1965）。複数の言語を操り、異文化間交渉に優れた能力をもつ混血児が長距離交易において頭角を現していく現象は、ほかのアジアの港市でも見られた。

（4）開港初期の長崎

一五四〇年代にポルトガル人が日本へ来航し、通商を始めた背景には、当時増産傾向にあった日本銀が強く影響している。平戸や豊後府内等、九州北部の港が当初ポルトガル人の拠点となったのは、後期倭寇の手引きにとどまらず、山陰からの銀が集まる博多という大商業都市とのアクセスの問題があった。

水深や港としての機能に優れた平戸が、当初彼らの入港地となった。平戸領主松浦隆信も、当初はポルトガル人の来航を歓迎し、堺や博多の貿易商人がポルトガル船のもたらす商品の買い付けに到来したこともあり、一五五〇年代の平戸は大変な活況に溢れた。松浦氏の重臣にはキリスト教に入信する者もあり、イエズス会の当初の方針では、平戸が日本布教の中心となる期待もあった。しかし、一五六一年に平戸に入港したフェルナン・デ・ソウザの船員たちが同地の商人たちと諍いを起こし、互いに殺傷に発展する事件（宮の前事件）が起き、折しも平戸の仏教界の圧力を受けた松浦氏がイエズス会士を追放していたこともあって、ポルトガル人は平戸での取引を諦め、翌年には大村領の横瀬浦に入港した。

大村純忠は日本ではじめてキリスト教に入信したキリシタン大名として知られるが、その家中は複雑な状況にあった。純忠自身は前領主の実子ではなく、家格・勢力ともに優位の有馬氏（島原）から養子として迎えられ、大村家を相続した。しかし、前領主には妾腹の実子後藤貴明がおり、大村家中では有馬家の意向でやってきた純忠は疎んじられ、後藤貴明を継嗣として据えようとする意向が強かった。このため純忠は近隣勢力への対抗策を講じるとともに、家中の旧勢力の刷新のためにも、キリスト教を受容し、軍事力増強を目的とした貿易振興を試みたのである（岡本、一九七四）。

ポルトガル船の入港用に整備された横瀬浦、続いて福田港は後藤貴明等の焼き討ちにあったため、最終的に一五七〇年頃、長崎を貿易港とする整備事業が始まった。翌年にはポルトガル船が入港し、長崎の核となる島原・大村・文知・外浦・平戸・横瀬浦町の六町が成立した。当時の長崎を描いた絵画や地図を合わせ見ると、これらの町は左右に家々が立ち並ぶ、通りの形状であったとわかる。これらの通りには、日本人や外国人が雑居した。一五八〇年には純忠からイエズス会に寄進され、イエズス会領となった。イエズス会は近隣勢力からの防衛のため、要塞都市化も検討したが、一五八七年の秀吉によるバテレン追放令を経て、領地没収となったことでその計画は頓挫した（安野、一九九二）。

当初長崎では、各町に乙名《おとな》と呼ばれる世話役が配され住民の統括を行ったが、イエズス会領となる以前でも、長崎住民の大半はキリスト教徒であったため、教会組織を基盤にした生活管理が行われた。イエズス会士たちは信徒間での救恤《きゅうじゅつ》を目的に、ミゼリコルディア（福祉組織共同体）を布教の当初から導入したが、さらにはコンフラリア（信心会）という、洗礼や婚姻、葬儀等、キリスト教徒としての生活に関わる儀礼を執り行う上で必要な組織も整えた。一七世紀に入り、マニラから、フランシスコ会、ドミニコ会、アウグスティノ会といった托鉢修道会が日本布教に参入した際、別途コンフラリアを組織し始めた。長崎住民のなかには、そちらに惹かれてイエズス会のコンフラリアを脱会し、托鉢修道会が新設したコンフラリアへの加入を望む者がいたが、他修道会による日本布教に不寛容であったイエズス会士たちはそれを厳しく禁じた（川村、二〇〇三）。

（5）日本からの奴隷輸出

一六～一七世紀のヨーロッパには、アジアからヨーロッパ商人たちの手で「奴隷」や「召使」として渡ってきたアジアの人々が少なからず存在した。セビーリャのインディアス文書館所蔵の史料には、すでに一六世紀前半のセビーリャに複数の中国人がいたという記録がある（Gil. 2002）。ポルトガル人はアジアに進出後まもなく、現地の市場で売買される人間の存在に目をつけた。西アフリカ沿岸部での奴隷交易はすでに一五世紀に始まり、リスボンの都市社会の下層を支える者として、一六世紀にはすでに社会に定着していた。アジアにおいても、マラカのように、人身売買が元々盛んな地域もあり、要塞や船舶内労働等で必要な人的資源の不足を補うために、アジア人奴隷はポルトガル人にとって不可欠な存在であった。

一五一九年には、ポルトガル人が中国の広東周辺で、中国人の少年少女を購入したとの記録がある（中国側文献ではこれを「掠奪」と認識）。その後、日本での通商を始めたポルトガル人は、倭寇に掠奪された中国人が九州で奴隷として売買されているのを認識し、これらの人々を購入し始めた。一五六〇年に私貿易船長として来日し、豊後と鹿児島で取引を行ったマヌエル・メンドンサも多数の中国人奴隷を購入している。

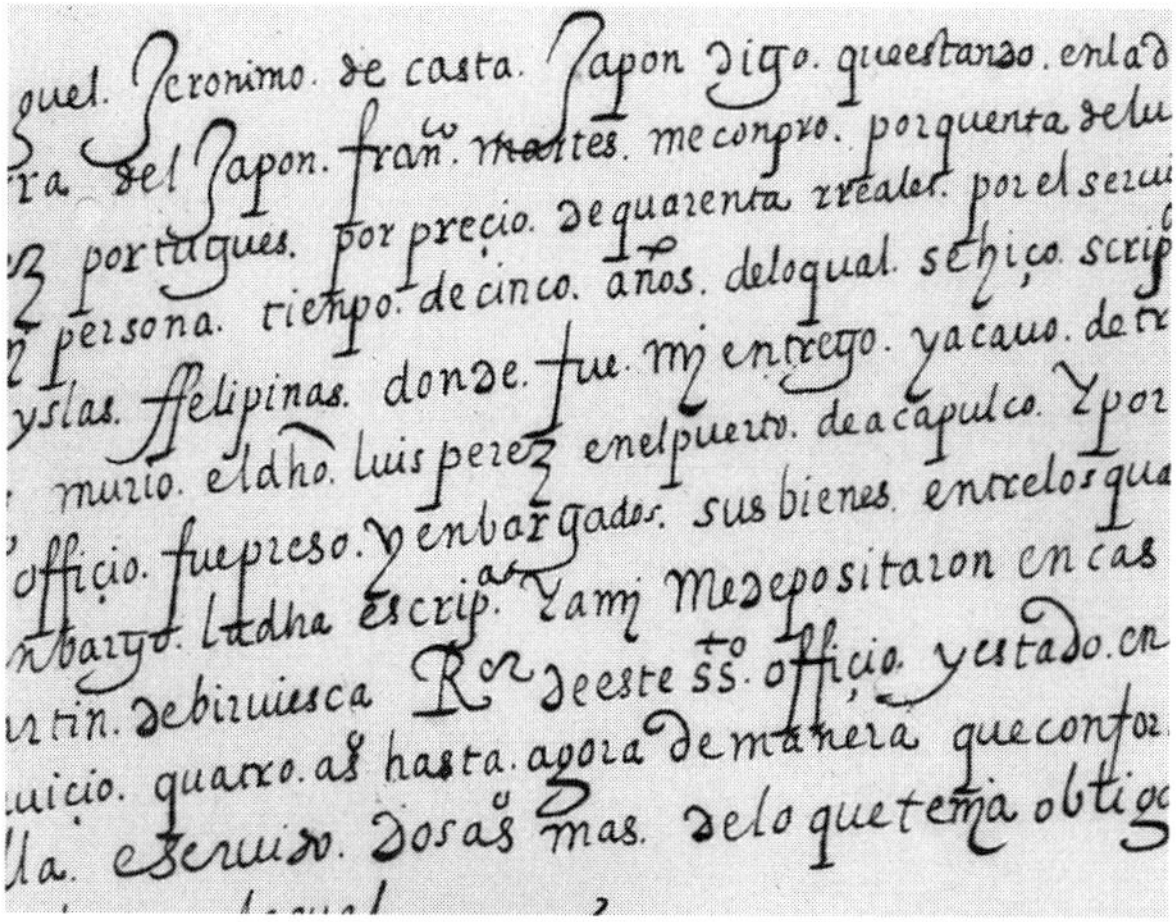
quel. Jeronimo. de casta. Japon digo. questando. enla d
ra del Japon. franco martes. me conpro. porquenta delu
z portugues. por precio. de quarenta rreales. por el serui
persona. tiempo. de cinco. años. deloqual. se hiço. scrip
yslas. ffelipinas. donde. fue. mi entrego. yacauo. de
murio. eldho. luis perez enelpuerto. de acapulco. Y por
officio. fuepreso. y enbargados. sus bienes. entrelos qua
nbargo. ladha escrip. y ami Mesepositaron en cas
rtin. de biruiesca Rz deeste ss. officio. yestado. en
uicio. quarro. as hasta. agora de manera que confor
la. escruiso. dosaños mas. de lo que tema obtig

図2－6　日本人奴隷の詳細が記されるメキシコの史料

日本人の人身売買が本格化したのは、長崎が開港された一五七〇年代のことである。その時期になると日本では、人間が商品となりうることが認知され、従来から国内に存在した戦争捕虜や少年少女の身売り（奉公）を輸出用に転用するようになった。当時の史料には、東アジアの人々は「肌が白い」ために、その他のアジア地域の人間よりも高価であったことが記されている（ソウザ、二〇一三）。

また国内統一が進み、戦国時代が終焉に向かうにつれ、食い扶持を失くした兵士たちのなかには、海外での傭兵を見込んで海を渡る者もあった。いまだ戦争状態の東南アジア大陸部やポルトガル人の要塞で、兵力として重宝されたからである。東南アジアの日本人町は、一七世紀に朱印船が渡航するようになって活況を極めたが、日本人の集住は一六世紀後半から末

図２−７　マニラの日本人傭兵

あたりにすでに見られた。マニラ近郊のディラオでは、すでに一六世紀末、日本人が数百人集住していた。一六〇三年にマニラで華人の反乱が起きた際、鎮圧のためにマニラ総督府に駆り出された日本人兵士も多くいた（岩生、一九六六）。

秀吉がバテレン追放令発布の理由としてイエズス会に伝えた内容では、ポルトガル人のみならず、シャム人やカンボジア人が日本人を奴隷として購入することに言及したものがある（フロイス、一九七六、三一六〜三三〇頁）。それは東南アジアにおいて、日本人に対する一定の需要があったことを意味している。バテレン追放令という、国内の宗教統制に関わる法令に、奴隷の輸出問題が言及されたのは、宣教師の活動がポルトガル人の活動と不可分なものであったことによる。

イエズス会の宣教師たちは、バテレン追放令以前、日本人奴隷輸出を容認していた。秀吉の禁令を受け、ポルトガル人の日本人奴隷輸出が宣教活動の弊害となることが強く認識され、日本人の人身売買を禁じる法令の発布をインド副王府に働きかけるに至った。同時期に秀吉の朝鮮侵略により、多くの朝鮮人が長崎の奴隷市場に登場したことで、自然と日本人の売買は減少傾向に転じていった。朝鮮人捕虜の増加で一六世紀末の長崎は売買用の人間で飽和状態となり、その価格は驚くほど安価になったという（ソウザ、二〇一三）。

「奴隷」として海を渡った日本人のなかには、マニラへ渡り、そこから新大陸、すなわち中南米に定着した者もあった。

一七世紀のメキシコ・シティに中国人のコミュニティが存在したことは、すでによく知られているが、日本人たちもまた異郷の地にあって奴隷身分から解放された者は、互いに同郷の者と助け合って暮らす傾向にあった。メキシコのグアダラハラ文書館にある一六三四年の史料には、伊達政宗が派遣した慶長遣欧使節の随行員で、帰途メキシコへの永住を決意して使節団を離れた福地蔵人が現地で共同事業を始めるにあたって交わした諸契約の内容と福地の自筆署名が記されたものがある。福地は、現地在住の大坂出身の日本人ファン・デ・パエス（日本名不明）を婿に迎え、自身の財産を継承させた（大泉、二〇〇二）。

大航海時代、商品や人が移動したルートは、従来考えられてきたものよりも、より広範囲で多様であることが認識されるにつれ、現代に生きる我々にとっては「地球の裏側」のイメージがある中南米でも、いくつかの日本人に関する記録が発見されるようになった。一五九六年のアルゼンチン・コルドバ市における日本人青年奴隷フランシスコ（一五七五年生まれ）の奴隷解放訴訟記録（大城、一九九七）、一五九七年に大西洋を横断してアカプルコに到着した三人の日本人奴隷（ガスパール、ミゲル、ベントゥーラ）の解放訴訟に関する記録（ソウザ・岡、二〇一七）、日本人二〇名の記載があるペルーのリマ市の一六一三年の人口調査記録（Contreras, 1968）等である。[16]

日本人であることが明記されながらも、彼らの名前はヨーロッパ人と同じ洗礼名でしか残らないため、本名や出生地はほとんどの場合、不詳である。フランシスコの所有者は、ディオゴ・ロペス・デ・リスボアという、ポトシ銀山の銀を扱い、新大陸に複数の拠点を置いて手広く商いを手がける商人であった。ガスパールの主人もまたマカオ、日本、マニラ等を拠点にしたルイ・ペレスという商人であった。奇しくもリスボア、ペレス共にポルトガル人で、「密かにユダヤ教を実践した」嫌疑で宗教裁判所に告発されたことのあるコンベルソ商人であった。[17]

奴隷に関しては、その取引が一種タブーであること、彼らの大半が文盲であり、社会階層としては最底辺に位置するため、彼ら自身の言葉が歴史上残りにくいという特徴がある。八重山諸島の西表島には、収穫を祝う節祭で、主神の弥勒（ミルク）の敵役として女、子供を捕え、外国へ連れ去る異形の「オホホ」という存在がある。はるか昔、来島して、女、子供を連れ去った外国人がモデルであるという伝承が地元では伝えられている。後世の情報が入ったこともあるかもしれないが、その装束が「南蛮風」であるのは興味深い（松尾、二〇一二）。[18]

6　ポルトガルは「世界」の支配者になりえたのか

近年、「世界史」の本として一般書店にも平積みされている欧米の研究者によるグローバルヒストリーの書籍では、「なぜヨーロッパは世界の支配者になりえたのか」という問いに対する答えとして、環境史や疫病史等の観点から興味深い解説がなされており、その問いの出発点である大航海時代の研究があたかも発展しているかのような錯覚を受ける。それらの解説は、従来からあった、高度の文明を持ったヨーロッパが、そうでない地域を征服しえたという西洋中心主義に支配された歴史観からのソフトな脱却という点において、広く受容され、日本の知識人にも評価されている。とくに「環境」問題は、地球上に生きる我々にとって、いまや身近かつ切実で、国境を越えて共有可能な問題であり、そのような手法で語られる人類史、世界史は、「今、求められている歴史」であるともいえる。

クロスビーの提唱した「コロンブス交換」という概念では、ヨーロッパ人のアメリカ大陸進出と同時代の世界交易の拡大によって、病原菌、植物、動物等が、大陸間で交換され、新大陸に持ち込まれた天然痘やチフス、麻疹等の病原菌がアメリカ大陸の原住民を劇的に減少させ、じゃがいもやトマト、タバコといった作物がヨーロッパに伝わって、飢饉による餓死者を減少させたり、新しい嗜好を誕生させたこと等が指摘されている。これらの研究者が自説の展開で利用しているのは、新しい史料というよりは、もっぱら、ヨーロッパ人のアメリカ大陸進出を語るにあたり、ずいぶん昔から知られてきた言説や統計データであり、つまるところこれらの動きは、人類の歴史をより長い時間軸でみて、大航海時代の何が、それ以前と異なる世界を形成するのに作用したのかという点を「読み直す」作業であるともいえる。

しかし、一六世紀にヨーロッパ人を迎え入れた諸地域の歴史を多少紐解きながら、大航海時代を振り返ってみると、「支配者」となりえたのは、南北アメリカのように、元々土地に対する人口がまばらで、しかも原住民が新たに持ち込まれた病原菌等によって壊滅に近い状態に陥った地域に限られる現象であるとわかる。ポルトガル人のアジア進出は、イスラーム勢力への対抗意識から、覇権を確立する意図がなかったわけではないにせよ、結局のところ各地域の政情によって、その影響力の大小は大いに左右された。支配地域を拡大できた時代や場所もあったが、実際のところ主権が確立できていたのは、諸王国の港町の中の、ごく限られた領域にすぎなかった。極論的に言うと、ポルトガルは「世界の支配者」にはなりえなかったのである。アメリカ大陸に関しても、スペインという「国家」がそのヘゲモニーを確立しえたと言えるかというと、大いに疑念が残る。大航海時代の世界各地における「スペイン人」、「ポルトガル人」の活動に関して、スペインやポルトガルといった「国家」との連動性は、後のヨーロッパ重商主義国家と比較すると圧倒的に希薄であり、むしろ各現象の決定的要因は、移住者と現地社会との関係性にあった。

強力なプレゼンスを残したわけではないにもかかわらず、それでも現代に至るまで、「ポルトガル人の子孫」であるという意識を持つ人々が、アジアの港町に点々と存在するのは、ポルトガル→オランダ→イギリスへと移行したイメージのある、アジアにおけるヨーロッパ勢力の変遷とは別に、現地社会に包摂されてマージナルな存在となったポルトガル人が少なくなかったことの証である。

注

(1) 近年の大西洋奴隷貿易研究に関する最新の成果は次のシリーズに詳しい。Jeremy Black, ed., *The Atlantic Slave Trade*, vol.1-4, Ashgate, 2006.

(2) ポルトガルの海上貸付に関する法律、約款等を扱う海上法の手引書《*Tractatus Perutilis et Quotidianus de Assecurationibus et Sponsionibus Mercatorum*》を著したペトルス・サンテルナ（ペドロ・サンタレン）(Petrus Santerna) は、コンベルソである。

(3) 一五四六年五月一六日付、アンボン発書簡。河野純徳訳・編『聖フランシスコ・ザビエル全書簡』平凡社、一九八五年、二四八〜二五〇頁。

(4) ゴアへの宗教裁判所導入は、エスタード・ダ・インディアの開発と長距離交易の発展、イベリア半島でのコンベルソ迫害等を要因にインディア内に急増していた商人や兵士を中心としたコンベルソの取り締まりが、スペイン王国からポルトガル当局への影響力が増幅したのを背景に、あらためて強化されたことと関係している。

(5) ジョアン・デ・バロスの年代記『アジア史』編纂事業を受け継いだディオゴ・デ・コウトは、マカオに関して、「コンベルソの町」という表現を用いている。

(6) この航海士については様々な言説があり、かつてはジュルファール出身の著名なアラブ人海洋学者アフマド・イブン・マージド等という説もあったが、今日では否定されている。

(7) カリカット王の爵位、現地語での正式名は不詳。

(8) 「ドン・ヴァスコ・ダ・ガマのインド航海記」コロンブス・アメリゴ・ガマ・バルボア・マゼラン『航海の記録　大航海時代叢書一』(岩波書店、一九六五年)を出典とする。ただし、同記録の著者に関しては、右訳書では不明とされているが、ガマに同行したアルヴァロ・ヴェーリョであったという言説が近年定着している。

(9) その後、マカオまで戻り、マカオの聖パウロ学院で生涯を終えた。

(10) スブラフマニヤムは当時のオスマン朝のインド洋支配に対する野心に疑問を唱えている。『接続された歴史――インドとヨーロッパ』名古屋大学出版会、二〇〇九年、四六頁。

(11) Pierre Du Jarric, *Akbar and the Jesuits: An Account of the Jesuit Missions to the Court of Akbar*, London: Harper and Brothers, 1926, p. 234.

(12) グジャラートの政情とポルトガル人の関係は、ピアスン(一九八四)に詳しい。

(13) スルタン・マフムードは、その後ムアル、パハン、ビンタン島、カンパルを転々とし、一五二七年頃にカンパルで死亡した。

(14) マカオでは中国当局より要塞の建造や船の逗留数等に厳しい制限が設けられ、初の要塞建造は、オランダ艦隊による侵入を受けた一六二二年以後のことである。

(15) 広州での互市は、季節風の時期にあわせて日本向けのものは四~五月(出港六月~七月)、インド向け商品の市は九~一〇月に開かれた(出港一二~一月)。

(16) ガスパールに関しては、比較的詳細に記録され、豊後出身で八歳で売られたことが判明する。

(17) リスボアの場合、一族がペルーの官僚機構の要職にあり、その息子たちが学者としても名高いカトリックの聖職者であったため、追跡を逃れた。対してペレスは一五九六年、マニラで「隠れユダヤ教徒」として有罪判決を受け、再審のためにメキシコ・シティへ航海中、太平洋上で死亡した。

(18) 八重山や琉球列島には黒潮の影響でフィリピンからの船が漂着・寄港する傾向にあった。マニラからアメリカ方面へ渡るには、まず黒潮に乗り、黒潮続流に変化する日本の太平洋沖に至り、そのまま北太平洋海流に乗る航路が一般的である。北太平洋海流はカリフォルニア海流に接続して、北アメリカ沖合から南下するため、メキシコへ至るには都合がよかった。日本の土佐や房総半島にマニラを発ったスペイン船が漂着したのも黒潮の影響である。

参考文献

青木康征『南米ポトシ銀山――スペイン帝国を支えた〝打出の小槌〟』中公新書、二〇〇〇年。

アタリ、ジャック著、斉藤広信訳『一四九二　西欧文明の世界支配』ちくま学術文庫、二〇〇九年。

安野眞幸『港市論――平戸・長崎・横瀬浦』日本エディタースクール出版部、一九九二年。

岩生成一『南洋日本町の研究』岩波書店、一九六六年。

岩生成一『新版　朱印船貿易史の研究』吉川弘文館、一九八五年。

生田滋『大航海時代とモルッカ諸島――ポルトガル、スペイン、テルナテ王国と丁字貿易』中公新書、一九九八年。

生田滋「東南アジアの大航海時代」『岩波講座　東南アジア史　三　東南アジア近世の成立』岩波書店、二〇〇一年、七三～九四頁。

大泉光一『メキシコにおける日本人移住先史の研究――伊達藩士ルイス・福地蔵人とその一族』文眞堂、二〇〇二年。

大城徹三『日本移民発祥の地コルドバ――アルゼンチン・コルドバ州日本人百十年史』らぷらた報知社、一九九七年。

岡美穂子『商人と宣教師――南蛮貿易の世界』東京大学出版会、二〇一〇年。

岡美穂子「大航海時代のポルトガル沈没船にみる東洋陶磁」『貿易陶磁研究』三二号、二〇一二年。

岡美穂子「大航海時代と日本――イエズス会のアジア布教とコンベルソ問題」豊島正之編『キリシタンと出版』八木書店、二〇一三年A。

岡美穂子「ポルトガル人のアジア交易ネットワークとアユタヤ」中島楽章編『南蛮・紅毛・唐人――一六・一七世紀の東アジア海域』思文閣出版、二〇一三年B。

岡本良知『十六世紀日欧交通史の研究　増補訂正版』（復刻版）原書房、一九七四年（初版六甲書房、一九四二年）。

奥平龍二「ペグーおよびインワ朝からコウバウン朝へ」『岩波講座　東南アジア史　三　東南アジア近世の成立』岩波書店、二〇〇一年、二六一～二九〇頁。

川村信三『キリシタン信徒組織の誕生と変容――「コンフラリヤ」から「こんふらりや」へ』教文館、二〇〇三年。

岸野久「金銀島を求めて」『探訪　大航海時代の日本　四　黄金の国を求めて』小学館、一九七八年、二九～三八頁。

岸本美緒「銀のゆくえ――近世の広域的銀流通と中国」竹田和夫編『歴史のなかの金・銀・銅――鉱山文化の所産』勉誠出版、二〇一三年、二七〜四〇頁。

合田昌史『マゼラン——世界分割（デマルカシオン）を体現した航海者』京都大学出版会、二〇〇六年。

小岸昭「インドの使徒ザビエルとユダヤ人」徳永恂・小岸昭『インド・ユダヤ人の光と闇——ザビエルと異端審問・離散とカースト』新曜社、二〇〇五年。

小葉田淳『金銀貿易史の研究』法政大学出版局、一九七六年。

スピノラ、ファビオ・アンブロージオ著、宮崎賢太郎訳『カルロ・スピノラ伝』キリシタン文化研究シリーズ二八、一九八五年。

関哲行『スペインのユダヤ人』（世界史リブレット）山川出版社、二〇〇三年。

ソウザ、ルシオ・デ著、小澤一郎・岡美穂子訳「一六〜一七世紀のポルトガル人によるアジア奴隷貿易——ヴィクトリア・ディアス：ある中国人女性奴隷を追って」中島楽章編『南蛮・紅毛・唐人——一六・一七世紀の東アジア海域』思文閣出版、二〇一三年。

ソウザ、ルシオ・デ／岡美穂子『大航海時代の日本人奴隷』中央公論新社、二〇一七年。

高瀬弘一郎『キリシタン時代対外関係の研究』吉川弘文館、一九九四年。

高瀬弘一郎『キリシタン時代の貿易と外交』八木書店、二〇〇二年。

富永智津子『スワヒリ都市の盛衰』（世界史リブレット）山川出版社、二〇〇八年。

原田洋一郎「鉱山とその周辺における地域変容」竹田和夫編『歴史のなかの金・銀・銅——鉱山文化の所産』勉誠出版、二〇一三年、一〇九〜一二一頁。

ピアスン、M・N著、生田滋訳『ポルトガルとインド——中世グジャラートの商人と支配者』岩波書店、一九八四年。

ピレス、トメ著、生田滋『東方諸国記　大航海時代叢書　第一期五巻』岩波書店、一九六六年。

弘末雅士『東南アジアの港市世界——地域社会の形成と世界秩序』岩波書店、二〇〇四年。

フリン、デニス著、秋田茂・西村雄志編『グローバル化と銀』山川出版社、二〇一〇年。

フロイス、ルイス著、松田毅一・川崎桃太訳『フロイス　日本史　一』中央公論社、一九七六年。

ブローデル、フェルナン著、村上光彦訳『物質文明・経済・資本主義　一五〜一八世紀　世界時間　一』みすず書房、一九九五年。

松尾恒一「沖縄　八重山のミルク（弥勒）行列」国立歴史民俗博物館編『行列にみる近世——武士と異国と祭礼と』国立歴史民俗博物館二〇一二年、一九八〜二〇〇頁。

村井章介『日本中世境界史論』岩波書店、二〇一三年。

メンドーサ、ゴンサーレス・デ著、長南実・矢沢利彦訳『シナ大王国誌 大航海時代叢書 第一期六巻』岩波書店、一九六五年。
モルガ、アントニオ著、神吉敬三・箭内健次訳『フィリピン諸島誌 大航海時代叢書 第一期七巻』岩波書店、一九六六年。
山本達郎「鄭和の南海経路」『世界の歴史 八 東洋の専制帝国』集英社、一九六八年。
リード、アンソニー著、平野秀秋・田中優子訳『大航海時代の東南アジア 二 拡張と危機』法政大学出版局、二〇〇二年。
リンスホーテン、J・H著、岩生成一・渋沢元則訳、中村孝志注『東方案内記 大航海時代叢書 第一期八巻』岩波書店、一九六八年。
Black, Jeremy, *European Warfare 1494-1660*, Routledge, 2002.
Bodian, Miriam, *Hebrew of the Portuguese Nation: Conversos and Community in Early Modern Amsterdam*, Bloomington: Indiana University Press, 1997.
Boxer, R. Charles, *The Great Ship from Amacon: Annals of Macao and the Old Japan Trade*, Lisbon: Centro de Estudos Históricos Ultramarinos, 1959.
Boxer, R. Charles, *From Lisbon to Goa: Studies in Portuguese Maritime Enterprise*, London: Variorum Reprints, 1984.
Boxer, R. Charles, *Portuguese Conquest and Commerce in Southern Asia 1500–1750*, London: Variorum Reprints, 1985.
Boyajian, James, *Portuguese Trade in Asia under the Habsburg 1580–1640*, Baltimore: The Johns Hopkins University Press, 1993.
Carletti, Francesco, *My Voyage around the World* (translated from the Italian; *Ragionamenti del mio viaggio intorno al mondo* by Herbert Weinstock), London: Methuen, 1965.
Castro, M. Joaquim, *The Bayingyis of the Valley of Mu*, Santa Maria de Feira: Camara Municipal, 2002.
Contreras, Miguel de, Noble David Cook, ed., *Padrón de los Indios de Lima en 1613: padrón de los Indios que se hallaron en la Ciudad de los Reyes del Perú hecho en virtud de Comissió del Excmo. Sr. Mrqs. de Montes Claros, Virei del Perú*, Lima: Universidad Nacional Mayor de San Marcos, Seminario de Historia Rural Andina, 1968.
Gil, Juan, "Chinos en España en el Siglo XVI", Coimbra: *Revista STVDIA*, no.58/59, 2002.
Hamilton, J. Earl, *The American Treasure and the Price Revolution in Spain 1501–1650*, Cambridge: Harvard University Press, 1934.
Israel, Jonathan, *Conflicts of Empires: Spain, the Low Countries, and the Struggle for the World Supremacy 1585–1713*, London: Hambledon Press, 1997.
Kirk, Thomas Allison, *Genoa and the Sea: Policy and Power in an Early Modern Maritime Republic*,the Johns Hopkins University

Press, 2005.

Lach, Donald, *Asia in the Making of Europe, Volume I, The Century of Discovery*, University of Chicago Press, 1965.

Leoni, Aron di Leone, *The Hebrew Portuguese Nations in Antwerp and London at the Time of Charles V and Henry VIII*, Jersey City: KTAV Publishing House, 2005.

Matthee, P. Rudolph, *The Politics of Trade in Safavid Iran: Silk for Silver 1600–1730*, Cambridge University Press, 1999.

Novinsky, Anita, "O Papel dos Judeus nos Grandes Descobrimentos", *Revista Brasileira de História*, vol. 11–21, São Paulo: ANPUH, 1990/91, pp. 65–76.

Pike, Ruth, *Enterprise and Adventures: the Genoese in Seville and the Opening of the New World*, Ithaca: Cornell University Press, 1966.

Pike, Ruth, *Aristocrats and Traders: Sevillian Society in the 16th Century*, Ithaca: Cornel University Press, 1972.

Roth, Cecil, *Doña Gracia of the House of Nasi*, Philadelphia: JPS, 1977 (first printed in 1948).

Roth, Cecil, *The Duke of Naxos of the House of Nasi*, Philadelphia: JPS, 1992 (first printed in 1948).

José, Saraiva António, *The Marrano Factory: The Portuguese Inquisition and Its New Christians 1536–1765*, Brill, 2001.

Schorch, Jonathan, "Mosseh Pereyra de Paiva-an Amsterdam Portuguese Jewish Merchant Abroad in the Seventeenth Century", Kaplan, Yosef, ed., *The Dutch Intersection: The Jews and the Netherlands in Modern History*, Brill, 2008, pp. 63–85.

Schurz, L. William, *The Manila Galleon*, New Yrok: E.P. Dutton, 1939.

Sousa, Lúcio de, *European Presence in China, Japan, the Philippines and South-East Asia 1555–1590: The Life of Bartolomeu Landeiro*, Macao: Macau Foundation, 2010.

Sousa, Lúcio de, "A Presença Judaica em Macau, Nagasáqui e Manila no Século XVI: O Caso Ruy Perez", Macao: *Revista de Cultura Edição Internacional 43*, 2014, pp. 70–91.

Souza, B. George, *The Survival of the Empire: Portuguese Trade and Society in China and the South China Sea 1630–1754*, Cambridge University Press, 1986.

Subrahmanyam, Sanjay, *Improvising Empire: Portuguese Trade and Settlement in the Bay of Bengal, 1500–1700*, Delhi: Oxford University Press, 1990.

Subrahmanyam, Sanjay, *The Career and Legend of Vasco da Gama*, Cambridge: Cambridge University Press, 1997.

Tavares, Maria José Ferro, *Os Judeus na Época dos Descobrimetos*, Lisbon: Edição ELO, 1995.

第3章　一七世紀の全般的危機と東アジア

中島楽章

1　一四〜一五世紀の気候変動と東アジア

（1）一七世紀の全般的危機

一六一八年、ボヘミアのプロテスタントがハプスブルク家の支配に対して叛乱を起こした。この叛乱はやがてドイツ全土に波及し、さらにはヨーロッパの主要国のほとんどを巻きこむ三十年戦争へと拡大した。さらに一七世紀中期には、イギリスのピューリタン革命やフランスのフロンドの乱をはじめ、イタリア・スペイン・ロシア・ウクライナ・トルコなど、ヨーロッパ各地で内乱や革命が続発した。この戦乱の時代は、同時に寒冷化と飢饉がヨーロッパを襲った時期でもある。戦乱と飢饉のなかで、一六世紀における好景気と人口増加は、一転して経済収縮と人口減へと転じた。

同じく一六一八年、ユーラシア大陸の東側では、女真諸部族を統一したヌルハチが、明朝に対して反旗をひるがえした。翌年のサルフの戦いで、ヌルハチは明軍を大破し、遼東全域に支配を広げていく。その一〇年後、深刻な旱魃と飢饉が中国北部を襲い、西北辺境に起こった農民叛乱が、急速に黄河流域に拡大した。農民叛乱軍は一六四四年に北京を攻略し、ついで満洲（女真）人の清朝が彼らを駆逐して中国を征服していく。明清交替にともなう戦乱は、一六八三年に清朝が台湾の鄭氏勢力を征服するまでつづいた。

ヨーロッパと中国だけではなく、一七世紀中期は世界各地で飢饉や天災があいつぎ、戦乱や叛乱が多発した時期であった。こうした共時的な危機的状況の総称が、いわゆる「一七世紀の全般的危機」(The General Crisis of the Seventeenth Century)である。一七世紀の全般的危機とは、もともと一九五〇年代に、ヨーロッパにおける「封建制から資本主義への移行の最後の局面」として提起された概念であった。しかし一九七〇年以降、アナール派を中心とした環境史研究や、グローバルヒストリーの発達を背景として、「一七世紀の全般的危機」は、ヨーロッパ中心的な発展段階論の観点ではなく、むしろ気候変動にともなう生態環境の変化に注目し、ヨーロッパにとどまらない地球規模の状況として論じられるようになっている。

ただし日本では、こうした「一七世紀の全般的危機」論争の成果は、なお十分に紹介されていない。たとえば一九九八年に出版された『歴史学事典』(弘文堂)においても、一七世紀の危機については、一九六〇年代以前の、ヨーロッパ近世史をめぐる論争が紹介されるにとどまり、その後の論争の進展についてはほとんど触れられていない(樺山、一九九八、二八一~二八二頁)。また日本の中国史研究でも、岸本美緒がこの論争に言及しているのを除けば(岸本、一九九八、三二~三三頁など)、明清交替を一七世紀の共時的変動の一環としてとらえる視点は乏しいようだ。こうしたなかで二〇一三年に、これまで一七世紀の危機に関する議論を主導してきた、ジェフリー・パーカーの大著『グローバル・クライシス』が刊行された(Perker, 2013)。本論では、気候変動と東アジアに関する部分を中心に、その最新成果を紹介することとともに、東アジアにおける一七世紀の危機をめぐる主要な研究成果を紹介し、それらの論点を再検討してみたい。

(2) 中世温暖期から小氷期へ

一〇~一一世紀を中心とした数百年間は、ユーラシア大陸の全域で、おおむね太陽活動が活発化し、高温傾向がつづいた「中世温暖期」(Medieval Warm Period)であった。この時期には温暖な気候のもとで、特に北半球の中緯度地域では農業生産が成長し、人口も増加をつづけ、都市や交易も発展した。北宋時代における社会経済の繁栄、東日本における開発の進展、ヨーロッパでのゴシック文化の発達などは、いずれもこの時期の現象である。ただし東アジアでは、一二世紀から気温はしだいに低下傾向になり、ヨーロッパでも、一三世紀頃からしだいに寒冷化にむかっていく。そして一四世紀以降は、全世界

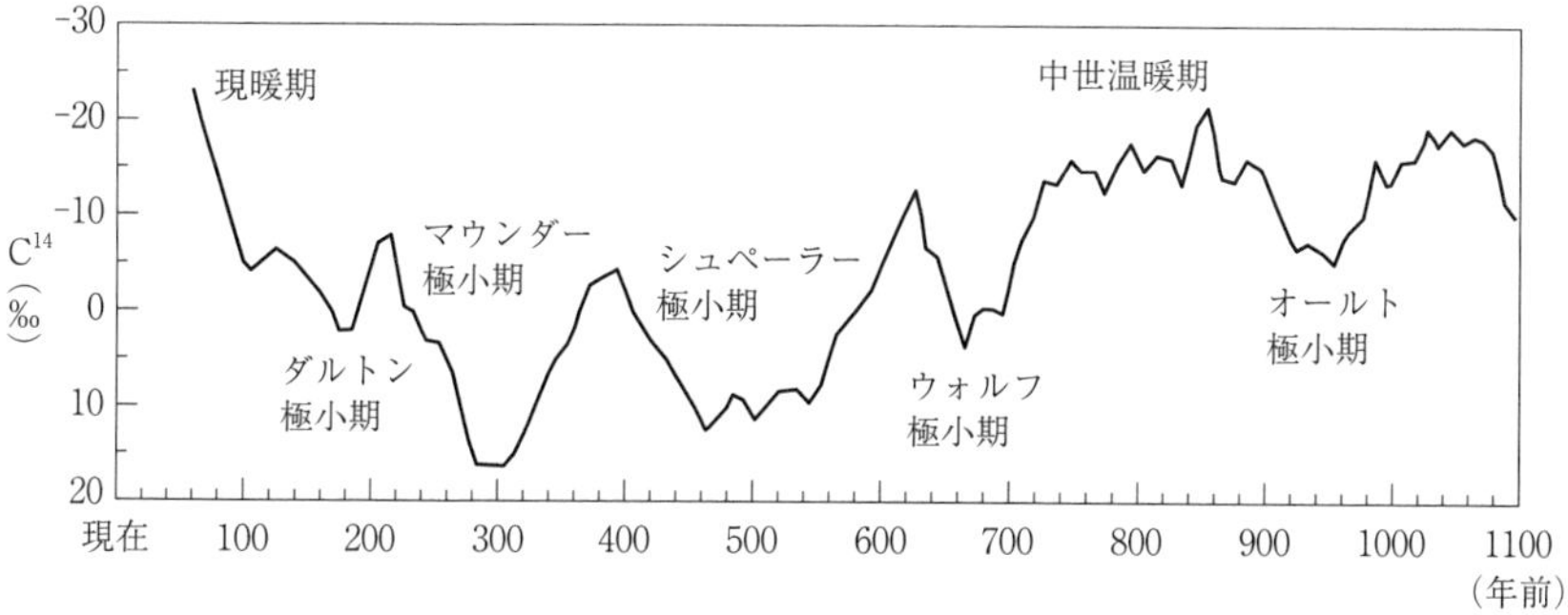

図3－1　放射性炭素含有率から分析した太陽活動の強弱期

原出典：U.S. Geological Survey, *The Sun and Climate*, http://pubs.usgs.gov/fs/fs-0095-00/fs-0095-00.pdf
出典：田家（2010, 202頁）。

で気候が長期的に寒冷化した、「小氷期」(Little Ice Age) が、五〇〇年近くつづくことになる。

小氷期における気温低下の最大の原因は、太陽活動の周期的な低下にあると考えられている。そのなかでも特に太陽活動が減退した時期が、一四世紀中期の「ウォルフ極小期」、一五世紀中期～一六世紀前期の「シュペーラー極小期」、一七世紀中期～一八世紀初期の「マウンダー極小期」であった（図3－1）。気候の寒冷化は農業生産の低下をもたらし、それにともない、しばしば疫病の流行、経済活動の収縮、戦乱や政治的混乱などが誘発された。特に極小期の初期段階では、農業生産が気候の急激な悪化に対応できないため、深刻な危機的状況が生じることが多かった（フェイガン、二〇〇一：桜井、二〇〇三：田家、二〇一〇）。

小氷期における最初の世界規模の危機的状況が、「ウォルフ極小期」にともなう「一四世紀の全般的危機」であった。周知のように、一四世紀中期には急激な寒冷化と天災の多発により、ユーラシアの全域で農業生産が低下し、飢饉が頻発した。またモンゴル帝国の支配下で東西交通が活発化したことは、疫病の急速な流行をもたらした。東アジアで発生したペストは、短期間で中央アジアから地中海に達し、ヨーロッパや中東では人口の三分の一が失われたといわれる。飢饉や疫病のなかで、政治的混乱や戦乱も激化した。東アジアでは元朝が滅亡し、日本では南北朝の動乱がつづき、高麗も衰退にむかった。中央・西アジアでもモンゴル政権が崩壊し、ヨーロッパでは百年戦争をはじめとする戦乱が激化した（アブー＝ルゴド、二〇〇一）。

この一四世紀の危機のさなかに、元朝を滅ぼして中国大陸を統一したのが明朝であった。明朝初期の一四世紀末から一五世紀初頭にかけて、ウォルフ極小期が終わるとともに、東アジアでは気候もしだいに温暖傾向にむかっていく。明初政権は里甲制のもとで完結性が高い農村社会を編成し、農業生産の回復に成功するが、その背景には比較的温暖な気候のもとでの、農業生産の安定があったといえよう（Brook, 2010, pp. 50–78）。

一四世紀末から一五世紀初頭には、東アジアでは朝鮮王朝が成立し、日本では南北朝が統一された。東南アジアでも、アユタヤ朝やベトナムの黎朝などの支配が確立している。また中央・西アジアでも、ティムール朝やオスマン朝が、モンゴル支配解体後の混乱を収拾して、勢力を拡大した。ヨーロッパでは百年戦争が終わり、各国で王権が強化されていく。この時期にはユーラシア各地において、気候の一時的な温暖化のもとで、一四世紀の混乱と衰退からの回復と、新たな政治秩序の形成が進められたのである。

（3）シュペーラー極小期と一五世紀中期の危機

一五世紀初頭、明朝の永楽帝（在位一四〇二～二四年）は、国内では北京遷都・大運河建設などの巨大なインフラ事業を推進し、対外的にも鄭和の遠征、モンゴル親征、ベトナム侵攻などの拡張政策を発動した。永楽年間には相対的に温暖な気候のもとで、農業生産も安定し、農業部門からの税収も好調であった。また永楽帝は鉱山開発も推進し、明朝が官営銀山から徴収する「銀課」は、一四〇二～〇九年の間に、八三五四両から二七万両へと急増した。こうした豊富な税収が、国内外での巨大プロジェクトを支えたのである（Atwell, 2002）。

しかし一五世紀初頭の安定局面は長くは続かなかった。一五世紀中期にはシュペーラー極小期がはじまり、太陽活動が低下していくとともに、東アジアの気候も急速に寒冷化していく。これにともなう東アジアの「一五世紀の危機」については、ウィリアム・アトウェルが全般的な考察を加えており、ここでもアトウェルの研究によって、その状況を概観しておこう（Atwell, 2002）。

一四三〇年代から、東アジアではシュペーラー極小期にともなう寒冷化が本格化する。さらに一五世紀中期には、特に環太平洋地域で火山噴火も頻発した。それによって成層圏に放出された二酸化硫黄は、エアロゾルとして滞留し、太陽光線が地上に注ぐのを妨げ、特に夏季の気温をいっそう低下させた。夏季の低温と長雨は、農業生産を低落させ、日本では一四四〇～六〇年代に、嘉吉・長禄・寛正の大飢饉があいつぎ、土一揆も頻発した（田家、二〇一三）。同時期の中国でも、冷害にくわえ、華北の旱魃や華中の洪水による飢饉が多発している。またモンゴル高原の年輪データも、同時期のきびしい寒冷化を示しており、それによる遊牧生産の低下が、オイラトの華北侵入の主因の一つとなり、一四四九年の土木の変にもつながったと考えられる。

明朝では、永楽年間の放漫財政により、財政負担を転嫁させた農民の疲弊が深刻化しており、気候寒冷化がそれに追いうちをかけた。一四三〇年代には、財政難から鄭和の遠征も中止され、海外貿易の縮小により、中国産品の代価として流入する銀も減少した。また銀の国内生産量も急減し、政府が官営鉱山から徴収した銀課は、一四六六年には一四一四年の最高値にくらべ、三パーセントにまで激減している。さらに一五世紀中期は、ヨーロッパ・西アジア・インド・東南アジアなど、ユーラシア全域で金銀の供給が減少し、通貨収縮が生じた時期でもあった。

しかし一五世紀末には、状況は好転しはじめる。シュペーラー極小期はつづいていたが、寒冷化のピークは過ぎ、火山噴火も減少したため、気温もしだいに上昇傾向に転じた。気象条件の好転により、農業生産も回復にむかい、特に東南沿岸部では、農業経済の拡大に連動して、商工業も成長していった。また同時期に、ヨーロッパでは採掘技術の改良により、金銀の産出量が増加し、一六世紀に入るとアメリカ大陸の金銀も流入しはじめ、ユーラシアにおける貨幣不足は解消されていく。それとともに中国産品の代価として、明朝に流入する外国銀も増加していった。一六世紀の東アジアは、相対的に安定した気候のもとで、農業経済が成長して人口が増加し、それが商業化や都市化にも波及した拡大期だったのである（Atwell, 2002）。

アトウェルが論じるように、一五世紀中期の気候寒冷化が、東アジア全域に飢饉や経済収縮をもたらしたことは疑いない。それは同時に、中国ではモンゴルの侵入や農民叛乱、日本では土一揆や応仁の乱などの、社会不安や戦乱の誘因ともなった。ただし、このことは単純な気候決定論を意味するわけではない。シュペーラー極小期による低温傾向は一六世紀前半まで続いているが、上述のように、一五世紀末以降の東アジアでは、経済は拡大に転じ、人口も増加している。農業生産面についていえば、これは工学的・農学的適応による、寒冷化への対応が進められたためであろう。

一五世紀末から一六世紀前期にかけて、中国最大の穀倉地帯であった長江下流の沖積平野（江南デルタ）では、クリーク網の細密化（分圩《ぶんう》）による湿地帯の水田化が進み、水田開発が完了に近づいていく。その後は長江中流の洪積平野において、堤防水田による湿地帯の水田化が進み、新たな穀倉地帯となっていった（濱島、一九九九）。この時期の長江流域は、夏季が低温多雨となることが多く、夏季の増水への対応が、こうした水利開発を促したと思われる。また日本列島でも、従来の扇状地や河谷平野における稲作にくわえ、戦国大名などのもとで、沖積・洪積平野での水田開発が進められ、一七世紀の「大開墾時代」を準備している。朝鮮半島でも、両班層の主導により、山間平地の開墾や西海岸の干拓による水田開発が進展した。そして東アジアの湿地帯や干拓地における稲作の中心となったのが、水害や干害に強い、東南アジア原産のインディカ種（占城米《チャンパ》）であった。

なお、アトウェルは一五世紀中期の東アジアでは、寒冷化による農業生産の低下とともに、ユーラシアの他地域と同様、銀供給の減少による貨幣収縮が生じたと論じている。ただしその一方、この時期には民間交易において、しだいに銀が用いられるようになり、租税の銀納化もはじまっている。これは一五世紀初頭に生産・輸入された銀が、民間にも浸透したためだと思われるが、一五世紀中期以降の東アジアにおける銀流通の実態は、なお十分には明らかではない。

この時期の東アジアで顕著な現象は、むしろ銅銭流通の混乱である。明朝政府による銅銭鋳造は、一五世紀中期から一六世紀初期まで、六〇年以上にわたって断絶する。このことは明朝だけではなく、中国銭に依存していた周辺諸国にも多大な影響をあたえた。東アジア各地では私鋳銭が急増し、銅銭を選別し差額をつけて使用する「撰銭《えりぜに》」がひろがっていく（中島、二〇一二）。ただし一六世紀中期からは、日本銀・ついでアメリカ銀が中国市場に大量に流入しはじめ、東アジアは「銀の世紀」に入っていくのである。

2　一七世紀の全般的危機をめぐって

(1)　一七世紀の全般的危機とは何か

一六世紀にはいると、シュペーラー極小期がピークを過ぎ、火山噴火も減少したことにより、一四世紀以降の小氷期としては、気候は相対的に温暖傾向にむかった。この時期には農業生産もおおむね安定し、世界各地で人口が増加している。またこの世紀は、いうまでもなくヨーロッパ人の航海によって、ユーラシアの東西からアメリカ大陸に至る交易ルートが開かれ、世界規模の経済が出現しはじめた時期であった。その原動力となったのが銀の生産と流通の急増である。まず一五三〇年代から日本銀が中国に流入しはじめ、スペイン領アメリカの銀は、セビーリャからヨーロッパ全域に拡散した。ヨーロッパに流入した銀の一部は、東方貿易に投資され、インドからさらに中国へと運ばれた。アメリカ大陸の銀は、スペインのガレオン船交易によりフィリピンにも運ばれ、その大部分は中国に流入した。大量の中国産品が世界市場に供給される代価として、明朝中国は、全世界から銀が流れこむ「排水溝《シンク》」となっていったのである（Von Glahn, 1996a, pp. 113–141：フランク、二〇〇〇、二四三〜二九一頁）。

ただし一六世紀末から、気候はふたたび低温傾向に転じ、さらに一七世紀中期からは、マウンダー極小期がはじまり、太陽活動の低下により、小氷期のなかでも特にきびしい寒冷期が、一八世紀初頭までつづくことになる。急激な寒冷化は、飢饉や疫病の蔓延をもたらし、人口は急減して、経済活動や貨幣流通も収縮していく。そしてこの時期には、冒頭でも述べたように、ヨーロッパや中国をはじめ、世界各地で戦乱や叛乱も頻発した。これが、「一七世紀の全般的危機」である。

「一七世紀の全般的危機」とは、もともとはマルクス主義歴史家により、ヨーロッパにおける資本主義の成立をめぐって提起された概念であった。まず一九五四年、エリック・ホブズボームは、一七世紀のヨーロッパが、人口減少、毛織物生産の縮小、国際商業の不振、革命や騒乱などの、全般的危機を経験したことを指摘し、それらを封建制から資本主義への移行の最終局面であると論じた。これに対し一九五九年、ヒュー・トレヴァ＝ローパーは、一七世紀の危機を、中央集権的官僚制が肥大化した「宮廷」と、それを維持する負担を課せられた「地方」の対立としてとらえ、一六二〇年代の不況が両者の対立を激化させ、革命や叛乱を招いたと論じている（トレヴァ＝ローパー他、一九七五）。

しかしその後、一九七〇〜八〇年代にかけて、「一七世紀の全般的危機」論争は、ヨーロッパにおける資本主義の形成過程という通時的な議論よりも、むしろ一七世紀における世界規模の気候変動や、貨幣流通の変動などに注目した、共時的なアプローチへと進展していく。その背景には、一方ではアナール派による環境史研究があり、他方ではグローバルヒストリーの発達がある。たとえばエマニュエル・ル・ロワ・ラデュリは、一七世紀前後の気候寒冷化とその歴史的影響を、大量の自然科学的データを活用して詳述した（ル＝ロワ＝ラデュリ、二〇〇〇）。またイマニュエル・ウォーラーステインは、一七世紀の全般的危機を、一六世紀にヨーロッパを中心として拡大した「世界経済」の循環的な収縮局面であり、資本主義的「世界システム」の確立を準備した凝縮の時期であったと論じている（ウォーラーステイン、一九九三、二一〜四一頁）。

また第三節で述べるように、一九七〇年代からは、ヨーロッパだけではなく、ユーラシア各地における一七世紀の危機を検証する研究も進められていく。一九九七年刊の、ジェフリー・パーカー、レスリー・スミス編『一七世紀の全般的危機』は、ヨーロッパ各国のほか、ユーラシア諸地域についてこの問題を検討した諸論文が収録されており、一九七〇年代以降の研究史の到達点を示している（Parker and Smith, 1997）。

同書のパーカーとスミスの序文によれば、一七世紀中期には、イギリスのクロムウェルから中国の李自成に至るまで、ユーラシア全域で反乱や革命が多発した時代であった。それはヨーロッパにおける封建制から資本主義への移行というだけにはとどまらない広がりをもっている。その背景には、地球規模で生じた諸要因があった。気候変動をはじめとして、人口過剰と食糧不足、大量移民、疫病の流行、戦乱と革命などである。一七世紀中期における明朝の農民反乱と、フランスの民衆暴動は、いずれも気候悪化と疫病流行のなかでの、軍費の増大と宮廷の奢侈という共通の要因をもっていた。

この「全般的危機」には、社会経済的な危機と、政治的危機という二つの側面があった。まず経済的危機の基底には、マウンダー極小期にともなう寒冷化があった。一七世紀中期のヨーロッパでは、平均気温は極めて低く、長い冬と多雨がつづいた。同時期の東・東南アジアでも、きびしい寒冷化と天災の多発が記録されている。気候悪化による農業生産の低下により、人口過剰と食糧不足は深刻化し、流民や暴動の増大をもたらした。また国際貿易や手工業生産も縮小し、アメリカ大陸からの銀輸入も急減している。

こうした社会経済の危機のなかで、暴動や反乱、革命や戦争のような政治的危機も頻発する。経済的危機は財政圧力を深刻化させ、特に軍事費の増大は、政府支出の膨張と増税をもたらし、それを要因とする暴動も頻発した。また政府と社会、宮廷と地方との対立も激化した。そしてこうした全般的危機は、ヨーロッパにとどまるものではなかった、スペインとアメリカ大陸を結ぶ環大西洋経済も沈滞し、ラテンアメリカでも騒乱が多発した。さらに中国では農民反乱により明朝が滅亡し、東南アジアでは在来の海洋国家が衰退するなど、アジア各地においても危機的状況が生じていたという（Parker and Smith, 1997, pp. 1-31）。

（2）ジェフリー・パーカー『グローバル・クライシス』

『一七世紀の全般的危機』の編者であり、この問題をめぐる議論をリードしてきたジェフリー・パーカーは、二〇一三年に至り、さらに単著として『グローバル・クライシス――一七世紀における戦争・気候変動とカタストロフィ』を刊行した。同書は計八七一頁におよぶ大著であり、ヨーロッパ諸国はもとより、東アジアをはじめとするユーラシア各地、さらにはアメリカ・アフリカ大陸に至る、世界各地の危機的状況について包括的に論じており、一七世紀の全般的危機をめぐるこれまでの研究の集大成といえるだろう。もちろん本論では、この大著の内容を全面的に紹介する余裕はないが、ここではまず、特に気候変動に関する議論を紹介することにしたい（Parker, 2013, pp. 1-25）。

パーカーは氷床・湖沼・海底のコア（堆積物）、年輪測定法などの自然データや、同時代の記録や観測データなどによる、歴史気候学の成果を活用して、一七世紀の気候寒冷化とその要因について検討している（図3-2）。それによれば、世界的に気候の寒冷化が顕著になりはじめたのは、一六二〇年前後であった。一六二〇～二一年の冬にはボスポラス海峡が凍結し、ヨーロッパとアジアを徒歩で渡ることができた。一六三〇年代にも寒冷化は進み、一六四〇年代に一つのピークに達する。特に環太平洋地域では、冷害と旱魃が深刻な飢饉をもたらした。一六五〇年代にも厳寒がつづき、ヨーロッパではドナウ

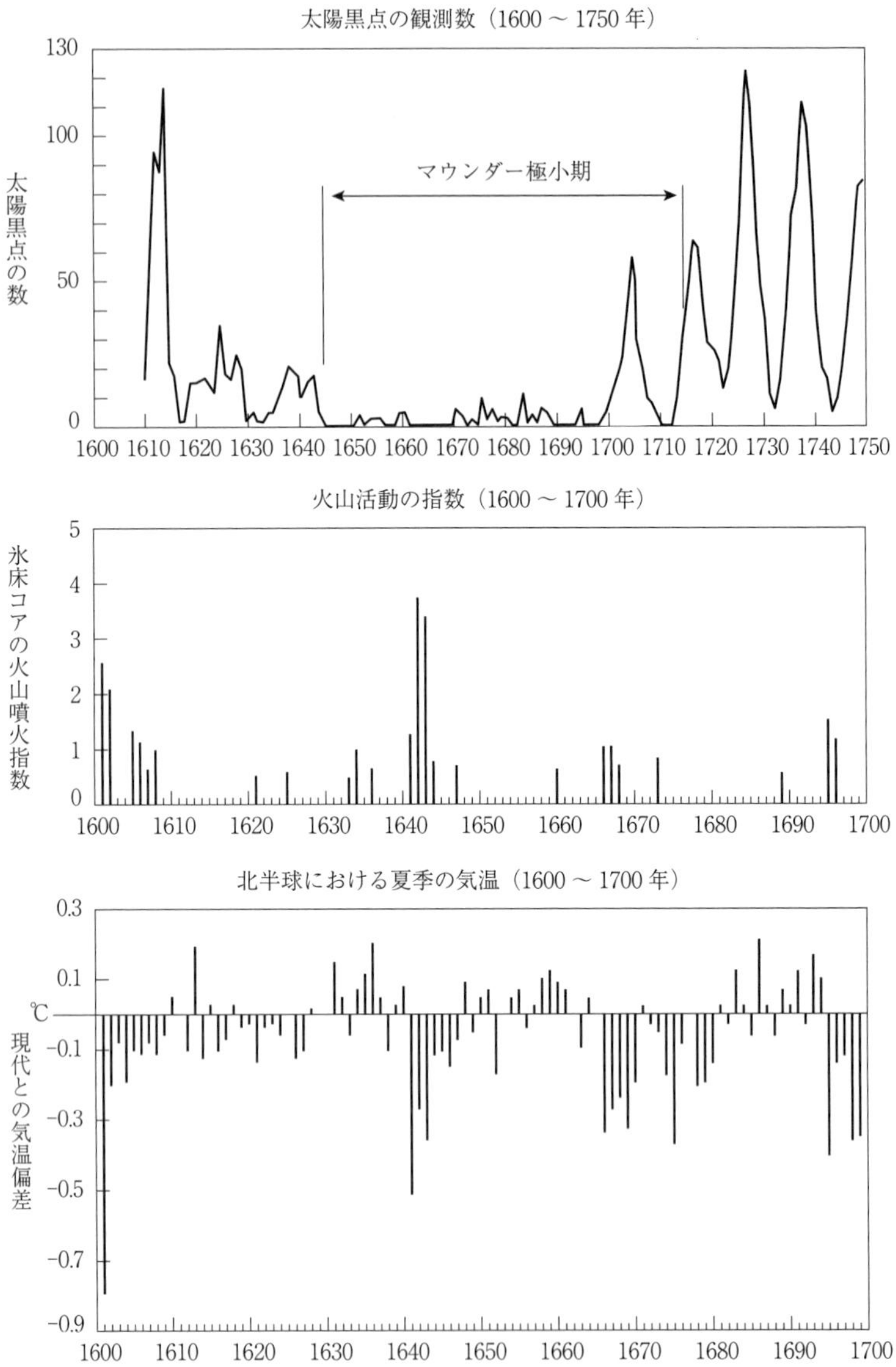

図 3－2　マウンダー極少期の太陽黒点・火山噴火・気温変化

出典：Parker（2013, p. 15）.

川・マイン川・ライン川が凍結して馬で渡ることができた。一七世紀のネーデルラント絵画に特徴的な、氷上・雪上の風景は、こうした寒冷化を反映している。

当時の観測データによれば、太陽活動の活発化を示す黒点が、一六四五〜一七一五年の七〇年間に約一〇〇回しか観測されておらず、これは現代の一年分にもみたない。この時期には、北極圏のオーロラや、日蝕時のコロナもほとんど確認されず、それらも太陽活動の低下を示している。さらに一七世紀中期には、世界各地で火山噴火が多発しており、大気中に放出された二酸化硫黄のエアロゾルが、太陽光線の地上への放射をさまたげ、いっそうの気温低下をもたらした。なお一七世紀に製作されたストラディヴァリウスのヴァイオリンは、背板の年輪幅が極めて狭く均一で、それが比類のない音色をもたらしているが、これも寒冷化による樹木の緩慢な生長を示しているという。

また一七世紀の寒冷期には、東太平洋の海水温が上昇する、エル・ニーニョ現象の頻度も増加している。赤道周辺では、通常は東太平洋が西太平洋よりも気圧が高く、東から西へのモンスーン（貿易風）が吹く。しかしエル・ニーニョが生じると、東太平洋の気圧が低下し、西太平洋やインド洋ではモンスーンが弱まる。現代では、エル・ニーニョは約五年に一回ずつ生じているが、一七世紀中期にはその二倍の頻度で発生している。エル・ニーニョの年には、夏季の高温多湿なモンスーンが弱まることにより、東アジアから東アフリカに至る地域で、冷夏や旱魃をもたらした。またモンスーンを利用してメキシコとフィリピンを往復する太平洋貿易も難しくなり、ガレオン船の難破や漂流も多発している。

そして寒冷化は、食糧生産の減少に直結した。一六四〇年代には、穀物の成長期の平均気温が二度ほど低下している。二度の気温低下は、稲作の収穫量を三〇〜五〇パーセント、畑作の収穫量を一五パーセント減少させ、栽培限界高度をそれぞれ四〇〇メートル、九〇メートル低下させる。当時は主穀依存率が高かったこともあり、食糧不足による栄養不良は、疫病の流行や幼児死亡率の増大を招いた。一六世紀に周縁地域の農業開発が進み、総人口が増加していたことが、食糧不足をより深刻化させ、世界の大部分で人口が減少ないし停滞した。特に中国やドイツのように、戦乱が重なった地域では人口が激減している。

このようにパーカーは、気候変動が一七世紀の全般的危機の重大な要因であったことを強調するが、それはやはり気候決定論というわけではない。パーカーは一七世紀の危機を、気候変動にくわえ、社会経済的・政治的・文化的な諸要因の相互《シナ》作用《ジー》という観点から論じている。考察の中心は、世界各地における危機的状況への対応や、それを克服するための戦略におかれている。

もちろん気候変動は、世界全体に例外なく多大な影響を及ぼし、全般的危機をもたらした決定的な要因であった。ただし同じく寒冷化にさらされても、危機への対応は地域によって異なっていた。ドイツ全土が戦乱と飢饉で荒廃した一方、隣接するオランダは、世界経済の中核として全盛期を迎えていた。明朝が飢饉と天災のさなかに、内憂外患で瓦解したのに対し、日本列島ではほどなく経済発展と人口増が再開した。さらにマウンダー極小期のピークは、一六世紀末に訪れたにもかかわらず、その時期には世界各地の全般的危機は収束にむかっている。全般的危機は単なる寒冷化の関数ではなく、様々な変数の相互作用として考えるべきなのである。

3　東アジアにおける一七世紀の危機

(1) ユーラシア各地における一七世紀の危機

ウォーラーステインは、いわゆる一七世紀の危機とは、一六世紀に出現した「世界経済」が、拡大から収縮に転じ、凝縮していく局面だと論じた。ただしウォーラーステインは、当時の「世界経済」は、西ヨーロッパを中核とし、東・南ヨーロッパとアメリカ大陸を半辺境・辺境とする、環大西洋経済圏を範囲としており、アジアはその外部世界にとどまっていたとみなしていた。しかし一方で、一九七〇年代から、一七世紀の危機は環大西洋圏にとどまらず、ユーラシア全域に波及していたとする議論も活発になっている。

まず一九七三年、S・A・M・アドシェドは、世界的な銀流通の収縮が、中国においても一七世紀の危機をもたらしたと論じている。一六二〇年代以降、アメリカ大陸からセビーリャへの銀輸出は急減し、それがヨーロッパにおける貨幣収縮とデフレーションを引き起こしたといわれる。アドシェドによれば、その影響はヨーロッパにとどまらず、イスラーム世界や東アジアにも波及していたという。明朝中国には、一六世紀の経済発展により、膨大な日本銀・アメリカ銀が流入していた。特にメキシコからは、膨大なアメリカ銀がフィリピン経由で中国に運ばれた。しかし一七世紀初頭には、アメリカ銀の輸入急減により、セビーリャを中心とする世界的な貨幣システムが最初の収縮を経験するとともに、太平洋・中央アジアを経由した、アメリカ銀の中国流入も急減している。

特に一六三〇～四〇年代には、ヨーロッパと中国は、全般的な政治的・経済的破局にみまわれ、アメリカ銀の流入は最低点に達した。さらに江戸幕府の鎖国政策により、日本銀の輸入も減少した。銀流入の急減により、中国経済はどん底におちいり、そのなかで明朝は滅亡する。その後、一七世紀末から一八世紀にかけて、ヨーロッパも清朝中国も、全般的危機からの回復にむかうが、その過程でヨーロッパが根本的な制度的変革を進めたのに対し、清朝中国では伝統的システムの最小限の調整を行うにとどまり、ヨーロッパのような国家と社会との統合には至らなかった。この相違が、一八世紀以降のヨーロッパと中国との分岐をもたらしたのだという（Adshed, 1973）。

アドシェドの議論は、セビーリャを中心とする環大西洋経済の動揺が中国に波及したとする点で、近年のグローバルヒストリーの潮流からみれば、ヨーロッパ中心主義的な傾向が強い。また気候変動などの環境要因についてもほとんど論及していない。ただし彼が明清交替期の危機を、世界的な銀流通の動揺と結びつけたことは、東アジアにおける一七世紀の危機をめぐる、その後の研究の出発点となった。

アドシェドが、銀流通の収縮が、世界的な一七世紀の危機の引き金になったと論じるのに対し、一九八八年のジャック・ゴールドストーンの論考では、より長期的な人口と農業生産の動向に注目し、イギリス・オスマン朝・明朝の比較史的検討により、一七世紀の危機をユーラシア規模での共時的現象として論じている。

ゴールドストーンによれば、一六世紀には多くの農業国家において、人口増加と土地生産性のアンバランスによる、「生態的変化」（ecological shift）が進んだ。それは貧困化とともにインフレーションを招いたが、人口や土地に対する税率は固定されていたため、税収はインフレにおいつかなかった。軍事費の増大もあって、政府は増税を余儀なくされ、それがエリートや民衆の抵抗をまねいた。また人口増は、エリートの地位に対する競争も激化させ、政治対立や党争の増加にもつながった。さらに余剰人口の増加は、都市への移住や実質賃金の低下をもたらし、食糧暴動や抗議行動が多発した。これらの社会不安のなかで異端的宗教がひろがり、反乱や民衆蜂起も頻発した。

ゴールドストーンはイギリス・オスマン朝・明朝のそれぞれについて、上述のような「生態的変化」の実態を検証し、一六四〇年代のイギリスの革命は、単にヨーロッパ史における危機だったのではなく、一七世紀にユーラシア各地で生じた、人口の急増による生態バランスの変化を基因とする、共時的な危機の一環だったと論じている（Goldstone, 1988）。なお岩井茂樹は、近世中国王朝では、税収が原額のまま固定され（原額主義）、経済成長や物価上昇に対応せず、そのことが附加税や追加的課徴の拡大を不可避としたことを指摘している（岩井、二〇〇四）。ゴールドストーンはこれに類似した状況を、一七世紀のイギリスやオスマン朝にも共通する構造であったとみなすのである。

ゴールドストーンはヨーロッパ・西アジア・東アジアにおける共時的な危機を指摘するが、さらにアンソニー・リードは、一七世紀の東南アジアでも全般的危機が生じ、それが交易の時代（The Age of Commerce）の終焉をもたらしたと論じている。それによれば、東南アジアでは一五世紀から海上貿易の発展により、集権的国家が成長し、コスモポリタンな文化が繁栄した。しかし一七世紀初頭には、世界的な銀流通の停滞の影響が東南アジアにも波及する。日本の鎖国政策と、長崎唐人貿易の発展により、東南アジア大陸部における日中中継貿易は衰退した。一方で島嶼部では、オランダ東インド会社による香辛料貿易の独占が進み、港市国家は衰退していった。さらにマウンダー極小期の気候変動により、東南アジアでは旱魃による飢饉が頻発した。農民は換金作物から自給作物に転換し、購買力の減少はインド木綿などの国際貿易を沈滞させたという（リード、二〇〇二、三六一〜四四五頁）。

ただしビクター・リーバーマンは、リードの議論を批判し、一七世紀に東南アジア全域が危機的状況におちいったとは考えがたいと説いている。たしかに島嶼部では人口密度が低く、香辛料貿易への依存度が高かったため、オランダ東インド会社による独占は、多くの港市国家に打撃をあたえた。しかし大陸部では状況は異なる。一七世紀のビルマ・シャム・ベトナムでは、むしろ国家による少数民族の統合が進み、中国との陸上貿易や、国内商業や農業開発も発展した。政治的混乱や戦乱も、必ずしも一六世紀や一八世紀にくらべて激烈とはいえないという（Lieberman, 2003, pp. 15-21）。なおジョン・リチャードによれば、一七世紀の南アジアにおいても、ムガル帝国のもとでおおむね政治的安定が保たれ、着実な人口増加と生産性の向上が進んでおり、全般的危機といえるような状況は認められないとされている（Richards, 1990）。

（2）一六三〇～四〇年代の危機——アトウェルの議論

上述のように、一七世紀中国における全般的危機の導因を、アドシェドはセビーリャを中心とする世界的銀流通の収縮にもとめ、ゴールドストーンは人口増と食糧生産のアンバランスによる、長期的な「生態的危機」にあるとした。これに対しウィリアム・アトウェルは、中国だけではなく日本にも注目して、東アジアにおける一七世紀の危機について一連の論考を発表し、包括的な考察を加えている（Atwell, 1982, 1986, 1990, 1998）。アトウェルは東アジアにおける一七世紀の危機を、ゴールドストーンが説くような長期的「生態的変化」の帰結ではなく、気候悪化と銀流入の減少におそわれた、一六三〇～四〇年代という限定的な時期に生じた状況だとみなしている。

まず気候変動については、一六三〇年代以降の寒冷化と異常気象により、中国では飢饉が深刻化し、華北では農民叛乱が急拡大して、ついには明朝の滅亡に至る。華中・華南でも、穀物価格が急騰し、食糧暴動が頻発した。また日本でも、一六三〇年代末から各地で飢饉が発生し、島原の乱（一六三七～三八）の誘因ともなった。さらに一六四〇年からは列島全体が冷害におそわれ、寛永の大飢饉が発生し、農民の逃散も激化している（図3－3）。

この気候変動に世界的な貨幣収縮の影響が重なったことが、特に明朝中国に破局的な危機をもたらした。日本銀とアメリカ銀の中国への流入は、一七世紀初頭にピークをむかえた。しかし一六三〇～四〇年代には、スペイン本国によるアメリカ銀輸出の抑制政策、ガレオン船のあいつぐ遭難、マニラにおける華人虐殺事件、マニラ－マカオ貿易の中断などが重なり、マニラ経由のアメリカ銀輸入は大きく減少する。また一六三〇年代には、江戸幕府による朱印船貿易の中止、ポルトガル人の追放などにより、日本銀の流入も減少した。この結果、明朝では貨幣流通が収縮し、銀が退蔵されるようになる。くわえて軍事費の膨張による増税によって、民間経済から銀が吸い上げられ、銀の流通量はさらに減少し、銀に対する銅銭の比価も急落した。銀の稀少化は商業活動や手工業生産の沈滞を招き、さらに租税や債務負担を増して、農民をいっそう窮乏化さ

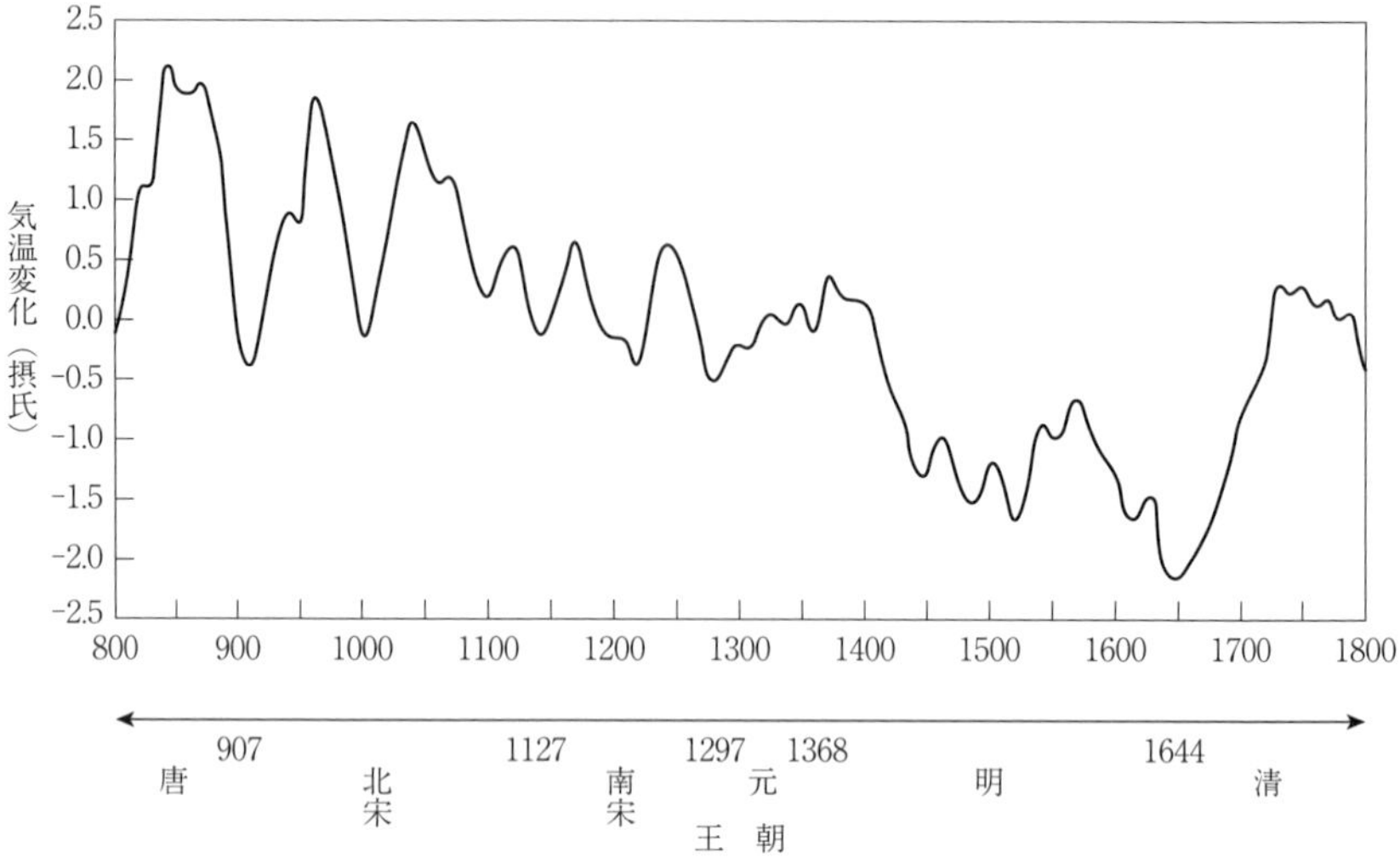

図3－3　年輪測定法による東アジアの気温変化（800-1800年）

出典：Parker (2013, p. 136).

せた。このような経済システムの破綻のなかで、明朝支配も解体にむかっていく。

　また日本でも、寛永の大飢饉による窮乏化にともない、一七世紀初頭まで拡大をつづけていた経済活動は収縮に転じた。金銀の生産量もしだいに減少し、国内・海外交易はともに沈滞する。倹約令の影響もあって、生糸や絹などの輸入商品の需要は減少して価格が急落し、多くの大商人が破産してしまった。日本における輸入生糸の需要減少は、中国における生糸価格の急落にもつながった。

　このように一六三〇～四〇年代には、日本と中国は共時的な危機を経験するが、その後の回復のプロセスは、両国で異なっていた。清朝は鄭氏勢力の海外貿易を封じこめるため、一六六一年には沿海部を無人化し、海外貿易をきびしく制限する。これによって海外銀の流入は急減し、物価は下落して、いわゆる「康熙不況」におちいってしまう（岸本、一九九七）。これに対し日本では、一六四〇年代末から米価は上昇をつづけ、人口も増加し、都市化や商業化も進んでいく。アトウェルはその要因として、日本が戦乱による荒廃や人口減をまぬがれ、寛永通宝の大量鋳造により貨幣システムも安定し、生糸や綿布などの輸入品の国産化が進んだことをあげている。そして一六八三年に清朝が台湾を征服し、海禁を解除すると、中国経済もようやく成長に転じ、日中貿易も拡大していく。一七世紀末における中国の景気回復と、元禄年間の繁栄は、直接的に連関していたわけである。

アトウェルによれば、東アジアにおける一七世紀の危機は、ゴールドストーンが説くような、人口増加と農業生産力とのアンバランスによる「生態的変化」の結果として説明することは難しい。中国はともかく、日本ではこの時期に人口だけではなく耕地面積も増加している。また朝鮮王朝でも、一七世紀後半には登録戸数は倍増し、銅銭鋳造が再開され商業を活性化させるなど、経済は成長局面にあった。総じて東アジアでは、一六三〇～四〇年代に共時的な危機を経験したものの、地域全体として、長期的な全般的危機が存在したとは考えられないという。

なお一九八六年には、著名な中国近代史研究者であるフレデリック・ウェイクマンも、中国における一七世紀の危機について論じている。ウェイクマンは、東アジアはヨーロッパ世界経済の「外部世界」であったというウォーラーステインの議論に対し、東アジアはヨーロッパとは独自の、中国を中心とする世界経済を形成していたとする。しかし一六二〇年代以降の世界交易システムの混乱は、海外銀の流入減少によって中国にも波及した。くわえてマウンダー極小期の開始とともに、寒冷化と天災・疫病が中国をおそい、そのなかで明朝は滅亡する。一七世紀後半には、清朝統治下の政治的安定と経済回復により、中国は世界の他地域より早く、危機的状況から立ち直っていく。最後にウェイクマンは、ヨーロッパでは一七世紀の危機的局面からの回復過程で、資本主義的な国民国家が生まれていったのに対し、清朝のもとでの回復は、むしろアンシャン・レジームの恒久化をもたらし、支配体制が強力に集権化された一方、その合理化はなされなかったと論じている（Wakeman, 1986）。

4　一七世紀東アジアの危機をめぐる論争

（1）一七世紀の危機と銀貿易問題

アトウェルは東アジアにおける危機を、一六三〇～四〇年代の気候変動と銀流入の減少に起因する、比較的短期間の衰退局面として説明した。このうちマウンダー極小期にともなう寒冷化と異常気象が、東アジア全域に深刻な危機をもたらしたことについては、その後の自然科学的なデータによる研究の進展もあって、おおむねコンセンサスが得られている。しかしアトウェルがもう一つの主因として強調する、海外銀の流入減少と、それにともなう経済収縮については、いくつもの批判と反批判が発表され、論争が続けられている。

まず一九八九年、ブライアン・モラウニーと夏維中は、一六三〇〜四〇年代に、海外銀の中国への流入が急減したという、アトウェルの主張に批判を加えた。それによれば、一七世紀にはペルーの銀生産は減少したが、メキシコの銀生産は増加しており、全体としてアメリカ銀の生産量はさほど変化していない。一六三〇年代には、アメリカからセビーリャへの銀輸出は急減したが、その分、むしろマニラ経由での中国への輸出は増えたと考えられる。確かに、一六三六〜四一年にはマニラ経由の銀輸出は短期的に減少したが、同時期には長崎貿易による日本銀の輸出が増加している。中国への銀流入が減少しはじめるのは、むしろ明朝の滅亡後、華人海商の長崎・マニラ貿易が沈滞してからであり、銀流入の減少を明朝滅亡の主因とすることはできないという（Moloughney and Xia, 1989）。

さらにリチャード・フォン・グランも、一七世紀中期に東アジアで貨幣危機が生じたとする、アトウェルの見解を批判している。一六三〇年代にポルトガル人が日本から追放されてからも、華人とオランダ人による中国への銀輸出はむしろ急増しており、フィリピンから中国への公貿易が低落しても、密貿易の増加がそれを補ったと思われる。また理論面でもアトウェルの見解を批判する。アトウェルの議論は、貨幣の数量と流通速度が、物価と交易のレヴェルを規定するとする、フィッシャー方程式に基づいている。海外銀の流入が減少し、退蔵や徴税によって流通が阻害されれば、物価は下落し、交易は沈滞するというわけである。しかし現代の経済理論では、貨幣のフローだけではなく、そのストックを重要視している。

たしかにフォン・グラン自身の推計でも、一六四〇年代前半には、一六三〇年代後半にくらべて、海外銀の流入はほぼ半減している（図3－4）。しかしこの減少量は、中国国内の銀のストックから見れば、わずか四パーセントにすぎない。また一六四〇年代には、米価や地価も急騰しており、銀流入の減少により物価が低落したとはいえない。手工業品価格は下落し

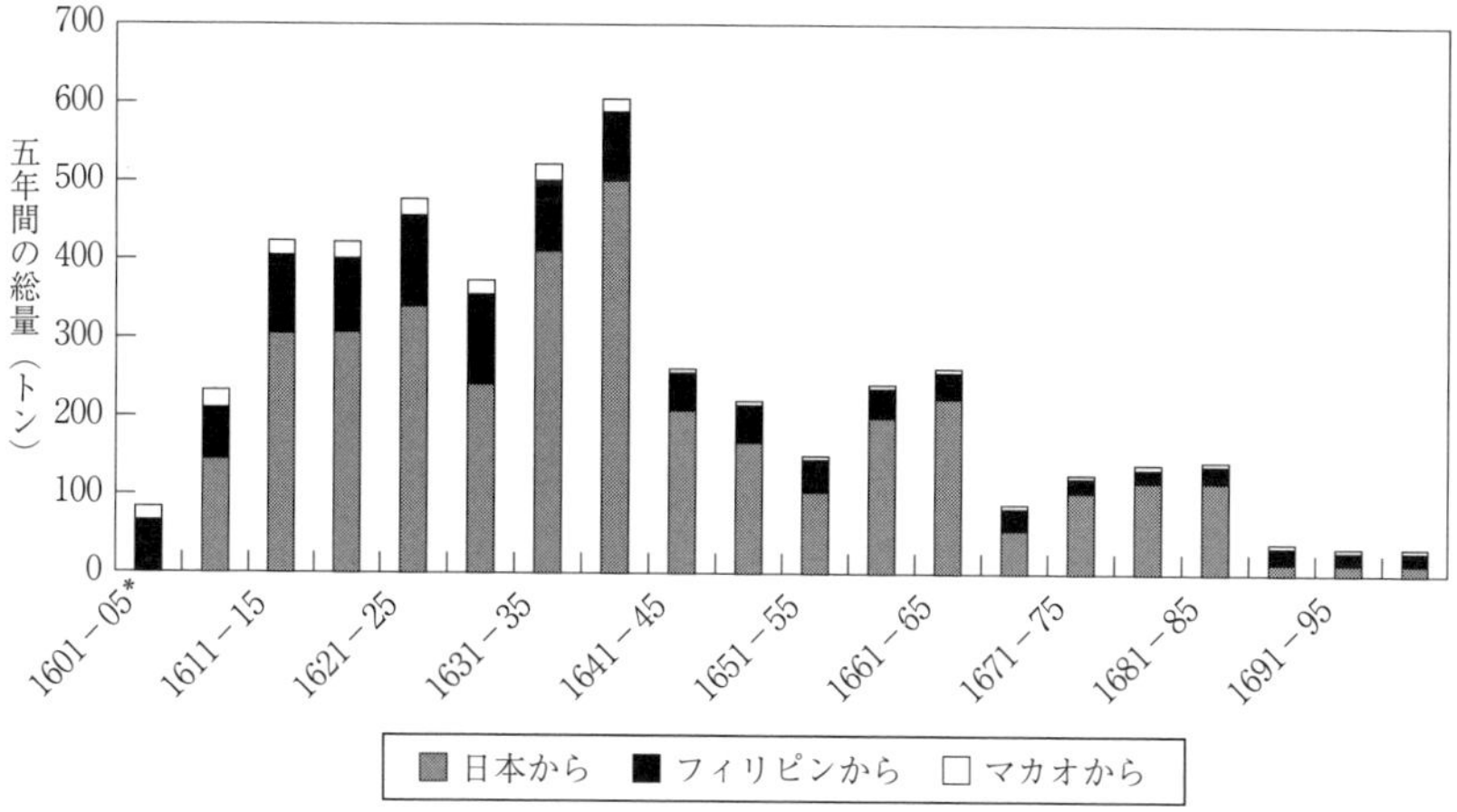

図3－4　中国への銀輸入量の推計（1600-1700年）

出典：Von Grahn (2010, p. 32).
*1601-05年は日本のデータなし。

ているが、それは消費が生存のための食糧に回されたためである。また銅銭の対銀比価の下落も、銀の稀少化というより、粗悪銭の氾濫が主因であろう。逆に金の対銀比価は上昇しており、銀が不足していたとはみなしがたいという。

なお一六六〇～八〇年代には、中国ではデフレによる「康熙不況」がつづくが、これも通説のような銀輸入の減少よりも、明末清初の人口減にともなう需要の減少によると考えられる。一方で同時期に、日本ではインフレ傾向がつづいていた（図3-5）。これは東アジアでは、ヨーロッパにくらべ市場の統合が希薄だったことを示している。セビーリャへの銀輸入の減少が、ヨーロッパ全体に物価下落と経済収縮をもたらしたような状況は、東アジアではみられないというのである。総じて、アトウェルが明末清初の経済変動を、海外銀の供給サイドとフローの動向から説明するのに対し、フォン・グランは国内的な需要サイドに注目し、そのストックを重視するのである（Von Glahn 1996a, 1996b）。

これに対し、アンドレ・グンダー・フランクは、その大著『リオリエント』において、アトウェルが提起した一七世紀の銀危機について再評価を加えている。フランクは一七世紀中期における東アジアの危機を、世界経済全体の下降局面の一部としてとらえる。そのうえで中国への銀流入をめぐるモラフニーらやフォン・グランの議論を再検討し、一六四〇年代の中国における銀輸入の半減、銀建ての米価や銅銭価格の下落は、やはり銀不足の反映であると推定する。そして一七世紀中期の東アジアは、ユーラシアの他地域と同様に、冷夏による飢饉と貨幣供給の減少、人口の停滞、交易の不振などの危機を経験していたと説いている。

ただしフランクは、一八世紀以前の世界経済を、ウォーラーステインのいう「ヨーロッパ世界システム」ではなく、中国を中心とした「中華世界システム」とする立場から、アドシェドによる、セビーリャを中心とする大西洋世界経済の収縮が、中国にも波及したという議論を逆転させている。つまり一七世紀中期には、銀流通の終着点であった中国への、海外銀の供給が過剰になり、それが世界的な銀の価格と利益率の下落をもたらし、アメリカ銀の生産とスペインへの輸出も激減したというのである（フランク、二〇〇〇、三八七～四二〇頁）。

なおアトウェルも、モラフニーらの批判に対し、一六三〇年代末以降のフィリピン経由のアメリカ銀輸入はやはり減少しており、日本銀の輸入もこれを補うには至らなかったと述べ、自説を補強した（Atwell, 2005）。これに対しフォン・グランは、アトウェルは十分な統計的根拠によらず、一七世紀中期の銀輸入の減少を過大に評価しているとして再批判している（Von Glahn, 2010）。

この問題をめぐる論争は現在も継続しているが、限られたデータにより銀流入の動向を議論することには限界がともなう。ただ一六四〇年代前半に、中国への銀輸入量が急減したことは、フォン・グランの推計によっても確かである（図3－4）。ただしこうした短期的な銀流入の減少を、明朝滅亡の主因とみなすのは、やはり過大評価であろう。もし銀流入の急減がなければ、明朝が滅亡をまぬがれたとは、もとより考えがたい。その一方、飢饉や戦乱による荒廃に、銀供給の急減が重なったことにより、危機が相乗的に深刻化したことは十分に考えられるだろう。

またフォン・グランによれば、一六四〇年代前半の銀流入の減少量は、中国における銀のストックの四パーセントほどにすぎないという。ただし岸本美緒は、この問題に関連して、明清時代の中国は一つの全国市場に統合されていたわけではなく、いくつもの地域経済が、貨幣や商品の流れを通じて連結されるという構造をもっていたと論じている。それは一つの深く大きな池ではなく、底の浅い小さな池が、水路でつながりあうモデルにたとえられる。海外から流入した銀は、他の地域経済へと連鎖的に流れていくが、それぞれの地域経済は底が浅いため、外部からの銀流入が減少すれば、その影響も連鎖的

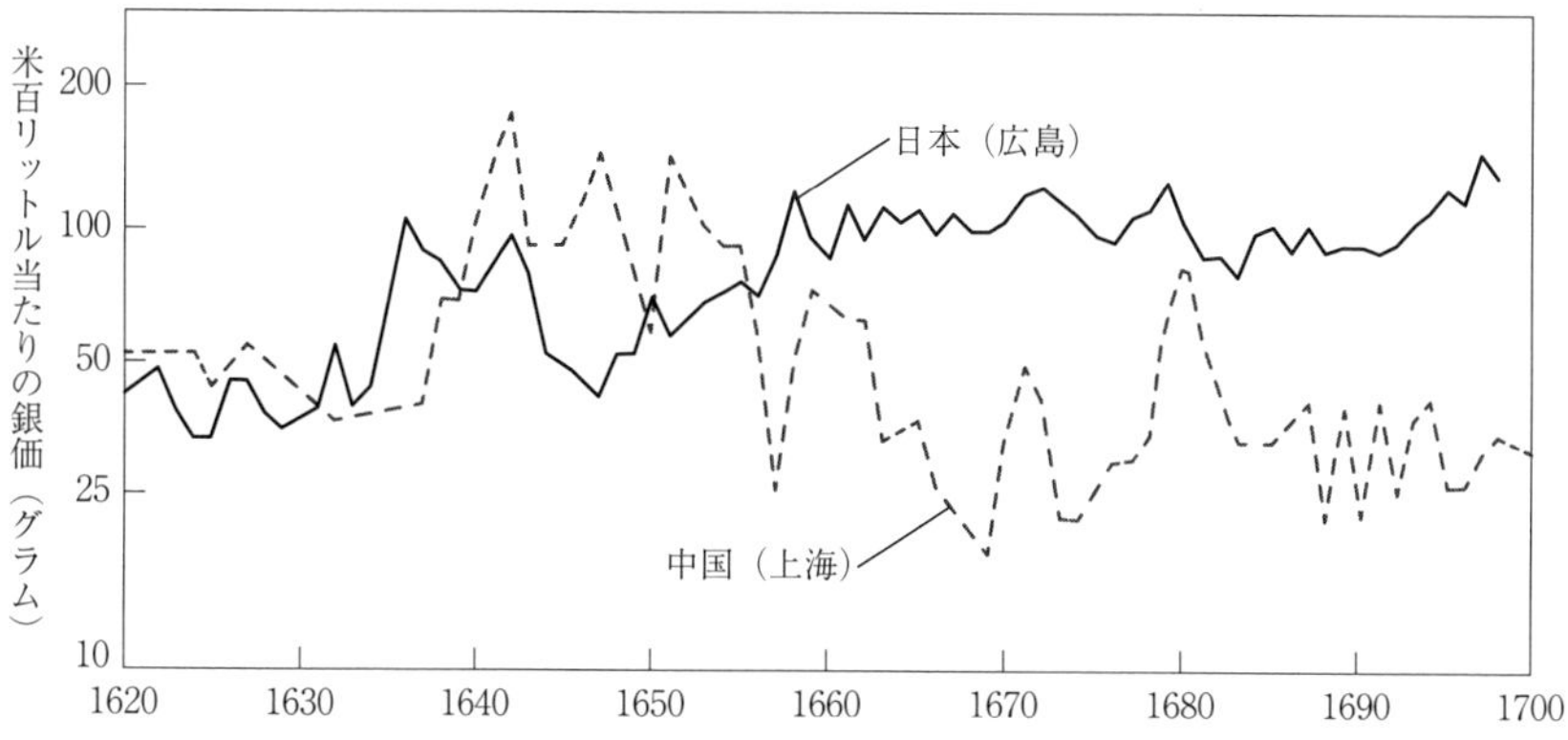

図3－5　中国と日本における銀立て米価（1620-1700年）

出典：Von Glahn (1996a, p. 242).

に拡大していく。このため銀のストックの総量にかかわらず、フローの増減が大きなインパクトをもたらすというのである（岸本、二〇一三）。この論争は、明清時代を通じて、海外貿易の変動が中国経済にどれだけの影響をあたえたかという、より大きな問題にも関わっており、今後はさらに議論が進展していくであろう。

（2）中国と日本における一七世紀の危機

東アジアにおける一七世紀の危機において、世界的な銀流通の増減がどれだけのインパクトを与えたかについては、現在では論争がつづいている。ただし一七世紀中期の東アジアにおける生態的・経済的・政治的危機が、グローバルな全般的危機の一環であったことは、すでに共通認識となっているように思われる。

上述のジェフリー・パーカー『グローバル・クライシス』では、第一部で気候変動と全般的危機の概要を論じたのち、第二部では全般的危機が大きな混乱や荒廃をもたらした諸国を、第三部では危機の影響が相対的に限られていた諸国を、地域別にとりあげる。前者のなかでも、特に深刻な戦乱と人口減を経験したのが中国であり、それを回避したのが同じ東アジアの日本であった。

まず中国における危機については、パーカーは英文の二次文献によって明清交替の過程を要領よく概説するが、そのなかではやはり気候変動に関する分析が注目される。明朝の衰退は、硬直化した財政・軍事力の弱体化・政治的党派抗争などによって長期的に進んでいくが、一七世紀中期の寒冷化は、その破綻を決定的なものにした。特に一六四〇年代には、マウンダー極小期がはじまるとともに、エル・ニーニョや火山噴火がかさなり、寒冷化や異常気象が深刻化した。華北の旱魃は破滅的な飢饉を招き、大運河が干上がって北京への穀物輸送が途絶している。亜熱帯の華南でも大雪や結氷が起こり、冷夏により二期作が不可能になるなど、東南部の穀倉地帯の農業生産も大きく低下した。

さらに注目すべきことは、気候寒冷化が明朝支配下の中国本土以上に、清朝の本拠である東北部に深刻な影響を与えたことである。一七世紀中期には、東アジアでは平均気温が現在よりも二度前後低下したと考えられる。もともと寒冷な中国東北部では、夏季の気温が二度低下すると、穀物の収穫量が八〇パーセント減少するという。一七世紀初頭から、女真（満洲）人は食糧不足に直面し、活路を求めて遼東に進出し、さらに一六三〇年代に寒冷化と飢饉が深刻化するにともない、華北への侵攻と略奪が激化していったのである。なお明朝末期の危機における貨幣的要因については、パーカーは岸本美緒のモデルを参照して、海外銀流入の減少は、やはり危機を深刻化させる主因の一つであったと論じている。

一方で日本列島の状況は、一七世紀を通じてみれば、中国大陸の状況とは対照的であった。一六〇〇〜一七〇〇年の間に、日本の総人口は一二〇〇万人から二七〇〇万人へと二倍以上も増加し、耕地も四割、収穫量も五割増加し、都市化・商業化も進展した。もちろん日本でも、一七世紀中期の気候変動の影響は甚大であった。しかし日本における危機は短期間であり、一七世紀後半には人口増と経済の拡大が再開する。一六世紀以来の開拓事業によって耕地が拡大し、それが限界に近づくと、限られた資源に対し、極度の労働集約によって収益を最大化させる「勤勉革命」（Industrious Revolution）が進行していく。

また一六世紀の中国では、おおむね平和がつづき、農業生産が拡大して人口が急増したのに対し、同時代の日本では、戦乱により人口増が抑えられていた。これに対し一七世紀には、中国では戦乱がつづいたのに対し、日本では平和が維持された。人口圧が高いうえ、自然災害と戦乱が重なった中国では、危機は深刻化・長期化したのに対し、人口圧が相対的に低く、戦乱を回避した日本は短期間で危機から脱することができた。日本の農村による共同性の強さや、幕府や藩の農民に対する一定の保護政策も、危機の拡大を抑制した。一七世紀を通じて、世界全体で人口が減少ないし停滞するなかで、日本列島はニューイングランドなどとともに、例外的に人口が大きく増加した地域となったのである。

すでに再三述べたように、東アジアにおける全般的危機を、ゴールドストーンはユーラシア各地に共通する、長期的な「生態的危機」とみなすのに対し、アトウェルは一七世紀中期の、短期的な気象変動や貨幣収縮に主因を求める。しかしパーカーの中国と日本の危機の比較も示唆するように、常識的ではあるが、一七世紀東アジアの危機は、人口と農業生産の長期的な不均衡化に、短期的な気候変動や経済収縮がかさなったことによって生じたとみるべきだろう。

明朝中国では、一五〜一六世紀を通じて、江南デルタ、ついで長江下流や珠江デルタなどの、東南部の沖積・洪積平野の水田化が急速に進み、農業開発が一つの限界に達するとともに、人口も増加していく。江南デルタでは余剰労働力は手工業や商業に吸収され、商品経済の成長をささえた。これに対し日本では、一五世紀までの扇状地や河谷平野から、一六世紀には沖積・洪積平野へと水田開発が進むものの、戦乱の影響もあって農業生産の拡大や人口増には限界があった。日本列島では、一七世紀に入って幕府や大名のもとで大規模な水利事業が行われ、「大開墾の時代」が本格化していく。

マウンダー極小期の開始による気候変動が東アジアをおそった一七世紀中期、中国ではすでに沖積・洪積平野の開発が一つの限界に達していた。農業生産の停滞にもかかわらず人口は増加しつづけ、人口圧が高まるなかで、旱魃や冷害による飢饉が直撃する。生存の危機は大規模農民叛乱を誘発し、同じく飢饉に苦しんだ満洲人の侵入とともに、明朝を滅亡に追いこむ。一方で日本列島でも、寛永の大飢饉が全土に広がり、特に開発前線であった東北地方では、冷害の被害が甚大であった。ただし一七世紀中期の日本は、なお大開墾時代の途上にあり、農業生産と人口のバランスにも余裕があった。一六四〇年代の危機をすぎると、特に大河川下流の水田開発が進み、農業生産も人口も増加していくのである。

しかし一八世紀に入ると、両国の生態条件はふたたび転換する。中国では、清朝の統一により、満洲や台湾という外部フロンティアが開け、漢人農民が移住して農地化する。またトウモロコシをはじめとする新大陸作物の導入は、それまで農業生産性が低かった地域に、広大な内部フロンティアを作りだした。内外のフロンティアにおける農業生産の拡大により、経済は成長し人口は急増をつづける。一方で日本列島では、大開墾時代が終わり、水田開発が限界に近づく。新大陸作物の導入も限られ、農業生産の増加は頭打ちとなる。一八世紀以降の日本では、生産性／人口のバランス悪化に対し、労働集約の強化による勤勉革命と、人口の抑制によって対応しようとしたのである（杉原、二〇〇四）。

〈付記〉本論の原稿を提出したのは二〇一三年であり、その後、本書の刊行までの五年間に発表された関連研究については論及できなかった。ご了解いただきたい。なお一六〇〇年の日本の総人口については、パーカーは速水融以来の一二〇〇万人という推定値を採用するが、最近、斎藤修は一六世紀後半における社会経済の変容や飢饉の減少などによる人口増を重視し、一七〇〇万人に上方修正している（斎藤修「一六〇〇年の全国人口――一七世紀人口経済史再構築の試み」『社会経済史学』八四巻一号、二〇一八年）。

参考文献

アブー＝ルゴド、ジャネット・L著、佐藤次高他訳『ヨーロッパ覇権以前――もうひとつの世界システム』岩波書店、二〇〇一年。

岩井茂樹『中国近世財政史の研究』京都大学学術出版会、二〇〇四年。

ウォーラーステイン、イマニュエル著、川北稔訳『近代世界システム　一六〇〇〜一七五〇――重商主義と「ヨーロッパ世界経済」の凝縮』名古屋大学出版会、一九九三年。

樺山紘一編『歴史学の方法』（歴史学事典六）弘文堂、一九九八年。

岸本美緒『清代中国の物価と経済変動』研文出版、一九九七年。

岸本美緒「東アジア・東南アジア伝統社会の形成」『東アジア・東南アジア伝統社会の形成』（岩波講座世界歴史一三）岩波書店、一九九八年。

岸本美緒「明末清初の市場構造――モデルと実態」古田和子編『中国の市場秩序――一七世紀から二〇世紀前半を中心に』慶應義塾大学出版会、二〇一三年。

桜井邦朋『夏が来なかった時代　歴史を動かした気候変動』吉川弘文館、二〇〇三年。

杉原薫「東アジアにおける勤勉革命径路の成立」『大阪大学経済学』五四巻三号、二〇〇四年。

田家康『気候文明史――世界を変えた八万年の攻防』日本経済新聞出版社、二〇一〇年。

田家康『気候で読み解く日本の歴史　異常気象との攻防一四〇〇年』日本経済新聞出版社、二〇一三年。

中島楽章「撰銭の世紀――一四六〇〜一五六〇年代の東アジア銭貨流通」『史学研究』二七七号、二〇一二年。

濱島敦俊「商業化――明代後期の社会と経済」松丸道雄他編『世界歴史大系　中国史四――明〜清』山川出版社、一九九九年。

フェイガン、ブライアン著、東郷えりか・桃井緑美子訳『歴史を変えた気候大変動』河出書房新社、二〇〇一年。

フランク、アンドレ・グンダー著、山下範久訳『リオリエント——アジア時代のグローバル・エコノミー』藤原書店、二〇〇〇年。
トレヴァ゠ローパー、ヒュー他著、今井宏編訳『十七世紀危機論争』創文社、一九七五年。
リード、アンソニー著、平野秀秋・田中優子訳『大航海時代の東南アジア　一四五〇—一六八〇年　II　拡張と危機』法政大学出版局、二〇〇二年。
ル゠ロワ゠ラデュリ、エマニュエル著、稲垣文雄訳『気候の歴史』藤原書店、二〇〇〇年。
Adshed, S. A. M., "The Seventeenth Century General Crisis in China," *Asian Profile,* Vol. 1, No. 2, 1973.
Atwell, William S., "International Bullion Flows and the Chinese Economy, circa 1530–1650," *Past and Present,* No. 95, 1982.
Atwell, William S., "Some Observations on the "Seventeenth-Century Crisis" in China and Japan," *Journal of Asian Studies,* Vol. 45, No. 2, 1986.
Atwell, William S., "A Seventeenth-Century 'General Crisis' in East Asia?," *Modern Asian Studies,* Vol. 24, No. 4, 1990.
Atwell, Willam S., "Ming China and Emerging World Economy, c.1470–1650," in *Cambridge History of China,* Vol. 8, The Ming Dynasty, 1369–1644, Pt. II, Cambridge Universty Press, 1998.
Atwell, William S., "Time, Money, and the Weather: Ming China and the "Great Depression" of the Mid-Fifteenth Century." *The Journal of Asian Studies,* Vol. 61, No. 1, 2002.
Atwell, William S., "Another Look at Silver Imports into China, ca. 1635–1644," *Journal of World History,* Vol. 16, No. 4, 2005.
Brook, Timothy, *The Troubled Empire: China in the Yuan and Ming Dynasties,* Harvard University Press, 2010.
Goldstone, Jack A., "East and West in the Seventeenth Century: Political Crises in Stuart England, Ottoman Turkey, and Ming China," *Comparative Studies in Society and History,* Vol. 30, No. 1, 1988.
Lieberman, Victor B., *Strange Parallels: Southeast Asia in Global Context, c. 800–1830*, Cambridge: Cambridge University Press, 2003.
Moloughney, Brian and Xia Weizhong, "Silver and the Fall of the Ming: A Reassessment," *Papers for Far Eastern History,* No. 40, 1989.
Parker, Geoffrey, *Global Crisis: War, Climate Change and Catastrophe in the Seventeenth Century,* Yale University Press, 2013.
Parker, Geoffrey and Lesley M. Smith eds., *The General Crisis of the Seventeenth Century,* 2nd ed., London: Routledge, 1997.
Richard, John F., "The Seventeenth-Century Crisis in South Asia," *Modern Asian Studies,* Vol. 24, No. 4, 1990.
Wakeman, Frederic E., Jr., "China and the Seventeenth-Century Crisis," *Late Imperial China,* Vol. 7, No. 1., 1986.

Von Glahn, Richard, *Fountain of Fortune: Money and Monetary Policy in China, 1000–1700,* Berkeley: University of California Press, 1996a.

Von Glahn, Richard, "Myth and Reality of China's Seventeenth-Century Monetary Crisis," *The Journal of Economic History,* Vol. 56. No. 2., 1996b.

Von Glahn, Richard, "Cycles of Silver in Chinese Monetary History," *Empires, Systems, and Maritime Networks: Reconstructing Supra-Regional Histories in Pre-19th Century Asia,* Working Paper Series, Vol. 2, Beppu: Beppu University, 2010.

第4章　「長期の一八世紀」の世界

島田竜登

1　世界史における近世

近年では、世界史に近世という時期区分を設けることが一般的になった。この近世とは、およそ一六世紀から一八世紀末までを指し、初期近代ともいうべき時代である。とりわけ英語圏では特に好んで用いられている。英語で近代といえば、modern period ということになるが、この近代という時代の初期時期は early modern period と表記される。直訳すれば初期近代ということになる。これを日本語では近世と訳出する。具体的に、西ヨーロッパ史では、ルネサンスの最盛期や宗教改革の時代である一六世紀初めから、一八世紀末のフランス革命の頃までを近世と称し、ナポレオン戦争後に確立された新たな社会体制が確立する以前の時期を対象としている。この近世という時期区分は、本来は西ヨーロッパ史の時代区分でありながら、近年ではむしろ世界史一般において適用させるような時期区分となっている。(1)

この近世という時代区分の用語はいくつかの点で注意しなければならない事柄がある。第一に注意すべき事柄として、用語としての近世が、近代と離れたものとしてそれぞれの時代が独り歩きをし始めていることである。本来の意味では、近世は初期近代として、近代という時期のうちの細区分の一つであったのだが、最近では近代の一部であるという意味合いが薄れ、中世と一九世紀以降の近代とのはざまにある時期とみなし、中世や一九世紀以降の近代と同格の扱いを歴史学研究で受

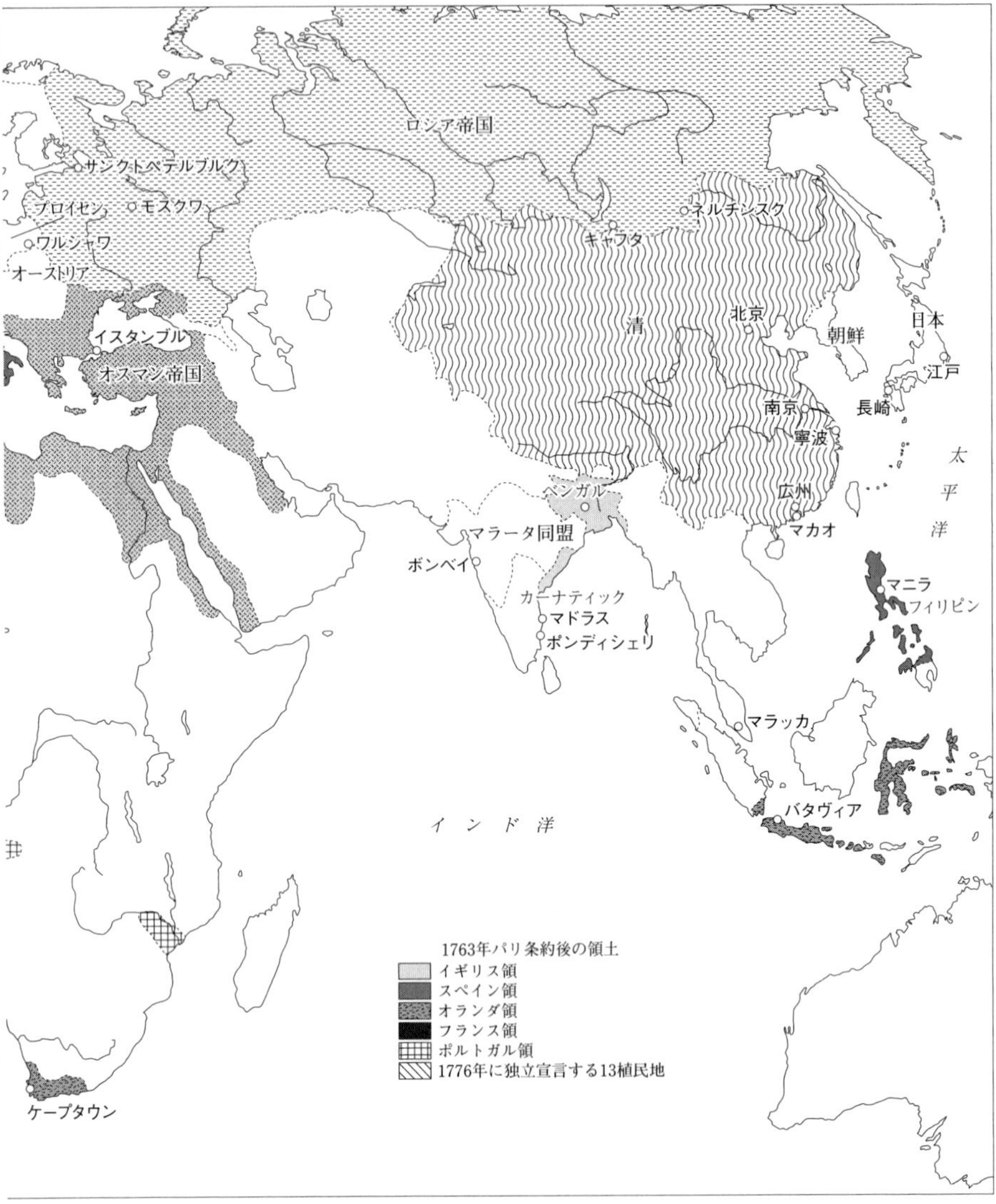
ロシア帝国
サンクトペテルブルク
プロイセン
モスクワ
ワルシャワ
オーストリア
イスタンブル
オスマン帝国
ネルチンスク
キャフタ
清
北京
朝鮮
日本
江戸
南京
長崎
寧波
太平洋
ベンガル
広州
マカオ
マラータ同盟
ボンベイ
マニラ
フィリピン
カーナティック
マドラス
ポンディシェリ
マラッカ
バタヴィア
インド洋
1763年パリ条約後の領土
イギリス領
スペイン領
オランダ領
フランス領
ポルトガル領
1776年に独立宣言する13植民地
ケープタウン

18世紀後半の世界

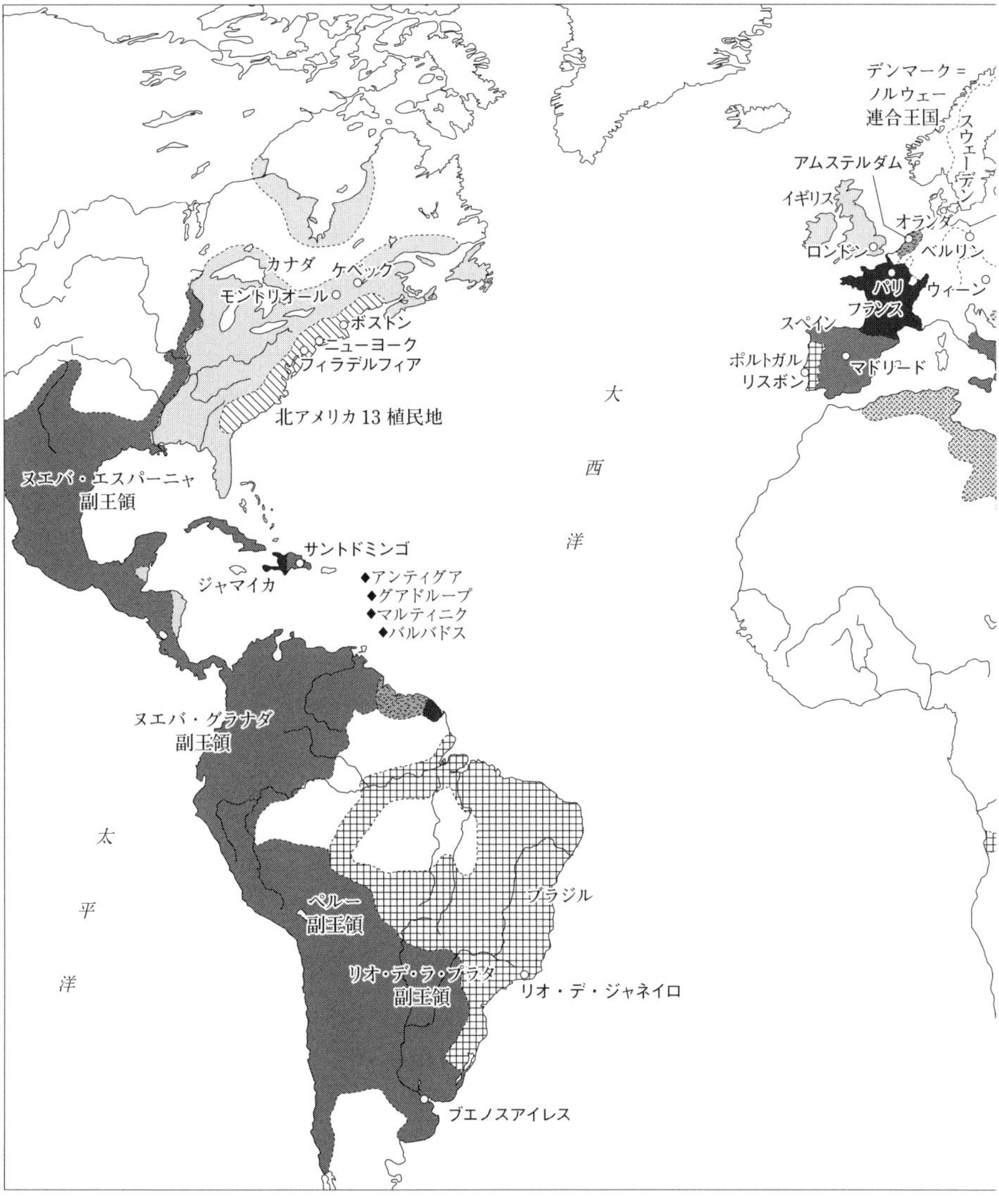

図4－1

出典：南塚信吾・秋田茂・高澤紀恵責任編集『新しく学ぶ西洋の歴史』ミネルヴァ書房，2016年，56-57頁。

けるようになってきている。日本語では、近世と近代とでは、その表記の仕方に違いがあるために、それぞれを独立した時期区分とみなすことが多い。一方、欧語では、early modern period と記すように初期近代ではあるが、それでもなお、近世と近代とを分けて考える傾向が強まっている。

第二に注意すべき点は、ある意味、伝統的な歴史学における時代区分方法、すなわち古代、中世、近代という三区分と、一見すると整合性を持たないものとみなされてしまうことである。第二次世界大戦後には、世界的にマルクス主義的唯物史観に基づく時代区分が、伝統的な三区分の用法と接合して時代区分の方法とされてきた。そのため、近世を初期近代としてとらえるならば、近世は近代の一部として伝統的な三区分の時代区分法と親和性を持つ。しかし、近世と近代とを別個の時代区分とみなすと、伝統的な三区分の時代区分論とは相容れなくなり、いわば修正主義的歴史観とみなされることになる。

第三の留意点として、日本における歴史学研究において、近世という用語は、西ヨーロッパ史に限らず、他の地域の時代区分においても一つの時代区分として重宝されてきた現実がある。一方、あえてこの近世という用語を用いなかった地域もある。具体的に、日本の歴史学研究、特に日本史では確立した時代区分として明治以降、近世という時代区分の用語が用いられてきた。この場合、近世はおおよそ江戸時代のことであるが、江戸時代を近代の一部、すなわち初期近代としての近世と考える研究者はことのほか少ない。実態としては、近世と近代は別の時代であるというのが、日本史の見方である。

また、日本の中国史研究においても一部の学派は宋代以降を近世という時代で位置づけてきた。一方、別の学派はこの近世という区分を用いること自体を否定してきた。前者にとっての近世は事実上、近代の意味であったし、後者にとっては史的唯物論の公式には近世という時代区分は存在しないために、近世という時代区分を用いなかっただけであるともいえる。後者にとっては、アヘン戦争以前は中世であり、アヘン戦争以後は近代であった（岸本、二〇〇六；永井、二〇〇七）。そのほか、日本における東南アジア史研究の範疇では、欧米研究者の影響力が強く、近世という時期区分は今では何のためらいもなく用いられているが、南アジア史や西アジア史では、これまで近世という用語が用いられることは、日本はもちろん、国際的に見ても極めて稀であった(2)。一種の歴史修正主義者というレッテルを張られかねない状況は今でも変わらない。

第四の留意点は、近年グローバルヒストリーで用いられる近世という用語についてである。いままでの歴史区分の方法は、おおまかにいえば、一国史なり、あるいはまた西ヨーロッパ程度の地域史なりを研究するための時代区分であった。また、社会を構成する政治や経済の諸関係、あるいは文化の発達の程度などといった一定の基準に従って時代区分を行ってきた。こうした歴史家の時代区分論に大きな変更を迫るものが、グローバルヒストリーの視角である。グローバルという名の通り、地球規模からの視点で歴史を分析するとき、従来のミクロなレベルからの時代区分は大きな障害となる。なぜなら、地球上のある地域と別の地域では社会構成の発達段階に差異があり、世界史の時期区分には地域差が生じることになる。一八世紀といったとき、あるところでは中世であり、あるところでは近代といった具合である。

他方、近年、隆盛しつつあるグローバルヒストリーではそのような方法をあえて取らずに、一八世紀の世界（地球）と人類の営みといった具合に、時代区分の指標を何らかの社会的な変化にもとめるのではなく、単に世紀単位で輪切りの世界史を試みようとするものもある。(3) かくして、グローバルヒストリー的な見地に立つと、近世とはおおよそ一五世紀末から一九紀半ばまでを一つの時代区分にまとめることになるのである。この場合は、世界史ないしはグローバルヒストリーにおける近世ということになる。

本章では、近世、すなわち近代初期という用語を、世界史の同時代性や共時性を意識しながら、およそ一六世紀初めから一九世紀半ば過ぎまでの時期区分で用いる。これは先に述べたように、西ヨーロッパ史の時代区分とほぼ一致するが、開始時期については、ルネサンスや宗教改革より、アメリカ大陸を含んだ真の意味で地球規模の世界の一体化が本格的に開始されたという点を重視する。一方、終期は一九世紀半ば過ぎを考えているが、それは蒸気船や電信の発達などにより、より密度高く世界が一体化される時期を指し示す。

このように近世という時代をとらえるとすると、本章の課題である一八世紀とはどのような時期と考えられるであろうか。結論を先取りして簡単にいえば、近世（初期近代）の中期ということになる。一六世紀に世界の一体化が開始されたが、一六八〇年代にいったん世界の一体化への動きが目に見えにくくなる。しかしながら、世界各地の内部では潜在的な社会の変動が生じた。そして、一八世紀末になると、近世も後期を迎える。たとえば西洋史の範疇でいえば、アメリカの独立があり、また、フランス革命もあった。この西ヨーロッパを中心とした動きは世界各地に飛び火し、一八世紀末以後、一九世紀半ば過ぎまでは世界は変動の時代を迎える。もし、人々が「長期の一八世紀」と呼ぶのなら、それはまさしく、この一六八〇年代から一八六〇年代までの時期にあたる。(4)

本章は、この「長期の一八世紀」のうち、一七七〇年代までの潜在的な変化の時代を主たる検討課題とし、一七八〇年代以降の「長期の一八世紀」についての見通しを述べることとしたい。特にオランダ東インド会社の活動を基軸にアジア地域の変動を具体的に論じる。さらに具体的には、オランダ東インド会社がそのビジネスを行った海域アジアにおける諸国家や社会の検討を行い、一八世紀アジアの変容を考察し、最後にイギリスで展開されつつあった産業革命とアジアとの関係を論じる。

2 オランダのアジア貿易

(1) オランダ東インド会社の二つの貿易

オランダ東インド会社は一六〇二年に設立された。イギリス東インド会社の設立が一六〇〇年の年末であるから、イギリスより二年弱、設立が遅れたことになる。通常、オランダ東インド会社の設立がより重要であるとされる。史上初の株式会社とみなされることもあるように、もちろん規模はイギリスをはるかにしのぐばかりか、会社の在り方がイギリス東インド会社とまったく異なっていたからである。オランダ東インド会社は、アジアへの航海ごとに清算するのではなく、アジアから帰還し、商品を販売して得られた利益は再投資に向けられた。つまり会社が永続的に存在することが前提となった。さらに、株式の売買はもちろんのこと、出資者や取締役の有限責任制が確立され、出資額以上の負担をこうむることはなくなった。また、アジアにおいて城砦を構築し、戦争を行うことや貨幣を発行するなど、国家に類似した権限も認められた（永積、二〇〇〇）。だが、一七九九年の解散まで出資額に応じた会社への出資者の参加方式、言い換えれば株主総会などでの一株一票の制度がとられる「民主的」な会社の組織にはならず、有力出資者の寡頭制的な会社支配が続いたため、近代株式会社の成立への過渡的性格を持った会社でもあった（大塚、一九六九）。

オランダ東インド会社は史上初の株式会社か否かという議論よりも、さらに重要な点は、オランダ東インド会社が、実質上、史上初の多国籍企業、あるいはグローバルカンパニーであったという点である（島田、二〇一七）。まず、会社の業務上、海域アジア各地に商館を設置した。日本から西アジアにかけての海港などに商館を設け、貿易活動に従事するとともに、現地の王権などども交渉を行った。また、バタヴィアを中心に貿易網を構築するとともに、ヒエラルキー構造を持った意思決定のシステムを持っていたことも特筆に値する。さらに、オランダ東インド会社の従業員など、会社の業務に関わる人々についてみると、なにもオランダ人だけで運営されているのではなかった。ドイツ諸国やフランス、スウェーデンといったヨーロッパ各地からの出身者のほか、アジア人も多数、会社の業務に関わっていた。通訳はもとより、中国人やインド人ムスリムの船員もいた。さらに、奴隷として会社に所有されるアジア人も多数おり、城砦構築などの肉体労働に従事した。結局、オランダ東インド会社の構成員は非常にマルチ・エスニックな状態にあり、ともすれば文化的・宗教的な摩擦を引き起こしかねない状況にもあるグローバルカンパニーであった。

ところで、一七世紀はオランダの「黄金時代」とされ、オランダ本国の経済的さらには文化的繁栄はもとより、世界各地にオランダが進出したオランダの「栄光の世紀」とされる。他方、一八世紀からはオランダの相対的衰退がはじまったと考えられてきた。アジアへの進出に関しても同じく、一八世紀になるとイギリスやフランスに押され、衰退したと考えられてきた。だが、近年の研究によれば、少なくとも一八世紀前半においてもオランダは、海域アジアで一七世紀と同様に極めて重要な勢力であり、ヨーロッパとアジアを結ぶ貿易でもイギリスやフランスをしのいでいたということが判明してきた（島田、二〇〇八、三九〜四六頁）。海域アジアにおいてオランダの勢力が衰退するのは、一七八〇年から一七八四年にかけて戦われた第四次英蘭戦争での敗退を契機とした。この戦争で、オランダ東インド会社は南アジアにおける多数の商館をイギリスに奪われたばかりか、多くの船舶を失い、これまで通りの貿易を行うことが不可能となった。

オランダ東インド会社の貿易は基本的に二つのタイプの貿易に分かれていた（Shimada, 2006）。一つはオランダ本国とアジアとを結ぶヨーロッパ－アジア間貿易である。これはオランダ東インド会社の設立当初からの目的に沿った貿易活動であり、ヨーロッパ市場が必要とする胡椒をはじめとする香辛料をアジアから銀で買い付け、オランダに持ち帰り、ヨーロッパ各地に転売することで利益を上げていた。もう一つのタイプの貿易はアジア域内貿易であり、アジア間貿易とも呼ばれる。ヨーロッパ－アジア間貿易を維持するためには、海域アジア各地に商館を設置する必要があったが、そのアジア各地の商館を結び、海域アジア内部での域内貿易にも従事した。ポルトガルがアジアに到来する以前から、海域アジアでは活発な域内貿易が行われていたが、ポルトガルやオランダはこの域内貿易に参入し、さらなる発展への刺激を与えた。

オランダ東インド会社の優れた点は、この二つのタイプの貿易を会社の勘定でどちらもバランスよく執り行ったことにある。アジア域内貿易で得た利益を本国向けアジア商品の購入に充てたので、オランダ本国から持ち出す銀の量は必然的に少なくて済む。これによって、オランダの東インド会社には繁栄が保証された。もちろん、このアジア域内貿易を行うには多額の資本が必要であった。船舶は多数必要であったし、商品購入のための資金を十分に準備することも必須である。加えて、他のヨーロッパ勢力や現地の王権などとの戦争を遂行するための経済的備えも必要であった。そのため、イギリスやフランスの東インド会社はアジア域内貿易まで手が回らず、オランダの東インド会社のみが、一つの組織として二つのタイプの貿易に従事し、繁栄を謳歌した。

オランダ東インド会社にとって生命線ともいえるアジア域内貿易は、会社の設立当初から可能であったわけではない。比較的早い段階から、アジア域内貿易に目を付けていたが、それが独占的に可能になり始めたのは一七世紀を通じてであり、完成したのは一七世紀末であった。まず、香料諸島と呼ばれたマルク諸島（モルッカ諸島）からイギリス勢力を排除した一六二三年のアンボン事件（アンボイナ事件）、ヨーロッパ勢力としては日本貿易を独占することになった一六三九年のポルトガル船の日本来航禁止、ポルトガルを攻撃した一六四一年のマラッカ占領で、ようやくアジア域内貿易を排他的に実行するための前提が整った。

しかしながら、一七世紀後半に入ると、オランダ東インド会社のアジア域内貿易を支える前提条件の一つが崩れ去った。一六六八年、日本がオランダ東インド会社への銀輸出を停止した。これまで日本がアジア内でのもっとも重要な銀供給地であり、この銀を利用してアジア域内貿易が展開していった。アジア各地で生産された生糸、ジャワ島で生産された砂糖、それにシャム（タイ）から輸出された鹿皮や鮫皮、蘇木を日本に輸入することで、オランダ東インド会社は日本から銀を得た。

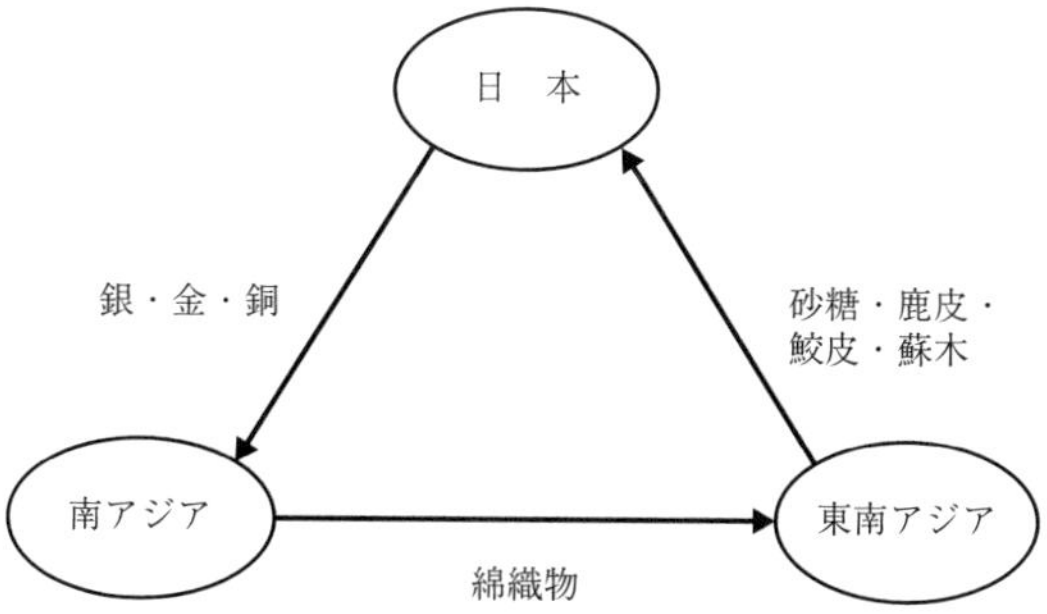

図4－2　オランダ東インド会社のアジア域内三角貿易

会社はこの日本銀を南アジアに運ぶ。南アジアでは綿織物を入手するために銀が必要であった。南アジアから輸出された綿織物は東南アジア各地に運ばれた。シャムで綿織物が売却され、日本市場向けの商品が購入されたし、島嶼部東南アジアでは、南アジアからの綿織物をヨーロッパ市場向けの香辛料輸出の決済手段としていた。これが、オランダ東インド会社が行っていたアジア域内貿易のうち規模の大きな域内貿易であり、図4－2に示したように、日本、南アジア、東南アジアを結ぶ三角貿易の様相を呈していた。しかし、一六六八年に日本がオランダに対して銀輸出を禁止したことで、こうした海域アジアをまたにかけるアジア域内貿易の根幹である日本銀が入手できなくなったことは、オランダ東インド会社のビジネスばかりか、アジア経済・社会に大きな変容を迫るものとなった。かくして一六八〇年代から本章の主題たる「長期の一八世紀」が始まる。

（2）オランダ東インド会社のアジア域内貿易の変化

ここでは、この「長期の一八世紀」における潜在的な海域アジア社会・経済の変化をオランダ東インド会社の貿易活動を通じて検討する。オランダ東インド会社はアジア各地に多数の商館を設置していた。各地に主商館を置き、必要によっては、主商館の下に副商館や出張所を設けていた。一地域における主商館、副商館、出張所を含めて商館区を形成した。たとえば、シャム商館区ではアユタヤに主商館があり、リゴール（ナコーンシータンマラート）に副商館が設置されたといった具合である。そして各商館区を統括するのがバタヴィアにあったオランダ東インド総督府であった。実際にこうした諸商館の設置はその時々に応じ、もっとも効率的な経営が可能になるように、

表4－1　全アジア内商館での貿易から得た「粗利益」

（単位：フルデン）

	ヨーロッパ製		アジア製		計
	貨幣	商品	貨幣	商品	
1701/02年度	160,710	135,708	24,833	2,689,610	3,010,861
1751/52年度	1,184,928	184,351	91,303	3,505,785	4,966,367

注：インド重・軽貨幣は本国貨幣に換算し表示している。
出典：オランダ国立公文書館，バタヴィア経理局文書（BGB）10752，10776。

開設と廃止が実施され、全体で見ると諸商館数の増加が図られた。一七〇一－〇二年と一七五一－五二年における商館区の数を比べると、南・西アジアで六商館区から八商館区に、東南アジアでも一三商館区から一五商館区に、東アジアでは一商館区から二商館区に、合計では二〇商館区から二五商館区に増加している。さらに、副商館や出張所を含めた諸商館数では、六四カ所から七六カ所に増えている（島田、二〇〇八、五八～五九頁）。

このように海域アジア各地に設置された商館を結び、オランダ東インド会社はアジア域内貿易に積極的に従事した。表4－1は、一七〇一－〇二年度ならびにその五〇年後である一七五一－五二年度におけるオランダ東インド会社がアジアで実現した「粗利益」を示している（島田、二〇〇八、五五～五六頁）。そもそも、この「粗利益」とはオランダ東インド会社の独自の会計システムに基づくものである。ある商品の仕入れ価格が送り状に記され、販売地の商館に運ばれる。そして、その地で売却された価格と仕入れ価格の差額が「粗利益」ということになる。もっとも、この「粗利益」には商館維持費用や輸送費などは基本的に含まれていないため、現代の感覚からすると経営分析の指標としては問題があることを認識しておく必要がある。

まず「粗利益」全体は、一八世紀初頭には約三〇〇万フルデンであったが、一八世紀半ばで約五〇〇万フルデンと大幅な増加を示している。また、「粗利益」の構成は、一八世紀初めには約九割がアジア製商品の販売によっていた。これは、一八世紀初めにはアジア域内貿易がオランダ東インド会社の収益に大きく貢献していたことを示す。一方、本国からアジアへ運ばれる銀はアジアのなかで大きな利益を生む商品ではなく、あくまでもアジア商品のアジア域内貿易がオランダ東インド会社の利益の源泉となっていたことが理解できる。また、一八世紀半ばの「粗利益」の構成をみると、アジア製商品の売却が七割ほどを占めていた。割合としては減少するが、絶対値としては一八世紀初めと比べて伸びを示した。すなわち、アジア域内貿易自体は成長傾向にあった。

オランダ東インド会社にとって極めて重要であったアジア域内貿易は、「長期の一八世紀」において大きな変化を見せた。この「長期の一八世紀」には、これまでの銀をベースにした奢侈品主体の海洋貿易が時代遅れとなる一方、銅のように、かさ高で、安価な一般庶民向けのバルク商品の貿易が増加した（島田、二〇〇三）。さらに、商品輸出向けに特化した生産が盛んとなる地域が増加した。一般庶民向けの商品の取引が海上貿易の中心となることで、多量かつ安価に輸出用の農作物や鉱産物を生産することが普及し始めた。

この貿易商品の構成変化について、詳しく検討してみよう。象徴的な商品は日本の輸出品に見出すことができる。よく知られているように、日本とオランダとの関わりは、一六〇〇年の関ヶ原の戦いの直前に始まる。オランダ東インド会社の設立以前に存在した先駆諸会社の一つにより派遣された船隊の一隻デ・リーフデ号が、豊後に漂着したことによる。その後、一六〇九年に徳川家康から朱印状がオランダ東インド会社に交付され、会社の日本貿易が開始されることになった。一六三〇年代から一六四〇年代にかけて、いわゆる鎖国体制が完成すると、ヨーロッパ諸国のなかで唯一日本と貿易を行うことができるようになった。日本からの輸出品の中心は銀であったが、先述のとおり、一六六八年にオランダに対する銀輸出を銀生産の停滞のために禁止してしまう。その後、オランダ東インド会社は一時的に金を輸出したが、もっとも重要な輸出品は銅となった。すなわち、「長期の一八世紀」において日本は、銅を輸出する役割を国際分業のなかで担い、オランダ東インド会社の取り扱った日本銅は、日本銀と同じく、南アジアが主たる市場であった（Shimada, 2006）。

むろん、日本銅は南アジアのみが重要な市場であったばかりでない。対馬藩を介して朝鮮にも輸出されたが、もっとも重要な市場は中国大陸であった。一七八〇年代に明清交替の騒乱が収まると、中国船が多数、長崎につめかけ、日本銅を多量に輸出した。清代の中国では一八世紀には雲南で銅山開発が進んだが、国内産の銅では需要を満たすことはできず、「長期の一八世紀」にわたって、日本銅を輸入し続けた。

銀から銅へという商品の転換はバルク貿易の時代の到来を象徴するものとしてふさわしいが、中国や南アジアに輸入された日本銅の大部分が小額貨幣の鋳造原料として用いられたことにも留意する必要がある。「長期の一八世紀」のアジアでは、小規模生産組織の発展と貨幣経済の浸透が見られたからである。

このようなバルク商品が中心となる貿易商品構成上の変化は、オランダ東インド会社のアジア域内貿易に限ったことではなかった。オランダ東インド会社に限らず、他の貿易従事者の活動も、次第に奢侈品主体からバルク商品主体へと変化していった。一七世紀まで海上貿易で取引された商品が、生糸や高級香辛料などであったのに対し、「長期の一八世紀」には他の商品が軒並み重要性を増した。織物としては、綿織物への需要が以前にもまして高まった。とりわけヨーロッパでの需要増大は注目に値する。一方、「長期の一八世紀」には日本が生糸や絹織物の輸入を軒並み減らし、国産代替化を実現していった。また、胡椒や砂糖は「長期の一八世紀」においても取引されたが、それ以前と比べ、価格が低下していたことには注意しなければならない。そのほか、東南アジアで生産された錫も取引量を増大させ、ヨーロッパ市場や中国やインドの需要にこたえた。

加えて、アジア域内貿易で重要度を高めたのが米である。オランダ東インド会社やヨーロッパ人は米の取引はあまり行わなかったが、アジアの現地人商人によって取引される米の量は時間の経過とともに増加した。特に重要なのはシャムにおける米輸出の増加である。一六八八年にナーラーイ王が死去すると、それまで彼の取っていた多方位外交政策が衰退した。そして、一八世紀に入ると、とりわけ中国との関係を強化した。これまでも、シャムのアユタヤには多数の中国人移民がいたが、その数は増加し、かつ中国向けの米輸出は増加した（高崎、一九六七：田中、二〇〇九：Cushman, 1993）。

3　「長期の一八世紀」の社会変化

（1）海域アジア社会の変化

「長期の一八世紀」の海域アジアにおける貿易の変化を支えた背後には生産面の変化があった。生産面では、いくつかの変化が見られたが、一つには農業部門における小農経営の一般化があげられる。中国、朝鮮、日本といった東アジアやベトナム北部といった地域では、明確に農業の経営単位は小農となった。また、インド経済史家の水島司によれば、一八世紀はこうした東アジアのように、小規模経営単位主体への漸進的移行が見られた（水島、二〇〇九）。もちろん、小農を、土地を所有し、家族労働を単位とする農業形態と定義するならば、厳密な意味では小農とは言えないかもしれない。近代的な土地所有制度が確立していないからである。だが、農業生産の経営単位のみ着目するならば、小農化は「長期の一八世紀」に進展した。経営規模が小家族となれば、市場の動向に柔軟に対応でき、経済的合理性の追求が可能になった。

もう一つの生産面の変化は、移民労働力をベースとした生産システムの一般化である。特に農業におけるプランテーション栽培、さらに鉱業で顕著となった。農業においては、インドネシアのジャワ島でのサトウキビ栽培の発展を指摘することができる（島田、二〇一三）。ジャワ島各地で、有力な中国人商人をプランテーション経営者とし、労働者も中国からの男子移民労働力に大きく依存した。ジャワ島のサトウキビ栽培は本来輸出のために行われており、オランダ東インド会社船を中心にして、各地に輸出された。ヨーロッパ市場よりもアジア域内の市場が重要であり、南アジアやイラン、さらには日本に輸出された。プランテーションと似た産業発展としては、特に東南アジアにおける鉱業生産がある。具体的には、ボルネオ島等での金鉱山開発やバンカ島での錫鉱山開発であり、どちらも中国人の移民集団が、鉱山開発と経営を手掛け、そして何よりも実際の採鉱作業を行い、海外市場向けの生産を行った（Somers Heidhues, 2003；島田、二〇一〇）。

「長期の一八世紀」における、こうした生産面の変化と貿易の関係は一概には論じることは難しい。プランテーション栽培や鉱業の場合、その多くは国外輸出が大きな発展促進要因であった。しかしながら、アジア各地の小農化が国際貿易とどのような関係を持っていたのかは議論の分かれるところである。たとえば、南インドの事例では、海外貿易の発展が小農化を促進させる要因となったとされるが、日本の場合はどうであろうか。一七世紀に小農化が進んだとされるが、それは国際貿易の衰退と軌を一にしている。「徳川幕府による平和」の到来とともに、新田開発が進み、国内の農業成長を重視した結果の小農化である。同じく、一八世紀の朝鮮も国際貿易が盛んであったとは決して言えない。ただし、アジア一般で、農業部門を中心に生産体系の変化が一七世紀後半から一九世紀前半という時期に見られた。それはアジアのなかでも、特に海域部において顕著であった。

「長期の一八世紀」において、もう一つ顕著な変化が見られた。それはヨーロッパ人による植民活動の変化、貿易活動とは異なるオランダ東インド会社の植民活動の本格化である。これまで海外からの来住者は海港都市に定住し、商業を中心とした営みに従事していたが、より内陸部へ経済的に進出し、ときに土地からの収益を得ることにも着目するようになった。そもそも、一五世紀末以後、ポルトガル、スペイン、オランダ、イギリス、フランス等のヨーロッパ人は海域アジアに進出し、各地に拠点を構築していった。はじめは現地にすでに存在した海港都市に現地政権の許可を得て居留地を設けたが、必要に応じて、より強い都市支配を行うようになった。マラッカのように、海港都市から現地権力を追い出し、自らが支配者となったり、あるいはまた、マニラやバタヴィアのごとく、自分たち自身で海港都市を事実上、はじめから建設し、支配したりすることもあった。このように都市をみずから支配した場合、その都市は植民都市と呼ばれる。特に近世期にできたので、近世植民都市と呼ぶことができる。実際、一六世紀から一七世紀にかけて、建設された植民都市のいくつかは現在まで成長し続けている。ジャカルタ（バタヴィア）、コルカタ（カルカッタ）、ムンバイ（ボンベイ）などであり、現在は人口一〇〇〇万人を超す海域アジアを代表するメガシティとなっている。

海域アジア各地に建設した近世植民都市をハブにして貿易活動を展開するのが、近世初期のあり方であったが、「長期の一八世紀」に支配のあり方は転換を迎えた。点を結ぶ海の活動から、内陸への浸透である。貿易により商業的な利得を得るばかりか、土地からの収益をも狙うようになった。もっとも、「長期の一八世紀」を通じてゆっくりと変化していった点は注意を要する。オランダ東インド会社の場合、重要な近世植民都市はバタヴィアやセイロン島のコロンボであった。当初は都市の経営に注力を注いだが、次第に都市の郊外にも影響力を伸ばしていった。バタヴィアの郊外はオンメランデンとよばれ、その意はまさしく周辺地という意味であったが、サトウキビ栽培が広がっていき、また、セイロン島ではシナモン栽培に深く関わるようになった。加えて、バタヴィアの場合、近郊のオンメランデンよりもさらに南部のプリアンガン地方にまで支配を広げた。現地首領層の支配権を認める代わりに、コーヒー豆の供出を行わせた。毎年一定量のコーヒー豆を決められた価格で納入させることを現地首領層に課し、間接的な形であったが、内陸への支配の浸透の一事例となった。

このコーヒー豆の供出は一八世紀の初め頃から始まり、義務供出制と呼ばれた（大橋、二〇一〇）。この生産支配のあり方は、一九世紀に入り、一八三〇年からジャワをはじめとしたオランダ植民地で導入された強制栽培制度の先駆けともみなされている。義務供出制であれ、強制栽培制度であれ、内陸の植民地支配強化の過渡的な形態であった。現地首領層を介した間接支配を認め、植民地権力にとっては商業的利益を上げるため、一種の税として農産物の一定価格での供出を命じた。本来、内陸の土地を支配するのであれば、イギリスが一九世紀初めからインド南部で実施を開始したライーヤトワーリー制のように、耕作農民に土地の所有権を認めて、その分、土地税を得るべきかもしれない。しかし、過渡的な性格をもった植民地権力としては、輸出産品を安定的に得ることこそが重要なのであり、こうした商業的利得をも加味した植民地支配は、強制栽培制度が大方終焉する一八七〇年頃まで継続した。ジャワにおける強制栽培制度の終焉はまさしく「長期の一八世紀」の終焉を意味した。

「長期の一八世紀」に海域アジアで植民活動を繰り広げたのは、ヨーロッパ人だけではない。もう一つの大きな勢力は中国人であった。もっともヨーロッパ人は植民都市を制度的に確立していったのに対して、中国人の植民活動は、移民が現地社会に浸透してなし崩し的に中国人の集団が大きな勢力として台頭してきたという違いがある。一八世紀には中国の政治的安定とともに、経済的発展が顕著にみられ人口が増大した。これに応じて、東南アジア各地に多数の中国人が移民として出国した。東南アジア史家たちは、一八世紀を「華人の世紀（Chinese Century）」と呼ぶほどである（Reid, 1997 : Blussé, 1999）。中国人移民は、商人ばかりか下層の肉体労働者として、港湾労働やプランテーションや鉱山労働者としても移住した。大部分の中国人移民は、生涯のうちの一時期だけ東南アジアに出稼ぎ的に移民に出たが、東南アジア現地に定住し、現地女性と結婚し、子供をもうけ、一生を終える者もでてきて、彼らの子孫は華人として現地にとどまった。

華人社会は東南アジア各地の都市や近郊農村などに見られたが、ときに商業的ないしは政治的に成功をおさめる移民やその子孫も登場した。彼らは経済的に大きな勢力となる一方、一種の独立政体を構築する者もあった。代表的な事例としては、ハーティエンと蘭芳公司《らんほうこうし》がある。ハーティエンは、現在、カンボジア国境に近いベトナム南西部に位置し、タイ湾に面する港町であるが、一八世紀には華人系移民が集まり、広東からの移住者である鄭玖《まくきゅう》（一六五五～一七三六年）とその一族を支配者として、東南アジアと中国とを結ぶアジア域内貿易を財政基盤として、一種の独立王朝を築いていた（北川、二〇〇二）。一方、蘭芳公司は、ボルネオ島（カリマンタン島）の西部で金鉱山開発に従事していた福建・広東の山地出身の客家系華人による政体である。羅芳伯《らほうはく》（一七三八〜九五年）を代表者とする有力華人集団による一種の共和政体で、鉱山開発や清朝に朝貢するなど、一七七七年からオランダに滅ぼされる一八八八年まで存在した（Somers Heidhues, 2003）。

（2）大分岐の時代におけるイギリス産業革命

近年、経済史の立場では、グローバルな視点からイギリス産業革命の性格をめぐる議論が展開されている。K・ポメランツ『大分岐』（原著出版は二〇〇〇年）とR・C・アレン『世界史のなかの産業革命』（同二〇〇九年）がとりわけ著名である（ポメランツ、二〇一五：アレン、二〇一七）。

ポメランツの研究は、揚子江下流域デルタ地帯と西ヨーロッパ、とりわけイギリスを比較史的に考察したものである。両地域は一七〇〇年にはほぼ同一の生活水準であったという。どちらの地域も成長のために土地制約に苦しんだが、一世紀を経るときには、イギリスは新たな飛躍ともいうべき「大分岐」（great divergence）に成功した。すなわち、石炭という化石燃料を利用した工業化である。一方、アレンは、石炭利用型のイギリス産業革命の特質をさらに強調する。低価格であるエネルギー源としての石炭利用と、それを可能にした蒸気機関、加えて蒸気機関を用いた綿業や製鉄業での機械開発である。

一八世紀半ばから一九世紀半ばにかけてのイギリス産業革命を世界史的に評価する研究は、以前より様々あった。たとえば、一九世紀以降に世界に伝播する工業化の端緒としてイギリス産業革命の意義を強調することは、典型的なイギリス産業革命の世界史上の評価である。また、イギリス産業革命とアジアとの関係では、松井透の研究が知られている（松井、一九九一）。松井によれば、一七世紀半ばより、西ヨーロッパ市場ではインド製綿布が流行し、多量の綿布がインドから流入した。だが、イギリスは産業革命を通じ、アメリカ大陸で生産された綿花を利用して、国内で綿布の輸入代替化に成功する。さらに、イギリス綿布は海外へも輸出されていった。もちろんアジアへも輸出され、おおよそ一八二〇年頃を境に、イギリスとアジアとの間の綿布の流れが一変する。かつて綿布は東から西に流れていたが、産業革命を経て、いまや綿布が西から東へと逆転して流れるようになったというのである。

綿工業はイギリス産業革命を特徴づける一大産業であったが、石炭という化石燃料利用型の生産革命としては若干の時間的ズレがある。つまり、蒸気機関の開発は一八世紀の前半から始まっており、イギリス綿工業が飛躍的に進歩する一八世紀第4四半期以降とは時間的相違が存在する。むしろ、イギリス産業革命の世界史的意義を石炭の利用ととらえるならば、焦点を一八世紀の初めからに移すべきであり、そこで蒸気機関開発の現場となったのは実はイギリス銅鉱業ならびに銅精錬業であった。また、イギリスの銅生産はアジアとも深いつながりがあった。この点を詳細に検討してみることにしよう(Shimada, 2006：島田、二〇〇六)。

海域アジアではオランダ東インド会社による大規模なアジア域内貿易が展開されていたことはすでに述べた。地理的規模としてもっとも大きな域内貿易は、日本と南アジア、そして東南アジアとを結ぶ三角貿易である。日本からは一七世紀後期以降、多量の銅が南アジアへ輸出されていた。この日本銅のインドでの販売は多額の利益をオランダ東インド会社にもたらし、日本銅貿易はオランダ東インド会社の生命線であった。

しかし、状況は一七三〇年代から変化する。イギリス東インド会社が南アジアに銅を持ち込み始めたからである。しかも一七六〇年頃には、イギリス東インド会社の取り扱う銅の数量は、オランダ東インド会社の日本銅取扱量とほぼ匹敵するほどまでに達した。以後も、イギリスの銅取扱量は増大し、オランダのそれをはるかに凌ぐまでに成長した（図3－2参看）。実に、この銅こそイギリスで生産されたものであり、一八世紀を象徴する蒸気機関の開発と密接に関係する商品であった。

イギリスの銅鉱石の生産は主にイングランド南西部にあるコーンウォール半島で行われていた。半島各地に中小規模の銅山があり、銅のほか、錫の生産も盛んであった。コーンウォール半島各地の鉱山における生産を制約する一大課題は排水問題であった。この排水問題を解決するため、蒸気機関を利用し、鉱内から排水を行うことが目指され、一八世紀に開発・改良中の各種の蒸気機関の導入が図られた。逆に言えば、コーンウォール半島での需要の存在が蒸気機関の開発や改良を促した。

コーンウォール半島で生産された銅鉱石は船舶で半島北部からブリストル海峡を運ばれ、対岸にあるスウォンジーに運ばれ、精錬工場に運ばれた。スウォンジーはウェールズ南部の海港都市であり、近隣に石炭の産出に恵まれていた。銅の精錬過程において必要とされるエネルギー源はもちろん石炭であった。一方、コーンウォール半島から銅鉱石を輸送した船舶は、

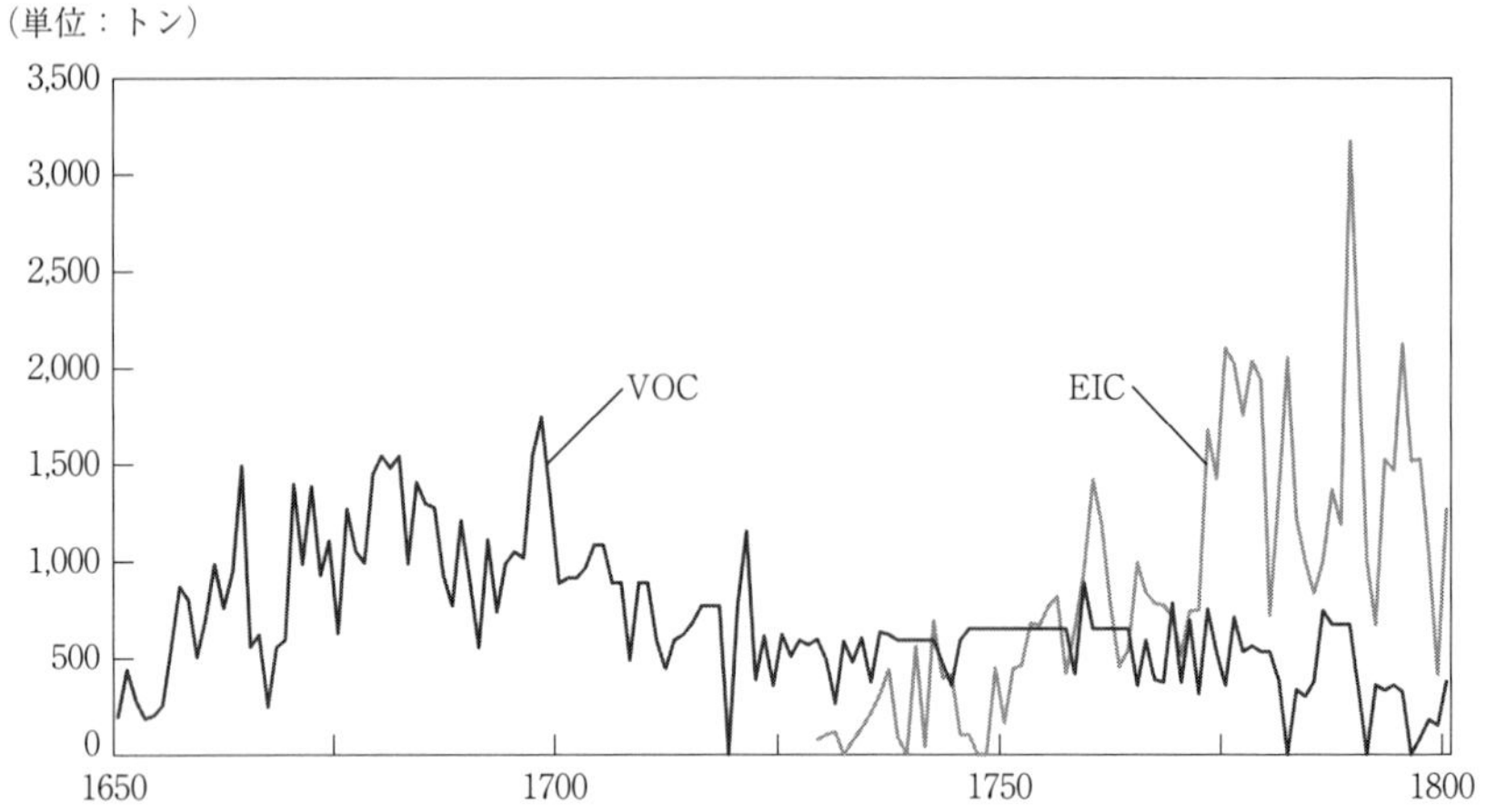

図4－3　オランダ東インド会社（VOC）とイギリス東インド会社（EIC）の銅取扱量（単位：トン）

出典：Shimada（2006, p. 78）.

かわってスウォンジーから石炭を対岸のコーンウォール半島に運んだ。もちろん、鉱山で利用する蒸気機関の燃料とするためである。かくして、ブリストル海峡を挟んだ地域で、石炭と蒸気機関を利用した銅生産が活発化するとともに、蒸気機関も実用的な装置として改良が進んでいった。さらに、このイギリス銅は国内需要を満たすばかりでなく、アジアやアメリカ大陸などにも輸出されていった。

だが、南アジアでは銅市場をめぐって完全な競争が、日本銅を扱うオランダ東インド会社とイギリス銅を販売するイギリス東インド会社との間でなされたわけではなかった。現実的に、日本銅とイギリス銅とではその純度に違いがあり、日本銅の方は純度が高かった。そのため、日本銅は主に貨幣の鋳造原料とされ、一方、イギリス銅は家庭用品などの銅諸道具や大砲などの鋳造原料とされた。イギリス東インド会社としては、日本銅のマーケットの確保も狙い、純度の高い日本棹銅の模鋳も行ったが、利益幅は少なく、市場を確保するまでには至らなかった（Shimada, 2006）。

結局のところ、このイギリス東インド会社がアジアにもたらしたイギリス銅はイギリス産業革命の最初のメッセンジャーであったことは確かであろう。しかし、この時期においては、のちの一九世紀前半にイギリス製綿布がアジア市場に多量に流入するといったような華々しい出来事ではなかった。こうした状況はまさしく一八世紀の世界を象徴するといってもよい。潜在的であったが、社会は着実に変化しつつあり、近代への胎動を内に秘めていった。

4　「長期の一八世紀」から新たな時代へ

最後に一九世紀前半についての見通しを述べておこう。これまでの歴史家の営みを見ると、一八〇〇年前後を境として、研究者の担当領域が変わることがしばしばあり、それは特に西洋史で顕著である。フランス革命やアメリカ独立、さらにはナポレオン軍がヨーロッパを席巻したことで、西洋世界の統治システムが大きく変化した。政治上のシステム変化は、とりわけ公的記録の変化を意味しており、歴史家が研究の手がかりとする史料の体系も大きく異なることとなった。それゆえ、一八〇〇年頃を境として、近世史の専門家と近代史の専門家と分かれることとなり、一八〇〇年前後は歴史学の「実務」のうえでも大きな境であった。

しかしながら、社会そのものが一八〇〇年前後を境に大きく変化したのかどうか、しかもそれが世界的規模であったのかどうかは、議論の分かれるところである。むしろ、近年では、一八六〇年代から一八七〇年代を大きく社会が変動する時期とする見解が登場しつつある。具体的には、蒸気船の普及、電信の発達による世界の一体化の進展、さらには一八六九年のスエズ運河の開通がこれらの変化を加速させたという見方である。つまり、「グローバル化」という視点から一八七〇年前後を転換期と考え、民主主義的政治体制の成立や資本家と賃金労働者とに分化する資本主義制社会の登場を近代のメルクマールと措定していた見方とは、時代区分の視点自体が異なっている。

もっとも、西洋社会において一般に資本主義制が貫徹されてきたのは一八六〇年代であるし、アジアにおいても、西洋の影響をプラスとマイナスの両面で受け始めるのも、おおよそこの時期である。日本の明治維新（一八六八年）、中国のアロー戦争（一八五六～六〇年）、タイのボーリング条約（一八五五年）、ジャワの強制栽培制度の終焉（一八七〇年）、インド大反乱（一八五七～五八年）といった出来事を想起されたい。また、一八七〇年代には欧米各国が金本位制を導入する一方で、一八七〇年代から銀の金に対する相対価格が低下し、金本位の欧米と銀本位のアジアという図式が整うのもおおよそこの時期であるし、いわゆる「大不況（Great Depression）」期を経験し始めるのも一八七〇年代である。かくして、世界史の共時性という観点からみると、一八七〇年前後を一つの画期として考えた方がより好ましい。こうした見方に立てば、一九世紀前半という時期は、近世後期である「長期の一八世紀」に含めるべきということになり、「近代」に向けての最終準備段階の時代となる。

この見方に立てば、本章が具体的な議論のためのモティーフとしたオランダ東インド会社と世界史の動きはどのように解釈されるべきであろうか。オランダ東インド会社は一七九九年に解散された。それゆえに、史料のうえでは、あるいは組織論的には、一八〇〇年は大分岐の年である。さらにいえば、オランダは一八一四年と一八二四年の二回の英蘭協定締結によって、その勢力範囲は現在のインドネシアのみに限定され、かつてのように、インド亜大陸各地と他の海域アジア諸地域とを結ぶアジア域内貿易の活動は放棄せざるをえなくなった。

だが、ジャワを中心としたインドネシア諸島への支配の強化に変化はなかった。その支配は依然として、一八世紀以来の支配のシステムを継続、強化させたにすぎなかった。一八三〇年から導入された強制栽培制度も、根本的には一八世紀以来、オランダ東インド会社がインドネシア諸島で実施してきた栽培商品の集荷システムを継続したものにすぎなかった。現地首長層の支配権を認めつつ、指定生産物を指定価格で指定量、毎年供出することを強制した。また、一九世紀にはオランダ東インド会社は存在しなかったが、オランダ本国の商業資本を集結して一八二四年に設立されたオランダ貿易会社が、ジャワからオランダ本国への強制栽培制度で得た農産物輸送を独占的に引き受けた。この意味では、一九世紀前半においても近世的システムの残存を見ることができる。

たしかに、かつて一七・一八世紀に、オランダ東インド会社が保持していた南アジアにおける商館を失い、東アジア、南アジア、東南アジアとを結ぶ会社のアジア域内貿易は不可能となったことも事実である。オランダの拡張史でも、一九世紀前半は移行期のただなかにあった。だが、イギリス系の自由貿易商人をはじめとした欧米商人、あるいは中国系などのアジア人商人によるアジアの海上貿易は活発化した。オランダ東インド会社が崩壊した後にも、依然として、アジア域内貿易は活発に展開されていった。

いずれにせよ、おおよそ一六八〇年代からアジアや世界の経済・社会のリズムに変動が生じ、おおよそ一八六〇年代まで変化が進んだ。この期間は近年では「長期の一八世紀」と呼ばれることもある。とりわけ、この「長期の一八世紀」のうち、特にその前半期である一六八〇年代から一七七〇年代までの時期は、いわば近代の胎動があまり目に見えない形で進展した。そして、一七八〇年代以降、第四次英蘭戦争、フランス革命、二つの英蘭条約（一八一四年と一八二四年）を経て、アジアの国際秩序にも変化が見に見える形で進み、本格的な植民地化と急速に進むグローバル経済の緊密化の時代である一九世紀後半を迎えた。かくして、グローバルヒストリー的見地からすると、この「長期の一八世紀」は、一九世紀後半以降の緊密なグローバル化を支える社会構造が世界的に一段と準備されていった時代であったといえる。

注

（1）日本でも近年、世界的な共時性を重視して、初期近代としての近世を設定する議論が見られる。たとえば、岸本美緒は一七世紀東アジアを世界史的な初期近代として描くことを提唱した（岸本、一九九八）。岸本のような問題提起を踏まえた清水光明や青木敦による検討もあれば（清水、二〇一五：青木、二〇一七）、さらに近世国家論との関係にまで踏み込んだ山下範久の試みもある（山下、二〇〇三）。

（2）インド史においては、近年、近世という用語をあえて利用する研究者が登場している（Roy, 2013）。これまでの時代区分とは別の区分を行うため、一種の修正主義者とみなされることもあるが、基本的に世界史的な共時性を重視する時代区分となっている。なお、次のロイの書籍に関する批判的検討も参考にされたい（Ghosh, 2015）。

（3）たとえば、ジョン・ウィルズは一六八八年を輪切りの年として、この時期を中心に世界史を描いている（ウィルズ、二〇〇四）。また羽田正は、東アジアの海域史を、一三世紀半ばから一四世紀半ば、一六世紀、一八世紀という三つの時期に輪切りにして論じている。さらに、山川出版社は二〇一八年から「時代の転換期」という全一一巻のシリーズを刊行しており、一七八九年など、各巻で特定の年次を中心に輪切りの世界史を試みる。

（4）「長期の一八世紀」という概念については、近年、国内外で議論されており、たとえば水島司などは、その代表的の論客の一人である（水島、二〇〇六：秋田、二〇一三：Mizushima, 2015）。

参考文献

青木敦「「近世」と「アーリー・モダン」」青木敦編『世界史のなかの近世』慶應義塾大学出版会、二〇一七年。

秋田茂編『アジアからみたグローバルヒストリー――「長期の一八世紀」から「東アジアの経済的再興」へ』ミネルヴァ書房、二〇一三年。

アレン、R・C著、眞嶋史叙・中野忠・安元稔・湯沢威訳『世界史のなかの産業革命――資源・人的資本・グローバル経済』名古屋大学出版会、二〇一七年。

ウィルズ、ジョン著、別宮貞徳監訳『一六八八年――バロックの世界史像』原書房、二〇〇四年。

大塚久雄『株式会社発生史論』(大塚久雄著作集第一巻) 岩波書店、一九六九年。

大橋厚子『世界システムと地域社会――西ジャワが得たもの失ったもの一七〇〇―一八三〇』京都大学学術出版会、二〇一〇年。

岸本美緒『東アジアの「近世」』山川出版社、一九九八年。

岸本美緒「中国史における「近世」の概念」『歴史学研究』八二一号、二〇〇六年、二五～三六頁。

北川香子「ハーティエン」桜井由躬雄編『東南アジア近世国家群の展開』(岩波講座東南アジア史四) 岩波書店、二〇〇一年、一八九～二〇九頁。

島田竜登「オランダ東インド会社のアジア間貿易――アジアをつないだその活動」『歴史評論』第六四四号、二〇〇三年、一一～一六頁。

島田竜登「一八世紀における国際銅貿易の比較分析――オランダ東インド会社とイギリス東インド会社」『早稲田政治経済学雑誌』三六二号、二〇〇六年、五四～七〇頁。

島田竜登「一八世紀前半におけるオランダ東インド会社のアジア間貿易」『西南学院大学経済学論集』第四三巻一・二合併号、二〇〇八年、三七～六二頁。

島田竜登「一八世紀におけるオランダ東インド会社の錫貿易に関する数量的考察」『西南学院大学経済学論集』第四四巻第二・三合併号、二〇一〇年、一九九～二二三頁。

島田竜登「近世ジャワ砂糖生産の世界史的位相」秋田茂編『アジアからみたグローバルヒストリー――「長期の一八世紀」から「東アジアの経済的再興」へ』ミネルヴァ書房、二〇一三年、一四八～一七一頁。

島田竜登「会社のつくった都市バタヴィア――オランダ東インド会社時代、一六一九―一七九九年」村松伸・島田竜登・籠谷直人編『歴史に刻印されたメガシティ』(メガシティ三) 東京大学出版会、二〇一六年、七五～九七頁。

島田竜登「史上初のグローバル・カンパニーとしてのオランダ東インド会社」羽田正編『グローバル・ヒストリーの可能性』山川出版社、二〇一七年、二八七〜三〇三頁。

島田竜登編『一七八九年　自由を求める時代』山川出版社、二〇一八年。

清水光明編『「近世化」論と日本――「東アジア」の捉え方をめぐって』（アジア遊学一八五）勉誠出版、二〇一五年。

高崎美佐子「一八世紀における清タイ交渉史――暹羅米貿易の考察を中心として」『お茶の水史学』一〇号、一九六七年、一八〜三二頁。

田中玄経「コメが結ぶ世界――アユタヤ時代の清暹米穀貿易」『史学研究』二六四号、二〇〇九年、二〇〜三九頁。

永井和「東アジア史の「近世」問題」夫馬進編『中国東アジア外交交流史の研究』京都大学学術出版会、二〇〇七年、五〇六〜五五六頁。

永積昭『オランダ東インド会社』講談社、二〇〇〇年。

羽田正編『海から見た歴史』東京大学出版会、二〇一三年。

ポメランツ、K著、川北稔監訳『大分岐――中国、ヨーロッパ、そして近代世界経済の形成』名古屋大学出版会、二〇一五年。

松井透『世界市場の形成』岩波書店、一九九一年。

水島司「インド近世をどう理解するか」『歴史学研究』八二一号、二〇〇六年、四九〜五九、七四頁。

水島司「一八世紀インド綿業と在地社会をめぐる考察」『明大アジア史論集』第一三号、二〇〇九年、一四七〜一五六頁。

山下範久『世界システム論で読む日本』講談社、二〇〇三年。

Blussé, Leonard, "Chinese Century: The Eighteenth Century in the China Sea Region", *Archipel*, Vol. 58, 1999, pp. 107–129.

Cushman, Jennifer Wayne, *Fields from the Sea: Chinese Junk Trade with Siam during the Late Eighteenth and Early Nineteenth Centuries*, Ithaca, N.Y.: Southeast Asia Program, Cornell University, 1993.

Gaastra, Femme S., *The Dutch East India Company: Expansion and Decline*, Zutphen: Walburg Pers, 2003.

Ghosh, Shami, "How Should We Approach the Economy of 'Early Modern India'?", *Modern Asian Studies*, 49 (5), 2015, pp. 1606–1656.

Mizushima, Tsukasa, George Bryan Souza, and Dennis O. Flynn, eds., *Hinterlands and Commodities: Place, Space, Time and the Political Economic Development of Asia over the Long Eighteenth Century*, Leiden and Boston: Brill Academic Publishers, 2015.

Reid, Anthony, "Intorduction", in Anthony Reid, ed., *The Last Stand of Asian Autonomies: Responses to Modernity in the Diverse States of Southeast Asia and Korea, 1750–1900*, London: Macmillan Press, 1997, pp. 1–25.

Roy, Tirthankar, *An Economic History of Early Modern India*, London: Routledge, 2013.

Shimada, Ryuto, *The Intra-Asian Trade in Japanese Copper by the Dutch East India Company during the Eighteenth Century*, Leiden and Boston: Brill Academic Publishers, 2006.

Heidhues, Mary Somers, *Golddiggers, Farmers, and Traders in the "Chinese districts" of West Kalimantan, Indonesia*, Ithaca, N.Y.: Southeast Asia Program Publications, Southeast Asia Program, Cornell University, 2003.

第5章　一九世紀「パクス・ブリタニカ」の世界

秋田　茂

本章では、一九世紀の欧米世界を中心に進展したグローバル化を、新たな世界史であるグローバルヒストリーの文脈で相対化する歴史像を提示したい。通常一九世紀は、世界で最初の「産業革命」（工業化）を実現したイギリスが、帝国建設と同時に、モノ（工業製品の輸出）・カネ（資本輸出）・ヒト（移民）・情報（電信）・文化の各側面でのグローバル化を推進した「パクス・ブリタニカ」の時代であると解釈されてきた。本章では、そのイギリス帝国を中心とした世界システム（世界経済）が、非ヨーロッパ世界諸地域との相互依存により支えられていたこと、特にアジア世界は、パクス・ブリタニカのなかで「相対的自立性」を維持していた点に着目したい。

1　イギリス帝国とヘゲモニー、世界経済

（1）「大分岐」論争と環大西洋経済圏の形成、アジア世界

最初に、一九世紀の世界像を再考する枠組みと概念を整理しておきたい。

一九世紀を再考するうえで不可欠なのが、ヨーロッパ中心史観の基盤となった近代世界システム論の見直しであり、先行する「長期の一八世紀」における経済発展の再考である。実はこの二〇年間、特に二〇〇〇年以降に、世界システム論は大きく様変わりしつつある。ウォーラーステインに代わる、アジアから見た世界システム、世界経済を論じた研究の出現であ

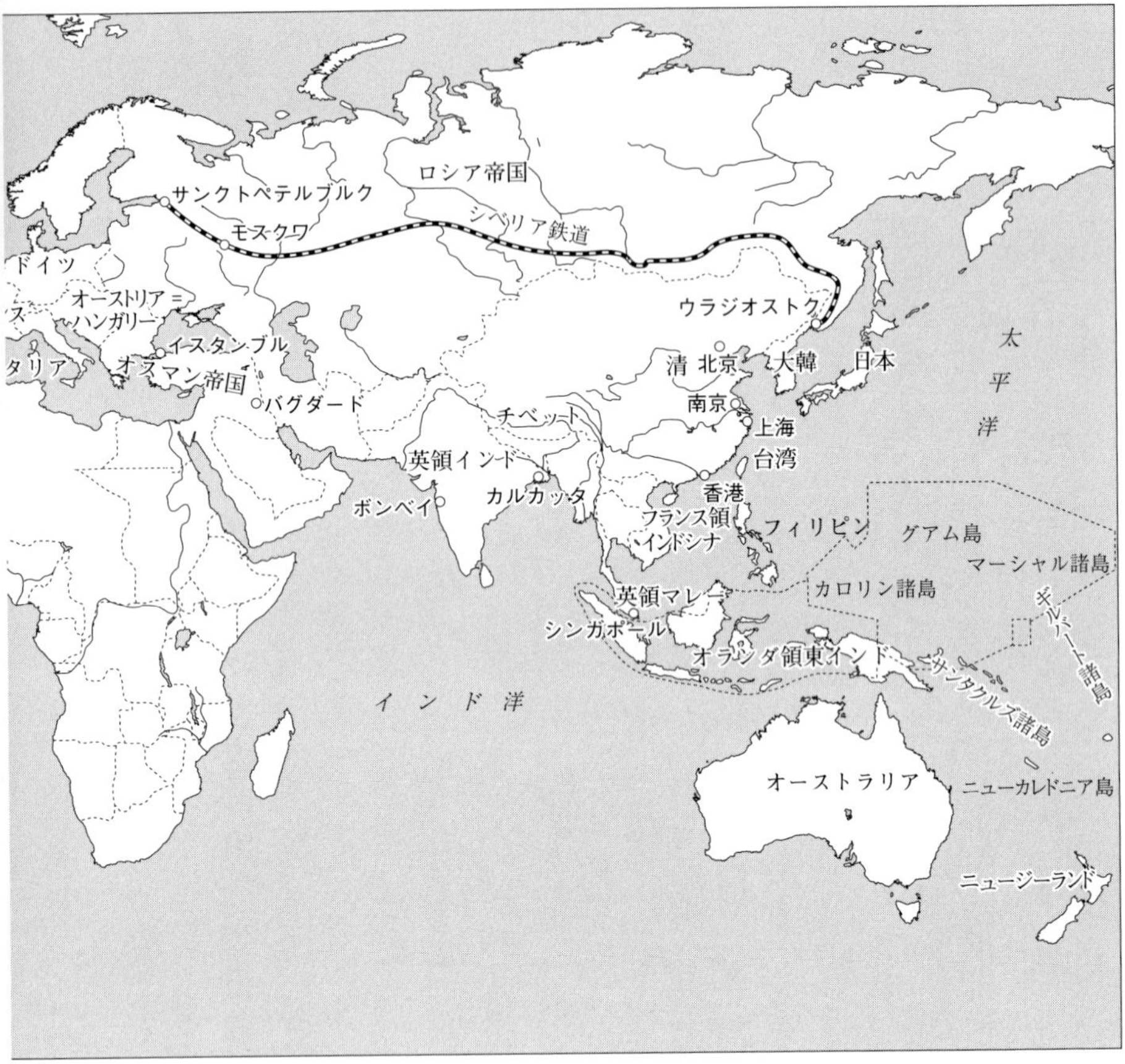

世界（上）と列強によるアフリカ分割（下）

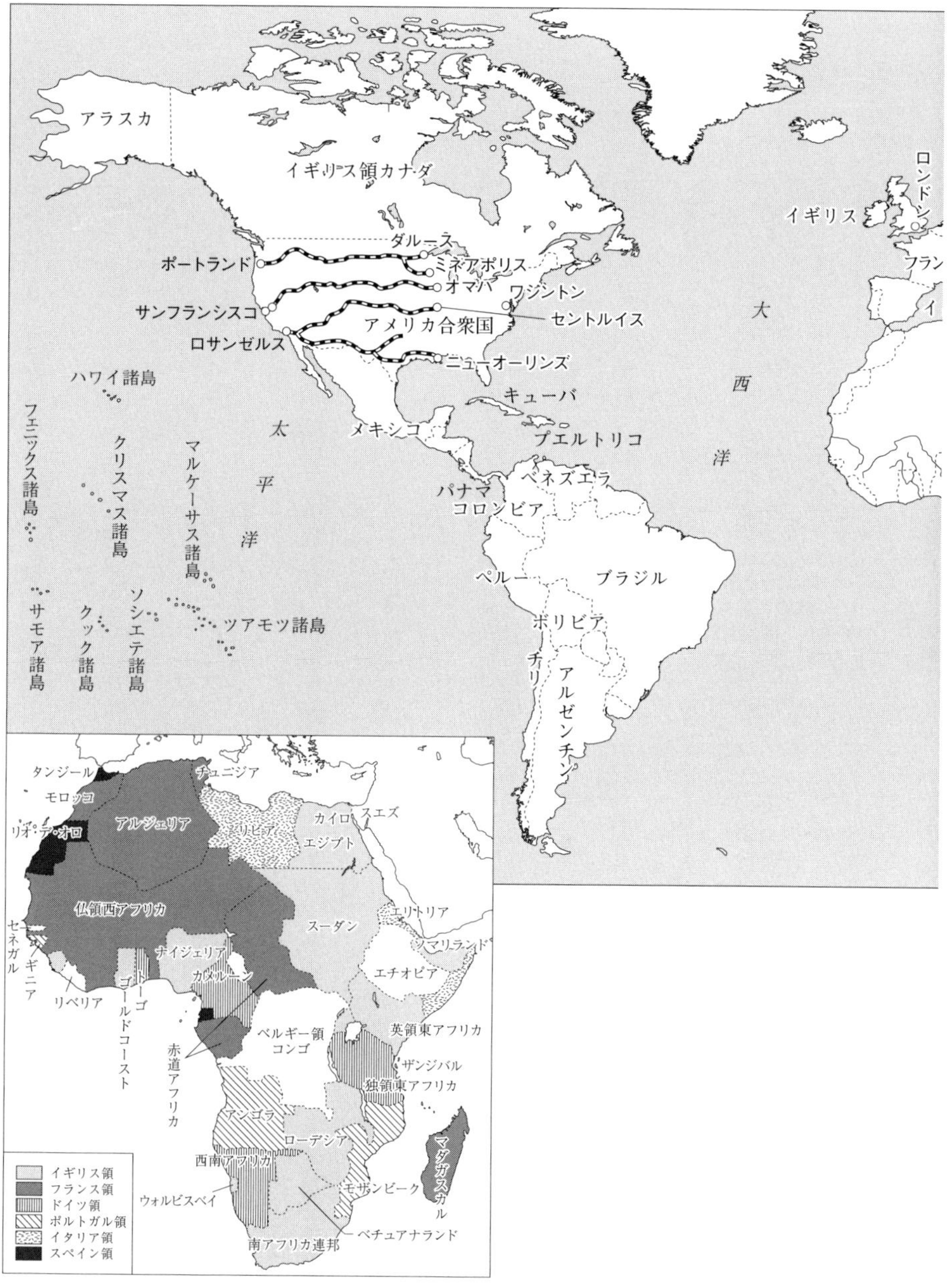

図５－１　19世紀後半から20世紀初頭の

出典：南塚信吾・秋田茂・高澤紀恵責任編集『新しく学ぶ西洋の歴史』ミネルヴァ書房，　2016年，

る。その代表例が、かつては従属論者であったA・G・フランクが提起した『リオリエント』であり、K・ポメランツの「大分岐」論である。

フランクは、ウォーラーステインのヨーロッパ中心主義を徹底的に批判した挑発的な著書で、一八世紀まで世界経済の中心は東アジアの中国を中核としたアジア世界にあったと主張する（フランク、二〇〇〇）。すなわち彼は、近世のヨーロッパ諸国が新大陸で入手した貴金属（特に銀）を使うことによって初めて、中国を中心とする当時の世界経済に参入できた歴史的事実を重視する。近世アジアでは中国を核とした交易網が形成・発展しており、南アジアやインド洋世界もその一環を構成する海域アジア世界（Maritime Asia）が近世世界経済において重要な位置を占めていた。このフランクの主張は、東アジアの中華世界については、朝貢貿易システムに着目して、アジア独自の銀流通圏の発展と存続を明らかにした日本の濱下武志の研究に、環インド洋地域に関しては、遠距離交易の発展と独自の文明世界の形成を主張したK・N・チャウドリの研究成果に依拠している。フランクは、近世アジアの交易史研究を基盤に、ウォーラーステインとはまったく逆の、東アジア中心の世界システム論を提示したのである。

他方、ポメランツの問題提起は、二〇〇〇年代に入って世界中の学界を巻きこんだ「大分岐」論争を引き起こし、グローバル経済史研究への関心を一気に高めた（ポメランツ、二〇一五）。「大分岐」論争の主要な論点は、①一八世紀半ばまでの世界の主要地域、西欧、中国（明・清朝）、江戸期の日本における同時並行的な「スミス的成長」（商業的農業とプロト工業の発展にともなう市場経済）の形成と展開、②一八世紀末における、新大陸資源と、エネルギー源としての石炭利用に支えられた西欧の飛躍的な経済成長＝「大分岐」の開始、以上の二点にまとめられる。

そのうち後者の論点は、イギリス「産業革命」の原因論をめぐり従来からさんざん議論されてきた論点とも重なるため、さほど新鮮味は感じられない。むしろ、「大分岐」論争の学説上の価値を高めているのは、一八世紀半ばまでの「スミス的成長」の同時性であろう。[1] 従来の解釈では、「長期の一六世紀」以来、近世の西欧地域、とりわけオランダとイングランドを牽引者として経済成長が始まり、一八世紀末の産業革命につながっていったとされてきた。しかし、中国の長江（揚子江）下流デルタ地域と日本の畿内・関東でも、同程度な市場経済の発展と展開、同時並行的な経済発展が見られたとなると、ウォーラーステイン的な西欧を中核とした世界経済の勃興・発展の見方そのものの相対化が必要となってくる。

前述のフランクは、二〇〇五年に亡くなる直前まで、一九世紀世界経済をアジアの観点から見直しを進めていた（Frank, 2014）。本章でも同様に、アジア世界の相対的自立性に着目して、一九世紀の歴史的意味を再考する。その際に直接的に問題になるのは、イギリス公式帝国を中心とした環大西洋経済圏の形成・発展とアジア世界との関係性である。

（2）世界システム論とヘゲモニー国家イギリス

ところで、一九世紀のイギリスは、帝国を超えて地球的規模でグローバルな経済力と軍事力、文化的な影響力を行使した「ヘゲモニー（覇権）国家」（hegemonic state）であった。ウォーラーステインの近代世界システム論では、一七世紀のオランダ、一九世紀のイギリス、二〇世紀現代のアメリカ合衆国の三つをヘゲモニー国家と規定している（ウォーラーステイン、一九九三）。

ヘゲモニー国家は、C・キンドルバーガーやP・オブライエンが指摘するように（キンドルバーガー、二〇〇二：オブライエン、二〇〇二：O'Brien and Clesse, 2002）、国際関係の基本的枠組みを決定する実力を備え、経済・安全保障（政治外交）・文化の各側面で圧倒的影響力を行使するとともに、国際政治経済秩序を維持するために世界諸地域に多様な「国際公共財」（international public goods）を提供してきた。国際公共財とは、コストを支払わない人を排除しない「排除不可能性」と、ただ乗りされても他の人が影響を受けない「非排他性」をあわせ持った財である。一九世紀のイギリスの場合、自由貿易体制に加えて、金との兌換が保証されたポンド（スターリング）を基軸通貨とする国際金本位制、鉄道・蒸気船のネットワークや海底電信網による世界的規模の運輸通信網、国際郵便制度やグリニッジを基準とする世界標準時、国際取引法などの国際法体系、さらに、強力な海軍力に支えられた安全保障体制や世界言語としての英語などを、その国際公共財としてあげることができる。これら国際公共財は、一定の代価を払えば誰もが利用可能で、経済面での相互依存体制、一九世紀におけるグローバル化を推し進める主要な手段として機能し、国際秩序における「ゲームのルール」の形成に直結していた。

通常、ヘゲモニー国家は、近世までの世界帝国（アジアの中華帝国やムガル帝国、オスマン帝国など）と異なり、地球的規模での影響力の行使にともなうコストを削減するために、統治のための官僚組織や軍事力を必要とする公式帝国（植民地）を持たないのが理想的な形態であった。しかし、一九世紀のイギリスの場合は、英領インドに代表される広大な公式帝国（植民地）を各地に保有したヘゲモニー国家であった点が特異であり、現代のアメリカ合衆国のヘゲモニー（パクス・アメリカーナ）とは決定的に異なる構造を有していた。本章では、このイギリスのヘゲモニーの実態を、モノ・カネ・ヒト・情報の諸側面から解明する。

（3）イギリス帝国の発展と変容——重商主義帝国から自由貿易帝国主義へ

イギリスのヘゲモニーは、地球的規模での帝国の形成・発展に支えられていた。世界史上の数ある帝国のなかで、地球的規模で支配力を行使した「世界帝国」は、本書第一章で取り上げたモンゴル帝国、本章のイギリス帝国、第七章のアメリカ「帝国」のほぼ三つに限定される（山本編、二〇〇三、一〜三章）。本章では、近年におけるイギリス帝国論研究の見直しと進展に基づいて、イギリス帝国の実態と影響力の変化を考察している。

かつて、一八世紀までのイギリス帝国に関する一つの解釈として、次のような考え方があった。すなわち、アメリカ独立革命による領土の喪失をきっかけとして、イギリス帝国は、環大西洋世界を中心とする重商主義・保護主義的な「第一次帝国」から、東インド（アジア世界）を中心とする自由貿易主体の「第二次帝国」に移行した、という解釈がそれである。この帝国の変容に関する時期区分は、イギリス産業革命の起源と展開の時期区分とも重なるために、広く受け入れられてきた。しかし、この通説的見解に対して近年では、二つの帝国の間の「断絶」「変化」を過度に強調せず、一八世紀後半から一九世紀初頭は、新旧両帝国が「共存」していた点が強調される。その典型は、P・マーシャルの研究であるが、一八世紀末よりも一八三〇〜四〇年代の転換と画期性を主張するC・ベイリーの帝国論も同様の解釈を提示している（Marshall, 2005：Bayly, 1989, 2004）。

だが、過去半世紀以上にわたる論争と研究の進展を通じて、歴史像と解釈が大きく変わったのが、モノの移動（輸出入）が大きく伸び、イギリスが「世界の工場」になったとされる一九世紀中葉、ヴィクトリア時代中期のイギリス帝国である。

一九世紀中葉は、かつて、植民地不要論・分離論が唱えられた「小英国主義」の時代であるという見方があった。コブデン、ブライトらマンチェスター派の政治家は、自由貿易、平和主義、自由放任を主張し、植民地には自治権を与えて本国からの自立をうながすなかで帝国防衛の費用を分担させるべきである、と主張した。しかし、現実の帝国＝植民地政策は、彼らマンチェスター派の主張とはまったく逆の方向に展開した。現在では、一九世紀中葉のイギリスは、一八八〇年代以降の「帝国主義の時代」に勝るとも劣らない帝国の領土拡張、海外膨張の時代であると考えられている。一九世紀を通じた海外膨張の連続性を強調するこの主張が、一九五三年に二人のイギリス帝国史研究者、G・ギャラハーとR・ロビンスンが提唱した「自由貿易帝国主義」（imperialism of free trade）論（Gallagher and Robinson, 1953）である。

自由貿易帝国主義論の主要な論点は、次の四点に集約できる。このなかでも特に、②と③が注目すべき論点である。①時間的二分法の否定——帝国の領土拡張について、一九世紀中葉と後半の連続性を強調する。世紀中葉におけるニュージーランド、インド周辺部、南アフリカにおける植民地獲得の事実を指摘し、白人定住植民地に自治権を与えた政策の再検討を行う。②空間的二分法の否定——インド、オーストラリア、シンガポールなど国際法で認められた植民地＝「公式帝国」（formal empire）だけでなく、前節で述べたラテンアメリカ諸国や、中国、オスマン帝国のように、政治的には独立国（主権国家）であっても経済的にイギリスの圧倒的な影響下に置かれた、「非公式帝国」（informal empire）の存在を指摘する。③海外膨張をめぐる非経済的・戦略的要因の強調——一九世紀末の「アフリカ分割」に見られたような植民地（公式帝国）獲得の原因を、経済的利益の確保からではなく、イギリス本国の政治家や現地に派遣された植民地行政官ら、「政策担当者」（official mind）の外交・軍事戦略から説明しようとする。④ヨーロッパ中心主義史観批判、すなわち周辺・協調理論、「現地の危機」論——帝国の拡大を、イギリス本国側の要因から説明するのではなく、イギリスは帝国の周辺地域で政争や紛争に予期せぬ形で巻きこまれ、現地植民地社会のエリート層が政治的に協力したことで、イギリス帝国の領土が拡大したと主張する。

この自由貿易帝国主義論では、イギリス本国のマンチェスター綿業資本を中心とする工業・製造業利害とイギリスの海外膨張、自由貿易政策との関連性が中心に議論された。その結果、一九世紀イギリスの海外膨張をめぐる基本的な戦略は、

「可能であれば、非公式支配による貿易を、必要ならば、軍事力による公式の領土併合によって」自由貿易を世界各地に強制することであった。

この斬新なイギリス帝国の拡張論である自由貿易帝国主義論の解釈の妥当性をめぐって、一九五〇年代当時から論争が続いてきた。最大の論争点は、「非公式帝国」という概念をどこまでイギリス帝国の研究に適用できるかという点であった。従来のように、世界地図で赤く塗られた公式の植民地（公式帝国）だけでなく、主権を有する国家として政治的に独立していてもイギリスの経済的影響下に置かれていた諸地域（非公式帝国）をイギリス帝国研究の対象として容認した場合、イギリス帝国がカバーする地理的範囲は一挙に地球的規模に広がったのである。

いまだに、説明概念としてのあいまいさを理由に、非公式帝国論を認めない一部の研究者も存在する。しかし、一九九八～九九年にかけて刊行された五巻本の『オクスフォード・イギリス帝国史』講座では、非公式帝国論を全面的に採用してイギリス帝国の盛衰を説明している。一九世紀のグローバル化を論じる本章では、非公式帝国の典型としての中国・ラテンアメリカ諸国に対する政策だけでなく、前述のヘゲモニー論も活用して、イギリスの従属的な同盟国（junior partner）、世界システムの半周辺（semi-periphery）から中核（core）への上昇を遂げた日本の位置づけと関係性も問題となる。

2 工業化の進展と自由貿易――モノのグローバル化

（1）「産業革命」（工業化）の歴史的前提――輸入代替工業化

一九世紀のグローバル化を論じる最初の事例は、モノの輸出入（海外貿易）の急激な増大であり、その契機となった一八世紀末の「イギリス産業革命」である。産業革命に関して、近年のイギリスの学界では、急激な経済発展・変化を否定し、緩やかな長期にわたる経済成長を強調する「修正主義的」見直し、古典的な産業革命否定論が支配的である（長谷川、二〇一二）。また、その原因論についても欧米では、近世イングランドの高賃金経済を機械による省力化で克服する労働節約的側面が強調されるなど（アレン、二〇一七）、国内的要因が重視される。だが、産業革命は、イギリス本国で産出しない棉花

（原棉）を原料として、一八世紀後半に相次ぐ技術革新を通じて綿業部門で始まった。それは、イギリス東インド会社が南アジア地域（ムガル帝国）から大量に輸入していたキャラコやモスリンなどの綿織物を、イギリス国内での生産に切り替えて（国産化）、逆に、環大西洋世界やアジア諸国に輸出する「輸入代替化」（import substitution）であった。

南アジア産の綿織物は、一七世紀後半から一八世紀初頭にかけて、一般庶民の間でも人気を博す商品となった。その人気は、本国の既存の絹織物や毛織物製造業者にも脅威となり、一七世紀末から「キャラコ論争」と呼ばれた紛争を引き起こした。一七〇〇年のキャラコ輸入禁止、一七二〇年の使用禁止の二法はほとんど有効性に欠け、南アジア産の綿織物は引き続き人気を博した。しかし、南アジア産の綿織物にとって、イギリス本国市場と並んで重要であったのが、西アフリカ地域への再輸出でありアフリカ人奴隷と交換された。一六九九～一八〇八年のイギリス貿易統計を分析したマリオン・ジョンソンの研究によれば、対西アフリカ貿易で南アジア産綿布は輸出品の首位を占め、一八世紀半ばには、その比率は全輸出額の約三〇パーセント（約九一〇万ポンド）にのぼった。同時期のフランスによる西アフリカ貿易でも同様な傾向が見られ、南アジア産綿織物は輸出商品の約四〇パーセントを占めたと言われている。こうして、南アジア産綿布に代表されたアジア物産は、大西洋三角貿易、特に奴隷貿易において、アフリカ人奴隷を獲得・購入するうえで決定的に重要な再輸出商品（モノ）となり、その外需が産業革命の原動力の重要な要因となったのである。

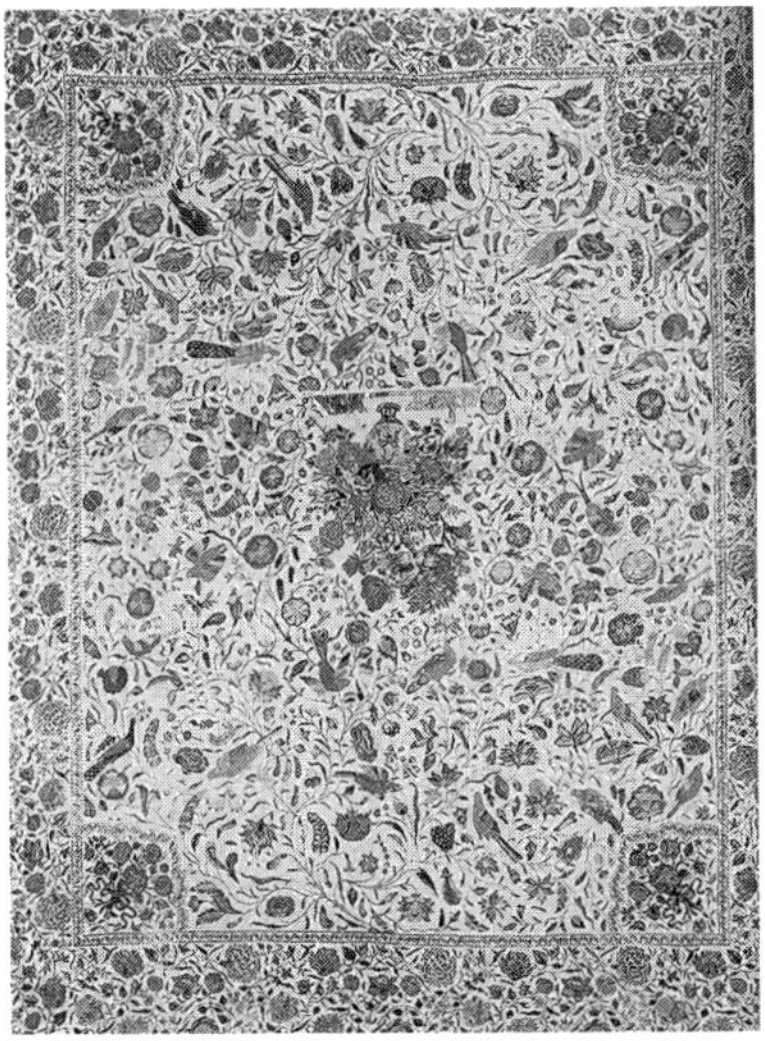

図5-2　インド綿織物

こうして、イギリス産業革命を、世界で最初の輸入代替工業化の事例としてとらえることで、一九世紀のグローバル化とアジアの相互依存性が明快に理解できる。

(2)「自由貿易帝国主義」下の英領インド——自由放任と国家干渉

アジアにおけるイギリス公式帝国の中心は、当初東インド会社が徴税権を通じて領土支配を拡張し、一八五七～五八年のインド大反乱の結果、直轄植民地に転換された英領インドであった。一八七七年には、ヴィクトリア女王がインド女帝の称号を得て、インド帝国が成立した。

その英領インドでは、一八五三年にアジアで最初の鉄道が、ボンベイ（現ムンバイ）とデカン高原の棉花栽培地帯を結ぶ路線として開業した。本国の鉄道建設ブームに一〇年余り遅れたものの、日本の鉄道建設に先立つこと約二〇年前に建設が始まり、ボンベイ・マドラス（現チェンナイ）・カルカッタ（現コルカタ）の三大港湾都市と内陸部を結ぶ路線が、元利保証制度の下で、現地インド政庁の全面的支援を得て建設された（松井、一九六九、一九九一）。

鉄道建設の進展にともなって、インド経済は大きく変容した。商品作物の導入によるインド農業の「商業化」が進行して、土地所有関係は再編された。亜大陸の内陸部で栽培された棉花・小麦・茶・ジュート・油種などは、三大港湾都市を中心に放射状に広がった鉄道を経由して、イギリス本国だけでなく、欧米諸国や世紀転換期の日本（後述）など、工業化が急速に進展しつつあった諸地域に輸出された。こうして英領インドは、第一次産品の輸出を通じて、世界経済（近代世界システム）に全面的に組み込まれた。

この鉄道建設を通じた国家干渉と同時並行で、本国マンチェスター綿業資本の政治的圧力を受けて、自由放任《レッセ・フェール》的な原理に基づいて綿製品輸入関税率の一方的な引き下げが行われた。現地インド政庁は、インド大反乱の結果生じた多額のインド財政の赤字を理由に、英領インドの関税収入の確保とインド財政の均衡を重視した。インドの財政再建のために、一八五九〜六〇年にかけて統一関税が導入され、イギリス本国産の綿糸・綿布に対する関税率が、それぞれ三・五パーセント、五パーセントから一律一〇パーセントに引き上げられた。本国のインド省およびインド相も、インド財政重視の立場からインド政庁の方針を擁護した。

これに対して、本国の綿工業資本は、マンチェスター商業会議所を中心にリバプール東インド・中国協会などの圧力団体と協力して、本国政府とインド政庁に対して税率引き下げを求めた。マンチェスター側は、インドの輸入関税が自由貿易政策に反してインド紡績業を保護する保護関税の機能を果たしていること、植民地インドは本国の経済利害のために存在するのであり、本国産業資本のための関税率操作は当然である、という前提で自由放任原理に基づく自由貿易の積極的な推進を主張した。

一八六二年になるとインド財政も短期的に好転の兆しを見せたために、インド政庁は、マンチェスターの要求に譲歩して、約一四〇万ポンドのインド財政の黒字予想を理由に、綿製品輸入関税のみを旧水準の綿糸三・五パーセント、綿布五パーセントに引き下げた。

マンチェスターのインド綿製品輸入関税引き下げの要求はその後も続いたが、本国の政策当局は、自由貿易の原則を認めつつも、インド財政の均衡と収入関税の確保を重視する方針を堅持した。しかし、一八八二年にはインド財政状況のさらなる好転を背景に、インド総督リポンは、綿製品輸入関税を全廃した。この時点で英領インドでは完全な自由貿易が実現した。その後、再びインド財政状況が悪化したために、一八九四年に財政赤字補塡のために再び五パーセントの綿製品輸入関税が導入されたが、一八九六年にはマンチェスター綿業資本の要求によって、それと同率の相殺国内消費税がインド産品に賦課された。

以上のように、一九世紀後半の英領インドでは綿製品輸入関税をめぐって、自由貿易政策とインド財政の歳入確保・安定化、財政再建をはかる政策がほぼ同時並行的に進められ、関税率の操作が行われた。しかし、最終的には財政均衡主義が優先された。その背景には、現地インド政庁の恒常的な財政難と、インド大反乱以降本格的に着手された鉄道建設、そのためのインド向け資本輸出の増大があった。当時のインド財政における歳出の最大費目は、鉄道利払い・軍事費・インド公債利子・文官給与や年金・行政費・備品購入費など、植民地統治の過程で必要とされた諸経費と利払いから構成された「本国費」(home charge)であり、一九世紀後半に歳出の約三割を占めた。カネの動きに関わる金融利害の比重が高まりつつあったのである。

(3)「非公式帝国」の形成――「アジアの三角貿易」からアヘン戦争へ

次にアジアにおける非公式帝国の典型である中国・清朝との関係を見てみよう。

一八世紀後半になると、イギリス東インド会社の対アジア輸入貿易において、中国産の茶が最大品目になった。生活革命を通じたイギリス側の茶消費の急激な伸びを背景に、イギリス―英領インド―中国を結ぶ「アジアの三角貿易」が形成され、そのなかでも特にインドと中国を結ぶ貿易が急成長していた。当初この貿易は、イギリスからの銀輸出で決済されたが、対中貿易赤字の拡大は、対中貿易を独占する東インド会社の独占権撤廃の要求につながった。この中国市場開放への圧力は、自由貿易を求めたイギリス本国の製造業利害だけでなく、インドの対英債務支払いのために、インドがアジア地域との貿易で黒字を増やす必要があったことからも説明できる。それを実現するために、インドからの中国向け輸出品であったアヘンの輸出市場の拡大が求められた。

さらに、アヘン輸出の決済にはアメリカ手形が活用された。産業革命の進展にともない、イギリスは大量のアメリカ棉花を輸入したが、その支払手形であるアメリカ手形が広東で取引され、最終的な決済はロンドン金融市場で行われた。産業革命が進めば進むほど、さらに多くのインド産アヘンが中国に流入する貿易決済構造が形成されたのである。清朝でアヘンは麻薬の禁制品であったが、一八世紀末からその消費量は増大し、一八三八年には四〇〇万人分のアヘンが消費されたといわれている。アヘンの密輸と密売にともなう弊害（アヘン中毒）を無視できなくなった清朝は、一八三八年末、林則徐に命じて、イギリス人民間商人（カントリー・トレーダー）からアヘンを没収、廃棄した。この措置に対する報復として第一次アヘン戦争（一八四〇～四二年）が勃発した。

戦争の結果むすばれた南京条約によって、清朝はイギリスに香港島を割譲し、広州・アモイ・福州・寧波・上海の五港を開港して賠償金二一〇〇万テールを支払った。一八四三年の虎門塞追加条約では、治外法権（領事裁判権）、開港場での借地権、一方的な最恵国待遇を認めた。同じような不平等条約がアメリカ合衆国やフランスとも結ばれて、開港場には租界が設置された。特に、揚子江の支流黄浦江《こうほこう》に接する上海は、イギリスのジャーディン・マセソン商会やスワイヤー商会など欧米系商社の支店が開設されて、外国と中国内陸部をつなぐ港湾都市として急速に発展した。五四年には、関税の徴収を行う中国側の行政機関である海関が創設され、イギリス人のロバート・ハートが総税務司に就任した。

しかし、中国市場に対する期待はすぐに失望に変わり、イギリスの産業界を中心に条約内容の忠実な実行を渋る清朝政府に対して批判が高まった。首相パーマストンは、一八五六年のアロー号事件を口実として、フランスとともにアロー戦争

（第二次アヘン戦争）を引き起こした。その結果五八年に結ばれた天津条約では、内地旅行の自由、長江の開放、開港場の拡大、キリスト教布教の自由などが認められた。条約の批准をめぐる紛糾から、英仏の連合軍は首都北京を脅かして皇帝の離宮であった円明園《えんめいえん》を破壊した。六〇年の北京条約では、香港・九龍半島の割譲や苦力（中国人契約労働者）の海外渡航の自由などが認められた。

こうして、中国の領土の一体性と北京の中央政府の政治的権威を温存しながら、自由貿易の原理を強制してモノ・ヒト・カネの自由な移動を保証する「開港場体制」が成立した（Bickers, 1999：藤田、二〇一五）。上海の英米両租界は一八六三年に統合され、九九年には、共同租界と改称された。

図5－3　1890年代の上海・バンドー

中国における「開港場体制」の中心は、上海と香港であった。香港は、イギリスの直轄植民地となり、シンガポールと並んで、東アジア地域における王立海軍の根拠地として整備されるとともに、関税が課されない自由貿易港として発展した。他方、上海は、当初は広大な後背地を持つ内地通商圏と外国貿易との接点の貿易港として急速に発展したが、一八七〇年代からは、金融・サーヴィス活動の拠点として重要性を増した。一八六五年に設立された香港上海銀行（ＨＳＢＣ）を筆頭に、イギリス系植民地銀行（イースタンバンク）やドイツ、フランス、ロシアの海外銀行の支店が開設され、七一年には、海底電信網が上海まで開通し、さらに長崎に延長された。共同租界を有した上海は、海運、海上保険、貿易金融や開港場の公益事業などのサーヴィス業務の中心地として、東京を上回る東アジア随一の国際都市として発展していくことになる。

また、中国に対する砲艦外交では「イギリス帝国拡張の先兵」であったインド軍が動員された。インド軍は、インド財政の負担で維持され、イギリス政府とインド政庁が自由に海外へ派遣できる緊急展開部隊として、インド洋周辺の地域やインドの北西国境地帯を中心にアジア・アフリカの各地に派兵された。イギリス帝国拡張と防衛の経費は、その一部を白人自治領も負担したが、大半はインド財政に押しつけられたのである。第一次アヘン戦争では、約五八〇〇名のインド現地軍が広州に、第二次アヘン戦争（アロー戦争）では約一万一〇〇〇名のインド軍が北京の攻略に動員された。それら中国遠征の経費は、本国側が負担した（秋田、二〇〇三、第I部）。

イギリスは、中国以外のアジアの諸地域でも、同じような砲艦外交を展開して友好通商条約のネットワークを築き上げた。西アジア（中東）のオスマン帝国（一八三八年、六一年）やカージャール朝ペルシア（一八四一年、五七年）との通商条約締結がその先例となった。一八五〇年代中葉には、東南アジアの緩衝国であったシャム（タイ：一八五五年）とも修好通商条約（バウリング条約）を締結した。

（4）日本の開港と不平等条約――「居留地貿易」の展開

幕末の日本も、イギリスによって一八五八年に修好通商条約を押しつけられ、開国を余儀なくされた（安政の五カ国条約）。この条約は、他のアジア諸国の場合と同様に、領事裁判権の承認（治外法権）、関税自主権の欠如、さらに片務的最恵国待遇の容認を含む、不平等条約であった。これらのうち、三番目の片務的最恵国待遇がアジア国際秩序の変容を考えるうえで決定的に重要である。それは、アジア諸国が、最恵国待遇（他国より不利にならぬように、後で結ばれた協定や条約に含まれる有利な条件や待遇を、自動的に他の諸国にも適用する条項）を一方的にすべての欧米諸国に与える、という規定であった。そのため、欧米諸国は労せずして特権を確保することが可能になった。

イギリスは、幕末の日本に対しても砲艦外交を展開した。尊王攘夷運動の高揚のなかで一九六二年九月に起こった生麦事件に対する報復としての薩英戦争（六三年八月）、長州藩に対する六四年八月の四カ国連合艦隊下関砲撃事件が、その典型であった。さらに、攘夷派による外国人襲撃事件に対する防衛措置として英仏両国は、六三年六月以降七五年まで、横浜居留地に約一三〇〇名の横浜駐屯軍を派兵した。その主力部隊は、中国の場合と同様にインド軍であった。

こうして、幕末・明治初期の日本も、イギリスの非公式帝国に編入された。世界の低開発地域を、工業製品市場、原料や食糧の第一次産品供給国、さらに資本やサーヴィスの輸出先として再編成して、イギリスを中心とする世界経済体制を築き上げるという世界戦略は、国家の支援を得て実施されたのである。

ただし、日本や中国の場合は、片務的な最恵国待遇の条項を含む不平等条約を押しつけられたものの、結果的にその条項によって、欧米列強の間で利害の調整と政策の協調が行われ、列強間での相互利益の共有・協調と、相互利害の牽制が見られた。一国だけが排他的に突出した独占権、特権を確保することは慎重に回避され、東アジア現地政権である清朝政府や明治新政府の主権が維持され、現地政権との共存が模索された。その点が、公式帝国として植民地化された南アジアや東南アジア諸地域と異なる点であった。

また日本では、欧米の外国商人の国内での商業活動と居住地が外国人居留地に限定された。居留地での貿易は、外国商人と日本人の売込商（輸出商）と引取商（輸入商）との間で行われた。日本に進出した欧米外商の活動は、日本国内の市場情報からは断ち切られ、取引において日本人商人への依存を余儀なくされただけでなく、欧米商相互間や中国商人（後述・第四節）との競争など厳しい経営環境におかれ、破産のリスクも高かった。一八七〇年代前半には、生糸・茶の二大輸出商品に関して、価格変動のリスクを回避するために内外商人の間で、寡占的で安定的な取引関係が確立した。こうして「居留地貿易」制度は、輸出入両面において日本の商人に有利に機能し、結果的に欧米諸国からの経済的圧力を緩和する「非関税障壁」としての役割を果たした（杉山、二〇一二、一三六～一四一頁）。こうした現地人商人層への依存は、中国を中心として東アジア各地で形成された「開港場体制」において共通に見られた現象であり、対外貿易・経済面における自由貿易帝国主義の影響も限定的であった。

3　帝国主義的な海外膨張——カネのグローバル化

（1）「世界の工場」から「世界の銀行家・手形交換所」へ

一八七三～九六年は、経済史上「大不況」と呼ばれる慢性的な不況期で、イギリス資本主義の構造の変化と、世界経済全体の再編が起こった時期である。

「大不況」の原因は、ドイツ、アメリカ合衆国など後発の資本主義諸国の急速な工業化と、アルゼンチン、カナダなどの第一次産品生産地域が本格的に世界市場に組み込まれたことを通じたグローバル化の急速な進展にあった。アメリカやドイツは鉄鋼業をはじめとする資本財や石炭の生産でイギリスを追い抜き、イギリスは「世界の工場」から三大工業国の一つに転落した。製造業の国際競争力も低下して、工業製品の輸出が停滞した。また、イギリスの農業は、第一次産品生産国からの安い農畜産物との競争にさらされ、世紀半ばから続いた高度集約農業の継続が不可能になり、破滅的な「農業大不況」に直面した。海外からの食糧輸入は原料の輸入を上回り、一八九〇年代には全輸入の四五パーセントを占めた。

そもそもイギリスのマクロな貿易構造（モノの輸出入：貿易収支）は、「世界の工場」といわれた世紀半ばを含めて、一九世紀を通じて一貫して赤字であったが、その貿易赤字額が「大不況」期を通じて倍増した。この赤字は、海運料収入、貿易商社の手数料、保険・サーヴィス料、利子・配当収入などで構成された貿易外収支（サーヴィス収支）の黒字で補われる構造が、一九世紀の前半から定着していた。貿易外収支のなかでは、一八七〇年代前半までは海運料収入が最大であったが、「大不況」期になるとそれが停滞して、逆に利子・配当収入は、一八七六〜八〇年に海運料収入を上回って、二〇世紀初めに利子・配当収入だけで貿易赤字を埋め合わせることが可能になった。

その背景には、イギリスから世界各地への資本（カネ）輸出の急増があった。海外投資の総額は、一八七五年に一〇億ポンドを超え、二〇世紀の初頭には三〇億ポンドに達した。その海外投資先は、オーストラリア、カナダ、アルゼンチンなどの第一次産品生産国とアメリカ合衆国に集中し、特に八〇年代の後半以降は、白人定住植民地に向けられた投資が急増し、従来からの英領インド向け投資と合わせると、イギリス帝国内部での投資が増大した。投資の対象は、各地の鉄道建設や公共事業などのインフラ整備に関わり各国政府が発行した債券と鉄道会社の証券などの、証券投資が中心であった。

こうして、「大不況」期を通じてイギリスは、「世界の工場」（モノの輸出国）から、「世界の銀行家」「世界の手形交換所」（金融・サーヴィスの中心地）へと経済活動の重心を移しながら、世界経済の中心地、世界システムの中核国としての地位を維持したのである。イギリスを中心とするグローバル化の進展を加速したのが「大不況」による世界経済の構造的な再編・変容であった。

（2）ジェントルマン資本主義の展開

　こうした世界経済の構造変動を理解するうえで、二人の帝国経済史家、P・ケインとA・G・ホプキンズが主張する「ジェントルマン資本主義」（gentlemanly capitalism）論が、新たなイギリス帝国史解釈として注目を集めている。その考えの新しい点は、イギリス資本主義の特質を、従来のように一八世紀末の「産業革命」をきっかけとする工業化の進展と製造業の発展を中心に考えないことにある。彼らは、イギリスの伝統的な大土地所有者である地主・土地貴族層が担った農業資本主義の発展、のちに台頭してくるロンドンのシティを中心とする金融・通商利害で構成されたサーヴィス資本主義、やがて、その両者が合体して成立した「ジェントルマン資本主義」の利害が、一六八八年の名誉革命以降のイギリス国内史と海外膨張の過程に反映されたと主張する（ケイン／ホプキンズ、一九九七）。

図5－4　ロンドン・シティ

　この新たな歴史解釈によれば、イギリス産業革命の歴史的意義は相対化される。イギリス経済のなかでも、「モノ」つくりに関わる工業・製造業に対して、「カネ」を扱う金融・サーヴィス部門の優位性、イングランド北西部や中部の工業地帯に対するロンドンのシティとイングランド南東部の経済的な繁栄と富の蓄積が強調される。こうした解釈の妥当性をめぐっては、マスコミを巻きこんで内外の学界で賛否両論の論争が行われている（Dumett ed. 1999 : Akita ed. 2002）。

　ロンドン・シティの金融利害関係者は、一八世紀の「商業革命」期に富を蓄えて「疑似ジェントルマン」として、大土地所有者を中心とする伝統的なジェントルマン文化を共有してきた。他方、農業大不況によって伝統的な地主階級の経済的基盤は打撃を受け、大土地所有者は農業投資を控えて、純粋な「地代取得者《レントナー》」に変身した。彼ら地主階級は、二〇世紀初めに急増した海外投資を通じて、地代と土地資産の売却利益を海外の有価証券（株式や公債）の保有に切り替え、利子や配当収入を得る金融資産の所有者に変わることが可能になった。この過程で彼らは、シティの金融・保険会社の取締役に就任して役員報酬を受け、金融界の富豪との婚姻を通じて収入を補い、シティの金融・サーヴィスの関係者と次第に融合して、両者は「利子所得者《ランチエ》」として、新しい支配階級を形成した。こうして成立した新たなジェントルマン資本家層は、世紀転換期のイギリス帝国の経済政策にも大きな影響力を及ぼすことになる。

(3)「多角的決済機構」の成立とインドの安全弁――「イギリス王冠の輝ける宝石」

一九世紀のヘゲモニー国家イギリスがグローバル化のために提供したもっとも重要な国際公共財が、ロンドン・シティが有した国際金融機能である。世紀転換期に地球全体をカバーするに至った世界経済のもとで、貿易決済の主要な手段となったスターリング（ポンド）手形を通じて、ポンドが世界中で流通する仕組み、いわゆるイギリスを中心国とする「多角的決済機構」が二〇世紀初めに確立された。この多角的決済機構を維持するためには、①イギリスが、ドイツやアメリカ合衆国の保護関税にもかかわらず、開放的な自由輸入の体制を維持すること（いわゆる「自由貿易の逆説」）、②イギリスからインドへの消費財の大量輸出を通じて、インドが欧米諸国から稼いだ膨大な貿易黒字を吸い上げること、以上の二つの条件が是非とも必要であった。イギリスは、アメリカ合衆国とヨーロッパ諸国との間で生じた膨大な赤字（二〇世紀の初頭で約九五〇〇万ポンド）を、インドからの巨額の黒字（約六〇〇〇万ポンド）とオーストラリア、日本や中国などの東アジア諸国、トルコからの黒字で埋め合わせることで収支の均衡を維持した。

この国際収支をめぐる「インドの安全弁」は、前節で述べたイギリスから強要された貿易黒字の獲得と、植民地統治にともなう「本国費」が毎年自動的にインド財政から支払われる財政的な収奪を前提として初めて有効に働いた。一九世紀後半において本国費は、インド財政の歳出の約三割を占めた。そのなかでも世紀転換期にかけて急増したのが、鉄道証券利子と軍事費であった。

本国費は、基本的にポンドで支払われた。従って、本国費の支払い額は、国際金本位制の基軸通貨であったポンド（スターリング）とインド現地通貨ルピーの交換比率に大きく規定された。一八七〇年代後半からの国際的な銀価格の下落は、銀本位制を採用していたインド財政の安定に深刻な影響を及ぼした。銀価の低落と連動したルピー為替相場の低下は、インド政庁の本国送金総額を膨らませた。他方インド歳入は、インド農民から徴集する地税、塩税や輸入関税、アヘン売却収入などから構成された。しかし、地税や塩税の増税は農民の反発を招くために政治的に無理であり、収入関税としての輸入関税も、前節で述べた本国綿業資本の政治的圧力のもとで、その税率の引き上げは難しかった。こうした財政事情によってインド歳入の大幅な増収は無理であったために、銀価格の低落を通じて、インド政庁の実質的な財政負担が増大したのである。

その打開策として一八八〇～九〇年代に議論されたのが、銀の使用増加をめざす金銀複本位制であり、一八八六年にはその圧力団体として複本位制同盟が結成された。複本位制の実現を求めた運動は、インド市場向けの綿製品輸出の停滞状況を打開しようとするイギリス綿業資本、「大不況」下の失業問題を危惧する本国の綿工業労働者、さらに農業不況による農産物価格下落の対策として通貨インフレを望むイギリスの地主層を巻き込んで、イギリス本国でも広範な広がりをみせた。同じ八六年には、インド問題を中心とする金銀価格の変動を調査するために、本国議会に金銀調査勅命委員会が設置されて、金本位制と複本位制をめぐる論争はさらに深化した。しかし、一八九〇年代になると、銀価の一層の下落にともない金本位制論が次第に優位を占めるようになった。

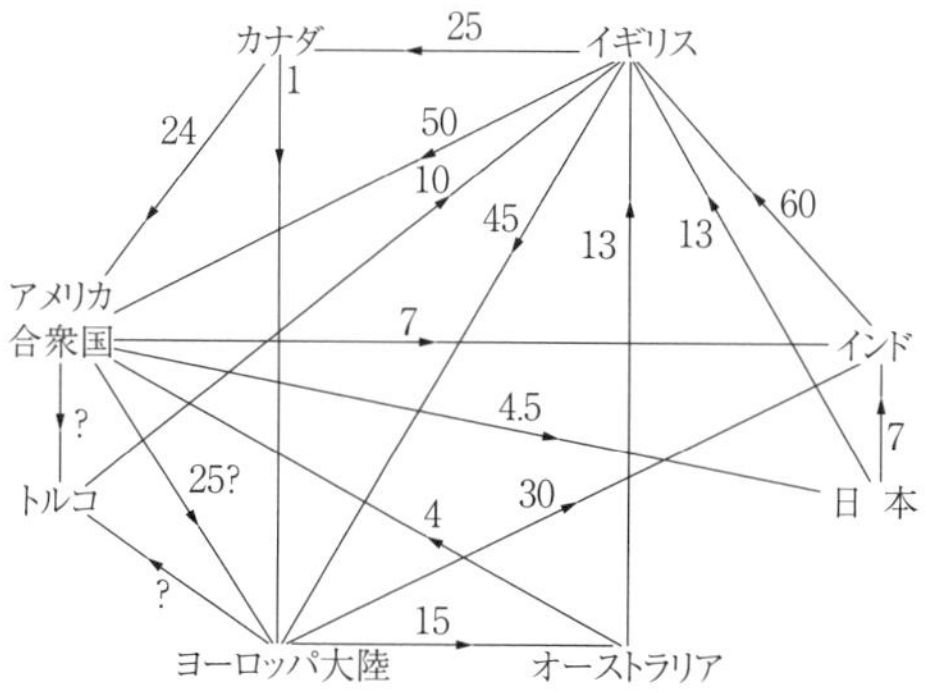

図5－5　1910年における世界の決済型（単位：100万ポンド）

出典：S. B. ソウル，久保田英夫訳『イギリス海外貿易の研究』文眞堂，1980年，81頁。

こうした国際的環境の下で、インド政庁は、イギリス本国のインド通貨調査特別委員会の勧告に従って、一八九三年に、インドにおけるルピー銀貨の自由鋳造を停止した。これにより、ルピー銀貨は実質的価値を失い、ポンドとルピーの交換レートは、現地通貨ルピーの切り上げ（一ルピー＝一シリング四ペンス）の形で固定されて、インド財政の破綻と債務不履行は当面回避された。九四年には、財政赤字補塡のために綿製品輸入関税が再導入され、その代償措置として九六年には同率の相殺国内消費税がインド産品に賦課されて、インド財政の再建と安定化が図られた。最終的には、一八九九年のインド鋳貨・紙幣法によって、金貨の流通をともなわない金為替本位制が導入され、本国費の円滑な支払いが続けられた。

世紀転換期の英領インドでは、政策面でのロンドン・シティの金融利害優位の構図は変わらず、金本位制が堅持された。シティの金融・サーヴィス利害の擁護をもっとも重視するイギリス本国政府の金融・通貨政策は、インドでも貫徹されたのである。インドは、ポンドの価値が金で保証されポンド通貨が世界中で通用した国際金本位制、いわゆる「ポンド体制」の最大の安定要因、安全弁になったのである。その意味で、世紀転換期のインドは、「イギリス王冠の輝ける宝石」であった。

(4) 植民地工業化と「アジア間競争」の始まり——ボンベイと大阪

英領インドでは、植民地支配下でありながら、近代的な機械化された綿紡績業がインドの現地人資本の手で発展し、同時に、在来産業としての伝統的な綿業も存続した。では、なぜ、自由貿易帝国主義政策は貫徹されず、植民地工業化というべき経済発展（colonial industrialization）が可能になったのであろうか。この問いを解くカギは、一九世紀後半から世紀転換期にかけての世界経済を、帝国とアジアの工業化という視点から見直し、英領インドと日本の工業化をグローバルな文脈に位置づけ直すことで得られる（秋田、二〇一三、二〇一八）。

ボンベイにおいて、インド系商人により最初の機械紡績工場が設立されたのは、一八五四年のパールシー商人K・ダヴァールにさかのぼる。しかし、インド綿紡績業の勃興のきっかけは、一八六〇年代前半のアメリカ南北戦争による「棉花飢饉」（アメリカ南部諸州からの棉花供給途絶）と、その代替供給源としてのインドの棉花ブームによりもたらされた。棉花取引で多大な利潤を得た現地の貿易商が、機械紡績業への投資を行うようになった。ボンベイを中心としたインド紡績業は、一八七〇年代までは番手の低い太糸をインド国内の手織織布職人に供給するという内需主導型で発展し、その後は対中国向け輸出で成長した。その規模は、一八八〇年には、五八工場で雇用数四万人、一九一四年までには、二七一工場で雇用数二六万人に達した。

初期のインド企業家の代表例が、後のタタ財閥の創始者、J・N・タタ（Jamsetji Nusserwanji Tata）である（三上、一九九三：Harris, 1958）。彼は、棉花ブームの時期にイギリスに派遣され、ランカシャ地方の綿工業の繁栄を見聞する機会を得て、インド現地で近代的な綿紡績工場を創設する事業に着手した。一八六九年に友人と共に、アレキサンドラ綿紡績工場を実験的に設立した。一八七三年には、本格的な綿工場創設のために再度渡英し、機械設備（旧式のスロッスル紡績機一万五五五二錘、ミュール紡績機一万四四〇〇錘、力織機四五〇台）を買い付け、七四年に中央インドのナグプールで中央インド紡績株式会社を設立した。この新工場は一八七七年一月に操業を開始し、イギリス本国のヴィクトリア女王が「インド女帝」（Empress of India）の称号を名乗ったのにちなんで「エンプレス・ミル」と命名された。

エンプレス・ミルは、中央インド・デカン高原の棉花生産地帯の中心地ナグプールに位置し、ボンベイから内陸部に伸びる大インド半島鉄道会社の鉄道路線の終点に設立された。原料供給地に位置し、新規に建設された鉄道路線を最大限に活用した工場の立地は、J・N・タタの先見の明を映し出していた。新工場は、有利な立地条件と大規模な生産設備、および近代的な経営管理方式の導入により、インド紡績業においてモデル工場として機能して、順調に収益をあげた。

エンプレス・ミルの成功により、J・N・タタは綿工業部門の拡充を図った。一八八二年には、資本金一〇〇万ルピーでボンベイにスワデシ・ミル株式会社を設立した。この会社は、従来のインドの機械製綿工業が国内市場向けの低級綿布と中国市場向けの太番手（二〇番手以下）綿糸の生産に特化してきた慣例を打破し、イギリス本国の綿業が独占的に手掛けてきた上級綿布の生産にインド人経営企業として初めて参入した点で、画期的な意義を有した。社名の「スワデシ」は、一八八一年に結成されたインド・ナショナリストの連帯組織であるインド国民会議（The Indian National Congress）が政治的スローガンとして掲げた「国産品愛用（Swadesi）」を意味しており、イギリスによるインド植民地支配（raj）に対する批判、経済的ナショナリズムの台頭を反映していた。

イギリス本国・シティの金融・サーヴィス利害と現地インド政庁にとって、国際的な銀価低落が大きな攪乱要因であったとすれば、現地インドの産業利害、とりわけボンベイの綿紡績業にとって、銀価＝ルピー為替の低落は、インド・ルピー通貨の相対的価値の低下を通じた通貨切り下げ効果によりインド産綿糸の海外への輸出増大を図る絶好の好機を提供することになった。

ところで、日本の工業化は、英領インドに約一〇年遅れて一八八〇年代半ば頃から、大阪（関西）の綿紡績業を中心に始まった。その発展の契機は、一八八三年夏に操業を始めた大阪紡績三軒家工場にあった。この工場は、イギリスのランカシャで紡績の実地訓練を経験した技術者・山辺丈夫が中心となり、プラット社製ミュール紡績機一万五〇〇錘を備えイギリスの生産技術を導入した、当時最新鋭の工場であった。

大阪紡績は創業後一〇年足らずのうちに、機械製綿糸の国内織布業者への販売、昼夜二交代制の採用、電燈の導入、ミュール式からリング式への紡績機の転換、外国産棉花（インド棉）の使用、対中綿糸輸出の開始、兼営織布の実現など、その後の日本の紡績企業によって模倣・採用されていく斬新な企業経営戦略を次々と打ち出していった。元来大阪には、近代綿業が発展する素地が近世の江戸時代にできていた。河内・摂津・和泉（泉州）における棉作と在来綿織物業の展開がそれである。大阪紡績の成功を契機に、大阪には、三重紡績・摂津紡績・尼崎紡績・鐘淵紡績など、大規模な紡績工場が林立するようになり、世紀末の日清戦争の頃から大阪は「東洋のマンチェスター」と呼ばれるようになった（阿部、二〇〇六）。

こうして新たに勃興した大阪を中心とした日本紡績業とボンベイ紡績業が市場確保のためしのぎを削ったのが、世紀転換期の中国綿糸市場であった。先行したのはボンベイ紡績業である。一八八〇年代になると、ボンベイの綿紡績業界は、インド綿糸の中国、日本市場への輸出を本格的に開始した。対中国向けの綿糸輸出では、七〇年代末に早くもインド産品がイギリス本国産の綿糸を抜き去り、二〇世紀初頭には、ボンベイの綿糸輸出量の約九割、生産量の六割近くが中国市場に向けられた。世界で最初の産業革命を支えたはずのイギリスのマンチェスター産の綿糸は、ボンベイとの競争に耐えられずいち早く競争から脱落した。この中国綿糸市場における英印の地位の逆転、日清戦争直後からの日本産綿糸の競争への参入、さらに後の一九一〇年代、第一次世界大戦期における上海を中心とした中国民族紡の台頭は、中国綿糸市場をめぐり「アジア間競争」（intra-Asian competition）を引き起こした。

（5）「アジア間貿易」の形成と構造、発展

ところで世紀転換期のアジアでは、第一次産品輸出（原棉）と工業製品輸入（消費財としてのイギリス綿製品）という対欧米貿易の拡大と並行して、英領インド（南アジア）、海峡植民地や蘭領東インドを含む東南アジア諸地域、中国（香港を含む）

および日本（東アジア）をつなぐ地域間貿易が発展した。杉原薫が提唱した「アジア間貿易」（intra-Asian trade）がそれである（杉原、一九九六）。

一八八三年時点のアジア間貿易の構造は比較的単純であった。英領インドから中国向けのアヘン輸出が主体であり、綿糸は対中国輸出額の一割弱の一二二万ポンドに過ぎなかった。もともと中印間のアヘン貿易は、一九世紀前半に英領インド―中国―イギリス本国を結ぶ「アジアの三角貿易」として登場した。一九世紀後半になるとアヘン貿易は、ユダヤ系の貿易商サッスーンや華僑、印僑などのアジア系商人に担われて発展し、東南アジアの英領海峡植民地やシンガポールを経由して、英領インドと中国を結ぶ新しい貿易通商網が成立した。だが、一九世紀末の一八九八年の段階になると、英領インドの対中国輸出の中身は、綿糸四一七万ポンドに対してアヘン三五七万ポンドと、アヘンと綿糸の立場が逆転した。

世紀転換期以降のアジア間貿易の発展は、「英領インドの棉花生産―日本（大阪）とインド（ボンベイ）の近代綿糸紡績業―中国の手織綿布生産―太糸・粗製厚地布の消費」という連鎖を中心に、その半分近くが綿工業に関わる「綿業基軸体制」によって支えられていた。すなわち、インド棉花からボンベイと大阪の機械紡績業によって紡がれた綿糸は中国へ輸出され、中国では、輸入した綿糸が手織機で織布に仕上げられて、広大な国内市場で販売された。その連鎖のなかでも、特にインドの棉花と機械紡績製綿糸の東アジア向け輸出が重要な役割を果たした。一九一三年のアジア間貿易額は、対欧米貿易総額の約八割、約一億六七三〇万ポンドであったが、その成長率は、欧米向け貿易を上回り、一八八三～一九一三年の三〇年間に、年平均五・五パーセントに達したのである。

このアジア間貿易の発展は、イギリスが推進した自由貿易帝国主義と無縁ではなかった。アジア内部の国際分業体制であるアジア間貿易にとって、たとえ不平等条約に代表されるように自由貿易が押しつけられたとしても、イギリスが世界的規模で構築した自由貿易体制の存在が、その形成にとって不可欠の要素になっていた。東南アジアにおいて、大阪・神戸から輸入された生活雑貨品は、農民や移民労働者の生活を支えるために不可欠であった。たとえば、海峡植民地（英領マラヤ）では、一九世紀末から、工業原料として欧米諸国向けの天然ゴムや錫の輸出が増大した。その過程で、現地のプランテーションや鉱山で生産に従事した中国や英領インドからの移民労働者たちは、一定の収入を得て、彼らが消費する生活雑貨品

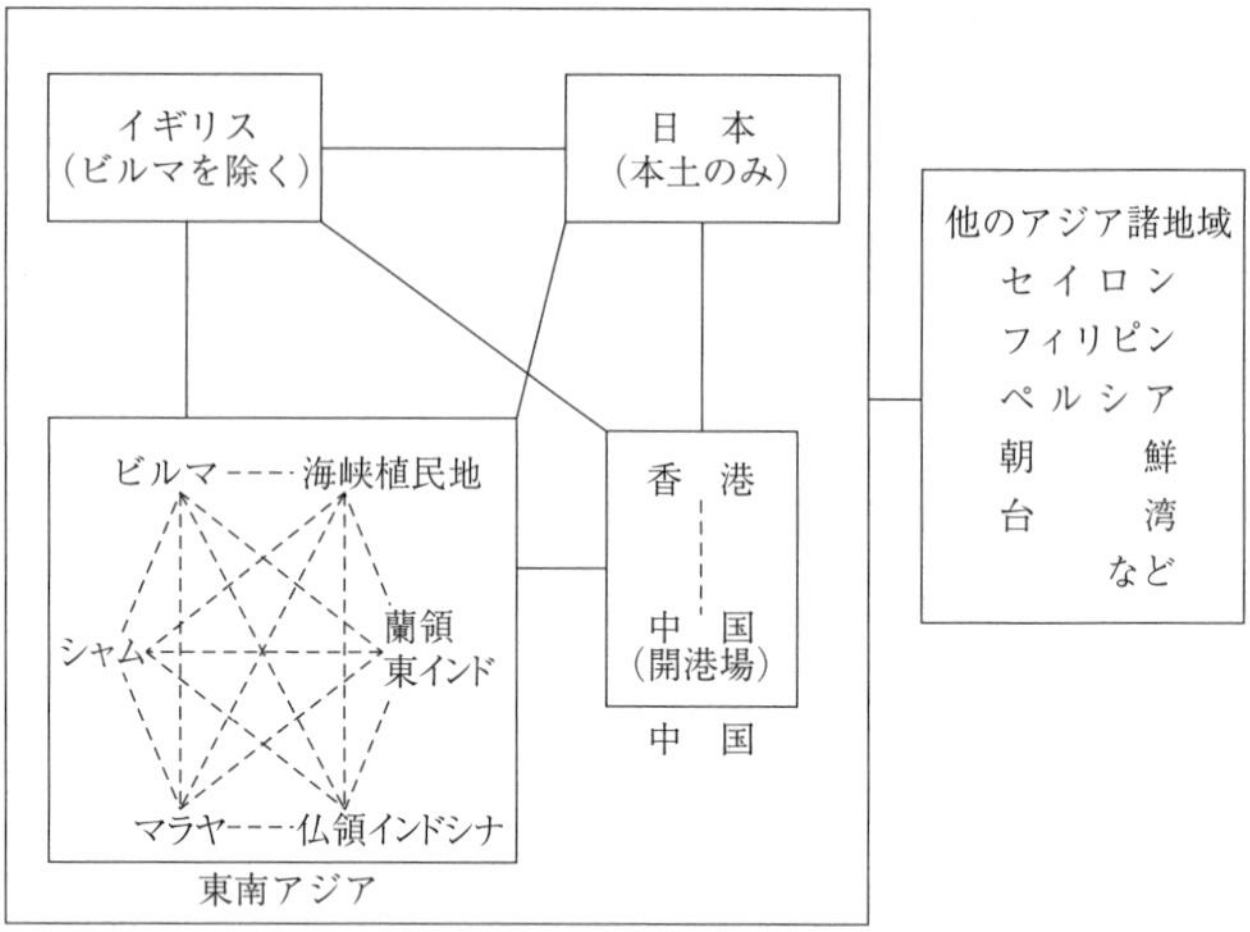

図５－６　アジア間貿易の概念図

注：直線で結んだボックス間の貿易が「アジア間貿易」である。
出典：杉原薫著『アジア間貿易の形成と構造』ミネルヴァ書房，1996年，99頁。

の需要も増えた。食糧としてのビルマやタイからの米、ジャワからの砂糖だけでなく、大阪・神戸からの生活雑貨品の輸入も同時に増えるという、密接な経済的つながりが形成された（最終需要連関効果）。

さらに、アジア間貿易の発展には、蒸気船航路網の整備、鉄道・港湾施設の整備、電信・金融・保険など関連サーヴィス部門の発展が不可欠であり、その運輸通信網の整備の資本と技術は欧米、特に、ヘゲモニー国家イギリスからもたらされた。その意味で、アジア内部の国際分業体制、アジア間貿易の発達は、欧米からの機械などの資本財や資本の輸入、技術移転・導入があり初めて可能になった。こうした地域間貿易の形成は、ラテンアメリカやアフリカ諸地域では見られず、非ヨーロッパ地域では極めてユニークである。しかし、アジア諸地域はイギリスを中心とする世界経済、世界システムにおいて「相対的自立性」を保つにとどまった。アジア間貿易の発展は、欧米諸国向けの第一次産品輸出を含めた世紀転換期における世界経済全体の成長と切り離すことはできない。

（6）経済的相互依存関係の形成――日本の外債発行とシティ金融市場

世紀転換期のアジアで見られた英領インドと日本における工業化の進展、それに牽引されたアジア間貿易の形成は、ヘゲモニー国家イギリスが提供した国際公共財の一つである国際金本位制、基軸通貨としてのポンドに支えられたロンドン金融市場の発展と結びつき、両者の間で経済的な相互依存関係が形成された。ヘゲモニー国家の金融的影響力は、帝国の枠組みを超えて行使されたのであり、その具体例を、世紀転換期の日本を事例に考察してみよう。

世紀転換期の日本にとって、経済発展と対外戦争に備えて、ヘゲモニー国家イギリスが提供したシティの金融力を有効に活用することが不可欠であった。その一環として、日本は、日清戦争後の一八九七年に銀本位を停止して金本位制を採用し、イギリスが提供した国際公共財である国際金本位制を利用する客観的条件を整えた。

一九〇四～〇五年の日露戦争に際して、逼迫した財政危機を乗り切るために、ロンドン金融市場で外債を発行して戦費を調達する必要が生じた。そのため日本政府は、日銀副総裁の高橋是清を特別代表として一九〇四年三月ロンドンに派遣した。高橋は、アーネスト・カッセルらのシティ金融資本家の助力を得て、同年五月に一〇〇〇万ポンドの外債を、ロンドンおよびニューヨーク金融市場で発行することに成功した。引き続き日本政府は、マーチャント・バンカーの国際的ネットワークを利用して四度にわたる外債を発行し、その総額は一億七〇〇〇万ポンドに達した。ロンドン金融市場は、そのうち四二五〇万ポンドを占めた。日本の戦費調達は、ロンドンを中心とした英米系の金融業者の支援に依存したが、他方で、一九〇〇～一三年における日本の大規模な資本輸入は、ロンドンにおける外債発行総額の二〇パーセント以上を占めた。新興工業国であった日本の旺盛な資本需要をつかむことは、国際金融センターであったシティの繁栄を維持するためにも不可欠であった。外交軍事面で一九〇二年に締結された日英同盟は、こうした両国経済利害の相互補完性の上で成り立ったのである。

図5－7　日本の外債発行

この時期に、日本の産業は、中国市場への綿糸輸出を中心とする消費財生産が大幅に伸びた。最大の綿糸市場であった中国では、前述のように英領インドのボンベイ産と大阪産綿糸が激しい輸出競争（アジア間競争）を展開していた。外債発行は、民間部門での資金需要への圧迫を緩和して、間接的に消費財部門の発展を可能にした。日本紡績業の発展は、アジア諸国への綿製品輸出という点ではイギリスと競合したが、紡績機械や金属製品などの資本財の対日輸出、さらには最新鋭の軍艦・兵器の日本向け輸出にとっては、日本の工業化と経済発展は好都合であり歓迎すべき現象であった。

ヘゲモニー国家であったイギリスの経済構造にとって、本国の金融・サーヴィス利害、資本財産業と日本の消費財産業の発展は相互補完的であり、公式帝国インドにとっても、原棉の日本向け輸出が増大すれば、外貨（ポンド）を稼いで対英債務の返済を円滑に行うことが可能になった。この意味において、イギリスは日本の工業化を促したのであり、「通商国家」日本の台頭はイギリス帝国全体にとっても好都合であった。こうした関係は、やがて二〇世紀両大戦間期の中国でも見られるようになり、東アジア地域の工業化と、イギリスのシティを中心とする金融・サーヴィス利害の優位（ジェントルマン資本主義）は、共存しながらともに発展したのである（秋田、二〇〇三、第Ⅱ部）。

4　移民と帝国——ヒトのグローバル化

一九世紀後半から二〇世紀の一九三〇年頃までは、大量の移民が、一方では南北アメリカやオーストラリアの新大陸で新たな国民国家や自治領（ドミニオン）を形成すると同時に、他方、アジア・アフリカの諸植民地で第一次産品輸出経済の発展を担った。その文脈で一九世紀は「移民の世紀」であると言える。本節では、大量の移民を輩出したヨーロッパ系と比較対照しながら、アジア系移民（インド系・中国系）を取り上げ、ヒトの移動からグローバル化を考察する（杉原、一九九九）。一九世紀は、国際的な労働力移動という点では非常に「自由」な時代であり、モノ（商品）だけでなく資本や労働という生産要素の取引に関しても、「自由主義」が貫徹していた時代であった（脇村、一九九九）。

（1）白人の海外移民とドミニオン、ブリティッシュ・ワールドの形成

一八四〇年代後半から一九四〇年におけるヨーロッパからの大陸間移動による移民数は、約五三〇〇万人で、そのうち約

七割が北米、約二割が南米に、さらに約七パーセントがイギリスからオーストラリア・ニュージーランドに向かった。このヨーロッパ系移民の大半は、個人の自由意思による移民で、送り出し国としては、一八八〇年代まではアイルランド、イギリス、ドイツが、八〇年代以降はイタリア、スペインなどの南東ヨーロッパ諸国からの新移民が目立つようになった。

イギリス帝国圏だけ見てみると、一八五三年から一九二〇年までに、イギリス本国からだけで九七〇万人強が海外に移住した。そのうち約四三〇万人（四四・五パーセント）がアメリカ合衆国へ、カナダへは二四〇万人（二四・一パーセント）、オーストラリアとニュージーランドへ一七〇万人（一七・五パーセント）、南アフリカへ六七万人（六・九パーセント）が移住した。これらの本国からの白人移民が主体となって形成された白人定住植民地は、世紀中葉以降、内政に関する自治権を与えられて、自治植民地（ドミニオン）として発展していく。輸送革命と、安価な食糧・原料に対するイギリスの需要拡大により、一八五〇年以降、白人の帝国フロンティアはさらに急速に拡大した。大半の移住者は、親戚や友人の送金を除くと、ほとんど資金的援助を受けずに自由移民として渡海したが、一九世紀後半になると、帝国「辺境」の自治政府からの支援により、白人定住植民地への移住が促された。たとえば、一八六〇〜一九〇〇年の約八〇万名のオーストラリア移民のうちで、約半数の移民が現地植民地諸政府の支援を受けていた。一九世紀末の典型的な移民者は、公式帝国を含めた海外での経済的機会が提供したプル要因に引き付けられた本国の都市居住者であった。

こうして形成された白人自治領（ドミニオン）諸国は、人種的・文化的紐帯を通じて、本国イギリスと緊密な関係を維持した。イギリス系移民を中心とした「ブリティッシュ・ワールド」（British World）の出現である。移動性の増大と情報の増加にともない、出身国への帰国（リターン・マイグレーション）も容易になり、約四〇パーセント近くの移民が本国に帰還したと言われる。移民が事実上、出稼ぎ労働化したのである。こうして世紀末の帝国主義時代になると、イギリスではドミニオンを含めたGreater Britain（British World）の団結・一体化を主張する帝国連合運動（imperial unity）が、保護主義政策、帝国特恵関税の導入の要求とともに提唱され、論争を巻き起こすことになった。

（2）アジア系労働者の移動と自由貿易港

こうした白人の海外移住に対して、同時期のアジア諸地域からの移民数は、統計上は約四六六〇万人であった。その三分の二、約三〇〇〇万人がインド系移民であり、中国系が約一六〇〇万人を占めた。このアジア系移民は、南米・西インド諸島・南アフリカなど遠隔地への移動は少なく、一九世紀末になると、ビルマ（現ミャンマー）・英領マラヤ・セイロン（現スリランカ）など、比較的短距離で帰国率の高い、出稼ぎ型の移民が多かった。大陸間移動では、ヨーロッパから新大陸への白人の移民が圧倒的に多い。しかし、英領インド内部や中国内部での移動など、地域内の遠隔地への移動を加えた労働力移動（移民）を比較すると、ヨーロッパ系とアジア系移民の流れはほぼ同等の規模であったと推察できる。

一九世紀前半のイギリス帝国では、一八〇七年に奴隷貿易が、一八三三年には奴隷制が撤廃された。この過程で、一九世紀中葉以降、英領インドや中国からの年季契約移民が、西インド諸島・南米・東アフリカ・モーリシャス・セイロン・英領マラヤなどに向かい、熱帯地域のプランテーションや鉱山で、第一次産品を生産する労働力として利用された。国際労働市場として、奴隷から年季契約移民への転換が進んだのである。

この年季契約移民を中心としたアジア系移民の増大は、第二節で言及したイギリスが確立した自由貿易体制とその拠点であったアジアの二大自由貿易港、香港とシンガポールの発展に大きく依存していた。たとえば、シンガポールの発展を根本的に左右したのが、一八一九年にラッフルズが獲得して以来、イギリス帝国連絡路（エンパイア・ルート）の要の自由貿易港としての位置である。一八六七年に、ペナン、マラッカと共に英領海峡植民地（Straits Settlement）を形成し、グローバルに展開した自由貿易体制を支える拠点として機能した。

同時にシンガポールは、一九世紀末から形成されてきたアジア地域間貿易（アジア間貿易）のハブとしても決定的に重要な役割を果たした。このアジア間貿易は、蒸気船の航路網と海底電信網の建設による近代的な運輸・交通のインフラ整備を前提としていたが、さらに歴史を遡ると、欧米勢力が東南アジア地域に進出する以前から現地のアジア商人層を基軸に形成されていた、近世の海域アジア世界の通商ネットワークを基盤とした発展でもあった（太田、二〇一三、二〇一四）。こうしてシンガポールは、アジア地域間貿易と世界経済とを結ぶ中継貿易（entrepot trade）の自由貿易港として発展してきた。また、現地マレー半島に関わる短期的な要因として、「後背地」（hinterlands）との関係が重要である。一九世紀後半以降の後背地としてのマレー半島での世界市場向け第一次産品生産の天然ゴムと錫生産の拡大が、シンガポールの対外貿易拡大に大きく寄与していた。

東南アジアへの移民の約八割は、プランテーションや鉱山、交通・土木建築関係の労働者として渡航し、大部分は比較的短期間（一シーズンか二〜三年）の現地滞在後に帰国した。中国系移民の場合は、福建・広東など出身地・言語別に同郷者が集まる移民ネットワークが形成され、斡旋業者を介した同郷性による結合に支えられていた。中国華南の汕頭・厦門から、海峡植民地・蘭領東インドを経て最終的に香港経由で帰国する移民ルートが確立されていた。

（3）アジアからのイギリス海運独占への挑戦——日本郵船ボンベイ航路とタタ商会

以上述べたような「移民の世紀」を可能にしたのが、蒸気船航路網と大陸横断鉄道の出現による交通インフラの整備・拡充、いわゆる第一次輸送革命の実現であった。特に、一八六九年のスエズ運河の開通とアメリカ大陸横断鉄道の開通による地理的空間の縮小が大きく寄与した。スエズ運河はロンドンとボンベイ間で約四割、シンガポール間で約三割海上輸送距離を短縮し、一八八〇年代に同運河を通過する総トン数の八割をイギリス船が独占した。スエズ運河の開通は、世界の海運業におけるイギリスの支配的地位を強化したのである。一九一一年時点でイギリス系海運企業は、定期船航路に関して船舶数で五七パーセント、総トン数で五六パーセントを占めていた（ヘッドリック、二〇〇五）。一九一四年には難工事の末にパナマ運河も開通し、モノとヒトの大陸間移動がさらに拡張された。マクロ経済面でも、世界最大の船舶を保有したイギリス海運業が稼ぐ海運料収入は、一九世紀末までは、イギリスの貿易外収支の黒字を支えた最大の収益源であった。ここでは、移民の輸送手段であった海運業でのアジア勢の台頭の事例を考察する。

一九世紀のアジアの海、海運業において支配的であったのは、一八三四年に設立されて、イギリス本国とアジア各地との郵便輸送契約と政府助成金を受けて航路を拡大したP＆O（Peninsula & Oriental Navigation Company）と、一九五六年にウィリアム・マキノンにより創設され、インド洋・アフリカ諸地域で貨物・移民の輸送に特化した英領インド蒸気航運会社

図5－8　ボンベイ航路に就航した日本郵船「三池丸」

出典：日本郵船歴史博物館所蔵。

(British India Steam Navigation Company) であった。このアジアにおけるイギリス海運の優位に挑戦したのが、前述の綿糸輸出で「アジア間競争」を展開していた世紀転換期の日本と英領インドの企業家であった。

インド棉の輸入が始まった一八八九年当時、日本と英領インド間の航路は、イギリスのP&O社、オーストリアのロイド社、イタリア郵船社の三社が組織した「ボンベイ・日本海運同盟」による寡占状態にあり、その協定運賃は、棉花一トンあたり一七ルピーという高水準であった。この高運賃は、安価なインド棉を活用するメリットを相殺する効果があり、日本の紡績業界は、船賃引き下げによる生産コスト削減の課題に直面した。

こうしたなかで、インド棉の輸入業務で先行したインド・タタ商会のR・D・タタが一八九一年に来日し、輸入コスト引き下げのために、ボンベイとの間での新たな航路開設を提案した。次いで、一八九三年五月にタタ商会の当主J・N・タタが来日し、海運同盟の寡占状態を打破するために、日印両国の経済人の協力により新たなボンベイ航路を開設することを提案した（小風、一九九五）。この提案に日本財界の有力者渋沢栄一が賛同し、日本郵船と紡連（大日本綿糸紡績同業聯合会）の協力を得た。同年九月、大阪紡績、三重紡績、鐘淵紡績の三大紡績会社と、内外綿、日本綿花の二大輸入商社は、大阪で会議を開いた。そこで主要五社は、損益を度外視して、各社一万俵（一俵＝約四〇〇重量ポンド＝約一八二キロ）、合計五万俵の棉花の積荷を保証することを申し合わせた。

これにより、日本郵船は最終的にボンベイ航路の開設を決断し、五社と仮契約を結んだ。他の紡連加盟業者も、主要五社の決定に追随し、九三年一〇月、紡連加盟社、連盟棉花商、日本郵船の間で、第一回印棉運送契約が結ばれた。以上のような経緯で、日本郵船二隻、新設のタタ汽船二隻の計四隻の運行により、三週間に一回の定期航路が開設された。第一期のインド棉積取契約に基づく取引では、日本綿花（第一位）、三井物産（第二位）、およびタタ商会（第三位：二万一八四六俵）が、インド棉の輸入を取り仕切った。

（4）海運同盟との競争と妥協

日本郵船の航路開設に対して、イギリスのP&O社を中心とする海運同盟側は、直ちに報復・対抗措置を講じた。同盟側は、インド棉花輸送運賃を大幅に引き下げ、運賃は一八九三年一二月には、棉花一トンあたり一七ルピーが五ルピーに、九四年一月には一・五ルピーにまで下落した。

この措置に対して、日本郵船は一八九三年一二月に、棉花輸送の実質運賃一三ルピーを一二ルピーに減額したが、それ以上の引き下げは行わず、紡連とインド側のパートナーのタタ商会と緊密に連携して、海運同盟との価格競争を展開した。紡連は、九四年三月に追加約定書を日本郵船と締結し、今後運賃を引き上げないことを条件に、すべてのインド棉花の輸入を郵船に委託し、一俵たりとも海運同盟の船で運ばないことを約束した。この紡連による強力なてこ入れが、郵船を支えることになった。

まもなく日清戦争が勃発し、廣島丸をはじめとする日本郵船の船舶は、日本政府による戦時輸送のために徴発された。しかし、日本郵船は、外国船をチャーターして定期的なボンベイ航路への配船を維持した。一八九五年二月になって、インド側のタタ商会（タタ汽船）が海運同盟との競争による損失に耐えられずに、やむなくボンベイ航路からの撤退を決定したために、日本郵船は、その代替のためさらに二隻の船を投入し、合計四隻で三週間に一回配船という現状を維持した。

海運同盟と日本郵船との激しい競争は、日清戦争をはさんで二年半続いたが、戦争後の一八九五年一一月、同盟側はボンベイ航路からの日本郵船の排除を断念し、正規の外交ルートを通じて競争の停止を申し入れてきた。日本郵船は、当時の日英関係の重要性を認識するとともに、自社のヨーロッパ航路開設の交渉を行っていたため、P&O社との交渉に同意し、一八九六年五月に、ボンベイ・東洋間航路に関する「運賃合同計算契約」が締結された。日本郵船と海運同盟は、運賃が棉花一トンあたり一二ルピーとし、ボンベイ航路の運賃収入を共同でプールして、その収入はP&O社・六〇分の三〇、日本郵船・六〇分の一四、他の二社各六〇分の八の比率で配分することが取り決められた。この条件には、ほぼ日本郵船の主張が反映されていた。この運賃競争の終結によって、紡績業者側は同一条件で四社いずれの船舶をも利用できるようになり、多大の恩恵を受けることになった。

以上の日本郵船ボンベイ航路開設をめぐる事例は、ヘゲモニー国家イギリスが提供する国際公共財である自由貿易体制を、新興工業国である日本と、植民地であった英領インドの民間実業界が積極的に利用し活用した典型であり、その過程で競争と軋轢も生じた。海運同盟と日本郵船＝タタ汽船連合との競争と協調をはらんだ関係には、一九世紀のグローバル化の独自性である、ナショナリズムと帝国体制との相互依存と敵対というアンヴィヴァレントな性格が反映されていた。

(5) 華僑・華人との競争――アジア間競争

前述の日本郵船ボンベイ航路の開設とP&Oとの競争は、アジアにおけるグローバル化の一端にすぎない。モノの移動（輸出入）はヒトの移動と連動していた。

たとえば、一八八〇年代末の日本の開港地（横浜・神戸・大阪・長崎・函館）における居留外国人全体数を比較してみると、一八八三年の総数五八九六名中で、イギリス人が八七九名、中国人が四〇〇〇名、一八八九年の総数七〇六〇名のうち、イギリス人が一〇六三名、中国人が四五九三名と、中国系の華僑商人がイギリス系の四倍以上、居留外国人の六割以上を占めていた。現在でも横浜と神戸に、大規模な中華街があり観光スポットになっているのは、このヒトの移動を背景としている。この数字からわかるように、近代日本の場合、イギリスを中心とする「西洋の衝撃《ウエスタン・インパクト》」で解釈されてきた開港＝「押しつけられた自由貿易」体制（自由貿易帝国主義）は、実はアジアへの開港でもあった。

この点は、貿易関係により明確に反映されていた。一八九〇年の神戸港の輸出取り扱い額で、華僑商人が二五パーセントを占め、イギリス商人二七パーセント、ドイツ商人二五パーセントと肩を並べる位置を占めた。対アジア関係だけを見ると、華僑商人の扱う割合は五三パーセントと過半を占めており、対アジア貿易は華僑商人によって主導されていた。華僑の取り扱いがもっとも高いのは、輸入では米・豆・大豆糟・油糟、輸出ではマッチ・寒天・硫黄・板・皮革・ランプなどであり、雑貨と海産物においては華商が重要な位置を占めていた。一八九〇年代の日本にとっては、開港場体制の一端に組み込まれた神戸・横浜と、そこでの華僑通商網・ネットワークへの対抗を通して工業化を促すような新たな通商網を形成するかが課題になったのである（籠谷、二〇〇〇）。

5　イギリスの「ソフトパワー」——文化面でのグローバル化

（1）情報・通信ネットワークの広がり——海底電信網

イギリスが提供した国際公共財の実例として、一九世紀後半の海底電信ケーブルによる「情報革命」を考えてみよう。一八六六年に大西洋横断ケーブルが、七〇年にはインド海底ケーブルが開通した。英印間は五時間で結ばれ、電信の量は急激に増大し、九五年には年間一〇〇万通に達した。七一年、香港・上海経由で日本の長崎も国際電信網に接続した。国際電信網の整備にともない、香港上海銀行（ＨＳＢＣ）に代表されたイギリス系植民地銀行の支店が、東南アジア、英領インド、日本にも開設されて、アジア諸地域間の貿易決済や送金が容易になった。

一九〇〇年に世界の海底電信ケーブル延べ約三〇万キロのうち、約四分の三がイギリスの会社によって所有されていた。イギリス政府は、戦略的理由から海底電信ケーブルの世界的規模での整備を後押しして、一九〇二年には、オーストラリアとカナダ間のラインが結ばれて、イギリス公式帝国ケーブル網が完成した。このケーブル網を経由して、最新の経済情報がロンドンのシティに集中し、その国際貿易と金融の中心地としての地位は強化された。ロイター通信社は、イギリス帝国各地にとどまらず世界中の経済情報を伝えた。二〇世紀に入り無線通信技術が発達すると、帝国各地を結ぶ通信基地が香港・シンガポールなどに建設された。こうした情報・通信インフラの整備は、ヘゲモニー国家であったイギリスの負担で推進されたが、完成した通信網は、一定の費用を支払えば誰でも使用可能な国際公共財になったのである。

たとえば、東南アジア在住の中国人商人（華僑・華人）が本国に送金する際にも、日本の商人が海外市場の情報を得るためにも、このネットワークは利用可能であった。香港とシンガポールは、中国系契約移民労働者（苦力）の東南アジア諸地域への移動の拠点・中継地として機能していた。一八九一～一九三八年の間に、約一六〇〇万人のインド人労働者と約一四〇〇万人の華僑が、東南アジアに流入したと推定されている。その八割程度は比較的短期間の現地滞在の後に帰国したが、英領海峡植民地（現 マレーシア）や蘭領東インド（現 インドネシア）の天然ゴムのプランテーションや錫鉱山で働いた中国系労働者は、現地に展開した中国系の金融機関「新局」を利用して労賃の一部を故郷に送金した。その新局も、アジア各地に支店を開設したHSBCやマーカンタイル銀行などの、イギリス系の植民地銀行（イースタンバンク）を利用することで円滑な海外送金が可能になったのである。

（2）近代スポーツの輸出

以上のモノ（輸出入）・ヒト（移民）・カネ（資本輸出）・情報のやりとりを通じた、ヘゲモニー国家・イギリスの影響力は、文化の領域でも「ソフトパワー」として見られた。その典型例が、世界諸地域への近代スポーツの普及である（グッドマン、一九九七）。

二〇一八年にロシアで開催されたサッカー・ワールドカップで、日本が善戦したことは記憶に新しい。なぜワールドカップにおいて、ブラジル、アルゼンチン、コロンビアなどのラテンアメリカ諸国が強豪として勝ち残るのか。その背景には、経済的にイギリスの「非公式帝国」に組み込まれたラテンアメリカ諸国に対する文化的影響力の行使があった。

近代サッカー（フットボール）自体は、一九世紀中葉に、パブリック・スクール卒業のイギリス上層中流階級の娯楽として始まり、一八六三年にサッカー協会（Football Association: FA）がロンドンで設立された。その後サッカーは、社会階級を超えて急速に労働者階級に拡がり、一八七〇～八〇年代に、マンチェスター・ユナイティッド（MU）の前身のチームなど、鉄道労働者や工場労働者のクラブが誕生した。国内での広がりと同時期にサッカーは、ヨーロッパ大陸部在住のイギリス人実業家、イギリスに留学したエリート層、あるいはイギリス人船員に影響された港湾労働者などを通じて、イギリスの対岸のベルギーやオランダ、南欧のイタリアやフランスに広がっていった。一八八九年に、デンマークとオランダでイングランドにならってサッカー協会が設立された。一九〇四年には国際組織として、オランダサッカー協会のヒルシュマンとフランス体育スポーツ協会連合（USFSA）のR・ゲランが中心となって、国際サッカー連盟（Fédération Internationale de Football Association: FIFA）が設立された。原加盟国は、フランス、ベルギー、オランダ、スペイン、スイス、スウェーデンの七カ国で、イギリスの四つの協会はようやく一九〇六年にFIFAに加盟した（ヴァール、二〇〇二）。

イギリス発祥の近代スポーツのうち、クリケット、サッカー、ラグビー、ポロなどが、一九世紀前半から、アルゼンチン、ウルグアイ、チリやブラジルなどの「非公式帝国」に拡がった。伝播がもっとも早かったのはクリケットであったが、サッカーはヨーロッパ大陸への伝播とほぼ同時期に、ラテンアメリカ各地に進出したイギリスの軍人、外交官、貿易商人、宣教師、教師によって、イギリス文化の一部として持ち込まれた。特にその主力になったのが、英系海運会社の船員や、一八七〇年代以降本格化した海外投資による現地での鉄道建設、イギリス人が経営した鉄道会社の社員によるチームと、英系のミッション・スクールや大学のチームであった。一八九三年にアルゼンチン・サッカー協会が、一九〇〇年にはウルグアイ・サッカー協会が設立されている。ブラジルは前二者とは異なってアフリカ系黒人が中心となり、一九～二〇世紀転換期の一九〇〇年に現地人チームが結成された。

他方で、アフリカへのサッカーの普及は、非公式帝国のラテンアメリカと比較するとさらに遅れて二〇世紀にずれ込む。サハラ以南の熱帯地域の英領アフリカ植民地では、現地に設立された英語教育のためのミッション系中等学校において、現地人支配層の子息を対象としたエリート教育の一環として、サッカーが導入された。また、植民地統治と治安維持に不可欠な現地人兵士や警官の訓練のためにサッカーが利用された。第一次世界大戦期にナイジェリア総督（一九一四～一九年）を務めたF・ルガードは、現地人首長層の影響力を温存し、安価で家父長的（パターナル）な支配体制である「間接統治」（Indirect Rule）政策を追求した。近代スポーツとしてのサッカーは、現地人エリート層を懐柔する有効な手段となった。とは言っても、アフリカでは人種主義的な差別の構造は厳然と存在し、南アフリカで白人入植者に限定されたサッカー協会が一八九二年に設立されていたが、黒人は排除され、現地黒人のための協会設立は、第一次世界大戦後の一九二二年ケニア・サッカー協会が初めてであった。仏領アフリカ植民地へのサッカーの広がりはさらに遅れ、一九二〇年代後半から三〇年代にずれこんだ。

以上のサッカーの事例は、近代スポーツが、白人移民中心の非公式帝国においては、エリート層のみならず労働者大衆も巻き込んで、イギリス文化や価値観を移植する有力な手段、「ソフトパワー」として機能したこと、またアフリカの従属植民地では、間接統治体制の確立に寄与すると共に、現地人社会側、特にエリート層による文化借用を通じた自己主張、ナショナリズムの構築にも役立つ、両義的な二面性を有していたことを示している。

（3）キリスト教海外伝道教会（ミッション）と帝国

一八世紀末～一九世紀初頭に福音主義が高揚するなかで、多くの伝道協会が設立され、キリスト教布教を中心とした「文明化の使命」（civilizing mission）を掲げて、帝国の境界にとらわれず世界各地で宣教活動が展開した。それらは、バプティスト伝道教会（一七九二年）、ロンドン伝道教会（一七九五年）、メソディスト伝道教会（一八一三年）、プレスビテリアン伝道教会（一八二五年）など、非国教会系がほとんどであったが、国教会も一七九九年に、イングランド国教会伝道教会を設立した。

海外におけるイギリス系の伝道教会の活動が軌道に乗るのは、一八四〇年代以降であり、自由貿易帝国主義の展開とも連動していた。たとえば、非公式帝国の中国において、キリスト教布教が自由化されたのは、砲艦外交の典型であったアロー戦争（第二次アヘン戦争）後の一八五八年天津条約による。

イギリス植民地政府や実業界と伝道教会との関係は、微妙であった。たとえば、英領インドにおいて行政当局は、東インド会社による統治の時代から、既存の伝統的な現地社会の秩序を揺るがす行為であるとして、キリスト教伝道教会の活動には一貫して批判的であった。

一九世紀末になると、各伝道教会は活動の一環として、英語教育や医療活動にも力を注ぎ、非ヨーロッパ世界の現地社会において、民衆の生活にまで影響を及ぼすこともあった。特に、各教会が設立したミッション・スクールや高等教育機関は、現地社会の優秀な若者をひきつけて、植民地エリートを輩出する母体になった。英語教育を受けた現地人エリート層は、その背後にあった西洋的価値観（議会制民主主義、自由主義的な個人主義など）を受け入れ、公式・非公式の両帝国を超えて、親英的な「協力者階層」(collaborators) として働いた。そのなかから、後にイギリスの植民地支配を批判するナショナリストも出現した。協力者階層との協調を通じて影響力を行使することが、二〇世紀の帝国支配の行方と、イギリスの世界的な影響力の存続を左右することになった。その意味で、海外伝道教会（ミッショナリー）の活動、特にミッション・スクールにおける英語教育と近代スポーツの普及、アスレティズムを通じたイギリス文化の拡張は、ヘゲモニー国家イギリスの「ソフトパワー」を代表していたとも言える。

注

(1) 最近、西洋経済史の専門家からも「大分岐」論争は注目を集めるようになったが、その主眼は大分岐自体の原因と結果に置かれており、その意味で彼らの紹介は一面的であり、西洋中心史観の焼き直しに終始している。玉木俊明『近代ヨーロッパの形成——商人と国家の近代世界システム』(創元社、二〇一二年)、ロバート・C・アレン著、グローバル経済史研究会訳『なぜ豊かな国と貧しい国が生まれたのか』(NTT出版、二〇一二年)。

参考文献

秋田茂『イギリス帝国とアジア国際秩序——ヘゲモニー国家から帝国的な構造的権力へ』名古屋大学出版会、二〇〇三年。

秋田茂「綿業が紡ぐ世界史——日本郵船のボンベイ航路」秋田茂・桃木至朗編『グローバルヒストリーと帝国』大阪大学出版会、二〇一三年、第八章。

秋田茂「一九世紀末インド綿紡績業の発展と「アジア間競争」」秋田茂編『「大分岐」を超えて——アジアからみた一九世紀論再考』ミネルヴァ書房、二〇一八年、第四章。

阿部武司『近代大阪経済史』大阪大学出版会、二〇〇六年、第七章。

太田淳「ナマコとイギリス綿布——一九世紀半ばにおける外島オランダ港の貿易」秋田茂編『アジアからみたグローバルヒストリー——「長期の一八世紀」から「東アジアの経済的再興」へ』ミネルヴァ書房、二〇一三年、第三章。

太田淳『近世東南アジア世界の変容——グローバル経済とジャワ島地域社会』名古屋大学出版会、二〇一四年。

オブライエン、パトリック「パクス・ブリタニカと国際秩序一六八八—一九一四」松田武・秋田茂編『ヘゲモニー国家と世界システム

――二〇世紀をふりかえって』山川出版社、二〇〇二年、第二章。

籠谷直人『アジア国際通商秩序と近代日本』名古屋大学出版会、二〇〇〇年、前編。

小風秀雄『帝国主義下の日本海運――国際競争と対外自立』山川出版社、一九九五年。

杉原薫『アジア間貿易の形成と構造』ミネルヴァ書房、一九九六年、第一章。

杉原薫「構造と展開　近代世界システムと人間の移動」『岩波講座世界歴史一九　移動と移民――地域を結ぶダイナミズム』岩波書店、一九九九年。

杉山伸也『日本経済史――近世―現代』岩波書店、二〇一二年。

長谷川貴彦『産業革命』（世界史リブレット一一六）山川出版社、二〇一二年。

藤田拓之『居留民の上海――共同租界行政をめぐる日英の協力と対立』日本経済評論社、二〇一五年。

松井透「イギリス帝国主義とインド社会――鉄道建設を焦点にして」『岩波講座　世界歴史二二　近代九　帝国主義時代』岩波書店、一九六九年。

松井透『世界市場の形成』岩波書店、一九九一年。

三上敦史『インド財閥経営史研究』同文館、一九九三年。

山本有造編『帝国の研究――原理・類型・関係』名古屋大学出版会、二〇〇三年。

脇村孝平「インド人年季契約制は奴隷制の再来であったのか」『岩波講座　世界歴史一九　移動と移民――地域を結ぶダイナミズム』岩波書店、一九九九年、一四三～一六九頁。

Akita, Shigeru, ed., *Gentlemanly Capitalism, Imperialism and Global History*, Basingstoke and New York: Palgrave-Macmillan, 2002.

Allen, R. C., *The British Industrial Revolution in Global Perspective*, Cambridge: Cambridge University Press, 2009.（R・C・アレン、眞嶋史叙・中野忠・安元稔・湯沢威訳『世界史のなかの産業革命――資源・人的資本・グローバル経済』名古屋大学出版会、二〇一七年）

Bayly, C. A., *Imperial Meridian: The British Empire and the World 1780–1830*, Harlow: Longman, 1989.

Bayly, C. A., *The Birth of the Modern World 1780–1914: Global Connections and Comparisons*, Oxford: Blackwell, 2004.

Bickers, Robert, *Britain in China: Community, Culture and Colonialism 1900–1949*, Manchester: Manchester University Press, 1999.

Cain, Peter and A. G. Hopkins, *British Imperialism 1688–2000*, 3rd edition, Harlow and New York: Macmillan, 2016.（P・J・ケイン／A・G・ホプキンズ、竹内幸雄・秋田茂・木畑洋一・旦祐介訳『ジェントルマン資本主義の帝国』〔I　創生と膨張一六八八―一九

一四〕、〔Ⅱ　危機と解体一九一四―一九九〇〕名古屋大学出版会、一九九七年）

Dumett, Raymond E., ed., *Gentlemanly Capitalism and British Imperialism: The New Debate on Empire*, London and New York: Longman, 1999.

Frank, Andre Gunder, *ReOrient: Global Economy in the Asian Age*, Berkeley and London: University of California Press, 1998.（アンドレ・グンダー・フランク、山下範久訳『リオリエント――アジア時代のグローバル・エコノミー』藤原書店、二〇〇〇年）

Frank, Andre Gunder, *ReOrienting the 19th Century: Global Economy in the Continuing Asian Age*, Boulder: Paradigm Publishers, 2014.

Gallagher, John and Ronald Robinson, "The Imperialism of Free Trade", *Economic History Review*, 2nd series, vol.VI, 1953.

Guttmann, Allen, *Games and Empires: Modern Sports and Cultural Imperialism*, New York: Columbia University Press, 1994.（アレン・グッドマン、谷川稔・石井昌幸・池田恵子・石井芳枝訳『スポーツと帝国――近代スポーツと文化帝国主義』昭和堂、一九九七年）

Harris, F. R., *Jamsetji Nusserwanji Tata: A Chronicle of His Life*, Bombay: Blackie & Son (India) Limited, 1958.

Headrick, Daniel R., *The Tentacles of Progress*, Oxford: Oxford University Press, 1988.（D・R・ヘッドリック、原田勝正他訳『進歩の触手――帝国主義時代の技術移転』日本経済評論社、二〇〇五年、第二章）

Kindleberger, C. P., *World Economic Primacy 1500-1990*, Oxford: Oxford University Press, 1996.（C・P・キンドルバーガー、中島健二訳『経済大国興亡史一五〇〇―一九九〇　上・下』岩波書店、二〇〇二年）

Marshall, P. J., *The Making and Unmaking of Empires: Britain, India, and America c.1750-1783*, Oxford: Oxford University Press, 2005.

O'Brien, Patrick Karl and Armand Clesse, eds., *Two Hegemonies: Britain 1846-1914 and the United States 1941-2001*, Aldershot: Ashgate, 2002.

Pomeranz, Kenneth, *The Great Divergence: China, Europe, and the Making of the Modern World Economy*, Princeton: Princeton University Press, 2000.（K・ポメランツ、川北稔監訳『大分岐――中国、ヨーロッパ、そして近代世界経済の形成』名古屋大学出版会、二〇一五年）

Wahl, Alfred, *La Balle au Pied Histoire du Football*, Paris: Gallimard, 1990.（アルフレッド・ヴァール、大住良之監修『知の再発見双書一〇一　サッカーの歴史』創元社、二〇〇二年）

Wallerstein, Immanuel, *The Modern World-System II: Mercantilism and the Consolidation of the European World-Economy, 1600-1750*, New York: Academic Press. I, 1980.（ウォーラーステイン、川北稔訳『近代世界システムⅡ——重商主義と「ヨーロッパ世界経済」の凝集　一六〇〇—一七五〇』名古屋大学出版会、一九九三年）

第6章　近代帝国間体系のなかのロシア

――ユーラシア国際秩序の変革に果たした役割――

宇山智彦

1　近代帝国ロシアの持つ世界史的意義

グローバルな歴史のなかで近代の帝国と言うと、イギリス帝国をはじめとする、海外植民地を持つ帝国が注目されることが多いが、ユーラシア大陸には、近世から引き続いて清、ロシア、オスマン、ハプスブルク（オーストリア、オーストリア＝ハンガリー）という四つの大きな「陸の帝国」が存在していたことを忘れてはならない。そのなかでもロシアは、一九世紀末に至るまで領土拡大を続け、ヨーロッパ列強の一員となるとともに、オスマン、清、イランなどを近代的国際関係に引き込んだという意味で、特に広域的な影響力を持った。また、中央アジア、カフカス（コーカサス）をはじめとする、ロシア中央部とは文化的・社会的に異質な地域を国内に多く抱えていたという点で、西欧列強と並ぶ植民地帝国でもあった。

イギリス帝国史が、イギリス本国と植民地にまたがる研究分野として確立しているのと違い、ロシア帝国史研究は長い間、周縁よりもロシア中央部、国際関係よりも国内問題に圧倒的な比重を置いていた。ソ連崩壊後は、多民族帝国ロシアの非ロシア人地域の研究が盛んになり、特に近年は比較史的な研究や、越境的な事象を対象とする研究も増えつつあるが、どちらかといえばミクロな視点からのものが多く、それらの研究成果を世界史の広い文脈に乗せる作業はまだこれからである。他方、ロシアと他の帝国・地域との関係については、満洲への進出、末期のオスマン帝国との関係といった、時代や地理的範囲を限定した研究は盛んになっているものの、新しい研究の成果を取り込みながらロシア帝国の対外関係を長期にわたって総合的に論じる研究は少ない。本章では、前者の問題、つまりロシアの多民族帝国・植民地帝国としてのあり方には最低限の言及をするにとどめ、(1) 主として後者、つまり国際関係の特徴を長期的・広域的に素描することにする。

また、世界史やグローバルヒストリーを論じる研究者がロシアを取り上げることは多くなく、取り上げるとしても後進的、半周縁的といった消極的な位置づけがなされがちである。ロシアが西欧諸国に比べ後進的であったことは確かだが、逆に言えば、日本と似て後発型の近代化と帝国としての発展が並行したと同時に、イギリスと似て広域的な影響力を持った例として、近代帝国論に興味深い視角をもたらしうる。本章では、ロシア帝国が周辺諸国と戦ったり連携したりしながら大国化してヨーロッパの国際関係に参入し、他の列強と同盟・対抗しながら広くユーラシアの国際秩序を変えていったことを、各地域へのアプローチの違いに留意しながら論じていく。それにより、ロシアは経済面での世界的インパクトは限定的だったとしても、政治・国際関係の面では、他の帝国と相互作用をしながら、世界秩序を形成し変容させる力を持つ国の一つだったことを示す。章の最後では、ソ連および現在のロシアの帝国性の問題にも触れる。

2　ロシア帝国の形成とヨーロッパ国際関係への参入

(1) モンゴル帝国による支配とロシア統一の基礎の形成

ロシアの地が初めて大帝国の一部となったのは、モンゴル帝国時代である。チンギス・ハンの孫バトゥ率いるモンゴル軍は、一二三七年にロシア（ルーシ）に侵入し、四〇年にかけて各地を攻略した。バトゥと彼の兄弟、および彼らの子孫たちの諸政権とその支配領域は、モンゴル帝国のなかで、バトゥの父ジョチの名を取ってジョチ・ウルスと呼ばれる。そのうちロシアを支配した西部は、ロシア史の文脈では金帳汗国とも言い、また欧米・日本ではキプチャク・ハン国とも言う。

モンゴル帝国がロシアに与えた影響の程度や質については、古くから様々な見解がある。モンゴル・タタールはロシアと異質だから大きな影響を与えることはできなかったという見方、モンゴル・タタールのせいでロシアが後進的になったという見方、ロシアはモンゴル帝国の後継国であるという見方のいずれも、十分な証拠があるとは言い難い。諸説を検討したアメリカの研究者オストロフスキは、ロシア（モスクワ国家）は戦術・武器や行政システムをモンゴル帝国から取り入れたが、専制的な政治がモンゴルの影響によるものだという見方には根拠がなく、また経済面では征服時に大きな打撃があったものの、その後はむしろ、モンゴル支配下の平和によりロシア経済は繁栄したと述べている（Ostrowski, 1998, part I）。

直接的な影響関係よりも重要なのは、ジョチ・ウルスの支配が、ロシア統一のための場を作ったことであろう。モンゴル侵入以前は互いに争いを繰り返していたルーシ諸公の関係は、ともにジョチ・ウルスの支配下に入ったことにより、それまでよりは平和的なものになった。また、特に意義深いのは、ジョチ・ウルスが支配を安定させるため、ロシア社会に影響力を持つ教会に免税などの特権を与えて厚遇したことであり、のちにロシア正教会がロシア国家の強力な柱として発展する基礎を作った。(2)

（2）ジョチ・ウルスとリトアニアの狭間でのモスクワの台頭

ルーシ諸公国のなかでモンゴル支配期に顕著に発展したのは、モスクワである。かつては辺境の町にすぎなかったモスクワは、一四世紀に入るとまず、ジョチ・ウルスのハンとの関係を巧みに利用して力を伸ばした。ジョチ・ウルスの力が内紛により弱まってくると今度は、モンゴル支配からの自立の動きの中心として、ロシアにおける指導的地位を得た。一三八〇年にモスクワのドミートリー・ドンスコイ大公率いるルーシ諸公軍が、クリコヴォの戦いでジョチ・ウルス軍に勝利したことはよく知られている。

モスクワの発展と同時期に、西方からはリトアニア大公国が拡大し、一四世紀の間に現在のベラルーシ全域とウクライナ北部・中部・東部、ロシア西部を支配下に収めた。これは、ジョチ・ウルスがリトアニアとの対抗のためにモスクワの勢力拡大を許したという意味では、モスクワに有利に働いた。しかしリトアニアはルーシ諸公国への影響力拡大を図り、特にモスクワと隣接するトヴェリ公国との長年の争いに介入してモスクワを攻める（一三六八年と七〇年）など、モスクワにとって大きな脅威となった。

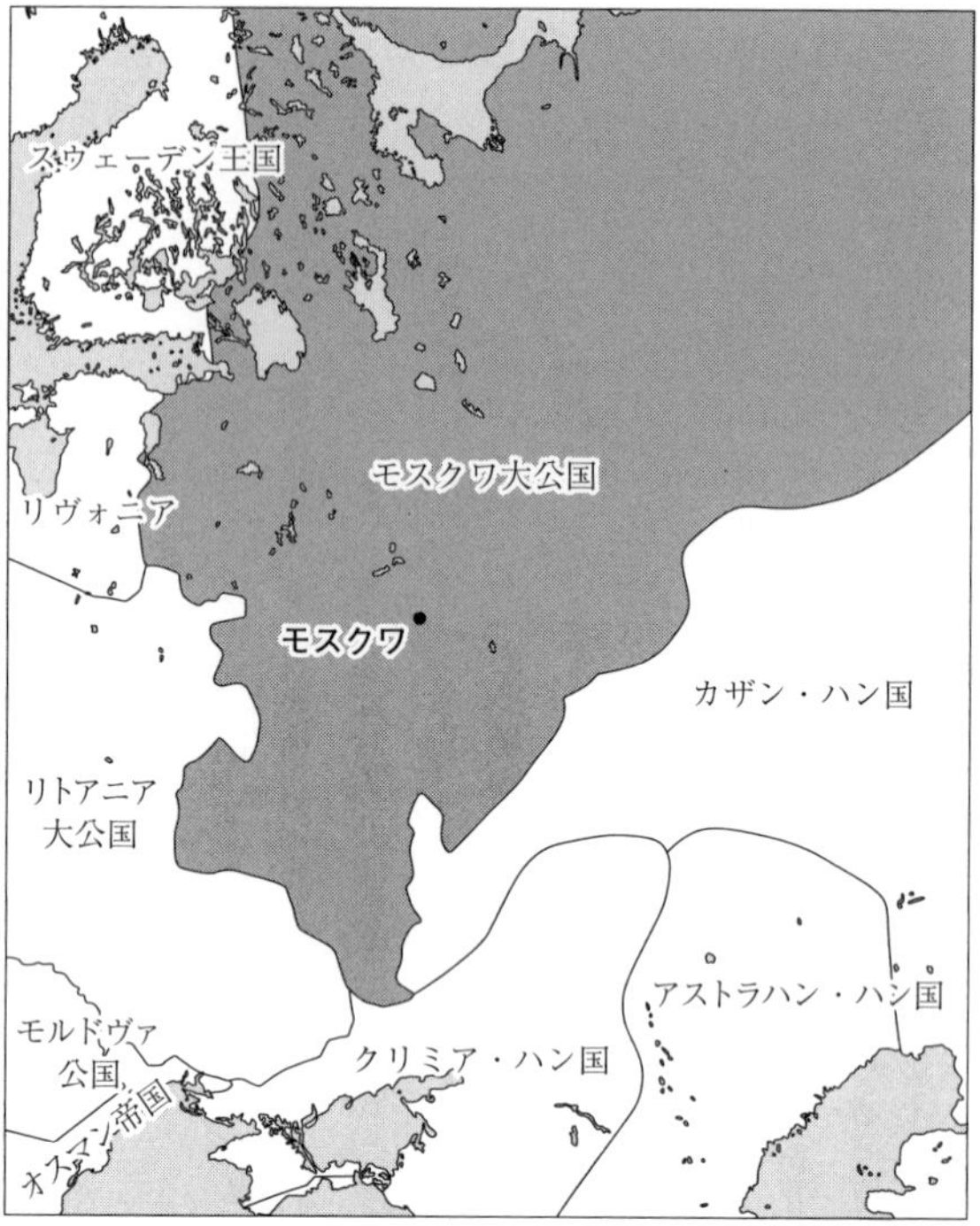

図6－1　1540年頃のロシアとその周辺

出典：Ian Barnes, *Restless Empire: A Historical Atlas of Russia*, Cambridge, MA: The Belknap Press of Harvard University Press, 2015, p. 27.

一五世紀後半には、モスクワは周辺諸公国への覇権を確立し、リトアニアと大オルダ（ジョチ・ウルスのうち、現ヴォルゴグラード郊外の新サライを中心とした政権）がモスクワに対抗して手を結ぶ構図になった。しかし、大オルダ軍は一四八〇年にリトアニアの援軍を期待してロシア中部まで攻め込んだものの、モスクワと手を結んだクリミア・ハン国（ジョチ・ウルス系の政権の一つ）がリトアニアを攻撃したため援軍が到着せず、退却を余儀なくされた。この事件（ウグラ河畔の対峙）に象徴されるように、モスクワは大オルダに対し優位に立ち、ジョチ・ウルスのロシアへの支配・影響関係の終焉は決定的になった。さらに一六世紀初めにかけて、モスクワとリトアニアの戦争により、ロシア西部の支配権もモスクワに移っていった。ジョチ・ウルスとリトアニア大公国のはざまで力を伸ばしたモスクワ大公国は、両者の退潮とともに地域大国として台頭し、中央ユーラシア西部からヨーロッパ東部にかけての諸国の連携・対抗の結節点となったのである。

（3）ロシアの東方への拡大と西方での衝突

一六世紀、モスクワ大公国は全ロシア国家に転生し、さらに非ロシア人地域への拡大を始めた。特に、一五五二年のイヴァン四世（雷帝）によるカザン・ハン国（やはりジョチ・ウルス系の政権）征服は、中央アジア・西アジアとの交易の要路であったヴォルガ川を掌握したこと、ムスリムを支配下に収めて本格的な多宗教・多民族国家としてのロシアの歩みの始まりとなったこと、その後一七世紀にかけて急速に進むシベリア征服の足がかりを作ったことという三つの意味で、重要な事件であった。いわゆる大航海時代以降にユーラシア内陸部の国際交易（シルクロード交易）は衰退したとよく言われるが、実はむしろ、ロシア、ムガル帝国、清朝、サファヴィー朝イランの興隆が、中央ユーラシアの国際交易に新たな展開をもたらした（佐口、一九六六）。

他方、西方ではイヴァン雷帝は、ヨーロッパとの交易の要衝でドイツ系の騎士団が支配していたリヴォニア（現在のラトヴィア、エストニア）への進出を狙い、一五五八年にリヴォニア戦争を始めた。この時のロシア軍は、旧カザン・ハン国内の親ロシア派でハンになったこともあるシャー・アリーに率いられ、ヴォルガ・ウラル諸民族の戦士が多く参加していた。クリミア・ハン国を共通の敵としてロシアの勢力圏に入った北カフカスのカバルダからものちに部隊が参加するなど、ロシアの東方・南方拡大によって得られた人的資源を早速活用した戦争であった(3)。

しかし一五六一年にリヴォニアの主要部分がリトアニアの保護下に入り、さらに六九年にはリトアニアが、以前から同君連合の関係にあったポーランドに事実上併合されたため（ルブリン合同）、リヴォニア戦争は主にポーランドとロシアの戦争となった。ポーランド・ルネサンスと呼ばれる文化的な繁栄期を迎えていたポーランドは、軍事的にも強力だった。リヴォニアの一部を併合したスウェーデンもロシアと戦ったうえ、オスマン帝国とその保護国クリミア・ハン国がポーランドに味方して、南からロシアに攻め込んだ。リヴォニア戦争は二五年間続き、ロシアを疲弊させた。こうして、一六世紀後半から一七世紀のロシアは、東方にダイナミックに発展する一方で、西方の強国との衝突に悩み続けることになった。

（4）度重なる戦争とヨーロッパ国際関係への参入

一七世紀初頭には、ツァーリの位をめぐる争いと飢饉が重なって動乱（スムータ）が起き、ポーランドとスウェーデンが相争いながら介入して、それぞれロシアの広い範囲を占領した。一六一七年にスウェーデンとの講和、一八年にポーランドとの休戦が成立したが、一七世紀後半にかけて、ポーランド、スウェーデン、クリミア・ハン国との戦いが何度も起きた。ロシアがポーランドとの対抗のためスウェーデンと、スウェーデンやクリミアとの対抗のためポーランドと結ぶ場合もあった。

ポーランドは、支配下にあったウクライナで一六四八年に始まったザポロージャ・コサックの反乱をきっかけに混乱した。コサックを保護下に収めたロシアはポーランドに攻め込んで、スムータの時期に失った西方領土を回復した。スウェーデンやオスマン帝国からも侵攻を受けたポーランドは弱体化し、以後、ロシアはポーランドに干渉する側になった。ただし文化的には、ポーランド文化、およびポーランドを経由して流入したラテン・西欧文化は、一七世紀から一八世紀初めのロシアに幅広い影響力を持った（Alekseeva, 2014）。ちなみに、後述のネルチンスク条約締結交渉の際にロシア側のラテン語通訳を務めたのもポーランド人である。

ロシアと敵対する強国として残ったのは、スウェーデンとオスマン帝国の二つだった。オスマン帝国に対抗するため、ロシアは先に神聖ローマ帝国、ポーランド、ヴェネツィアが結んでいた神聖連盟に一六八六年に加入し、大トルコ戦争（一六八三〜九九）に参戦した。この戦争は全体として、オスマン帝国の領土喪失と相対的国力低下の始まりとなったが、ロシア自身は、九六年のアゾフ攻略以外、大きな戦果を挙げられなかった。そこでピョートル一世（在位一六八二〜一七二五）はスウェーデンとの対決を先決課題とし、一七〇〇年に北方戦争に突入した。長期にわたるこの戦争で、ロシアは当初劣勢だったが挽回し、〇九年のポルタヴァの戦いで圧勝した。二一年のニスタット条約で最終的に終結した北方戦争は、バルト帝国とも呼ばれたスウェーデンの覇権を打ち崩し、ロシアにバルト海への出口を与えた。

北方戦争でのロシアの勝利を支えた要因の一つは、ヨーロッパ諸国との同盟であった。開戦前にはロシアとデンマーク・ノルウェー、ポーランド・ザクセン（それぞれ同君連合）との間で北方同盟が結ばれ、これは緒戦でのスウェーデンの勝利により崩壊したもののやがて再建され、後にはプロイセン、ハノーファー・イギリス（同君連合）も加わった。ただし、戦争末期にはロシアの勢力の急速な拡大を恐れたイギリスがスウェーデン支持に回り、「シー・パワー」イギリスによるロシア封じ込めという構図の萌芽が見られた。(4) ロシアとヨーロッパ諸国が相互に常駐させる施設の数も戦争中に大きく増え、ロシアはヨーロッパの国際関係の主要なアクターの一つとなった。

戦争と並行して、ピョートルは国内の改革による国力増強に取り組んだ。彼が一六九七年にオランダとイギリスを訪れ、身分を隠して造船などの科学技術を学んだことはよく知られている。行政・財政・司法・地方制度では、敵国スウェーデンから多くを学んだ(Peterson, 1979)。一七二四年に設置された科学アカデミーが主にドイツ系の学者によって構成されたように、ドイツ語圏(新たに併合されたバルト地域を含む)の影響も大きかった。二一年にピョートルは皇帝(インペラートル)を称し、正式にロシア帝国が成立した。

(5) 大国としての存在感と「ヨーロッパ協調」

ピョートル死後もロシアは、次節で述べるようにアジア方面でいくつかの重要な動きを見せるのと並行して、引き続きヨーロッパ諸国の同盟・敵対関係に参加した。ただし七年戦争(一七五六~六三)でオーストリアと組んでプロイセンを窮地に追い込みながらすぐに撤退するなど、混乱した態度も見られた。

大々的な勢力拡大が実現したのはエカテリーナ二世(在位一七六二~九六)の時代である。オスマン帝国との戦争(一七六八~七四)に勝利して念願の黒海進出を果たし、さらに一七八三年にクリミア・ハン国を併合した(後述)。そしてこの戦争の和平をプロイセンとオーストリアが仲介したのをきっかけに、両国と共に三度のポーランド分割(一七七二、九三、九五)を行った。これにより、かつての強敵ポーランドとクリミア・ハン国を独立国家として消滅させた。ただし後述するように、ポーランドはのちにロシア帝国の内政上のアキレス腱となっていく。なお、エカテリーナがアメリカ独立戦争中の一七八〇年に、イギリスによる対米海上封鎖に対抗して、中立国船舶の航行の自由を唱える武装中立同盟の結成(デンマーク、スウェーデン、オランダなどが加盟)を主導したことは、アメリカ独立成功の一助となった。

アレクサンドル一世(在位一八〇一~二五)時代の前半はナポレオンの台頭によるヨーロッパ国際関係の波乱の時代と重なり、ロシアは時によりかなり立場が揺れたものの、しばしばナポレオンに対抗する対仏大同盟の中心的メンバーとなった。特に一八一二年にナポレオンのロシア遠征を迎え撃ち、彼を没落に向かわせたことは、アレクサンドルがヨーロッパの解放者としてふるまうことを可能にした。戦後処理を話し合ったウィーン会議（一八一四〜一五）はオーストリア外相メッテルニヒが主導し、大国間の協調とそれぞれの勢力圏確立を基調としたが、アレクサンドルはキリスト教の友愛精神に基づく神聖同盟の結成を呼びかけて、ほとんどのヨーロッパ諸国の参加を得、小国を含む協力体制の構築を志した。これは、フランス革命後のヨーロッパにおいて、国民の権利尊重の時代精神と秩序維持とを両立する必要があるというアレクサンドルの信念に基づいており、彼が国内で行おうとした自由主義的な改革とも連動していた（池本、二〇〇六）。ロシアが、ヨーロッパとの関係において非抑圧的な政治・外交の方向性を代表した稀有な時期であった。

しかし他のヨーロッパ諸国は、アレクサンドルの外交の背後にロシアの勢力拡大の野心を読み取ろうとし、警戒した。アレクサンドル自身、一八二〇年頃を境に保守化し、さらに彼の急死を受けて即位した直後にデカブリスト反乱に直面したニコライ一世（在位一八二五〜五五）は、国内外の自由主義とナショナリズムを抑圧する立場を強固にした。のちの一八四九年には、オーストリアの要請によりハンガリーに大軍を派遣して独立運動を制圧することになる。しかしそのような変化は別として、ロシアがウィーン体制、つまりイギリス、ロシア、オーストリア、プロイセン、フランスという五大国の勢力均衡による「ヨーロッパ協調」の柱の一つとなったことは明らかである。度重なる戦争を通してヨーロッパ国際関係に参入したロシアは、ヨーロッパの国際秩序の維持に重要な役割を果たすようになった（君塚、二〇一〇、第九・一〇章）。

だが、ロシアが強い関心を持っていたオスマン帝国・バルカンの問題については、ヨーロッパ列強の立場は必ずしも一致しなかった。最大の焦点となったギリシアは、紆余曲折を経たのち、一八三〇年にオスマン帝国からの独立を果たしたが（後述）、その後のロシアによるオスマン帝国への様々な大胆な介入は、他の列強との軋轢を生んだ。そしてオスマン領のエルサレムの聖地管理権をめぐるフランスとの対立を発端として、ロシアとオスマン帝国・英仏とのクリミア戦争に至った。ロシアの国際関係の転機となったこの戦争に典型的に現れているように、オスマン帝国をはじめとする東方・南方諸国との関係は、それ自体としても、またヨーロッパ諸国との関わりにおいても、ロシアにとって大きな意味を持っていた。そこで次節では、いったん時代を遡って、ロシアとアジアおよびバルカンとの関係を検討したい。

3　ユーラシア国際秩序の変革者として——アジアとバルカンへの関与

（1）東アジア——条約体制導入から満洲利権まで

ロシアの東方進出はカザン・ハン国征服後急速に進み、一七世紀半ばにはオホーツク海まで到達して、アムール川（黒龍江）付近で、建国したばかりの清朝と接するようになった。ロシアは交易を望んで北京に使節を送ったが、清が叩頭の礼など朝貢関係を前提とした儀礼や文書を求めたため、すぐには交渉が進まなかった。そのうえ、国境が未画定な状態で起きた両国臣民の紛争、モンゴル（ハルハ部）をめぐる対立、清からロシアに逃亡した者の引き渡し問題などで緊張が高まり、一六八五年からアムール川左岸のアルバジンなどで攻囲戦が起きた。国の中央から軍を送ろうにも約一年かかるほど遠く離れた地でロシアは苦戦を強いられ、八九年のネルチンスク条約によりアムール川中流域から撤退せざるをえなかったが、代わりに念願の交易権を得て、以後露清貿易は急速に発展した。

国際関係史の観点から特に重要なのは、ネルチンスク条約が、清が外国と対等の形式で結んだ初めての条約となったことである（ラテン語正文で互いに「皇帝」という君主号を使用）。これには、交渉の共通語となったラテン語の清朝側通訳だったイエズス会士のヨーロッパ人たちが、国際法の精神と手続に則って条約を結ぼうと尽力したことも作用していた。しかし大局的には、ヨーロッパの国際関係に本格的に参入する途上にあったロシアが、早くも清を条約に基づく西洋的国際秩序に引き込んだことになる。ただし清は、漢文訳で条約文を発表する際には自らの優越を前提とする命令口調を交えた文章に書き換え、あたかもロシアを華夷秩序に取り込んだかのような体裁を国内向けに繕った。ロシア側も、貿易を朝貢に準じた方式にする清の方針に合わせるなど、配慮を示した。その後、両国は一七二七年にキャフタ条約で国境や貿易などに関するより詳しい取り決めを行い、対等な関係であるか否かに関する認識の違い・対立を孕みながらも、概ね安定した関係を築いた（吉田、一九七四）[5]。

アムール川下流方面への進出をネルチンスク条約によって阻まれたロシアは、北東に転じてカムチャトカへの入植を開始し、一七四一年にはオランダ人ベーリング率いるロシアの探検隊が、ヨーロッパ人として初めてアラスカに上陸した。一七九九年には国策会社の露米会社によってアラスカを植民地とし、一八一〇年代にはカリフォルニアとハワイに砦を建てるなど、ロシアは限られた規模ながら北太平洋と北米大陸西岸に広く進出した。しかし世界的な海軍国・海運国とは言えないロシアが遠い海外植民地を維持するのは、安全保障上も経済的にも無理があり、ロシア人のアラスカ入植者は数百人にとどまった。一八六七年、当時良好な関係にあったアメリカにアラスカを売却したことにより、ロシアの北米進出は終了した。

ロシア中央部から遠く人口の少ない極東・北太平洋への植民・進出にあたっては、生活のための物資・食糧の不足や高値が問題であり（吉田、一九七四、一八六頁）、ロシアは日本との交易に関心を持った。一七世紀末以来、カムチャトカや千島で日本人漂流民を通して日本の情報を得ていたロシアは、一七九二年のラクスマン使節以降、何度も日本に通商を求めた。これは日本側の拒否により実現しなかったが、出島などでの幕府による管理貿易以外の通商関係、つまり開国を求める最初の外国となったのは、アジア南岸の豊かな寄港地を通って東アジアに来た西欧・南欧諸国と異なり、大陸の寒冷地を横断して進出し、日本の物資を切実に必要としていたロシアならではのことであった。

清の弱体化の過程におけるロシアの行動にも、独自の特徴があった。アヘン戦争（一八四〇～四二）やそれに続く時期には、清に不平等条約を相次いで押しつけて沿岸部から半植民地化を始めた英米仏などには追随しなかった。むしろロシアからのアヘン輸出を禁止する勅令を出すなど、清の立場に理解を示した。しかしその後まず、内陸の新疆（東トルキスタン）での交易と影響力拡大に乗り出し、一八五一年のイリ通商条約で、イリとタルバガタイでの無税貿易権、領事裁判権、布教権などの特権を得た。のちにこれらの特権の適用範囲は、新疆や外モンゴルの他の地域にも広がった。

次にロシアは、極東での国境画定を清に提起した。そしてクリミア戦争で英仏が極東からロシアを攻撃する可能性に備えて（実際、英仏はカムチャトカを攻撃した）、アムール川にロシア軍を送り、沿岸の植民を始めて既成事実を作ったうえで、一八五八年の愛琿条約によりアムール川左岸の広い土地を領土とした。

並行して、ロシアは英仏と清のアロー戦争には参戦していなかったにもかかわらず、清の「長年の友好国」として仲介役を自任して、英仏が清に求めた条約交渉にアメリカと並んで参加し、一八五八年の天津条約で海路貿易の権利と最恵国待遇を獲得した（山添、二〇〇八）。六〇年に英仏が北京に侵攻すると、ロシアは再び調停役を買って出たうえで北京条約を結び、アムール川とウスリー川の間の地域（現在の沿海地方など）を併合したほか、多くの特権を得た。このように、ロシアは清を侵略する英仏とは異なる善意の仲介者の顔をしながら（六一年には清に軍事援助も供与した）、他の欧米列強並みの不平等条約を清と結んだうえ、戦わずして広大な領土を得たのである（吉田、一九七四、二一七〜二四〇頁）。

さらに、新疆がムスリム反乱などにより清の支配から離脱していた一八七一年には、貿易の保護のため清に代わって統治するという名目でイリ地方を占領したが（野田、二〇〇九）、清側には当然、ロシアの脅威として受け止められた。八一年にはイリ地方の大半を清に返還したものの、西部の一部地域をロシアに併合してしまい、清国内の憤激を呼んだ。

一九世紀末には、ロシアは朝鮮と満洲への関心を高めた。一八八〇年代に、朝鮮のなかで日本や清に対抗するためロシアの保護を求めようとする勢力が現れた時点では、ロシアは慎重な態度を取っていた。しかし日清戦争後の九五年に三国干渉により遼東半島を日本から清に返還させ、九六年には朝鮮の王（高宗）をロシア公使館に保護したのち朝鮮への日露共同保護体制を作った。さらに九八年には旅大を租借し、一九〇〇年には義和団事件に介入して満洲を占領するなど、ロシアは朝鮮と満洲に急速に進出した。なかでも九七年に起工した中東（東清）鉄道は、沿線・駅周辺の収用地での行政権、ハルビンなどの都市建設とロシア人入植、警備軍の配置など、実質的に植民地経営をともなうものだった（麻田、二〇一二）。もっとも、国民的な支持のないまま日露戦争（一九〇四〜〇五）に突入したロシアは、結果として日本帝国の台頭に弾みをつけたうえ、自らは朝鮮や南満洲から手を引かざるをえなくなった。しかし北満洲での権益拡大はその後も続いた。

（2）オスマン帝国・バルカン——国民国家体制成立と紛争への関与

以上のようにロシアと東アジアの関係には長い歴史があるが、ロシア中央部からの遠さや、清の華夷秩序的な世界観などの障壁があった。ロシアは清との貿易には、シベリア経営との関係もあってほぼ一貫して力を入れていたものの、政治的・軍事的に東アジアを重視するようになるのは一九世紀後半以降だった。これに対しロシアのオスマン帝国・バルカンへの関与は、一八世紀以降、持続的かつ野心的なものであった。

前述のように、ロシアは一六世紀からしばしばオスマン帝国と対抗関係にあったが、まだ後者が強力で、ロシアの南下を阻んでいた。バルカンでは、キリスト教徒社会の経済的繁栄を背景に、一七世紀末以降、オーストリア（ハプスブルク帝国）やロシアの支援を期待した反乱が続発し、ピョートル一世もそれを利用しようとしたが、不首尾に終わった。

しかしエカテリーナ二世の時代、一七六八年からの露土戦争での勝利によりロシアは軍事的優位を誇示するとともに、七四年の終戦時にキュチュク・カイナルジャ条約(6)でオスマン帝国にキリスト教の尊重を約束させ、以後、オスマン領内の正教徒の保護者を自任するようになった。西欧諸国はこの戦争に参戦こそしなかったものの、ロシアへの支持・圧力・調停といった様々な動きをした。こうして、オスマン帝国の宗教・民族問題にヨーロッパ諸国が介入し、そこにヨーロッパ内の国際関係が絡み合う、「東方問題」の構図ができあがった。(7)

エカテリーナはまた、「ギリシア・プロジェクト」という大胆な構想を打ち出した。オスマン帝国を解体して、コンスタンティノープルを首都とするギリシア帝国を建国し、女帝の孫コンスタンチンを皇帝にするという計画である。しかしこれが即座には実現できないことは明らかだったため、中間段階としてクリミアを併合した。エカテリーナらは、それまでクリミア・タタール人の土地として認識していたクリミアに、古代からのギリシア人植民の歴史があることに注目した。そして、いくつかの地名をギリシア風に改名し、クリミアを、正教帝国ビザンツを通して古代ギリシアにつながるロシアの偉大さを象徴する場所にしたのである（Zorin, 2001, chaps. 1,3）。この時に作られたクリミアのシンボル的価値は、時代を下って、二〇一四年のロシアによるクリミア併合の際にも利用されることになる。

一八五三〜五六年のクリミア戦争は、オスマン帝国にはヨーロッパ国際体系の構成員としてふるまい、ヨーロッパ諸国との国際関係を拡大する機会を与えたが（小川、二〇一二、二七七頁）、ロシアにとっては、ヨーロッパ国際関係における立場を著しく傷つける結果となった。特に象徴的な傷となったのは、パリ条約により黒海が中立地帯とされ、黒海艦隊を解体せざるをえなかったことである。

このロシアにとって鬱屈した状況を変えたのは普仏戦争であり、黒海中立化の主唱者フランスの敗北に乗じて、ロシアは一八七〇年に中立化条項を破棄した。また、統一を実現したドイツ帝国とロシアは緊密な関係を結び、七三年にオーストリア＝ハンガリーを含む三帝同盟を締結した。以後、九〇年までロシアはドイツを調整役とするヨーロッパ国際関係、いわゆるビスマルク体制の重要な一翼を担ったが、ドイツおよびオーストリア＝ハンガリーとの関係をしばしば揺るがしたのは、バルカン問題であった。以下、バルカンの主要地域とロシアの関係を、やや歴史を遡って概観する。(8)

一七六八〜七四年の露土戦争によりロシアは、オスマン帝国に従属するワラキア、モルドヴァ両公国を占領した。プロイセンなどの圧力によりロシアは両公国を返還せざるをえなかったものの、キュチュク・カイナルジャ条約で両公国の権利を規定し、それまで曖昧であったオスマン帝国との関係を法制化させるとともに、両公国へのロシアの発言権を明記した。これは、以後のバルカン諸民族のオスマンからの離反と、ロシアの介入の基礎を作ることになった（黛、二〇一三、第三章）。

ロシアが一八二八年に再びワラキアとモルドヴァを占領して三四年まで軍政支配を行い、オスマンの宗主権をますます形骸化させたのち、両公国は五九年に合同し、七八年のベルリン条約でルーマニア公国（八一年から王国）として独立を認められた。しかし、軍政期に反ロシア感情が芽生えたうえ、宗教的には正教でも言語的にはラテン系で、フランスに親近感を持つルーマニアのナショナリズムは、ロシアや南スラヴ諸民族の間で高まっていた汎スラヴ主義と矛盾するものであり、ルーマニアとロシアの関係は必ずしも近しくなかった。

ギリシアの独立運動は、もっとも重要な運動組織フィリキ・エテリアが一八一四年にロシア在住のギリシア人たちによって設立されるなど、ロシアとの縁が深かった。二一年に独立戦争が始まった時点では、ロシアは他のヨーロッパ列強と同様、ウィーン体制護持の立場から冷淡な態度を取ったが、ギリシア独立への全欧的な支持が高まるなか、二七年に英仏とともに介入を始め、翌年には単独でオスマン帝国に宣戦した。二七年には、ロシア帝国外相を務めたことのあるギリシア人、カポディストリアスが初代ギリシア大統領に就任し、三〇年にギリシア独立が国際的に認められた。しかし他の列強はロシアが突出した影響力を持つのを抑えようとした。国内の争いでカポディストリアスが暗殺された後の三二年、英仏露の妥協の産物として、バイエルン王子を初代ギリシア国王とする王政が、ギリシア国民の意思とは無関係に発足した。

セルビアに関しては、ロシアは第一次セルビア蜂起（一八〇四〜一三）でオスマン帝国からの自治獲得要求を支持し、第二次蜂起後の一八一七年にオスマン宗主権下で成立したセルビア公国にもある程度の影響力を持った。しかし三〇年代以降、セルビアは自立化と拡張志向（大セルビア主義）を強め、ロシアとの関係は複雑化した。六六年にセルビアはモンテネグロ、ギリシア、ルーマニアに呼びかけて反オスマンのバルカン同盟を結成し、ロシアの汎スラヴ主義運動とも連携した。しかし同盟はバルカンでのロシアの影響力突出を嫌う西欧諸国から圧力をかけられ、この時点では戦争を避けたかったロシア政府からも積極的な支援を受けられなかったため、六八年に解散した。

ロシアで汎スラヴ主義が盛り上がるなか行われた一八七七〜七八年の露土戦争と、その結果としてのセルビア独立は、ロシアとセルビアの関係を再び緊密化させるかに思われた。しかしセルビアはブルガリアに肩入れするロシアに反発し、むしろ、南方への領土拡大を後押ししてくれたオーストリア＝ハンガリーに接近・従属するようになった。セルビアが南スラヴ統一への関心を高めて、ボスニアを支配するオーストリア＝ハンガリーに反発し、ロシアに再接近するのは、二〇世紀に入ってからである。

ブルガリアは、一八七七〜七八年の露土戦争により初めて自治を獲得できた地域であり、ロシアはその実現のために、西欧諸国の圧力への対抗と、セルビアとの関係悪化という犠牲を払った。しかしブルガリア公国に後見役として派遣されたロシアの官僚・軍人とブルガリア政府・国民の関係は良好でなかった。ブルガリアが八五年に宣言した東ルメリア（現ブルガリア南部）統合もロシアは当初認めず、以後九六年まで、ロシアとブルガリアの関係は極めて険悪であった。

二〇世紀初めには、バルカン諸国・諸民族とオスマン帝国の対立と、バルカン内の対立とが複雑に絡み合いながら進行した。しかし一九〇八年の青年トルコ革命により、オスマン帝国で中央集権化とオスマン化を唱える勢力が強まると、これに対抗することでバルカン諸国の利益は一致した。日露戦争敗北後の勢力挽回の場を求めていたロシアの仲介のもとで、オーストリア＝ハンガリーとの対抗の意味も込めて、一二年にブルガリア、セルビア、ギリシア、モンテネグロが新たなバルカン同盟を結んだ。これらの国はオスマン帝国に対する第一次バルカン戦争を行って勝利したが、ロシアにとってきわめて重要なボスポラス・ダーダネルス海峡とイスタンブルを独力で占領することを狙ったブルガリアと、それを止めたロシアの立場の違いも露わになった（Bobroff, 2006, chap. 3）。そして、マケドニアの領有をめぐってブルガリアとセルビア、ギリシアの間で起きた仲間割れから、翌年に第二次バルカン戦争が起きた。

これら一連の過程で、ロシアが支援するセルビアと、ドイツが支援するオーストリア＝ハンガリーとの対立が激化したことと、セルビア民族主義者・南スラヴ主義者（そのなかには、ロシアの革命運動の影響も受けながら、テロを辞さない人々がいた）が活発化したことが引き金となって、一九一四年に第一次世界大戦が勃発した。大戦でブルガリアはロシアの敵である中央同盟側に付き、ロシア帝国自身は、大戦の過程で起きた革命により崩壊した。

ロシアが帝国の威信と民族的・宗教的親近感のために多大な力を注いだバルカンへの関与は、長い目で見てロシアに大きな利益をもたらしたとは言えない。バルカン内で対立する国々のすべてを味方にすることは困難であった。また、ロシアの影響力突出を恐れる西欧諸国の妨害にあうこともしばしばで、西欧から封じ込められる国としてのロシアの自己イメージを尖鋭化させる大きな原因となった（もっとも、フランスに対する三帝同盟や日清戦争後の三国干渉のように、ロシア自身も時に他国に対し封じ込め的な行動をとったのだが）。いずれにしても、ロシアが、自らは帝国でありながら、バルカンをはじめとする旧オスマン領諸地域に国民国家体制を成立させるうえで、大きな役割を果たしたことは間違いない。

（3）イラン——国家権力への深い介入

ロシアは、オスマン帝国では内政干渉もさることながら領土の引きはがしの面で大きな力をふるったのに対し、ガージャール朝イランに対しては、南カフカス併合後は、領土は基本的にそのままにしながら国家権力の一部を乗っ取る行動をとったことが特徴である。(9)

ロシアはピョートル一世期以来、数度にわたりカフカスとイランに遠征し、その間にイランの支配から離脱した東グルジアを一八〇一年に併合した。第一次ロシア・イラン戦争後のゴレスターン条約（一八一三年）と第二次ロシア・イラン戦争後のトルコマンチャーイ条約（二八年）は、その後のロシアとイランの関係を規定するものとなった。これらの条約により現在のアゼルバイジャン、アルメニア、ダゲスタンに当たる地域がロシアに割譲され、ロシアはカスピ海における軍船の独占的通航権を得た。特にトルコマンチャーイ条約は領事裁判権などを定めた典型的な不平等条約であり、その後西欧諸国もこれに倣った不平等条約をイランに結ばせた。

同時に、これらの条約でロシアとの国境を画定したことは、それまで幅のある「境域」であったイランの国境を、線として明確に定めた初めての例となった。ロシアはその後、イランとオスマン帝国の国境画定にも関与した。イランとオスマンは一六三九年のゾハーブ協定で大まかな国境を定めていたが、一八四七年の第二次エルズルム条約で、英露の指導のもとに、より詳細な国境画定を行ったのである（守川、二〇〇七）。

一八六〇年代以降は、ロシアと西欧諸国、特にイギリスとの間で、電信線・鉄道・道路の敷設や銀行設立、鉱山採掘などの利権獲得競争が激化した。これはイラン政府が、一つの外国のみに依存しないよう複数の国を均衡させる政策をしばしば採ったためでもあるが、結果的に、もともと強力で中央集権的な官僚機構や軍隊を欠くイランは、ますます英露に従属するようになった。一八七九年には、ロシア軍将校が現地兵を率いるペルシア・コサック旅団がシャーにより創設され、ロシアの意向を受けながらシャーとイラン政府を守るという奇妙な性格の軍隊になった。

ロシアは借款を供与して中央政府の財政を支配しただけでなく、諸地域に置いた領事館を通じて地方行政を牛耳り、諜報網を張り巡らした。しかも国境に近い北部だけでなく、南部のペルシア湾岸まで領事館の設置や商船の寄港を通じて影響力を及ぼし、イギリスと対立した。この状況は、一九〇七年の英露協商により、ロシアが北部、イギリスが南部に、イラン政府に無断で勢力圏を定めたことで変わったが、北部でのロシアの活動はますます強まった。同年から、北東部アスターラーバード州へのロシア農民の越境入植も行われた（Sakharov, 1915）。

折しも一九〇六年からイラン立憲革命が始まっていたが、英露はシャー体制の側に立ち、外国への利権譲渡を阻もうとする国民議会の活動を妨害した。ロシアはイギリス以上に議会に敵対的であり、〇八年にコサック旅団が議会を砲撃したほか、〇九年と一一年の二度にわたりロシア軍がイランに侵攻して議会を閉鎖に追い込み、タブリーズやラシュトなどの革命の拠点を壊滅させ、立憲革命を頓挫させた。もっともロシア帝国とイランの密接なつながりは、両国の革命運動の連携にも道を開いていた。すでに一九世紀末には南カフカスからイランに啓蒙・改革思想が流入し、ロシアの一九〇五年革命もイランの立憲革命に影響した。グルジア・メンシェヴィキやアルメニアのダシュナク党員、および南カフカス各地のボリシェヴィキで、イラン立憲派の活動に直接参加した人々も多く、そのなかにはスターリンの盟友オルジョニキゼの姿があった。また、イランからカフカス、特に石油採掘で栄えたバクーに出稼ぎに行った労働者を通しても、労働運動・革命運動がイランに浸透した。このようなつながりがあったからこそ、ロシアはイランの革命とそこでの南カフカス出身者の活動を粉砕しようと躍起になったと言えよう。

こうした状況を背景に、第一次世界大戦中とそれ以降も、紛争や混乱の越境現象が起きた。大戦中、イランは中立を宣言したにもかかわらず、北西部がロシアとオスマン帝国の戦場となって両軍に占領され、イラン内政も諸帝国間の対立に巻き込まれて大混乱した。中央アジアでの一九一六年反乱の際には、トルクメン人がロシア領からイラン領に越境して、ロシア人村を襲った。ロシア内戦期の二〇年には、赤軍と白軍の衝突がイランのカスピ海岸まで及び、その際にやって来た赤軍の一時的な庇護のもとで、イラン社会主義ソヴィエト共和国を称する地方政権（通称ギーラーン共和国）が樹立された。

その後、コサック師団を率いるレザー・ハーンが二一年にテヘランでイギリスの支持のもとクーデターを起こし、二五年にはパフラヴィー朝初代シャーとして即位して新しい国造りを始めた。ソヴィエト・ロシア（のちのソ連）は帝政期の遺産である不平等条約を二一年に率先して破棄する一方、イギリスとの影響力争いと対イラン貿易の推進には、二〇年代のあいだ力を注ぎ続けた。

（4）グレートゲームの再定義——帝国間の覇権競争と平和競争

中央アジア南部から南アジア北部にかけては、一九世紀に英露間の勢力争い、いわゆるグレートゲームが展開された場所である。ただし、具体的に行われたのは偵察・情報活動が主であり、ロシアの中央アジア南部征服（一八五〇～八〇年代）をイギリスが直接的に軍事力・政治力を行使して止めようとしたわけではない。また、ロシアはアフガニスタンや英領インドへの侵攻をシナリオとして考え、一八七八年にはアフガニスタンのアミール、シェール・アリー・ハーンを味方にしてインドに進軍する計画を立てさえしたが、第二次イギリス・アフガン戦争の開始を受けて中止し（Sergeev, 2012, pp. 153–167）、その後も結局実行しなかった。新疆とチベットでも英露の勢力争いがあったが、前述のイリ地方西部を除けば領土拡張は行われなかったし、ロシアは新疆、イギリスはチベットに主たる関心を向け、イギリスの新疆への、またロシアのチベットへの関与は、比較的弱かった。

ただし、ロシア帝国と英領インドの狭間の地域では、現地諸勢力による両帝国間での駆け引きも見られた。たとえばジャンム・カシミールでは、マハラジャはその地位と権力をイギリスから得ていたにもかかわらず、イギリスの影響力増大を抑えるためロシアへの接近を図り、一八七〇年にはロシアのインド侵攻を期待してトルキスタン総督府に使節を送りさえした。またフンザの君主は、八八年に地理学探検のためにやって来たロシア軍の大尉を通して、ロシアへの臣従を申し出た。しかしロシアはこれらの働きかけに応えなかった。むしろ、カシミールとフンザがロシアとの接触を図ったことはイギリスの警戒心を高め、イギリスのカシミール支配を強化させ、フンザ征服を早めさせる結果となった（宇山、二〇一六、一二八～一三〇頁）。

これら中央アジア南縁諸地域で英露は、互いを牽制しながらも、基本的には現地諸勢力をどちらかの勢力圏や領内に服属させ、大国中心の国際秩序、つまり山室（二〇〇三、一〇七～一一四頁）の言うところの帝国競存体制を作ることで、方向性は一致していたと言ってよい。英露は一八七三年にアフガニスタン北部国境についての基本合意を交わしたが、これは旧来の現地諸政権の領域や民族分布を無視したものであった。また九五年に行ったパミール地方でのアフガニスタン・ロシア国境の画定は、パミールの一部地域に関する清の領有権主張を無視したもので、中国との国境問題はその後ソ連、タジキスタンに引き継がれて、二〇一一年にようやく決着を見た。

総じてグレートゲームの時期にロシアが中央アジアで大きく領土を拡大したのに対し、イギリスは影響力の拡大もままならなかった。これはロシアの地政学的勝利と解釈することも可能だが、もともとイギリスの中央アジア・内陸アジアへの関心は英領インドの周りに緩衝地帯を作るという防衛的なものであり、他方ロシアには、開放的な地形と遊牧民の移動性により防衛困難なカザフ草原よりも南下して国境を作る必要があったという事情から考えれば（Morrison, 2014）、概ね当然の結果になったとも言える。

いずれにしても、通常言われる意味でのグレートゲームは、グローバルな規模で具体的に大きな変化をもたらした現象ではない(10)。しかし筆者としては、対抗相手にイギリスだけでなく他の諸帝国を含め、また舞台を中央アジアからユーラシア全体に広げて、ユーラシアにおけるロシアと他の諸帝国の勢力争いとしてグレートゲームを再定義することを提唱したい。本節で、東アジアからイラン、オスマン帝国、バルカンに至る諸地域について論じてきたのは、まさにそうした意味でのグレートゲームである。そのように考えれば、グレートゲームは様々な地域間の連動をともなう非常にダイナミックな現象であり、世界に大きな影響を残したと言えるのである。

ロシア帝国は同時代の他の帝国と同様に拡張主義的であり（他と比べ際立ってそうだったと考える必要はない）、しかも広大な国土の周りで多様な地域と接していたため、ある地域で動きを封じられれば、別の地域で勢力拡大の試みを積極化した。クリミア戦争での敗北によりヨーロッパとオスマン帝国に対する動きを封じられた一八五〇年代後半から六〇年代は、清への進出を活発化させ、中央アジア南部の征服を進めた時期でもあった。他の列強もそれを断固として阻もうとはせず、天津条約・北京条約締結時のように協調さえしたという事実は、列強間の関係が、ヨーロッパの内と外で別個の論理で構築されえたことを示している。

一九世紀末から二〇世紀初めの、いわゆる帝国主義の全盛時代には、ロシアは西欧諸国と異なり、アフリカ分割競争に加わらず、新たな領土拡大もほとんどしなかったことが特徴である。ロシアのサハラ以南アフリカへの関与はごくエピソード的なものに限られたし[11]、ロシア帝国に隣接する地域での領土獲得も、他の大国の領土や勢力圏との関係から言って、極めて困難になっていた。本節で見てきたように、一九世紀末以降に隣接諸地域での影響力や利権拡大の試みを加速させたことは、領土拡大がほとんど不可能な状況のなかでの、ある種の代償行動だったと解釈できよう。

日露戦争での敗北により日本周辺の地域から撤退した後は、ロシアはバルカンやイラン、新疆、モンゴルで動きを活発化させた。なかでも現在につながる意義が大きいのは、外モンゴル（現 モンゴル国）への関与であろう。清のなかでモンゴル人は満洲人と近い関係にあり優遇されていたが、「中華」への帰属意識はなく、清が末期に漢人中心の国家に変化していったことに不満を持ち、一九一一年の辛亥革命勃発直後に独立を宣言した。ロシアは、建前として独立ではなく中国（中華民国）の宗主権下の自治にとどめること、自治の範囲には日本との勢力圏分割の対象であった内モンゴルを含まないことという留保をしつつも、外モンゴルを実質的にロシアの保護下に置き、その内政に中国が手を出せないようにした。そしてそのことを、一九一二年の露蒙協定、翌年の露中宣言、一五年の露中蒙のキャフタ協定によって、中国を含む国際社会に認めさせた。モンゴルとの話し合いの過程では、宗主権というレトリックを使いつつバルカン諸国を実質的にオスマン支配から離脱させた経験も参照された（橘、二〇一一。バルカンへの言及は三四三～三四六頁）。

その後、モンゴル独立の完成までには、一九一九年の中国による自治撤廃令、二一年の人民革命と二四年のモンゴル人民共和国成立、四五年の国際的独立承認、九一年のソ連圏からの離脱という長い道のりがあった。しかし新疆やチベットが根強い独立運動にもかかわらず今日まで独立を達成できていないことと対比すれば、一九一〇年代という自立のチャンスにモンゴルを後押ししたロシアの役割は、やはり注目に値する。

ロシアと他の国々との関係には、むき出しの勢力争いとしての覇権競争だけではなく、臣民・国民の忠誠心を固め、外国からの人気を得るために、自国を他国よりも魅力ある国、文明的な国に見せようとする、いわば平和競争の側面があったことも忘れてはならない。たとえばロシア・ムスリムのメッカ巡礼について、ロシア政府は、巡礼が汎イスラーム主義を助長する可能性を警戒し監視しながらも、巡礼者の庇護がロシア内外のムスリムに対する帝国の威信（特にイギリスと比べて）を高めることや、ロシアからの巡礼者がオスマン帝国の実態に幻滅して愛国心を高めることを期待して、巡礼者のための交通を整え衛生・安全を守る政策を採った（長縄、二〇一五、五三～五八頁）。

ロシアが西欧諸国にもまさる文明国であることを示そうとして行った取り組みの顕著な例は、武力紛争や軍事占領にともなう非人道行為を制限するための、戦時国際法の整備である。ロシアの主唱により諸国の代表が参加して開かれた戦時国際法に関する会議としては、一八六八年のサンクトペテルブルグ会議、七四年のブリュッセル会議、九九年の第一回ハーグ平和会議（万国平和会議）がある。会議の成果であるブリュッセル宣言（ドイツなどの反対により批准されず）やハーグ陸戦条約の起草では、皇帝（アレクサンドル二世、ニコライ二世）と政府の支持のもと、ロシアの国際法学者マルテンスが重要な役割を果たした。

一八七七～七八年の露土戦争では、ロシアは将兵にガイドブックを配って戦時国際法を周知させ、人道的な捕虜の扱いや占領地の統治が可能であることを国際社会に対し実証しようとした。日露戦争で日本が国際法の遵守と捕虜の取り扱いに気

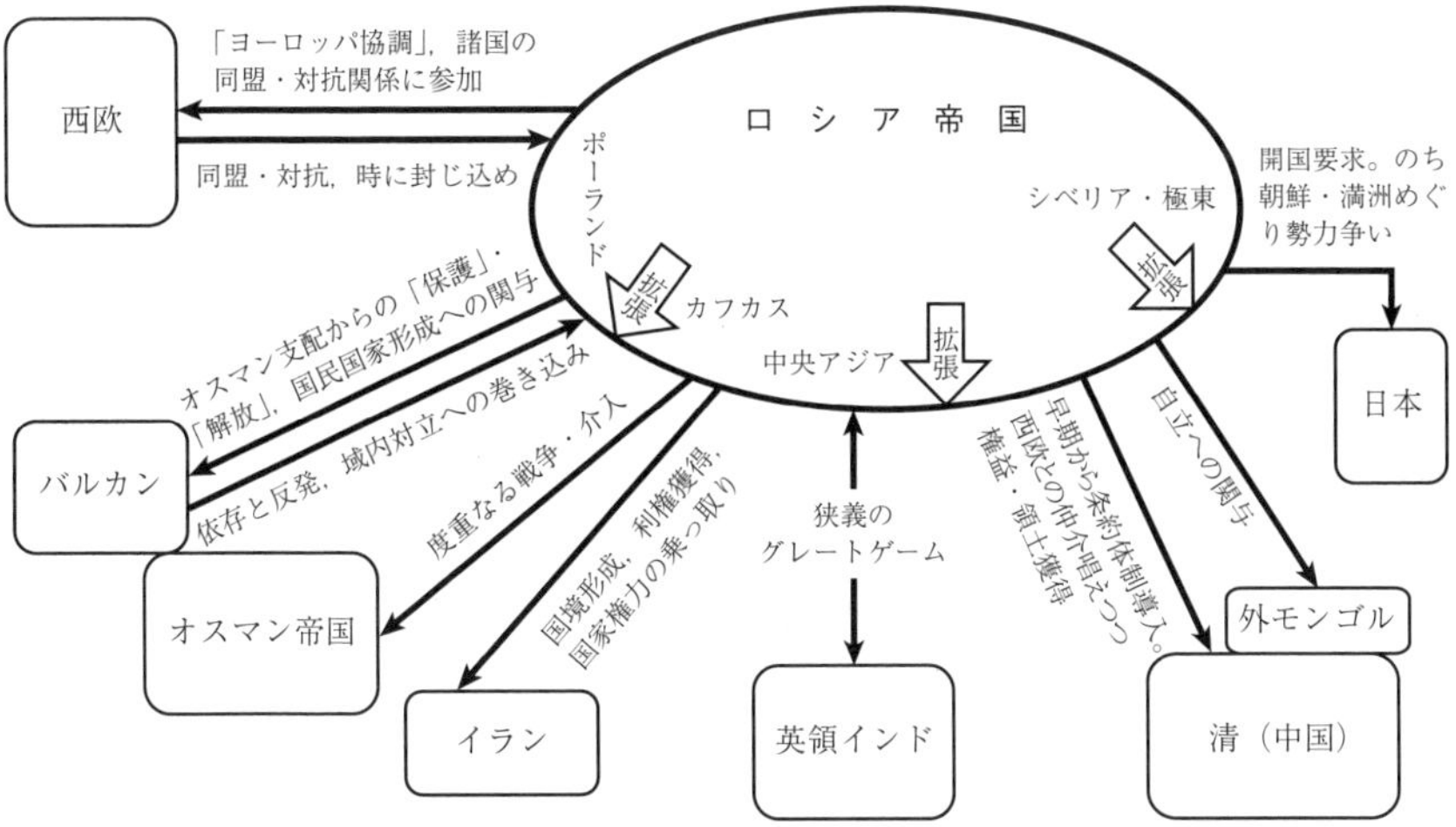

図6－2　ロシア帝国の対外関係：概念図

を配ったのも、こうしたロシアの一連の取り組みを意識してのことであった。また、一九一五年にロシアが英仏と共に出した、オスマン帝国のアルメニア人虐殺を非難する声明では、「人道に対する罪」という概念が初めて使われた（Holquist, 2004；天野、二〇〇三）。

全体として、ユーラシア国際秩序においてロシアが果たした役割としては、ヨーロッパ大国間関係の一つの柱として同盟・対抗関係の形成・組み替えを行ったことのほか、不平等なものであれ条約に基づく近代西洋的国際秩序をアジアに広め、さらには国際法そのものの発展にも貢献したこと、諸地域で国境を画定させ、属地的・面的な支配領域の確立を促したこと、隣接諸国の主権や宗主権を掘り崩しながら、結果的に国民国家体制の成立を助けたことが挙げられる。これらの役割の多くは西欧列強と共通するものであるが、西欧列強が主に海伝いにアジア方面へ進出し、インドのように植民地とした地域以外では内陸部まで恒常的に関与することが難しかったのに対し、ロシアは陸地で接するバルカン、西アジア、中央アジア、北東アジアに恒常的に関与し、深い変化をもたらしたのである。

もちろん、すべての試みがスムーズに実現したわけでも、常にロシアの利益に沿う結果になったわけでもない。バルカンに典型的に見られたように、ロシアが協力者にしようとした国や民族が、ロシアに反発したり、他の帝国に接近したりすることもしばしばであった。その意味では、ロシア帝国の対外行動は、帝国の進出対象である周縁地域のエリートの協力や抵抗が帝国主義のあり方を左右するという、ロビンソンがイギリス帝国に即して展開したコラボレーター論（Robinson, 1972）を例証していると言える。

4　帝国の崩壊と遺産

（1）国内の脆弱性と民族問題の尖鋭化

以上のように、ロシア帝国は巨大な軍事力と、硬軟取り混ぜた巧みな外交力により、近代国際社会の主要なアクターの一つとなった。しかし国内的には、後進的な経済、抑圧的な政治、複雑な社会構造に由来する様々な脆弱性を抱えていた。特に民族問題では、西方と東方でそれぞれ異なる問題に直面した。

西方の領土は、ロシア中央部よりも多くの面で先進的なポーランド文化圏・ドイツ文化圏を含んでおり、長い間ロシア帝国エリートの重要な供給地だった。しかしかつての強国の再興を夢見るポーランド人が帝国西部で影響力を拡大することへの恐怖がロシア側にはあり、特に一八六三〜六四年の第二次ポーランド反乱後、ポーランド人の領主や文化エリートへの抑圧的な政策を強めた。この恐怖は、帝国内の反政府運動全般や他の諸民族の分離主義に対する不安を増幅させ、ロシア・ナショナリズムをも刺激し、帝国権力と社会の関係を複雑化・緊張させた（ゴリゾントフ、二〇〇四）。

また、ロシアとポーランドの狭間にいたウクライナ人に対しては、ポーランド人領主に対抗する農民として、また広義のロシア人の一員（「小ロシア人」）としてふるまう限りは保護する態度を取ったが（松里、一九九八）、独自の民族としての主張は抑圧した。ロシアで自治・独立を唱える民族運動としてもっとも強力で、他民族への影響も大きかったのは、帝政末期にはポーランド人の運動であり、一九一七年からの革命・内戦期にはウクライナ人の運動だった。なお、ポーランドは第一次世界大戦中のドイツとオーストリア＝ハンガリーによる占領を経て、一八年に三つの旧帝国にまたがる領土を得て独立している。

東方は、基本的に内地扱いだったヴォルガ・ウラル、現地の民族間関係や隣接諸国との関係、革命思想の流行により複雑な政治状況にあった南カフカス、一九世紀に長期の戦争を経て併合され、その後も反乱の可能性が恐れられていた北カフカス、現地諸民族がロシア当局から著しく異質視されていた中央アジア、ロシア系移民が多く流入し現地諸民族が少数派になったシベリア・極東で、それぞれ統治方式や状況が違っていた。共通して言えることの一つは、西方と異なり、東方諸民族、特に知識層にとってロシアはヨーロッパへの窓や改革のモデルとして機能し、その意味ではロシア帝国への帰属のメリットがあったことである。

しかし他方で、帝国権力と東方諸民族社会の間には相互不信が存在した。ヴォルガ・ウラルではムスリム聖職者が内務省の監督下で権力と社会をつなぐ役割を果たしていたが、彼らも、またそれ以上に改革派知識人たちも、オスマン帝国などと結びつく汎イスラーム主義の疑いをしばしば当局からかけられた（長縄、二〇〇八）。中央アジアでは、ムスリム聖職者の公的組織化をロシア当局があえて避けたことに加え、汎イスラーム主義への恐怖、内地とは異質な行政制度の構築、汚職構造が生む住民から行政への不信感により、帝国全体への統合は弱かった（宇山、二〇〇六）。

帝国にとって、非ロシア諸民族に劣らず大きな問題があったのは、ロシア人自身であった。農民には国民意識が薄く、知識層の一部には激しい反政府・革命運動があった。日露戦争・一九〇五年革命以後は、多様な宗教・民族を皇帝の権威によりまとめるという帝国のあり方が揺らぎ、「ロシア人のためのロシア」というロシア人中心主義的な思想が、右翼だけではなく官僚・軍人や自由主義的政治家にまで広まった(12)。これは、帝国のなかでロシア人が十分な利益を得られていないという被害者意識に裏打ちされていたが、非ロシア人にますます疎外感をもたらした。

一九一四年の第一次世界大戦開戦時には、軍は巨大な動員力を発揮し、多くの国民も当初は戦争を支持したが、国民意識の底の浅さゆえ熱狂は長続きせず、戦場での苦戦、政治の混乱、経済状況の悪化のなか、厭戦気分が広がった。労働者・兵士の不満と政治家・知識層の革命運動が合わさって、一七年の二月革命により帝政は崩壊した。ロシア帝国の対外的な強さ・野心と、国内的な脆弱性は、戦争が基本的に軍の専門事項である間は共存しえたが、国を挙げての支持が必要な総力戦の時代には大きな矛盾となり、帝国を崩壊に導いたのである。

(2) ロシア帝国の教訓・遺産とソ連・ロシア連邦

二月革命後には臨時政府が成立したが、民族運動と農民運動が活発化し、革命運動のなかでも急進的なグループの力が強まって、臨時政府は統制力を失った。十月革命で権力を奪い、ソヴィエト・ロシア、一九二二年からはソヴィエト連邦を指導したボリシェヴィキは、ロシア帝国の遺産である広大な領土と多様な民族を受け継ぐとともに、ロシア帝国の脆弱性と抑圧的なイメージを反面教師的な教訓とした。彼らは、ナショナリズムの時代に帝国と見なされることの危険を認識し、反帝国主義的で民族平等を実現する国としての体裁を整えるために、連邦構成共和国や自治共和国を設置して、民族自決・民族自治を上から実現しようとした(マーチン、二〇一一)。中央集権的な共産党体制による政治的・イデオロギー的な締めつけと、ロシア語とソ連的価値観の普及による文化的同化、諸民族の団結・友好の強調、共和国レベルでの民族エリートの優遇・懐柔、共通フォーマットに基づく民族文化の育成といった多元的な統合政策は、ロシア帝国と比べて高いレベルの統合を達成した。

超大国ソ連の対外行動はロシア帝国以上に野心的であり、しかも地政学的な動機と、社会主義圏の拡大というイデオロギー的な動機が組み合わさっていたことに特徴があった。東欧、モンゴル、中国といった隣接諸国に社会主義を広めるとともに、発達した軍事技術と経済援助も併用しながら、地理的に遠い国々にも影響力を及ぼした。ただし、ソ連の対外政策のイデオロギー性は、帝政期のような同盟関係の自由な組み換えを不可能にした。それでも第二次世界大戦までは、ナチス・ドイツの位置づけなどをめぐり流動的な国際関係のなかで駆け引きの幅があったが、戦後は資本主義陣営との対立が固定化した。そのうえ社会主義国の間でも対立が起こり、ユーゴスラヴィア、中国などが相次いで離反した。最終的には、軍事費が経済を圧迫し、野心的な対外行動と停滞する経済の矛盾が明らかになって、改革もうまくいかないなかで様々な社会層や民族(特にソ連西部の諸民族)の自己主張が強まり、政権が統制力を失って倒れた。その意味では、ソ連の崩壊はロシア帝国の崩壊と似ていた。

ソ連崩壊後のロシア連邦は、しばらくの間、政治危機・経済的苦境も作用して、野心的な対外行動を基本的に控え、いわば普通の国、限定的な力を持つ大国として国際社会に自らを再定位しようとした。他の旧ソ連諸国に対しては、もう面倒を見たくないという態度と、勢力圏として確保したいという発想が混在し、地域紛争に半ばやむをえず介入する場合もしばしばあった。

しかし一九九〇年代後半以降、旧ユーゴスラヴィア紛争やNATO拡大をめぐって欧米との軋轢が増していき、二〇〇〇年にプーチンが大統領になってからは、大国としての復活と威信の発揚を目指す路線が次第に明確になった。それでも欧米との協調をかなりの程度重視する姿勢は、〇八年のグルジア紛争を経ても変わらなかったが、一四年に始まるウクライナ紛争では、欧米との全面対決に至った。

興味深いのは、ウクライナ紛争の際のクリミア併合文書署名式でプーチンが、「ロシア封じ込め政策が一八世紀、一九世紀、二〇世紀に実行され、今日も続けられている」と述べたように、欧米に対する被害者意識をロシア帝国期に遡らせる認識が顕著になっていることである。実際には、本章で見てきたように、西欧諸国が一致してロシア帝国を封じ込めたのはクリミア戦争など限られた局面でのことであり、西欧諸国間の同盟・対抗関係にロシアが関与する方が通常のあり方だった。しかしソ連でも現在のロシアでも、欧米との関係が悪い時に、「封じ込め」的な歴史認識が繰り返し現れている。

グルジアで状況が固定化するとウクライナに介入し、ウクライナで行き詰まるとシリアをめぐる対立に参入するというように、プーチン政権の対外行動自体、ある地域で動きを封じられると別の地域に出て行くという、ロシア帝国の機会主義的な行動をなぞっているように見える。現在の国際秩序も究極的には大国中心であり、中国の台頭やアメリカ・トランプ政権の利己的な政策により大国間競争が激化するなかで、ロシアの行動はある意味で時流に乗っている、ないし先取りしているとも言える。しかし大国の行動を縛る国際的な仕組みはロシア帝国時代よりもはるかに強く、野心的な対外行動がコストに見合う実利をロシアにもたらすかは不明である。また、ロシアの国民統合は帝国期よりも大幅に高まっているとはいえ、経済の基盤は弱く、対外的野心と国内の脆弱性の矛盾は相変わらず存在する。

それでも、超大国へのノスタルジーは政治家にも国民にも強く、特に他の旧ソ連諸国に対しては、ロシア帝国期以来一つの国だったという意識、ソ連時代に高度な統合が実現できていたという意識があり、独立国間の対等な関係を作ること、言い換えれば帝国意識を捨てることが難しい。大国であること自体がアイデンティティであるというロシア国家の性格は、帝政期から現在まで、時代により強弱や現れ方の変化はかなりあるものの、継続している。そのことがグローバルな政治に与えてきた、そしてこれからも与えるであろうインパクトは、軽視してはならない。

注

(1) 多民族帝国ロシアの統治体制と、非ロシア人側のロシア帝国認識や民族運動の概略・特徴については、ムスリムに絞ったものであるが、宇山(二〇一二)を参照。
(2) 以後、一七世紀までの歴史に関する本章の記述は、田中ほか(一九九五)に多くを負っている。
(3) タタール人軍人(軍務タタール)たちは、一六~一七世紀のロシア軍の重要な構成要素であり、ロシア人士族と同等の扱いを受けた。また、彼らより数は少なかったが、ドイツ人などヨーロッパ各地出身の傭兵もおり、特に一六四〇~七〇年代には、西欧の火薬革命の成果を取り入れるため重用された(濱本、二〇〇九、三五~五八頁)。
(4) ロシア帝国の拡大の歴史を、ユーラシア・ハートランドからその周縁部、さらにはユーラシア沿岸部への進出と、沿岸諸国による封じ込めという地政学的観点から描き出した研究として、LeDonne(1997)を参照。
(5) 本章で詳しく触れる余裕はないが、一七世紀後半から一八世紀半ばにかけて、遊牧帝国ジュンガルの興亡により内陸アジアの国際関係は大きな変動と混乱のなかにあり、そのなかで露清関係を安定させる必要性が、キャフタ条約締結の背景の一つにあった。また、ジュンガルの中央アジア進出を背景として、中央アジア北部のカザフ・ハン国とロシアが接近し、ハンの一人アブルハイルが一七三一年にロシアに臣従した。これはロシアにとって、ジュンガル滅亡(一七五五)後に清に併合される新疆との交易、および一九世紀後半に行われる中央アジア南部征服の足がかりとなった(野田、二〇一一)。
(6) 同条約は君主の称号についても注目すべき規定を含んでいた。従来、オスマン帝国が異教徒の君主について原則として用いなかった(ハプスブルク家を共通の敵としていたフランス王は例外)パーディシャー(大王)という呼び名を、ロシア皇帝について必ず用いることとしたのである(黛ほか、二〇一四)。これは、ロシアがオスマン帝国のイスラーム的な国際秩序を否定し、ヨーロッパ的国際秩序に引き込んだことの一つの現れであった。
(7) 東方問題という言葉そのものが頻繁に使われるようになるのは、ウィーン会議以降である。東方問題についての古典的な研究は、西欧、特にイギリスの視点によるものが多かったが、ロシアとオスマンおよび両帝国の接触地域にとっての意義を考察する試みとして、Frary and Kozelsky (2014) を参照。

(8) バルカンにおけるオスマン支配の崩壊とロシアの関与については、柴（一九九八、第三～五章）を参照。

(9) 以下、イランへのロシアの関与については、八尾師（二〇〇二）、加賀谷（一九七五、第二～四章）、Kazemzadeh (2013) など参照。

(10) もちろんこれは、英露間のグレートゲームの地域的な意義を否定する意味で言っているのではない。宇山（二〇一六）は、中央アジアおよび南アジア北部の現地諸勢力の関わりに注目してグレートゲームを見直す試みを含んでいる。

(11) 一八八九年に冒険家アシノフが、キリスト教国エチオピアとロシアをつなぎイギリスと対抗する拠点を作るため、宗務院の支持を取り付けて、コサックとロシア正教聖職者たちを引き連れてジブチの海岸を占拠したが、フランス軍に追い払われた（Lunochkin, 2000）。

(12) ロシア人のナショナリズムがロシア帝国・ソ連にとって持った意味については、宇山（二〇一七）を参照。

参考文献

麻田雅文『中東鉄道経営史——ロシアと「満洲」一八九六—一九三五』名古屋大学出版会、二〇一二年。

天野尚樹「近代ロシア思想における「外来」と「内発」——F・F・マルテンスの国際法思想」『スラヴ研究』第五〇号、二〇〇三年、二〇三～二二七頁。

池本今日子『ロシア皇帝アレクサンドル一世の外交政策——ヨーロッパ構想と憲法』風行社、二〇〇六年。

宇山智彦「「個別主義の帝国」ロシアの中央アジア政策——正教化と兵役の問題を中心に」『スラヴ研究』第五三号、二〇〇六年、二七～五九頁。

宇山智彦「帝政ロシア支配の実像とロシア・ムスリム知識人たち」帯谷知可・北川誠一・相馬秀廣編『朝倉世界地理講座五　中央アジア』朝倉書店、二〇一二年、一七三～一八二頁。

宇山智彦「周縁から帝国への「招待」・抵抗・適応——中央アジアの場合」宇山智彦編『ユーラシア地域大国論四　ユーラシア近代帝国と現代世界』ミネルヴァ書房、二〇一六年、一二一～一四四頁。

宇山智彦「ユーラシア多民族帝国としてのロシア・ソ連」宇山智彦編『ロシア革命とソ連の世紀五　越境する革命と民族』岩波書店、二〇一七年、一～三四頁。

小川裕子「ロシア帝国とオスマン帝国のヨーロッパ国際体系への参入――異質な政治体はどのように取り込まれていったのか」山影進編『主権国家体系の生成――「国際社会」認識の再検証』ミネルヴァ書房、二〇一二年、二五二〜二八〇頁。

加賀谷寛『イラン現代史』近藤出版社、一九七五年。

君塚直隆『近代ヨーロッパ国際政治史』有斐閣、二〇一〇年。

ゴリゾントフ、L著、山本健三・松里公孝訳「ロシア帝国の「致命的問題」群におけるポーランド問題（一八三一年〜二〇世紀初頭）」『ロシア史研究』第七四号、二〇〇四年、六〇〜七二頁。

佐口透『ロシアとアジア草原』吉川弘文館、一九六六年。

柴宜弘編『新版世界各国史一八　バルカン史』山川出版社、一九九八年。

橘誠『ボグド・ハーン政権の研究――モンゴル建国史序説　一九一一―一九二一』風間書房、二〇一一年。

田中陽兒・倉持俊一・和田春樹編『世界歴史大系　ロシア史一　九〜一七世紀』山川出版社、一九九五年。

長縄宣博「ロシア帝国のムスリムにとっての制度・地域・越境――タタール人の場合」宇山智彦編『講座スラブ・ユーラシア学二　地域認識論――多民族空間の構造と表象』講談社、二〇〇八年、二五八〜二七九頁。

長縄宣博「イスラーム大国としてのロシア――メッカ巡礼に見る国家権力とムスリムの相互関係」山根聡・長縄宣博編『ユーラシア地域大国論五　越境者たちのユーラシア』ミネルヴァ書房、二〇一五年、五一〜七六頁。

野田仁「イリ事件再考――ロシア統治下のイリ地方（一八七一―一八八一年）」窪田順平・承志・井上充幸編『イリ河流域歴史地理論集――ユーラシア深奥部からの眺め』松香堂、二〇〇九年、一四一〜一八八頁。

野田仁『露清帝国とカザフ=ハン国』東京大学出版会、二〇一一年。

八尾師誠「近代イランの社会」永田雄三編『新版世界各国史九　西アジア史Ⅱ』山川出版社、二〇〇二年、三二八〜三七二頁。

濱本真実『「聖なるロシア」のイスラーム――一七―一八世紀タタール人の正教改宗』東京大学出版会、二〇〇九年。

マーチン、T著、半谷史郎監修、荒井幸康ほか訳『アファーマティヴ・アクションの帝国――ソ連の民族とナショナリズム、一九二三年〜一九三九年』明石書店、二〇一一年。

松里公孝「一九世紀から二〇世紀初頭にかけての右岸ウクライナにおけるポーランド・ファクター」『スラヴ研究』第四五号、一九九八年、一〇一〜一三八頁。

黛秋津『三つの世界の狭間で――西欧・ロシア・オスマンとワラキア・モルドヴァ問題』名古屋大学出版会、二〇一三年。

黛秋津・望月直人・岡本隆司「東西の君主号と秩序観念」岡本隆司編『宗主権の世界史――東西アジアの近代と翻訳概念』名古屋大学出版会、二〇一四年、一一九〜一四八頁。
守川知子「近代西アジアにおける国境の成立――イラン＝オスマン国境を中心に」『史林』第九〇巻一号、二〇〇七年、六二〜九一頁。
山添博史「露清天津条約におけるプチャーチンの「仲介外交」」『ロシア史研究』第八三号、二〇〇八年、三〜一六頁。
山室信一「「国民帝国」論の射程」山本有造『帝国の研究――原理・類型・関係』名古屋大学出版会、二〇〇三年、八七〜一二八頁。
吉田金一『近代露清関係史』近藤出版社、一九七四年。
Alekseeva, E. V., "Pol'skoe vliianie v Rossii XVII veka," *Vestnik Permskogo universiteta, Seriia Istoriia*, no. 2 (25), 2014, pp. 14-21. ⟨http://www.histvestnik.psu.ru/PDF/20142/02.pdf⟩
Bobroff, Ronald Park, *Roads to Glory: Late Imperial Russia and the Turkish Straits*, London: I.B. Tauris, 2006.
Frary, Lucien J. and Mara Kozelsky, eds., *Russian-Ottoman Borderlands: The Eastern Question Reconsidered*, Madison: University of Wisconsin Press, 2014.
Holquist, Peter, *The Russian Empire as a "Civilized State": International Law as Principle and Practice in Imperial Russia, 1874–1878*, Washington, D.C.: National Council for Eurasian and East European Research, 2004.
Kazemzadeh, Firuz, *Russia and Britain in Persia: Imperial Ambitions in Qajar Iran*, London: I.B. Tauris, 2013.
LeDonne, John P., *The Russian Empire and the World, 1700–1917: The Geopolitics of Expansion and Containment*, New York: Oxford University Press, 1997.
Lunochkin, Andrei V., "*Ataman vol'nykh kazakov" Nikolai Ashinov i ego deiatel'nost'*, Volgograd: Izd-vo VolGU, 2000. ⟨http://www.library6.com/books/947520.pdf⟩
Morrison, Alexander, "'Nechto eroticheskoe,' 'Courir après l'ombre'? – Logistical Imperatives and the Fall of Tashkent, 1859–1865," *Central Asian Survey* 33, no. 2 (2014), pp. 153–169.
Ostrowski, Donald, *Muscovy and the Mongols: Cross-Cultural Influences on the Steppe Frontier*, Cambridge: Cambridge University Press, 1998.
Peterson, Claes, *Peter the Great's Administrative and Judicial Reforms: Swedish Antecedents and the Process of Reception*, Stockholm: Nordiska Bokhandeln, 1979.

Robinson, Ronald, "Non-European Foundations of European Imperialism: Sketch for a Theory of Collaboration," in Roger Owen and Bob Sutcliffe, eds., *Studies in the Theory of Imperialism*, London: Longman, 1972, pp. 117–142.

Sakharov, A., *Russkaia kolonizatsiia Astrabadskoi provintsii v Persii*, Petrograd: Sodruzhestvo, 1915.

Sergeev, Evgenii Yu., *Bol'shaia igra, 1856–1907: mify i realii rossiisko-britanskikh otnoshenii v Tsentral'noi i Vostochnoi Azii*, Moscow: KMK, 2012.

Zorin, Andrei, *Kormia dvuglavogo orla...: Literatura i gosudarstvennaia ideologiia v Rossii v poslednei treti XVIII – pervoi treti XIX veka*, Moscow: Novoe literaturnoe obozrenie, 2001.

第7章 「パクス・アメリカーナ」の世界

菅 英輝

1 「模範国家」から「非公式帝国」へ

国際政治学者ハンス・J・モーゲンソーは、一九六〇年に著した『アメリカの政治の目的』のなかで興味深い指摘を行っている。新大陸にやってきた移住者たちは、「ある客観的秩序」の観念を抱き、その秩序を新大陸で実現するという目的を持っていた。その目的とは、「自由のなかの平等」(equality in freedom) である。アメリカ国民の体験に基づけば、「自由のなかの平等」とは、「恒久的な政治支配からの自由」であり、「全てのアメリカ人が権力と富を獲得するために平等な立場で競争する機会」(Morgenthau, 1960, p. 28) を意味した。

しかもアメリカ独立革命は、「せいぜいそれに近づけることは可能であっても、決して完全には到達することのない……終わりなき過程」である。この「永久革命」としての独立革命の目標は、まず、アメリカ社会内において「自由のなかの平等」を実現し、「他の諸国民が見習うべき模範として」それを維持し続けることである (*Ibid.*, pp. 34-37)。

モーゲンソーの指摘で注目されるのは、「自由のなかの平等」として定義されるアメリカ革命の目的は、この領域のたえまない外延的拡大を前提としているという点である。「自由のなかの平等」という国家目標は、実現する価値のある目的だと考えられており、この前提にたてば、論理的帰結として、それはアメリカ国民のためだけに実現し、維持されるべきもの

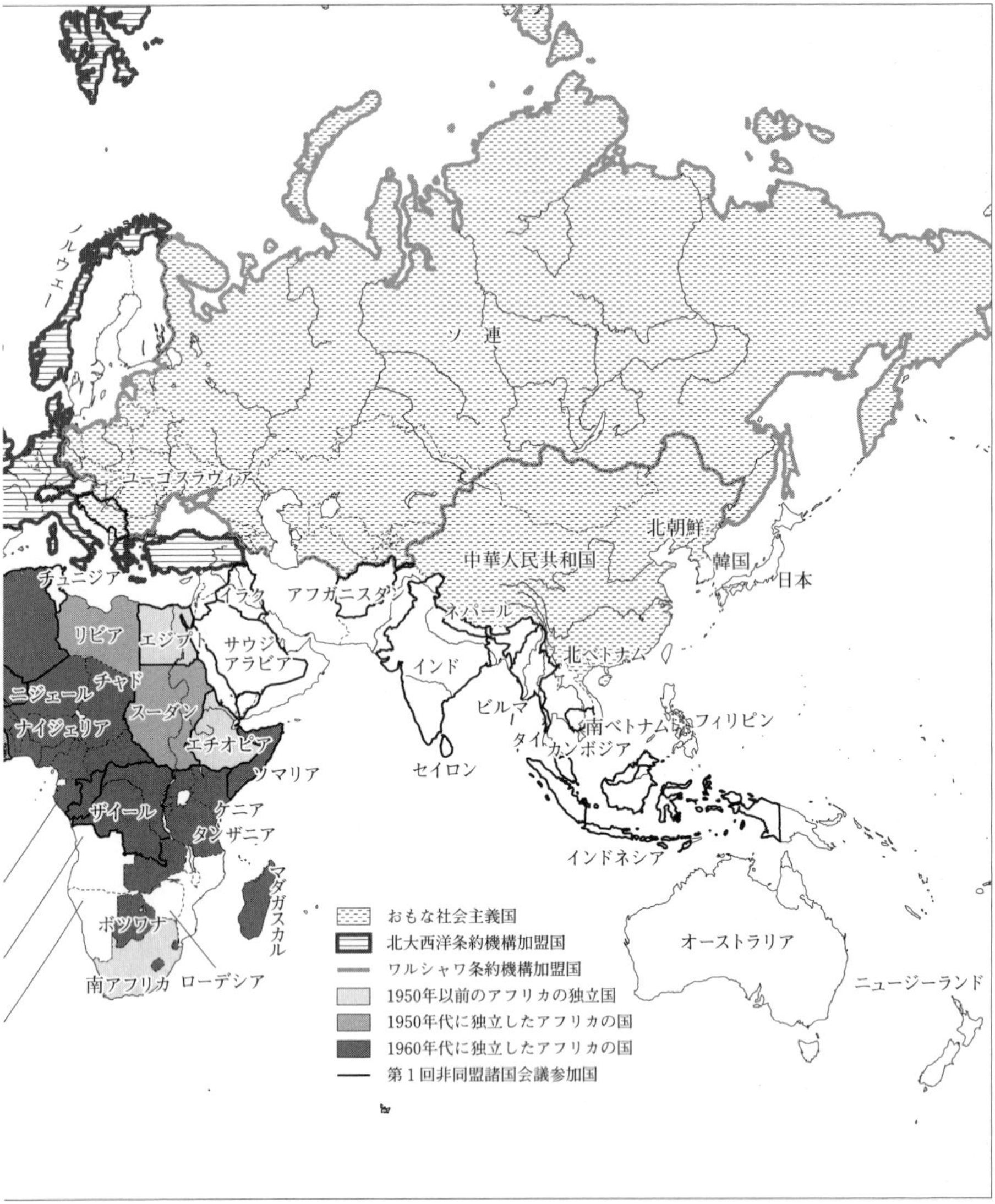

世界（上）とベトナム戦争（下）

図7－1　1960年代後半の

出典：南塚信吾・秋田茂・高澤紀恵責任編集『新しく学ぶ西洋の歴史』ミネルヴァ書房，2016年，294-295頁。

なのではなく、「他の諸国民が見習うべき模範」としても維持されるべきものなのである。

モーゲンソーはまた、アメリカは一九世紀末に三つの選択肢に直面したという。第一は、アメリカが大陸膨張を続けた「陸の帝国」の時代であり、フロンティアが消滅した現実を受け止め、それ以上の膨張を止めるという選択である。一九世紀末の米西戦争を契機に海外への膨張の道を歩み始めるようになると、この第一の選択肢は「孤立主義」とも呼ばれるようになる。第二の選択は、国境を越えて領土的拡大を続けることである。この場合、アメリカは従属地域の諸民族の征服とアメリカ社会の基礎をなす平等主義的、自由主義的諸原則との矛盾の調整を迫られることになる。いわば、「海の帝国」の時期であり、他の列強に倣って帝国主義的な支配を追求するという選択である。第三の選択は、他の諸国民が見習うべきモデルとしてのアメリカである。それによると、アメリカはその影響力とパワーを行使することによって、他の諸国民を解放し、幸福にするための高邁な目的を追求することになる（*Ibid.*, pp. 102–103）。

モーゲンソーは、第三の選択肢をアメリカの世界における使命だと考えていたことは明らかである。それはまた、ジェームズ・モンロー政権（一八一七〜二五年）の国務長官を務めたジョン・クウィンジー・アダムズが、当時中米で起きていた革命への支援を呼び掛けるケンタッキー州選出の上院議員ヘンリー・クレイへの反論の意味も込めて行った演説（一八二一年七月四日）と通底する。この独立記念日での演説のなかで、アダムズ国務長官は、これらの革命に共感を示しながらも、アメリカは「怪物を倒すために海外に出かけていくことはしない」と述べ、帝国主義ではなく、模範国家としての道を歩むと宣言した。クレイが第二の選択肢を主張したとすれば、アダムズは第三の選択肢を示した。

独立革命以降のアメリカと世界との関わりを振り返ると、そこには孤立主義、帝国主義、模範国家の間を揺れ動きながら、外への膨張を続ける姿が浮かび上がる。アメリカが国際社会で実現する国家目的を「自由のなかの平等」と称するか否かは別として、アメリカはそのパワーの増大にともない、本章でいうところの「リベラル・プロジェクト」（「自由主義的国際秩序」）の実現を目指した外交政策を展開していくことになった。

しかし同時に留意すべきは、「リベラル・プロジェクト」に取り組む過程で、アメリカは内外の様々な障害に直面した。その際ワシントンの政策決定者たちはしばしば武力行使に訴えたことで、みずからリベラルな諸価値と相容れない政策を追求することになり、「自由主義的国際秩序」は変質を迫られることになったことである。一九六〇年代末から七〇年代初頭にかけてアメリカのパワーの後退が顕在化するようになった。冷戦終結後は、二〇〇三年のイラク戦争と中東諸国の混乱、リベラルな価値観を共有しない中国のパワーの台頭、イギリスのヨーロッパ連合（EU）からの離脱（ブレグジット）、反グローバリズムと反移民・ポピュリズムの台頭など、アメリカの地位の低下を招く出来事が続いた。そうしたなか、「アメリカ第一主義」を掲げるトランプ政権の出現によって、「自由主義的国際秩序」の危機をめぐる議論が活発になっている。

そうした国際社会の現状を踏まえると、アメリカが主導して構築した戦後秩序の性格と矛盾を歴史的に遡って考証する作業は、重要な課題となっている。

「アメリカの世紀」の実現を目指す外交政策は、とりもなおさず「世界のアメリカ化」の試みでもあった。その最初の対外的表現が、アメリカの西半球政策として発表されたモンロー・ドクトリンであった。本章ではまず、ここから考察を始めたい。

2　モンロー・ドクトリンから「門戸開放」ドクトリンへ――「閉ざされた地域主義」と「開かれたフロンティア」の追求

(1) モンロー・ドクトリン――西欧列強の「封じ込め」とラテンアメリカの「アメリカ化」

一八二三年一二月モンロー大統領は議会宛て教書のなかで、後にモンロー・ドクトリンと称されることになるアメリカの外交原則を発表した。モンロー宣言は、非植民地化原則と相互不干渉原則から構成されていた。それは当初、潜在的な製品輸出市場としての期待からラテンアメリカ諸国のスペインからの独立を支持すると同時に、西欧列強の西半球への進出を阻止することを意図したものであった。だが、アメリカの工業力とパワーの増大にともない、しだいにこの地域をアメリカの勢力圏下に置くことを目指すようになった。その意味で、モンロー・ドクトリンは西半球に「植民地帝国」を築く教義に転化することになった。

一方、アメリカは「陸の帝国」の建設に邁進し、膨張主義者のジェームズ・ポーク大統領の下で、テキサス併合（一八四

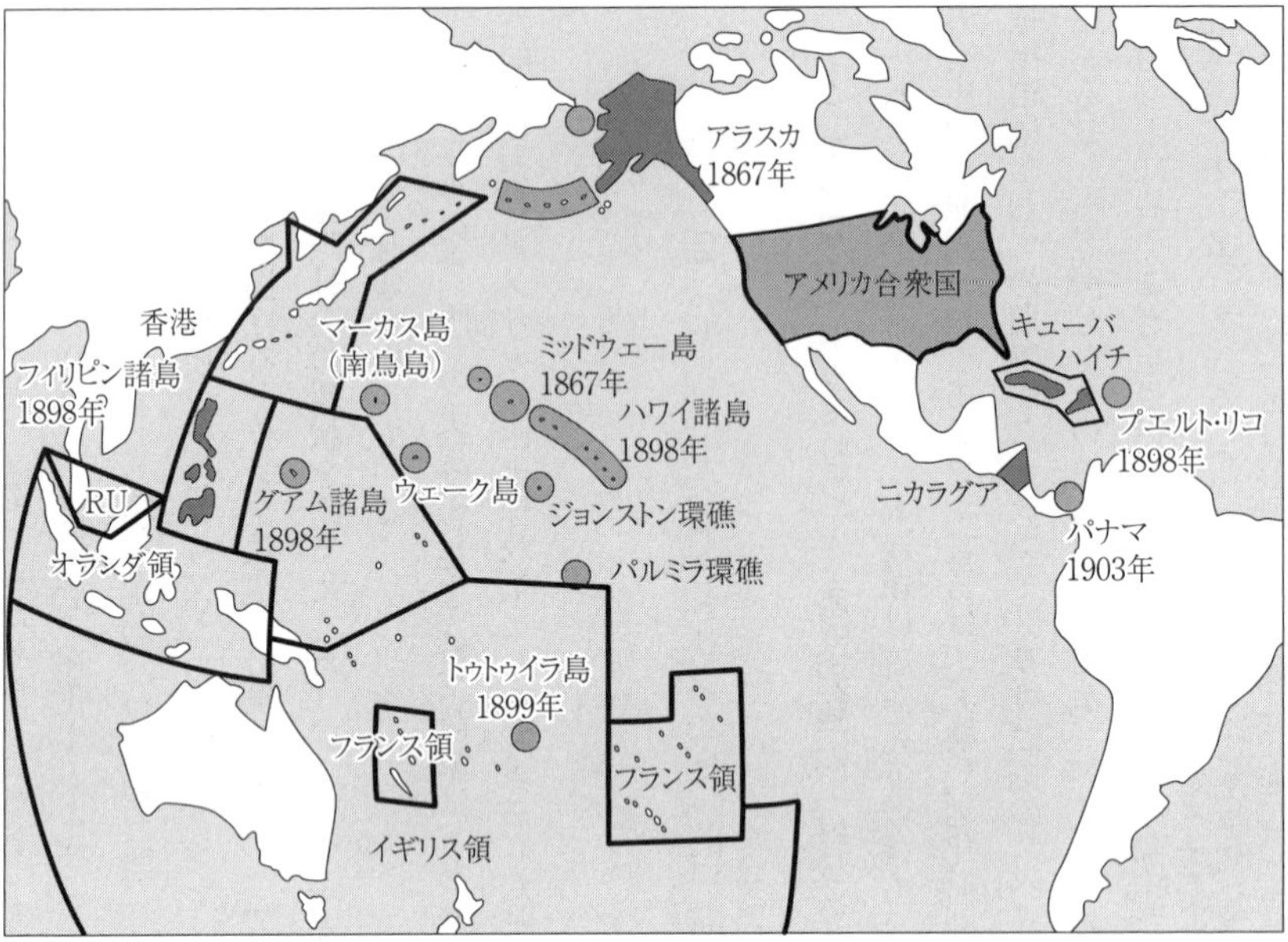

図 7－2　アメリカの太平洋地域への膨張　1867-1903年

出典：『三省堂世界歴史地図』三省堂，1995年，257頁をもとに作成。

四年）、オレゴンの獲得（一八四六年）に続き、メキシコとの戦争で勝利したのち、ニューメキシコおよびカリフォルニアを獲得した。「明白な運命」の名の下に推進されたこれらの領土獲得は、一八四〇年代の大陸膨張の歴史の終焉を意味した。シカゴ大学の外交史家ブルース・カミングスは、カリフォルニアのアメリカへの編入によって、「新しい大陸国家」（ビヒーモス）が誕生したと述べている（カミングス、二〇〇八、七六～七九頁：Cumings, 2009, chapters 3, 4 and 5）。

「陸の帝国」の建設の終わりはまた、「海の帝国」建設の始まりでもあった。ウィリアム・マッキンレー政権は、一八九八年のスペインとの戦争（米西戦争）によって、「海の帝国」の道を歩み始めた。この戦争で勝利した後、スペイン領プエルト・リコを領有、さらにキューバの憲法にプラット修正条項を盛り込み、同国を保護国とした。

マッキンレーは一九〇一年に暗殺されたため、副大統領職にあったセオドア・ローズヴェルト（ＴＲ）が大統領に就任した。ローズヴェルト政権は西半球に対するアメリカの支配をさらに推し進めた。オレゴン、カリフォルニアの獲得によって太平洋に接することになったアメリカは、太平洋貿易への関心を増大させ、それにともない中米の戦略的重要性も高まっていた。なかでも重要であったのは、大西洋と太平洋を結びつける運河の建設であった。○四年にはパナマ運河建設に着工し、一○年後に完成することになるが、パナマ運河は海兵隊を使った「棍棒外交」によって実現したものである。

中米とカリブ海に対するアメリカの勢力圏の確立を如実に示したのが、一九○四年末のサント・ドミンゴ（ドミニカ共和国）への介入をモンロー・ドクトリンに基づく「国際警察活動」として正当化した内政干渉政策である。同国の内政が混乱に陥ると、ローズヴェルトは革命の阻止を口実に同国に干渉し、さらに翌年には同国を保護国化した。同年一二月の議会宛て年頭教書において、彼はこうした干渉を正当化した。「ローズヴェルトの系論」として知られるこの地域への内政干渉の権利は、自己管理能力を喪失した国々に対する文明諸国の責務と見なされており、モンロー・ドクトリンが、西半球への欧州列強の干渉を排除する教義からアメリカによる西半球支配を正当化する教義へと転化したことを意味している。

アメリカがモンロー・ドクトリンを根拠にその勢力圏をカリブ海・中米地域で確立していく過程は、この地域におけるアメリカの経済的権益の増大を反映していた。米英を比較すると、中米へのイギリスの投資額は一九一三年にピークを迎える（一億一五○○万ドル）が、そのうち三分の二以上は、コスタリカとグアテマラが占めていた。七五○○万ドルは鉄道への投資で、四○○○万ドルはほぼ政府債であった。これに対して、アメリカの投資額は一八九七年の二一○○万ドルから一九○八年には四一○○万ドルに、さらに第一次世界大戦前夜には九三○○万ドルに急増した。そのほぼ九○パーセントはバナナ・プランテーションや鉱山開発に向けられた。一八九七～一九一四年のグアテマラの鉄道へのアメリカの投資額は三○○○万ドルで、イギリスの四○○○万ドルに急速に肉薄した。コスタリカの場合、同国におけるアメリカのフルーツ企業の投資額は、イギリスの同国への投資全体にほぼ匹敵した（LaFeber, 1983, p. 35）。

モンロー・ドクトリンは「アメリカ体制」の西半球への拡大を前提としていたが、そのラテンアメリカへの適用過程において、自由や民主主義の促進はおろか、政治の安定も容易に達成されなかった。そのため、アメリカはラテンアメリカの政治的混乱や革命に干渉し続けることになった。内政干渉を正当化する論拠としてしばしば引き合いに出されたのは、アングロ＝サクソン民族の優越性、その裏返しとしての、ラテンアメリカの人々は自治能力に欠けるという人種的偏見であった。

アメリカの経済的権益が増大するにつれて、政治的安定や秩序の維持が重視され、その結果軍事政権や独裁政権を支援することはやむをえないとされたため、この地域の民主化は容易に進展しなかった。

モンロー・ドクトリンの実施過程でアメリカが採用した中南米、カリブ海政策の特徴は、二〇世紀に入っても、アメリカの秩序形成に引き継がれていくことになる。

(2)「門戸開放」宣言と「海の帝国」への道――ヘゲモニー国家への助走

一八九八年の米西戦争は、アメリカによる中南米・カリブ海での領土拡大をともなっただけでなく、この国が太平洋国家として、アジア太平洋に拠点を確保する契機ともなった。太平洋地域では、同年七月ハワイを併合したのに続いて、一二月にはグアムおよびフィリピンを領有し、領土支配をともなう「植民地帝国」を築いた。

同時に、アメリカは「海の帝国」への道を歩み始めた。その過程で、二〇世紀アメリカ外交の基調となっていく極めて注目すべき原則が発表された。この原則とは、一八九九年と一九〇〇年の二度にわたって、マッキンレー政権の国務長官ジョン・ヘイによって発表された「門戸開放」通牒に基づく宣言である。九九年九月の第一次通牒（circular）は、各国の中国における「勢力範囲」は認めつつも、いかなる場合も貿易の機会を均等にすべきであることを内容とする。一九〇〇年七月に発表された第二次通牒は、中国における通商上の機会均等に加えて、中国の領土的・行政的保全をうたった。

この宣言が出された国際的な契機としては、ヨーロッパ列強、ロシア、日本による、中国における利権獲得競争と中国分割の危機があった。それゆえ、「門戸開放」宣言の当面の目的は、中国分割の危機が迫るなかで、西欧列強の「勢力圏」や「利益圏」を既成事実として認めながら、自らも、条約で保証されている権利を擁護することにあった。だが、より長期的には、排他的な「勢力圏」の除去を目指すもので、そのことは、中国の行政的・領土的保全と表裏一体の関係にあった。

アメリカ外交史研究の重鎮ウィリアム・A・ウィリアムズは、その古典的名著のなかで、この宣言に盛り込まれた原則は、アメリカの対中国政策、対東アジア政策の原則の表明という性格を超えて、「二〇世紀におけるアメリカの帝国的膨張のための基本的な戦略・戦術」となったと評価した（Williams, 1972, p. 52：ウィリアムズ、一九八六、七五～七六頁）。

図7－3　アメリカの西半球への膨張　1889-1939年

出典：Walter LaFeber, *The American Age*, p. 233をもとに作成。

「門戸開放」政策は、アメリカの巨大な経済力をテコとして、通商の機会均等を主張することにより、政治的・軍事的コミットメントを行わずに、貿易の拡大および市場・原材料の確保を目指したものであった。その意味で、この政策は「安上がり」の外交政策であった。ロイド・ガードナーが指摘するように、それは、「理論のうえでも、また事実の面でも自信に満ちた工業大国の外交政策」であった（ガードナー論文、バーンスタイン編著、一九七二、一六九頁）。

「海の帝国」の基本路線は、戦略上・通商上の必要最小限の海外拠点を確保しつつ、主として、金融的・通商的進出によりグローバル・ヘゲモニーを達成しようとするものであった。「門戸開放帝国主義」（ウィリアムズ）は、他の帝国主義列強とは異なり、海外植民地帝国の建設を目指すものではなく、ウォルター・ラフィーバーにいわせれば、それは「新しい帝国主義」（LaFeber, 1963, pp. 408, 412）であった。言い換えると、それは「非公式帝国」の建設を目指すものだった。

セオドア・ローズヴェルト大統領は、アメリカの未来は西半球情勢に劣らずアジア情勢に依拠していると考えていた。彼は中米やカリブ海地域においては「棍棒外交」を展開し、この地域に軍事干渉を繰り返した。だが、アジアは帝国主義列強の勢力圏や植民地をめぐる利害が複雑に交錯している地域であり、しかもアメリカの影響力も限定されていた。このため、ローズヴェルトは、日英との協調や日露間の勢力の均衡に配慮しながら「門戸開放」政策を追求した。

彼は一九〇二年の日英同盟を支持し、〇四年二月に日露戦争が勃発すると、ロシアの清国に対する圧力を抑制するという狙いから、日本に同情的な態度をとり、〇五年にはポーツマス講和会議を開催して日露戦争の終結を斡旋した。他方、日本は日露戦争の戦費調達のために初めて外債に頼ることになるが、戦費の四五パーセントにのぼった外債は英米の銀行を通して調達されたのである。

ローズヴェルトを引き継いだロバート・タフト政権（在任一九〇九～一三年）の外交は「弾丸に代えるにドルをもってする」といわれ、ドル外交を特徴とするとの評価が一般的である。しかし、帝国的秩序が成立していた中米・カリブ海地域では「ローズヴェルトの系論」の継承者であり、前政権の対応と異なるところがなかった。タフト政権のドル外交は西半球では政治の安定ではなく、逆に混乱と革命を惹起し、その都度海兵隊を派遣して、干渉を繰り返した。（LaFeber, 1983, pp. 218-219）。西半球へのタフト政権の干渉は、まさに「弾丸とドル」による支配となった。

西半球への対応とは対照的に、タフト政権のアジア政策はドル外交の典型であった。タフト政権は最大の武器であるアメリカの経済力を「門戸開放」政策の実現のために積極的に行使しようとした。

一九〇七年には北満洲をロシアの勢力圏、南満洲を日本の勢力圏とする日露協約が結ばれるという状況変化の下、満洲からアメリカ製品と投資の場が失われることを警戒したフィランダー・ノックス国務長官は〇九年一二月、ヨーロッパ諸国とともに、資金的に中国を支援して満洲鉄道を中国が買い戻す計画を提案した。しかし、日露の反対に加えて、英仏も冷淡だったことから、この「満洲諸鉄道中立化」計画は頓挫した。

満洲での門戸開放に失敗したノックスは一九一〇年、中国本土において英仏独の銀行団からなる国際借款団にアメリカの銀行の参加を実現させた。この四カ国借款団は、アメリカの銀行資本に利潤追求の場を確保するだけでなく、ワシントン主導の下に協調的枠組みを構築し、中国における帝国主義列強間の対立を抑制すると同時に、中国の領土的保全を確保しようとするものであった。しかし、一一年の辛亥革命の勃発により、中国国内が不安定になったことで、四カ国借款団の活動は事実上停止状態に陥った。さらに翌年には、新たに日露も参加して六カ国借款団が結成されたこともあって、日露に対抗して中国市場へのアメリカの参入を図ろうとした計画は挫折した。

タフト大統領は一九一二年一二月の議会宛て一般教書のなかで、同政権の政策を、「弾丸をドルにとって代えるものであった」と述べたが、そのアジア政策は、帝国主義列強と競合するなかで、アメリカの思惑通りに影響力を行使することには限界があった。

3　「パクス・アメリカーナ」の模索──「リベラル・プロジェクト」の挫折

(1)　ウィルソン外交と「リベラル・プロジェクト」の追求

アメリカは第一次世界大戦前夜には、国民総生産（ＧＮＰ）でも工業生産額でもイギリスをはるかに凌駕し、「最大の資本主義国」となっていた。ＧＮＰは英独の三倍、工業生産高でも二倍、鉄鋼生産ではイギリスの三倍弱、ドイツの二倍であった（新川・長沼、一九九一、九頁）。

第一次世界大戦はアメリカの国際経済における地位をさらに飛躍的に高めた。戦争勃発当初、アメリカは中立の立場をとりつつ、交戦諸国の軍需物資や食糧品を調達する役割を担ったことから、その巨大な生産力をさらに拡大した。ＧＮＰは大戦前と後で倍増（一九一三年＝三九六億ドル、一九一九年＝八四〇億ドル）。また、大戦前には資本輸入国であったが、戦後は最大の資本供給国となった。交戦諸国がアメリカから軍需物資や食糧品を購入するために、対米債権を手放しただけでなく、アメリカから借り入れたからである。アメリカの対欧債権は戦争終了時に七一億ドルにのぼった。くわえて、アメリカの民間資本もまた、少なくとも二〇億ドル相当の欧州諸国債権を購入する形で対外投資を行ったことによって、対外投資総額でも戦前に倍する七〇億ドルに達した（同上、一六～一七頁）。

一九二〇年代のアメリカは「繁栄の一〇年」といわれ、二一年から二九年にかけて年平均六パーセントの成長をはたし、自動車の普及、電化の進展に見られるように「大衆消費社会」の様相を見せ始めた。国際経済においても、アメリカは二九年に輸出高でイギリスを追い越し、世界最大の輸出国になった。輸出では世界の一六パーセント、輸入でも一二パーセント強となり、イギリスと並ぶ世界最大の貿易国となった。対外投資の分野では、二〇～二九年の期間でみると、イギリスの二倍、フランスの四倍に上っており、国際投資の面でも「最大の資本主義国」であった。また、アメリカの直接投資の六割近くが西半球に集中し、ヨーロッパは一三パーセント、アジアは六・五パーセントであり、長期投資の相当部分が、カナダと中南米に集中しているのが特徴である（同上、二九、三四～三五頁）。

このように見てくると、第一次世界大戦から第二次世界大戦の時期のアメリカは、経済面では他の帝国主義列強を引き離し有利な立場に立ったことによって、「パクス・アメリカーナ」への道を着実に歩み始めていたといえる。

しかし、政治外交の分野においては、かならずしも順調にはいかなかった。第一次世界大戦後にウッドロー・ウィルソンが目指した「リベラル・プロジェクト」、すなわち「自由主義的・資本主義的秩序」の構築は、「孤立主義」勢力の抵抗、国際連盟への不参加などによって挫折し、さらに「繁栄の一〇年」といわれた一九二〇年代の共和党政権下においても、二九年の世界大恐慌の発生で「パクス・アメリカーナ」の建設は一時的に頓挫することになった。

ウィルソン大統領は一九一七年一月二二日、上院における「勝利なき平和」演説のなかで、諸国家がモンロー・ドクトリンを「世界のドクトリンとしてこぞって採用するべきだ」と提案した。しかしウィルソンは、モンロー・ドクトリンの当初の目的である独立と自決の権利の尊重というスローガンを、その西半球政策において実行に移さなかっただけでなく、むしろ「ローズヴェルトの系論」の体現者として振る舞った。ウィルソンは西半球の秩序維持およびアメリカの銀行資本家の利益を確保するために、カリブ海・中米地域にたびたび海兵隊を派遣し、海兵隊外交を展開した。このため、西半球諸国の人々は、海兵隊を「国務省の軍隊」と揶揄した。

ウィルソンは、国内秩序と国際秩序を結びつけて考える傾向が顕著だったが、それはメキシコ革命への対応に現れた。彼が大統領に就任した一九一三年にメキシコでは、革命政権の指導者フランシスコ・マデロを殺害したヴィクトリアーノ・

ウェルタが権力を掌握したところであった。諸外国はウェルタ政権を承認したが、ウィルソンは、ウェルタを「殺人者」と呼んで承認を拒否し、民主的な選挙を要求した。

政府承認に関するウィルソンのアプローチは、アメリカ外交の先例を変更するものであった。彼は政府承認と国内の政治体制の性格とを結びつけ、民主的選挙を政府承認の条件としたのである。彼は、アメリカ国内においてリベラル・デモクラシーが繁栄するためには、国際社会においても自由主義的、民主主義的制度と価値を普及させる必要があると信じていた。

一九一七年四月、ウィルソンは協商国側に立って、第一次世界大戦に参戦した。参戦の決定は、講和会議において、アメリカの理念と原則を戦後秩序に反映させるためには、参戦して交戦国としての権利を確保する必要があるとの考えに基づいていた。

図7－4　パリ講和会議に出席した四大国首脳
左からロイド・ジョージ英首相，ヴィットリオ・オルランド伊首相，ジョルジュ・クレマンソー仏大統領，ウッドロー・ウィルソン米大統領。
出典：https://dod.defense.gov/Photos/Photo-Gallery/igphoto/2001727053/

ところが、同年一一月にロシアでボルシェビキ革命が勃発した。ウラジーミル・レーニンは、「平和についての布告」のなかで、講和交渉の即時開始を提案するとともに、無併合、無賠償、民族自決の講和を主張し、さらに社会主義的国際秩序の構築を目指した。このため、ウィルソンは一八年一月八日、「十四カ条」演説を行い、アメリカの戦争目的と戦後構想を発表するに至った。「十四カ条」が、秘密外交の廃止、無併合、無賠償、自決権の原則をうたっていることに示されるように、それは、ロシア革命に対抗したものであった。また、自決権、海洋の自由、通商の機会均等、関税障壁の撤廃、軍縮、国際連盟を提唱している点は、帝国主義的秩序に代わる「自由主義的・資本主義的秩序」という新たな秩序の構築を目指すものであった。

一九一八年一一月に休戦協定が結ばれ、翌年一月ヴェルサイユで講和会議が開始された。ウィルソンにとっては、「十四カ条」に示された諸原則に基づいて新たな世界秩序を構築するまたとない機会が訪れた。彼は、社会主義でもなく、戦争を繰り返してきた帝国主義でもない秩序に代わる、「自由主義的国際秩序」の構築が不可欠だと考えていた。ウィルソンの「リベラル・プロジェクト」においては、国際連盟はそのような国際環境を創出するための基礎となるものと位置づけられていた。しかし、国内世論の講和会議への幻滅感の広がりを背景に、共和党多数派議会は、ヴェルサイユ条約の批准を拒否した。それは、ウィルソン構想の挫折を意味した。

(2) 共和党政権による「パクス・アメリカーナ」の模索と「リベラル・プロジェクト」の挫折

一九二〇年代は、共和党優位の時代となった。共和党政権の外交は、その孤立主義のイメージとは裏腹に、ウォーレン・ハーディングが一九二一年の議会演説のなかで述べたように、第一次世界大戦を引き起こした「旧秩序」に代わって、新たな国際秩序の建設が必要になっているとの認識において、ウィルソンと共通するものがあった。ハーディング政権の国務長官チャールズ・ヒューズは、武力ではなく、相互の尊敬、善意、理性に基づき「パクス・アメリカーナを樹立する」べきだと考えていたし、同政権の商務長官ハーバート・フーバーも同様であった（LaFeber, 1989a, pp. 316-317）。

しかし、共和党政権の外交は、ウィルソン政権のそれとは以下の点で異なっていた。第一に、ハーディング、カルビン・クーリッジ、フーバーらは「小さな政府」論の唱道者であり、民間セクターへの政府介入はできるだけ回避すべきだと考え、政治的コミットメントを最小限にとどめ、行動の自由を保持しながら国際秩序の形成に積極的に係わっていくというものであり、外交史家ジョアン・ホフ・ウィルソンのいう「アメリカ独自の国際主義」（independent internationalism）であった（Wilson, 1975, p. 186）。

ハーディング政権の取り組みのなかで注目されるのは、ワシントン会議（一九二一年一一月～二二年二月）の招集である。この会議ではまず、米、英、日、仏、伊間で五カ国条約が締結された。その結果、戦艦、航空母艦という主力艦の保有量を五、五、三、一・七五、一・七五の比率とすることで合意した。これによって、日本は西太平洋では制海権を掌握することになった。だが、対米、英に対して七割を主張したが入れられなかったことから、日本海軍の内部に強い不満を残した。

さらに注目されるのは、この条約を通して、アメリカは主力艦において、イギリスとのパリティ（対等性）を認めさせたことである。このことは、第一次世界大戦後の英米建艦競争において、イギリスが財政的に建艦競争を続行できなくなったことを意味し、グローバル・ヘゲモニーがイギリスからアメリカに移行していく過渡期の姿を浮き彫りにすることになった。

アメリカにとってのもう一つの成果は、中国問題を扱った九カ国条約が締結され、「門戸開放」の原則を関係国に認めさせたことである。これによって、アメリカは、ヘイの「門戸開放」宣言以来の東アジア外交の原則を国際法として具体化することに成功した。九カ国条約は日米に加え、英、仏、伊、中、蘭、ベルギーといったヨーロッパ諸国を含んでおり、条約の形をとって「門戸開放」原則が受け入れられたことは、まさに同原則のグローバル化を意味した。

以上の他に、ワシントン会議参加国は、四カ国条約（米英日仏）を締結し、太平洋における平和の維持と領土の現状維持を約定した。この条約で注目されるのは、同条約第四条で日英同盟が廃棄されることになった点である。日米間では将来の戦争の可能性が想定されるようになっており、ワシントンは日米戦争の場合に、日英同盟がアメリカに対抗する性格を持つようになっていることを懸念し、イギリス側もまた、第三次日英同盟の期限満了（一九二一年七月）を前にして、同様な懸念をいだくようになっていた。この条約によって、ワシントン政府は、フィリピン諸島に対する日本の野心を放棄させ、日本の中国に対する帝国主義的進出の重要なテコの役割を果たしていた日英同盟を廃棄させることに成功した。このことは、東アジアにおいても、アメリカが優位な立場に立つようになったことを示している。

一九三一年九月に満洲事変が勃発したことによって、ワシントンの期待は裏切られることになるが、上述の三つの条約を基礎に築かれたワシントン体制は、アメリカが軍事力、経済力の両面からヘゲモンへの道を歩み始めていることを示すものであった。

しかし、共和党政権期の最大の課題は、戦後ヨーロッパの再建であったことはいうまでもない。政府首脳は、戦争で疲弊したヨーロッパの経済的再建と政治的安定の実現は、アメリカの理念や原則に基づき国際秩序を再編するまたとない機会を提供すると受け止めた。ヨーロッパの旧連合国は、戦争中から戦後にかけて一〇〇億ドルもの戦時借款を抱えており、この戦時借款は、アメリカが目指す戦後秩序形成の強力な武器を提供するものであったからだ。また、ヨーロッパの戦後復興はアメリカの繁栄にとっても不可欠であった。

ところが、返済に苦しむ旧連合国は戦債を、共同の戦争努力に対するアメリカの当然の負担とみなし、その帳消しを望んだ。しかし、アメリカの世論と議会は帳消しには反対であったうえに、戦債を「旧秩序」の再編にとっての重要な外交交渉の手段とみなすアメリカ政府は、あくまで返済に固執し、ヘゲモニー国家としての責任を果たすことを拒否した。

フーバー商務長官が一九二三年に「戦債、賠償、軍縮という相互に結びついた問題の解決なしでは引き続く安定を確保することができない」(Wilson, 1975, p. 186) と述べたように、戦債の返済とドイツの賠償支払いとは密接に絡んでいた。問題の解決の鍵はドイツが握っていた。ドイツが賠償金を支払うことができれば、旧連合国は賠償金を戦債の返済に充てることができるからだ。また、ドイツの復興はヨーロッパ全体の復興の鍵を握っており、ドイツ経済の立て直しが先決であった。しかし肝心のドイツは、天文学的といわれる賠償金(一三二〇億金マルク=五二八億円)の支払いを義務づけられ、しかも極度のインフレと経済的混乱のなかにあって、賠償金の支払いは困難だった。二三年にフランスとベルギーは、賠償金の支払いを促すためにルール地方を占領したが、このような強硬措置は事態を一層悪化させた。

状況を打開するために、ヒューズ国務長官は一九二三年にシカゴの銀行家チャールズ・ドーズを委員長とする専門家委員会を組織し、翌年にはドーズ案がまとめられた。同案によると、ドイツの通貨安定のために二億ドルの国際的融資を行い、ドイツ経済の復興に応じて、賠償金支払いを初年度二億五〇〇〇万ドルから五年間で六億二五〇〇万ドルに漸増するというものであった。同年八月、この案が関係国によって承認された。これを契機に、アメリカの投資銀行家J・P・モーガン二世の協力を得て、アメリカ資本が大量にドイツに流入しはじめ、ドイツ、旧連合国、アメリカ三者間で資金が還流するようになった。しかし二九年の大恐慌によって、ドイツ経済は再び悪化したため、ニューヨークの銀行家オーウェン・ヤングを委員長とする専門家委員会がヤング案をまとめ、ドイツの賠償額を大幅に軽減する措置がとられた。

一九二九年三月四日、ニューヨーク株式市場での株価の大暴落で始まった大恐慌は、共和党政権が目指した戦後ヨーロッパの再建も含めた世界システムの再編への取り組みを破綻させることになった。「リベラル・プロジェクト」の挫折の原因は、共和党政権の外交アプローチの限界に加えて、以下に述べるように、この時期のアメリカが、ヘゲモニー国家としての責任とコストを引き受ける覚悟に欠けていた点に求められる。

戦後ヨーロッパの再建への取り組みに見られるように、共和党政権は「小さな政府」論の立場に立ち、民間の活力と資源を外交目的に合致させるというアプローチを採用した。ドーズ案もヤング案もアメリカ政府が直接関与するのではなく、イニシアティブは民間の投資銀行家に任せた。そうしたアプローチは、大恐慌下の経済的困難を克服するのには限界があった。この時期のアメリカは、大恐慌下の世界経済を立て直すのに必要な国際公共財（公的資金の投入、戦債の支払い免除）を供給するという責任感やリーダーシップに欠けていた。

そのことが如実に現れたのが、議会内の保護主義的な動きへの政府の対応である。ハーディング政権の下で、議会は一九二二年にフォードニー・マッカンバー関税法を成立させ、税率をアメリカ史上最高の水準にまで引き上げた。さらに、フーバー政権の下で、三〇年六月、二二年関税法を上回る税率を盛り込んだスムート・ホーリー法を制定した。フーバー大統領はこの法案に拒否権を行使することもなかった。共和党政権下での高関税法の復活は、戦後復興に取り組むヨーロッパ経済の回復に深刻な影響を及ぼすことになった。それは、戦債の返済を迫られている旧連合国と、巨額の賠償支払いに呻吟するドイツに与える影響を無視したものであった。これらの関係諸国がアメリカ市場に輸出できなければ、ヨーロッパの経済復興は不可能だからである。これによって、アメリカ政府は、賠償、戦債、ヨーロッパの再建という相互に密接に絡み合った諸問題を解決するための重要な選択肢を自ら閉ざすことになった。

アメリカの保護主義は、他国の強い反発を招き、恐慌からの脱出をますます困難にした。ヨーロッパの各国、カナダ、メキシコなど、多くの国々が関税を上げ始めたため、世界貿易はさらに縮小した。一九三一年中旬、フーバー大統領は戦債に関するモラトリアムを宣言し、戦債の返済の一時的な停止と交換にドイツからの賠償の取り立てを中断する提案を行ったが、フランスはこれを拒絶した。イングランド銀行は三一年九月、金本位制から離脱した。三二年には英連邦諸国が、カナダのオタワで英連邦経済会議を開催し、アメリカ製品に対抗するために帝国特恵関税制度を創設することで合意した。このオタワ協定は、英連邦諸国内の貿易を容易にするが、域外諸国に対しては関税障壁を設けるもので、閉ざされた地域主義の典型であった。ドイツでは、三三年一月にアドルフ・ヒトラーが権力を掌握し、賠償金の支払いを拒否した。

(3) ニューディール外交と国内優先の論理

大恐慌によって国民の信頼を失った共和党に代わって政権を掌握した民主党のフランクリン・ローズヴェルト大統領(FDR)もまた、国内優先の政策を追求し、ヘゲモニー国家としての責任を担う政治的意思を示しえなかった。

一九三四年六月には、輸出拡大による国内の景気回復を狙った互恵通商協定法が成立した。関税の決定権は本来議会にあったが、同法は、最高五〇パーセントの範囲内で関税を相互に引き下げる権限を大統領に付与し、その協定相手国には、無条件で最恵国待遇を適用するものであった。三七年、四〇年、四三年と更新され、四五年までに二五カ国と互恵通商協定が締結された。

同法は長期的に見れば、アメリカの貿易政策が保護主義から自由貿易主義に移行する起点をなすものであったが、国内優先の論理が濃厚な側面を有していた。すなわち、差別的とみなされる貿易制限を設けている国々に対しては、アメリカは最恵国待遇を付与する必要はなく、一九三〇年に成立した高関税法を適用し、国内の産業や農業を保護することができた。一方、競争力のある輸出産業の分野では、互恵に基づき関税の引き下げを交渉し輸出促進を図るという点で、アメリカに都合のよい法律であった。そのため、協定の締結国が、競争力のない米州大陸内に限定されることになり、「モンロー・ドクトリンの汎米化」(有賀、一九八五、二三二頁)という帰結を招くことになった。それは、諸外国から見れば、米州大陸の囲い込み、すなわちブロック化と受け止められた。

ローズヴェルト政権一期目の対外経済政策は、アメリカの債権国としての地位と貿易収支の黒字基調という立場を踏まえて、世界経済の回復に向けて積極的な指導力を発揮するというものではなかった。そうしたなか、ヨーロッパ諸国や日本はさらに深刻な国際収支の不均衡に追い込まれ、これらの国々は、ますます経済的孤立主義の傾向を強めた。日本では、アジア「モンロー・ドクトリン」といわれる閉鎖的な「地域主義」が急速に台頭することになった。

ローズヴェルト政権は二期目に入って、ファシズムの脅威に対処するために、ニューディール改革という国内優先路線から国際主義路線へと転換し始めるが、そのさい直面した課題は、国内の「孤立主義」勢力の反対をいかに克服するかであった。同政権は中立法の壁に阻まれ、ファシズム諸国の挑戦に対抗するために必要なリーダーシップを発揮することができなかった。

一九三五年第一次中立法は孤立主義感情の高まりのなかで制定された。同法はすべての交戦国への武器輸出、アメリカ国籍の船舶による交戦国への武器輸送、およびアメリカ国民による交戦国の船舶での旅行を禁止するものであった。ローズヴェルトは同年八月に同法に署名した。一〇月にはイタリアのエチオピア侵略が開始されたが、米、英、仏とも消極的対応に終始した。

一九三七年五月の第四次中立法は、これまでの内容を再確認したうえで、非軍事物資に関しては現金自国船輸送方式を追加するにとどまった。その二カ月後には日中戦争が勃発したため、第四次中立法をこの戦争に適用するべきか否かをめぐって議会内で論争が起きた。ローズヴェルトは、宣戦布告のないまま戦闘が続いている状況を逆手にとって、すなわち、日中が戦争状態にあることを宣言しないことを理由に、中立法の発動を拒否した。中立法を適用すれば、日本側に有利となると考えたからである。しかし、ローズヴェルトは、このような間接的な形でしか中国支援ができなかった。

一九三七年一〇月にローズヴェルトは「孤立主義」勢力の影響力が強いシカゴで、有名な「隔離演説」を行い、日本を念頭において、侵略国を国際社会から隔離する必要があると説いた。シカゴ演説は、日中戦争によって生じたアジア危機を協議する九カ国会議がブリュッセルで一一月に開催されることになっていたので、関係国の関心を呼んだ。しかし、「隔離演説」への世論の反応を見たローズヴェルトは、アメリカ国民はいまだ経済制裁など大胆な行動をとる準備ができていないと判断した（Kennedy, 1999, p. 406）。

イギリス首相ネヴィル・チェンバレンは、こうしたローズヴェルト政権のにえきらない態度に不信感を強め、ブリュッセル会議でのアメリカ政府の対応から「引き出すべき教訓」とは、この国から「効果的な協力を確保することの難しさ」だと閣僚に語っている（*Ibid.*, pp. 406-408）。頼りにならないローズヴェルトというチェンバレン首相の認識が、ミュンヘン会談での、ヒトラーとベニト・ムッソリーニに対する「宥和政策」につながっていった。結局、ヒトラーは、一九三八年三月のオーストリア併合、同年九月のチェコスロヴァキア危機におけるズデーテン地方のドイツへの割譲を強行、一〇月にはドイツ軍が同地に進駐した。

ミュンヘン危機後、ローズヴェルトは「われわれはミュンヘンの事態に照らして、わが国の戦争準備体制を全面的に見直さなければならなくなった」(Freidel, 1990, p. 306)、と考えるようになった。

大統領とコーデル・ハル国務長官はようやく重い腰を上げ、中立法の改正（武器禁輸規定の廃棄）に向けて積極的な行動を開始した。しかし、上下両院で根強い反対に直面し、目的を達成することができなかった。このことは、「孤立主義」勢力の強さを物語るものである。それゆえ、中立法の制定と改定をめぐるアメリカ国内の動向は、ヒトラーの野望をさらに膨ませることになった。「中立法があるので、アメリカはわれわれにとって危険な存在ではない」(Weinberg, 1964, p. 1013) と豪語するヒトラーは、一九三九年九月一日、ドイツ軍のポーランド侵攻を命じ、これに対して、九月三日に英仏が宣戦布告したことで、ついにヨーロッパで戦争が開始された。

以上見てきたように、国内の「孤立主義」勢力の存在は、ローズヴェルトがファシズムの脅威に対抗するためのイニシアティブとリーダーシップを発揮することを困難にしていた。両大戦間期において、「孤立主義」勢力の影響力がいまだ無視できない状況の下で、共和党政権も民主党政権も、ヘゲモニー国家としての責任と負担（国際公共財）を担うだけの政治的意思を形成することができなかった。

4 「アメリカの世紀」の幕開けと「グローバル冷戦」——「リベラル・プロジェクト」の制度化

(1) トルーマン・ドクトリンと冷戦の公式宣言——モンロー・ドクトリンの世界化

『タイム』誌の社主ヘンリー・ルース (Henry R. Luce) は、一九四一年二月一七日の『ライフ』誌に「アメリカの世紀」と題する小論を発表した。ルースの主張は三点に要約できる。第一に、アメリカの巨大な生産力が、「アメリカの世紀」実現の基礎だとの認識を示した。第二の基礎は、アメリカが掲げる理念である。アメリカは「自由と正義という理念の発電所」だと述べている。第三に、世界秩序の実現は、この国が「孤立主義」を捨てて「国際主義」に転換し、必要なコストを担うだけの政治的意思を持つことができるかどうかにかかっている、との認識であった。戦争終結までには、その後四年半

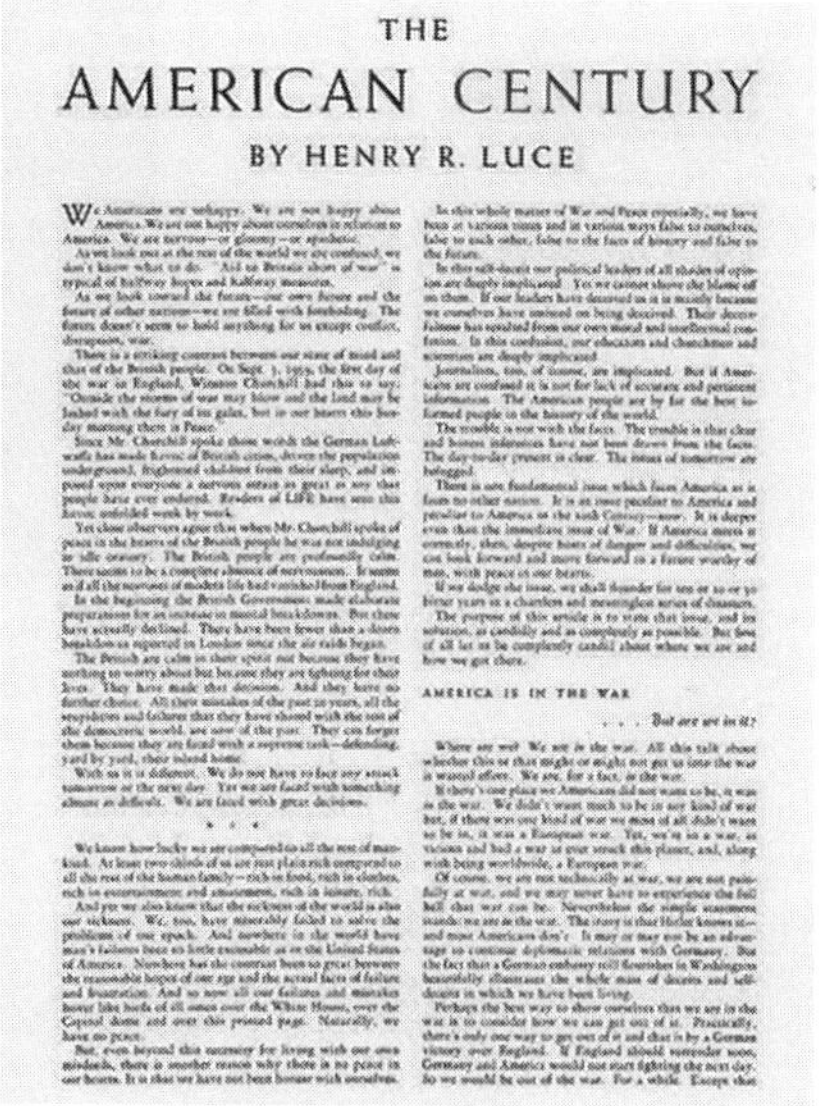

THE
AMERICAN CENTURY
BY HENRY R. LUCE

AMERICA IS IN THE WAR

. . . But are we in it?

図7－5　「アメリカの世紀」と題するヘンリー・ルースの小論

出典：『ライフ』誌（1941年2月17日号）。

の歳月を要したが、第二次世界大戦後の世界は彼が予見したように、「アメリカの世紀」の幕開けとなった。

ワシントンの指導者の多くが戦時中に構想した「パクス・アメリカーナ」の世界を実現するための基盤は以下の数字に示されている。アメリカは第二次世界大戦を、「民主主義の兵器廠」として戦ったが、戦後は、その圧倒的な工業生産力と金融力を基礎に世界最大の軍事大国になった。核兵器の保有はそのことを象徴するものであった。くわえて、その圧倒的な経済力は、一九世紀半ばに「世界の工場」といわれたイギリス帝国の規模をはるかに凌ぐ規模になった。一九四八年の時点での、アメリカのGNPは、イギリスの六倍、日本の三〇倍、英、仏、西独、日四カ国合計と比較しても、その二・六倍であった。鉱工業生産高で見ると、一国で社会主義圏を除く世界の過半を占め、イギリスの五倍、日本の五〇倍以上にのぼった。他の四カ国の合計は、アメリカの半分にも及ばなかった。さらに、アメリカの対外支払準備高はイギリスの一三倍、世界の過半に達しており、金保有で見ると、全世界の保有高の七割強を占めた。まさに「ドル万能」の時代の到来を告げるものであった（新川・長沼、一九九一、一五九〜一六一頁）。

「アメリカの世紀」を実現するための戦後構想の検討は早

図7－6　ダンバートン・オークス会議（1944年8月21日～10月7日）が開催された建物（ワシントンＤＣ）

出典：https://www.loc.gov/item/dc0970/

くも、一九四一年一月に戦後秩序に関する委員会が国務省内に設けられたのに続き、翌年二月、戦後外交政策諮問委員会が設置されたことによって、本格的に開始された。そうした検討を踏まえて、ローズヴェルト政権は、世界経済のグローバル化のための仕組みとして、ニューハンプシャー州の保養地ブレトン・ウッズで開催された国際会議で、国際通貨基金（ＩＭＦ）と国際復興開発銀行（ＩＢＲＤ・通称世銀）の設立を提唱し、ブレトン・ウッズ協定（一九四四年七月）が締結された。ＩＭＦは協定によって定められた八八億ドルの拠出基金をもとに、通貨の安定をはかりながら各国の通貨の交換性を確保し、資本の国境を越えた円滑な流れを維持しようとするものであった。世銀は、戦後の経済復興に必要な資金需要を民間資本でまかなうことを意図し、民間投資の保証機関として機能することが期待された。アメリカ政府はさらに、自由貿易を促進するための機構創設に取り組み、四七年に「関税と貿易に関する一般協定」（ＧＡＴＴ）の成立をみた。ＧＡＴＴは自由、無差別、多角主義の原則に基づき通商の拡大を目指すものである。ＩＭＦ、世銀はそれぞれ、戦後世界経済の安定と拡大のために通貨の安定と民間資本の活用を目指すもので、「リベラル・プロジェクト」の核心をなす。同様に、ＧＡＴＴの創設は世界大の貿易自由化を目指すアメリカの経済秩序形成のもう一つの柱を構成するものであった。両者は、その後、「ＩＭＦ＝ＧＡＴＴ体制」と称され、「アメリカの世紀」実現のための車の両輪として重要な役割を果たしていく。これは「門戸開放」政策のグローバルな規模での制度化である。

一方、政治秩序、安全保障秩序形成の基礎となる国際連合の創設に向けた作業は、一九四四年八月二一日から始まったダンバートン・オークス会議に提出されたアメリカ案をもとに協議がなされ、「一般的国際組織設立」に関するダンバートン・オークス提案が採択された。その後、四五年四月から六月にかけて開催されたサンフランシスコでの国連憲章会議を経て、国際連合が成立することになった（批准は一〇月）。国連憲章第二七条で国連安全保障理事会の常任理事国（米、英、仏、ソ、中）は拒否権を付与され、第五一条によって、地域的集団防衛機構（たとえば、後の北大西洋条約〔NATO〕機構）の設置が可能となることで、アメリカは安全保障秩序の分野において、ヘゲモニー支配の重要な手段を確保した。

一般に、ヘゲモニー国家は、軍事、経済、文化、理念の分野で他の国々の追随を許さない圧倒的な優位と発信力を保有していることが不可欠だと考えられている。戦後のアメリカは、上述の条件を備えるに至った。ワシントンの政策形成者たちは、世界の警察官としての役割と世界経済の管理者としての役割を果たす能力を付与されたが、問題はそうした責任を国際社会で引き受ける政治的意思を持つに至ったかどうかである。

両大戦間期の検討を通して明らかなことは、アメリカが「孤立主義」勢力の反対を克服できず、国際社会における責任と負担を引き受ける政治的意思を形成することができなかったことである。戦後まもなく発生した米ソ冷戦は、そうした「孤立主義」勢力の反対を克服するのに大いに役立った。

米ソ対立が激しくなるなか、一九四七年三月一二日、ハリー・トルーマン大統領は、上下両院合同会議に特別教書を発表し、ギリシアとトルコに対する四億ドルの軍事・経済援助と民間・軍事要員派遣の権限を認める内容の立法化を求めた。これは後に、トルーマン・ドクトリンと呼ばれるようになるが、それはまた、アメリカによる冷戦の公式宣言でもあった。

契機となったのは、経済危機に陥ったイギリス政府が、ギリシア・トルコへの援助を三月三一日をもって打ち切らざるをえないこと、それ以降はアメリカに肩代わりして欲しいと要請してきたことによる。ギリシアでは、イギリスの支援を受けた王党派政権と左翼勢力とのあいだで内戦が戦われており、二月二一日付の二通の覚書を受理したトルーマン政権は、イギリス帝国に代わって「パクス・アメリカーナ」建設の責任と負担を担うか否かの決断を迫られることになった。トルーマン・ドクトリンは、「アメリカの世紀」に向けた新たな国際秩序の担い手になることを宣言したものであった。

それはまた、モンロー・ドクトリンのグローバル化でもあった。モンロー・ドクトリンは西半球へのヨーロッパの旧体制の拡大を阻止し、「アメリカ体制」を同地域に拡大することを想定したものであった。これに対して、トルーマン・ドクトリンは、ソ連を「リベラル・プロジェクト」に対する最大の障害と見なし、共産主義の西側世界への拡大を阻止するために、グローバルな規模で対ソ「封じ込め」政策を追求するものであった。すなわち、トルーマン・ドクトリンは西側世界をアメリカのゆるやかな勢力圏に組み込み、さらに「アメリカ体制」を世界に普及させることを意図したものである（秋元・菅、二〇〇三、一八二頁）。

しかしトルーマン・ドクトリンの作成過程で注目されるのは、アメリカが国際政治にコミットし、その責任を果たしていくのに必要な負担を議会が承認してくれるか否かであった。当時の国内世論の国際問題への関心は低く、外交問題が重要だと回答した者は、一九四六年一二月には二二パーセントにすぎなかった。また、共和党が四六年一一月の中間選挙で勝利し、第八〇議会は一四年ぶりに上下両院とも共和党が多数を握った。共和党は財政保守主義の立場から、財政支出の大幅削減を主張しており、対外援助など多額の出費には懐疑的だった。トルーマンは、二月二七日、ホワイトハウスにアーサー・ヴァンデンバーグ（Arthur H. Vandenberg）共和党上院外交委員長ら八名の有力議員を招き、援助についての了解を求めたが、最初にジョージ・マーシャル（George C. Marshall）国務長官が行った趣旨説明では、議員の反応は冷淡であった。そこで、次にディーン・アチソン（Dean G. Acheson）国務次官が説明を行った。アチソンは、アメリカが責任を回避すれば、「樽の中の一個の腐ったリンゴが、他の多くのリンゴも腐らせてしまうように、ギリシアの崩壊はイランに影響し、やがて東方の全域に及ぶだろう」と警鐘を鳴らし、共産主義運動による東地中海から中東、さらには、アフリカ、ヨーロッパに至るグローバルな「脅威」を強調した。出席していた議員たちは、反ソ的権力政治の論理と、誇張された反共十字軍的モラリズムをミックスした説明（イデオロギー・ポリティクス）に危機感を覚えた結果、今度は提案を了承した。このことは、反ソ・反共イデオロギーやソ連の脅威を強調しなければ、国内の「孤立主義」勢力の反対を克服することは困難であったことを示している。

トルーマン大統領は、トルーマン・ドクトリンとマーシャル・プラン（欧州復興計画）は「同じクルミのそれぞれ半分」を構成するものだと語ったが、両者はアメリカの冷戦政策を相互に補い合う関係にあった。西欧諸国経済は崩壊の恐れに直面しており、欧州経済の破綻は、この地域の社会主義化を惹起し、そのような事態になれば、アメリカ経済は停滞し、究極的には世界資本主義体制そのものが危機に瀕すると懸念された。それゆえ、欧州における「経済的・社会的・政治的混乱」

を回避することが共産主義の「封じ込め」に役立つ、と政権首脳は考えていた。

この危機の背景にあったのは、ドル・ギャップ問題であった。アメリカはドル・ギャップ問題に取り組むなかで、経済・軍事援助をヘゲモニー支配の手段として活用した。欧州諸国が緊急に必要としている資金は約八〇億ドルと見積もられていた。この問題に取り組むために、マーシャル国務長官は、一九四七年六月五日、ハーバード大学における演説のなかで、マーシャル・プランを発表した。翌年三月、議会は経済協力法（ECA）を成立させ、初年度の資金として、四〇億ドルを承認した。一九五一年一二月の終了までに、一二四億ドルもの資金が投入された。これは一九四七年度米連邦政府支出総額三六九億ドルの三三・六パーセント、米国防費一三〇億ドルにほぼ匹敵する額である。このことは、両大戦間期のアメリカとは異なり、戦後のアメリカは、ヨーロッパの全般的危機に対処するために、世界資本主義システムの救済者、および世界経済の管理者としての重責を果たす決意を示すものであった。

西欧諸国に対するアメリカのヘゲモニー支配のもう一つの手段は、北大西洋条約機構（NATO）の創設による安全保障の提供であった。一九四九年一月、マーシャルに代わって国務長官に就任したアチソンは、「経済的措置だけでは十分でない」、「安全保障での安心感」が必要だと考えていたし、ヴァンデンバーグ上院議員も同じ考えであった。

NATO加盟国は一九四九年四月四日にワシントンに参集し、同条約に調印したが、注目されるのは、トルーマン大統領が条約に署名したのと同日（七月二三日）に相互防衛援助法（MDA）案が議会に提出され、同法案が九月二二日に議会を通過したことである。これによって、アメリカの対外援助の八〇パーセントは軍事的性格の強いものとなり、ヘゲモニー支配の重要な手段である援助は、経済援助から軍事援助に力点が移行することになった。包括的な軍事・外交政策の再検討結果をまとめた国家安全保障会議文書NSC-68が、五〇年四月に大統領に提出されたが、同文書は、防衛費を現行の一三五億ドルから三五〇億ドルに一挙に増加させることを勧告していた。五〇年六月に朝鮮戦争が勃発したことで、防衛費の急激な増加に反対していた議会と世論の空気は一変し、NSC-68で主張されていた政策は、トルーマン大統領と議会の承認を得ることになった。その結果、冷戦の軍事化と安全保障優先の論理に貫かれた「封じ込め」の軍事化が促進されることになった。

（2）米ソ冷戦の第三世界への拡大とベトナム戦争――アメリカのヘゲモニーの後退

戦後のアメリカは「自由主義的・資本主義的秩序」を世界的に拡大するために、対外援助を積極的、かつ大規模に実施した。トルーマン・ドクトリンに基づくギリシア・トルコへの援助、マーシャル・プランに基づく西欧諸国への援助、技術援助を中心とする「ポイント・フォー」計画の実施、相互防衛援助法（MDA）及び一九五一年の相互安全保障法（MSA）に基づく軍事援助、五四年に制定された公法四八〇号（PL480）による余剰農産物の売却資金（見返り資金）の活用などを通して、アメリカの影響力を拡大していった。一九五〇年代半ばまでに、ヨーロッパにおける東西対立の分断線が明確に引かれ、冷戦は固定化するようになった。そうした状況の下、ヨシフ・スターリンが一九五三年に死去すると、スターリンの後継者たちは、第三世界における脱植民地化運動の高揚に対応するために、五〇年代半ばから第三世界諸国に援助攻勢を開始した。このため、ワシントンもソ連と中国の援助攻勢に対抗する必要に迫られた。

アメリカの援助総額は、一九四五～六〇年の期間で八〇〇億ドル近くにのぼり、その間の貿易収支の黒字（六二二億ドル）を大きく上回っている。全体としてみれば、経済援助が軍事援助の二倍弱になっているが、経済援助の比重が大きかったのは、戦後初期である。それはマーシャル・プランに基づく対西欧への援助によるものである。上記全期間でみると、軍事・経済援助とも西欧諸国が五割前後を受け取っているが、戦後初期には、経済援助総額の七割を西欧諸国が占め、五〇年代後半の経済復興にともない、経済援助額は小額になった。他方、軍事援助は一九四五～五〇年、一九五一～五五年、一九五六～六〇年のどの期間中においても戦後初期は別としても、西欧諸国がもっとも多く受け取っており、この時期を通して、欧州が重視されていたことを示している（Carter et al. 2006, pp. 483-496. 表7－1を参照）。

他方、朝鮮戦争を契機にアメリカの政策は軍事化の度合いを強めていったことを反映して、五〇年代には、経済援助と軍事援助の比率は逆転し、後者が前者を上回るようになった。軍事援助は、一九四五～五〇年で約二〇億ドル、一九五一～五五年で約一四五億ドル、一九五六～六〇年で約一一三億ドルに対して、経済援助（贈与と借款）はそれぞれ、約二六五億ドル、約一一〇億ドル、約九八億ドルとなっている（*ibid.* 表を参照）。

また、冷戦の力点が欧州から第三世界に移行したことから、一九五〇年代に入ると、第三世界への援助は、経済・軍事援

表7-1　アメリカ合衆国の援助（百万米ドル）

	1945-1950		1951-1955		1956-1960		1945-1960合計	
援助総額	29,110		26,020		23,496		78,626	
	経済援助	軍事援助	経済援助	軍事援助	経済援助	軍事援助	経済援助	軍事援助
全地域合計	26,461	1,983	11,458	14,465	11,979	11,326	49,898	27,774
西ヨーロッパ(1)	18,956	324	5,811	9,256	557	4,801	25,324	14,381
東ヨーロッパ	1,106	0	-9	0	342	0	1,439	0
近東(2), 南アジア	1,011	582	2,026	1,480	4,339	2,273	7,376	4,335
アフリカ(3)	-67	0	209	7	463	39	605	46
極東，太平洋	4,291	1,062	2,460	3,342	4,268	3,754	11,019	8,158
西半球	400	0	750	235	1,504	329	2,654	564
その他	764	15	211	145	506	130	1,481	290

注：(1)除　ギリシア，トルコ，(2)含　ギリシア，トルコ，アラブ連合共和国，(3)除　アラブ連合共和国。
出典：Susan B. Carter et al. eds., *Historical Statistics of the United States*, Vol. 5（Cambridge UP, 2006, pp. 483-496）より作成。

助ともに増大していった。東アジア・オセアニアを見ると、経済援助と軍事援助はそれぞれ、一九四五～五〇年で約四三億ドルと約一一億ドル、一九五一～五五年で約二五億ドル、約三三億ドル、一九五六～六〇年で約四三億ドル、約三八億ドルである。その次に多いのが中東・南アジアであり、東アジア・オセアニア地域の六割にとどまっている。西半球はすでにアメリカの「勢力圏」に組み込まれているということもあり、この地域への援助は意外と少なく、全期間でみても経済・軍事援助を合わせて総額三二億ドルでしかない（*ibid.* 表を参照）。

冷戦は安全保障を中心とする権力政治的側面と第三世界におけるイデオロギー闘争の二つの側面がある。後者はアメリカ・モデルとソ連・モデルのどちらが第三世界諸国の国家建設、近代化に貢献できるかという体制間競争であった。冷戦史家ウェスタッドは、近著で、米ソ冷戦を、「近代のあり方」をめぐる闘争だととらえ、ヨーロッパ中心史観を批判している（ウェスタッド、二〇一〇、第一・二・終章：Westad, 2007）。米ソ対立は一九五〇年代半ば以降、米ソいずれのモデルが近代化に貢献できるのかという観点から、第三世界を中心に展開されることになった。

第三世界の脱植民地化に対するドワイト・D・アイゼンハワー政権の対応の仕方で際立っていたのは、米中央情報局（CIA）を中心に、反政府活動、政府転覆、暗殺などの手段を積極的に行使し、しかもワシントンに協力するコラボレーター政権に軍事援助を供与することによって、リベラルな世界秩序のなかに軍事独裁政権を取り込み、その影響力を拡大していこうとした点である。その際、アメリカはソ連と共産主義を「封じ込める」という冷戦の論理を優先させながらも、第三世界諸国の、反植民地主義、脱植民地化ナショナリズムへも配慮するなど、両者のバランスをとりながら影響力の拡大を図った。

たとえば、アメリカがその石油資源の観点から重視した中東地域への影響力拡大に目を向けてみよう。一九五一年にイランで誕生したモハンマド・モサデク（Mohammed Mossadegh）政権は、アングロ＝イラニアン石油会社の独占的支配に反対を表明した。同社は利潤の約二〇パーセントしかイランに還元していなかったことから、イラン政府は、アラムコがサウジアラビアとの間で合意していたのと同率の五〇パーセントの利益還元を要求した。しかし、イギリスがこれを拒否したため、モサデクは五二年に油田の差し押さえを断行し、翌年には同社の国有化を宣言した。それまで調停役を務めていたワシントンは、アイゼンハワー政権の誕生後、モサデクの民族主義に脅威を感じて、イギリス寄りに態度をシフトさせ、国際石油企業に働きかけて、イラン産石油の世界市場向け輸出を阻止する戦術をとった。

一方、CIAはイラン軍内部の協力者と通じて、大規模な街頭デモを組織し、国内の混乱に乗じて、モサデクを逮捕させた。国外に逃亡していたモハンマド・パーレビ（Mohammed Reza Pahalavi）国王がイランに帰国し、政権復帰を果たした。その後ワシントンは、中東におけるアメリカの拠点として、一九七九年のイラン革命で打倒されるまで、この独裁政権に軍事的・経済的テコ入れを続けた。また、新たに設立された国際コンソーシアムによって、ワシントンは、イギリスのイラン石油利権独占を打破し、米国系石油企業の利権割り込みに成功した。その結果、イランの石油生産の四〇パーセントをイギリス、四〇パーセントをアメリカの五つの企業、残りをオランダのシェル石油とフランスの石油会社が、それぞれ確保することになった（秋元・菅、二〇〇三、一九六〜一九七頁）。

しかし、その影響力を第三世界へ拡大しようとするワシントンの試みは、かならずしも成功したわけでなく、大きなコストをともなっていた。ベトナム戦争へのワシントンの介入は、その最たる例である。

トルーマン政権の下で、ワシントンは五四財政年度には、一〇億六三〇〇万ドルの軍事援助を行っており、それはフランスのインドシナ戦争の戦費の七五パーセントを占めていた（菅、二〇一一、五八頁）。この数字から見れば、フランスはインドシナで、アメリカのために「代理戦争」を戦っていたといえる。アイゼンハワー政権期の一九五四年には、フランスのインドシナからの撤退にともない、ワシントンは東南アジア条約機構（ＳＥＡＴＯ）を組織し、フランスに代わって、東南アジア全域に軍事的にコミットすることになった。ジョン・Ｆ・ケネディ政権の下では、六一年末に三二〇五名だった軍事顧問団の数は、翌六二年には九〇〇〇名に、さらにケネディが暗殺される六三年一一月には一万六七〇〇名にまで増加した。経済援助は六一年の一億四五〇〇万ドルから六三年の一億八五〇〇万ドルに微増しただけであったのに比して、軍事援助は同じ期間に六五〇〇万ドルから一億八五〇〇万ドルに急増した（Williams et al. eds., 1985, p. 144）。ケネディの側近であったシュレシンジャー（Jr.）が語ったように、「それは、酒を飲むのと同じで、酔いがさめれば、またもう一杯飲みたくなるようなものであった」（Schlesinger, Jr. 1965, p. 547）。

リンドン・Ｂ・ジョンソン大統領は、トンキン湾事件が発生すると、トンキン湾決議を議会に提出した。同決議によって、必要と認めた場合に軍事力による介入を認められたことで、ジョンソンは、六五年春から米軍の直接投入による大規模なエスカレーション政策を開始した。しかしその後、ベトナム戦争は泥沼化し、六八年三月にはベトナム和平交渉に専念するとして大統領選挙不出馬を表明した。最終的には、ニクソン政権の下で米軍の撤退が開始され、「もっとも長い戦争」といわれたベトナム戦争は多大な人的、経済的コストを払いながら、七五年にアメリカの敗北という形で幕を閉じることになる。

六〇年代のアメリカは、ヘゲモニーが頂点に達すると同時に、その後退も明白になった時期である。ジョンソン政権末期には、民主党政権下で推進された「成長のリベラリズム」路線は明白な行き詰まりに直面し、一九六八年初頭に発生したドル危機はアメリカのヘゲモニーの後退の始まりを意味した。ベトナム戦費は、一九六五年の一億ドルから六八年には最高の二〇〇億ドルにのぼり、国防費全体に占める割合も四分の一を占めるに至った。ベトナム戦費は国防費の負担を押し上げ、ジョンソンの「偉大な社会」建設にみられるような、内政における諸費用とともに、政府財政赤字を悪化させる要因となった。六八会計年度の政府財政赤字額は二五二億ドル、累積赤字は三六九八億ドル、七三年度はそれぞれ、二四九億ドル、四六八四億ドルとなった（US Bureau of the Census, 1986, p. 305）。

5 ブレトン・ウッズ体制の終焉と冷戦の変容――アメリカのヘゲモニー復活の模索

(1) 二つの「ニクソン・ショック」と二つの石油危機

「ブレトン・ウッズ体制」(IMF＝GATT体制)は、一九六〇年代末にその矛盾を顕在化させた。世界経済の拡大は基軸通貨であるドルの需要の増大をもたらしたが、この需要の増大に応えるには、アメリカは市場を開放し輸入を拡大するか、在外米軍の調達や軍事・経済援助の増大を通して、ドルを世界に供給し続ける必要があった。こうして前者は貿易赤字の拡大をもたらし、一方で後者を通じて、アメリカはドルの「散布」を続けたことで、六〇年代末には、国際収支も大幅な赤字を記録するようになった。その結果、ドルの信認は低下し、六八年三月のポンド危機が引き金となり、アメリカから大量の金が流出した。このため、ジョンソン政権は、金プール協定参加国の了承を得て「金の二重価格制」を採用することになった。公的機関では一オンス三五ドルの価格を維持するが、民間の取引は自由市場に任せるというもので、この合意は、「ブレトン・ウッズ体制が事実上終焉した」ことを意味した(Gavin, 2004, p. 166 : Block, 1977, p. 194)。事実、六九年一月に誕生したリチャード・M・ニクソン政権は、七一年八月一五日、突如「新経済政策」を発表し、ドルと金の交換を停止した(「第一次ニクソン・ショック」)。これによって、ドルは金の裏付けを失い、基軸通貨としてのドルの信認は低下した。同年一二月にはスミソニアン協定が締結され、金一オンスを三八ドルにするドル価格の切り下げが行われ、他方で諸国の通貨価値が一割前後切り上げられた。しかし、スミソニアン体制は長く続かず、七三年春には変動相場制に移行した(Gavin, 2004, pp. 187-196 : Block, 1977, pp. 197-198)。

基軸通貨ドルが「IMF＝GATT体制」の中核をなしていたことを踏まえると、ドルに対する信認の低下は、アメリカのヘゲモニーの後退を意味した。したがって、ニクソン＝キッシンジャー外交の課題は、いかにしてヘゲモニーの回復を図るかであった。そのためにはまず、膨大な戦費を要するベトナム戦争を終結させる必要があった。ニクソンは大統領に就任まもなくの一九六九年五月一四日にベトナム化政策を発表、今後は南ベトナム政府に戦闘の肩代わりをさせていくという方針を打ち出した。ベトナムからの「名誉ある撤退」を視野に入れた方針転換であった。

このベトナムからの「名誉ある撤退」は、北ベトナムを背後で支援している中ソとの関係改善の問題と密接不可分の関係にあった。それは別の手段でもってする対ソ「封じ込め」政策の継続であり、アメリカのヘゲモニー回復戦略の一環であった。ニクソンとヘンリー・A・キッシンジャー補佐官は、この目的を達成するために、モスクワとの間には、これまで通り、デタントを追求し、平和交渉の場に出てくるようハノイを説得してくれることを期待した。すなわち、二人は、ソ連が望んでいる戦略兵器制限（SALT）交渉を開始する代わりに、ベトナム問題での協力をリンケージさせるという方法に訴えた。中ソ対立が激化するなか、モスクワも米ソデタントを維持する必要があったことから、両首脳は一九七二年五月のモスクワでのニクソン＝ブレジネフ首脳会談で、弾道弾迎撃ミサイル（ABM）制限条約とSALTⅠに仮調印した。

一方、中国とも関係改善を模索し、一九七二年二月ニクソン大統領の訪中が実現した（「第二次ニクソン・ショック」）。二月二八日に発表された米中共同声明によって、朝鮮戦争以来二〇数年続いてきた「米中冷戦」に終止符が打たれた。

ニクソン政権は中ソ対立を巧みに利用し、ワシントンに有利な「三角関係」を米中ソ間に構築することに成功した。ワシントンが、中ソに対して等距離外交を維持し、両国に対して漁夫の利を得ることができるような関係を構築したことは、ベトナム戦争によって被ったヘゲモニーの後退に歯止めをかけるとともに、その将来の回復のための重要な布石ともなった。この戦略的三角形の構図の構築は、ベトナム戦争の終結にも望ましい環境を創出することになり、一九六八年五月からまがりなりにも断続的に開催されてきたパリでの和平交渉も進展し、七三年一月にパリでベトナム和平協定が調印された。

ニクソン政権のヘゲモニー回復に向けたもう一つの戦略は、一九六九年七月に発表されたグアム・ドクトリン（ニクソン・ドクトリン）であった。このドクトリンによると、アメリカは同盟国に核抑止力を提供するが、地域紛争に対処するにあたって必要な兵力は現地兵力でまかなわせるというものであった。この戦略は、過剰介入の是正という意味を持っている点では、アメリカのヘゲモニーの相対的低下を反映しているが、他方で同盟諸国に役割分担を求めながら、これまで通りヘゲモニーを維持するという点では、それなりに合理的な戦略であった。

しかしニクソン政権期は、一九七三年一〇月に第四次中東戦争（ヨム・キプール戦争）が勃発したことで、アラブ石油輸出国機構（ＯＡＰＥＣ）の石油戦略に直面した。ＯＡＰＥＣは、七四年一月、原油価格を一挙に四倍に引き上げ、イスラエルと友好的な関係にある国に対して石油の禁輸に踏み切った。これによって引き起こされた第一次石油危機は、西側先進諸国の経済に深刻な影響を及ぼすことになった。アメリカの年間石油輸入額は七二年の五〇億ドルから七五年には四八〇億ドルに一挙に跳ね上がった。

一九七三年に大統領補佐官に留任したまま国務長官に就任していたキッシンジャーは七四年二月、ＯＡＰＥＣの動きに対抗するために、石油消費国会議をワシントンで開催し、消費国間協調の必要性を訴え、そのフォローアップとして、エネルギー調整グループ（Energy Coordinating Group: ECG）の設置を働きかけた。フランスが、双方の提案に反対したため、会議は難航したが、キッシンジャーは、日本やイギリスの協力を得て、ＥＣＧの設置にこぎつけた。ワシントンはさらに、七四年四月の第三回ＥＣＧ会合で消費国機関の設置を提案し、同年一一月国際エネルギー機関（ＩＥＡ）が設置されることに決まった。ＩＥＡは加盟国に一定量の石油備蓄を義務づけ、加盟国間の緊急時石油融通を協定に明記したことに示されるように、石油輸出国機構（ＯＰＥＣ）の優位に消費国が対抗する重要な手段として機能することになり、消費国間の安定した長期的な政策協調枠組みを提供した。ワシントン・エネルギー会議からＩＥＡ設置に至る過程は、ＯＡＰＥＣ／ＯＰＥＣの挑戦を乗り切る枠組みを形成することに成功したことを意味する。他方で、アメリカが指導力を発揮したとはいえ、合理的な価格で世界に石油を供給し続ける努力は、消費国間の多角的協調が不可欠であることを示しており、その意味でアメリカのヘゲモニーの後退を象徴するものでもあった。

ＯＡＰＥＣによる石油戦略発動後は、第三世界で資源ナショナリズムが高揚し、自国の資源を自ら管理、活用しようとする運動が起きた。一九七四年四月に始まった国連資源特別総会は、五月一日に南北間格差の是正を目指す「新国際経済秩序（ＮＩＥＯ）」樹立宣言を発表した。続いて同年一二月の国連総会で、天然資源の恒久主権を規定した「国家の経済的権利義務憲章」が採択された。第三世界諸国はＧ-77の下に結集し、自国資源に対する主権の尊重、一次産品価格の安定維持と基金の創設、途上諸国からの工業製品輸出に対する市場開放や特恵関税制度の導入、先進国による開発資金供給の拡大を求めた。

債務の繰り延べと一次産品の安定化基金の設置要求は、「グローバルな利益の南への早急な再配分を促進することを意図した」ものであった（Garavini, 2012, p. 178）。南北関係の改善にくわえて、自国資源に対する主権の主張は、ワシントンが推進してきた貿易の自由化による世界経済の拡大路線に逆行するものであった。それゆえ、キッシンジャーは、NIEOの要求に対して、産油国と非産油国の利害の不一致を利用した第三世界の分断を目指し、西側先進諸国の団結を訴えることで、この挑戦に対処した。キッシンジャーは、一次産品の価格安定化支援策としてG-77が求めていた国際商品機構（international commodities organization）の設置に反対し、それに代わって、個別に二国間協定を締結することを提案した。また彼は、最貧国援助のために国連の管轄下で特別基金を創設することにも反対した。

石油価格の高騰によって、低廉な石油の安定供給に依存していた先進工業諸国の経済は大きな痛手を被り、世界経済全体が長期不況に陥った。アメリカも例外ではなく、インフレと高止まりの失業率に悩まされる「スタグフレーション」が続いた。一九七四、七五年にはマイナスの経済成長率を記録し、七五年の失業率は七・五パーセントと、大恐慌以来もっとも高率となった。こうした状況からの脱出なくしては、アメリカのヘゲモニー回復は困難であった。

そうしたなか、一九七六年一一月の大統領選挙で民主党から立候補したジミー・E・カーターが勝利し、七七年一月から執務を開始した。カーター政権は、人権を外交政策の柱に据え、世界各地で抑圧されている人々を勇気づけ、また実際、いくつかの国で政治犯の釈放が行われるなどの成果を挙げた。カーターの人権外交は、人権と安全保障など他の外交目標とのトレード・オフ関係に悩まされることになったが、人権擁護の理念は、その後の政権にも継承され、冷戦後もアメリカ外交の重要な柱の一つになっている。その意味で、カーターの人権外交は、ワシントンによる世界のアメリカ化の試みの一環として注目に値する。

カーター政権の外交は、その他にも、一九七七年九月のパナマ運河条約の締結によるパナマ運河の返還、七九年一月一日の米中国交正常化の実現、同年三月のキャンプ・デービッド合意に基づく中東和平協定の調印の仲介、同年六月のSALTⅡ合意など、いくつかの重要な成果を挙げたものの、予想外の出来事によって挫折することになった。その一つは、七九年二月のイラン革命でパーレビ王政が打倒されたことである。その後に誕生したアヤトラ・ホメイニ（Ayatollah S. Khomeini）

政権の下で、米・イラン関係は国交断絶状態に陥り、アメリカは、中東政策の重要な柱を失うことになった。また、イラン革命は第二次石油危機をもたらし、石油価格は二倍以上に上昇した。このため、アメリカ国内ではガソリン不足が一層悪化し、ガソリンスタンドには長い行列ができた。国民の不満は強欲な石油業界のみならず、政府にも向けられ、大統領の支持率はさらに低下した。

第二次石油危機は、非産油国の対外債務をさらに悪化させ、債務危機は第三世界諸国に拡大することになった。第一次石油危機で石油価格が四倍に高騰したことで、第三世界の非産油国の対外債務は急増し、「南南問題」が深刻化していた。発展途上国の債務危機問題は、オイル・ダラーの動向と連動した。オイル・マネーは、アジア新興工業地域（NIEs）、メキシコ、ブラジルなどのラテン・アメリカ諸国を除けば、その圧倒的部分（約八〇パーセント）は欧米の金融市場および域外市場に流れ込んだ。欧米の民間銀行は、膨大なオイル・マネーを第三世界諸国に再融資したことで、これらの国々は対外債務を膨らませていた。第一次石油危機のときとは異なり、第二次石油危機の際には、これらの民間銀行は債務国の支払い能力を警戒し、再融資に慎重な姿勢に転じた。このため、債務危機はさらに深刻化した。

カーター政権の下で導入された新たな金融政策は、債務負担にあえぐ国々にとって、ダブルパンチとなった。一九七八年一〇月、連邦準備制度理事会理事長に就任したポール・ボルカーは、インフレ対策として、金利の引き上げを図った（「ボルカー・シフト」）。このため、変動利率制のもとで膨大な債務を抱えていた第三世界諸国は壊滅的な打撃を被った。他方、OECD諸国は、消費国グループを結成して、省エネ政策、石油の消費量の削減、代替エネルギーの開発などの措置によって、石油消費量の削減に努めたことで、石油価格は次第に低下し、産油国と消費国との力関係は後者に有利に展開していった。このため、八一年一〇月にメキシコで開催されたカンクン・サミットは、先進国側に有利な形で決着することとなった。IMFや世銀に代わって、先進国と途上国が対等な立場で参画する「世界開発基金」の創設を柱とする国際経済・金融制度の改革を求める途上国の要求は頓挫した。NIEOの挫折によって、国際金融・経済秩序は先進国側に有利となり、「民営化された国際通貨システム」の誕生につながった（山口、二〇一六、七三〜八六頁）。

二つの石油危機および先進国の対抗措置によって、NIEOの挑戦は挫折した。それはまた、脱植民地運動に終止符を打つと同時に、「第三世界」の終焉を意味した。

カーター大統領にとって予想外であったもう一つの出来事とは、一九七九年一二月に起きたソ連軍のアフガニスタン侵攻である。これによって、カーターは、それまでの米ソデタントから対ソ強硬路線に転換せざるをえなくなった。八〇年一月二四日の一般教書では、「ペルシア湾地域を支配しようとするいかなる外部勢力の企て」に対しても、「軍事力を含む必要とされるあらゆる手段で反撃する」と述べ、中東における「アメリカの死活的利益」を守ると宣言した。いわゆるカーター・ドクトリンである。続いて、カーターは大統領決定覚書五九号に署名し、ソ連との核戦争に生き残ることを目指した軍事戦略を打ち出した。それにともない、国防予算は、一九七六年の一七〇〇億ドルから八一年には一九七〇億ドルに増大した。

こうして、「第二次冷戦」が開始された。

(2) レーガン・ドクトリンから「ワシントン・コンセンサス」の形成へ

カーター政権下のアメリカは年率一〇パーセント前後のインフレと七パーセントの失業率に苦しんでいたが、これに追い打ちをかけるように、イランのアメリカ大使館人質事件（一九七九年一一月）が発生し、アメリカ国民は国家的屈辱を味わった。こうしたことから、有権者は現状からの脱出を求めていた。

一九八一年一月にホワイトハウス入りしたロナルド・W・レーガン大統領は、こうした世論の声を代弁するかのように、「強いアメリカ」を掲げ、八一年度国防予算をカーター予算よりもさらに一四・六パーセント増額し、その後の実質増を七パーセントにすると発表した。その後八三年三月には、対ソ軍事優位を目指して戦略防衛構想（ＳＤＩ）を発表した。レーガン政権の対ソ強硬路線は、デタントで緩んだ同盟国に対する支配の手綱を締めるという意味合いを持っており、アメリカの軍事的優位を背景にしたヘゲモニー回復戦略の一環でもあった。

レーガン外交で注目すべきは、同政権が第三世界の攻勢と革命的状況に果敢に対処する反革命的軍事介入政策（レーガン・ドクトリン）を展開したことである。一九七四年から八〇年までの時期に、少なくとも一四カ国で革命政権が出現していた。このため、反デタント勢力は、モスクワは米ソ間デタントを利用して、第三世界の革命を支援しデタント破りをしていると受け止めた。また、第三世界における革命運動の高揚と第三世界の政治的攻勢の背景には、ベトナム戦争の後遺症で地域紛争に介入することに抵抗する世論がある、とレーガン政権首脳は考えた。いわゆる「ベトナム戦争症候群」である。それゆえ、レーガン政権は、この「ベトナム戦争症候群」を克服するために、軍事介入を繰り返した。八三年一〇月にはグレナダに侵攻、八六年四月にはリビア空爆を敢行、さらにアフガニスタンの反政府ゲリラへの支援を強化し、ＣＩＡも作戦に参加した。アフガニスタンにおける反政府ゲリラへの援助額は、ソ連軍が八九年二月に撤退するまでに、総額二〇億ドルに達した。中米・カリブ海地域では、ニカラグアのサンディニスタ政権に対する反革命的介入を実施した。八一年一一月には、旧アナスタシオ・ソモサ・デバイレ（Anastasio Somoza DeBayle）独裁政権の軍事指導者を中心に構成されたコントラ（Contra）という反政府組織の軍事訓練に一九〇〇万ドルの資金を供与しただけでなく、レーガンは、彼らを「自由の戦士」としてたたえた。

冷戦後のグローバリゼーションの加速化という視点から振り返ったときに注目されるのは、レーガン政権によって開始された新自由主義に基づく自由化、規制緩和、民営化の推進である。レーガン政権の新自由主義政策は、カーター政権下で試みられた経済政策が行き詰まりを見せたことの帰結であった。すでに言及した「ボルカー・シフト」は、「国際的ケインズ主義の実験の限界」（Sargent, 2015, pp. 273, 282-285）を意味した。

かくして、「小さな政府」に向けた動きは、一九八〇年前後から他の先進国でも顕著になった。イギリスではマーガレット・サッチャー政権が、一九七九年から九〇年まで改革を断行し、日本でも中曽根康弘政権が八七年四月の国鉄の民営化を含め、八二年から八七年まで新自由主義的改革を推進した。

第一次石油危機で生じた膨大なオイル・ダラー、「民営化された国際通貨システム」、第二次石油危機による途上国の債務危機の悪化、ＩＭＦ・世銀による構造調整プログラムの導入という流れのなかで、七〇年代半ば以降、資金調達のメカニズムは、政府開発援助など公的資金から民間銀行による融資中心に移行した。そうしたなか、途上国の二分化が進むことになったが、国際民間資本市場で資金調達が可能な経済的パフォーマンスを示していたアジア諸国は、これらの情勢変化に比較的にうまく対応した。

オイル・ダラーの資金の多くは、ラテンアメリカ諸国の他には、NIEsとASEANにも流れ込んだ（マコーミック、一九九二、二七三〜二七七頁）。一九六〇年代から年率八パーセントを超える成長を続けていたNIEsやASEANは、七〇年代に入っても、高率の成長を続けており、膨大な「ペトロ・ダラー」を抱える民間商業銀行にとっては、魅力的な市場であった。これらの国は六〇年代半ばから、「輸出志向型工業化戦略」（EOI）へと政策を転換するなかで、保護主義的規制を緩和ないし撤廃し、関税を引き下げ、為替レートや金利の自由化、外貨規制の緩和など市場重視の政策を採用して、成果を挙げていた（秋田、二〇一三、二一五〜二一九頁）。その結果、東アジアは、一九九三年の世銀報告が、「東アジアの奇跡」として注目するほどの経済成長を遂げた。

「アジアの台頭」は、一九七〇年代末には中国に影響を及ぼし、中国の指導者たちは、社会主義路線から市場メカニズムを導入する改革開放路線への転換に踏み切った。中国の方向転換は、第三世界諸国の指導者たちに「もっとも深刻な衝撃」を与え、社会主義と計画経済を断念し市場経済に転換する大きな流れを作り出すことになった。ウェスタッドが指摘するように八〇年代前半は左翼的革命国家にとって失望と深刻な後退の時期となった。輸出の九〇パーセント以上を天然資源が占めるアンゴラ、エチオピア、南イエメン、ニカラグアといった諸国は、第一次産品価格の下落によって手痛い打撃を被り、いくつかの国では、七九年から八三年までの間に国家収入が半減したほどである（ウェスタッド、二〇一〇、三三七、三六二〜三六三頁）。

くわえて、レーガン政権の採った高金利政策ゆえに、アジア諸国以外の途上国の多くは、異なる運命を辿ることになった。レーガン政権は、「レーガン軍拡」と貿易赤字の拡大によって、「双子の赤字」を抱え込み、政府財政赤字の急増に直面した。このため政府は、この連邦財政赤字を埋め合わせるべく高金利政策を採用し、国際金融市場から資金を調達するという手段に訴えた。その結果、一九八〇年代前半に利率が劇的に上昇し、八二年末には二二パーセントに達した。

アメリカにおける金利の高騰は、巨額の累積赤字に苦しむ発展途上国の経済に破壊的な影響を及ぼした。変動金利で借り入れていたため、第三世界諸国の負債額はさらに膨らみ、一九八二年のメキシコの債務不履行をはじめとして、支払い不能に陥る国が急増した。

外国の民間商業銀行からの借り入れの返済計画を延長するためには、法定のＩＭＦ割り当て以上の資金を得ることを目的としたＩＭＦのコンディショナリティを受け入れなければならなかった。この方式は「ワシントン・コンセンサス」として知られるようになるが、借り入れ条件には、外国為替と輸入についての規制の廃止、公的な為替レートの切り下げ、貿易の自由化、インフレ抑制策（金融引き締め、緊縮財政、賃金統制）、外国資本に対する規制緩和などが含まれた。一九八〇年代には、メキシコ、ブラジル、アルゼンチン、ベネズエラ、フィリピンなど、債務危機に陥った途上国がＩＭＦと世銀の「構造調整」プログラム（コンディショナリティ）を受け入れた。

この「構造調整」プログラムは、それを受け入れた第三世界の発展途上国では、貧富の格差の拡大、貧困の急増、政治的不安定、国民統合への破滅的な影響を及ぼした。これは、ウェスタッドの言葉を借りれば、「冷戦のグローバル経済への劇的な拡張」であり、アメリカにとっては、「大きな成功」であった（ウェスタッド、二〇一〇、三六四頁）。すなわち、発展途上国の多くは、債務危機への対応の過程で、「ワシントン・コンセンサス」を受容することになり、新自由主義的システムに組み込まれたのである。

米ソ冷戦が終結するのは、一九八九年一一月九日だが、冷戦後に加速化する経済のグローバル化の地ならしは、冷戦が終焉を迎える前にすでに準備されていたといえる。

6　冷戦終焉後の世界における「リベラル・プロジェクト」再構築の試み

（1）「大西洋共同体」のなかのヨーロッパ統合

ヨーロッパ統合の進展がアメリカの安全や国益にとって持つ含意については、アメリカ政府内において、戦後、二つの対照的な見方が存在した。一つは、ヨーロッパ統合は、アメリカのヘゲモニー支配と相反する関係にあるのではなく、相互補完的なものであるとする見方である。もう一つは、統合の進展はヨーロッパの自立性を高めるだけでなく、ひいてはアメリカの国益に反する行動をヨーロッパがとるようになるとする見方である。後者の立場に立つ人たちは、あくまで「大西洋共同体」の枠組みのなかでヨーロッパ統合を推進する必要があると主張する。
その鍵を握っていると考えられたのは、NATOであった。大西洋主義者たちは、「大西洋共同体」の枠組みのなかでヨーロッパの自立化を促進するという立場であり、アメリカのヘゲモニーに挑戦するようなヨーロッパの出現には常に警戒の目を光らせた。一九八九年一一月九日にベルリンの壁が崩壊し、冷戦に終止符が打たれることになったが、冷戦後も、「大西洋共同体」のなかのヨーロッパ統合というワシントンの基本方針に変化はなかった（菅、二〇〇八、第二部・第三部、七九〜一七〇頁）。

ヘゲモニー国家はその地位を保持するためには、安全の保証者、世界経済の管理者、理念や規範の供給者としての役割を果たすことができるかどうかが問われる。一九九一年六月のスロヴェニア、クロアチアの独立宣言が引き金となって始まったユーゴスラヴィア紛争への対応において、EC／EU諸国が連帯して取り組むことができずに、結局アメリカの支援を仰がざるをえなかったように、冷戦後も、安全の保証者としての役割という点で、アメリカに代わる役割をヨーロッパに見出すことはいまだできない状況にある。ボスニア紛争を終結させることになった九四年四月のNATO軍によるセルビア人勢力に対する空爆から翌年一一月の「デイトン合意」による停戦に至る過程で、アメリカは中心的役割を果たした。他方で、その後九九年三月に開始されたNATO軍のユーゴ空爆とコソヴォ紛争の終結（同年六月）においても、EUが果たした役割は限定的なものに止まった。

経済の分野では、一九八〇年代半ばにヨーロッパ統合が進展すると、ワシントン首脳も地域主義を重視するようになった。アメリカの地域主義政策は、ヨーロッパ統合の進展への対応という意味合いを持っていた。その背景には、八六年に開始されたウルグアイ・ラウンド交渉が難航するなかで、停滞する多国間貿易自由化交渉を打開する意図があったが、同時に、この時期ヨーロッパ統合がさらに進展したことも影響していた。八五年一二月のEU外相理事会で「単一欧州議定書」が承認され、同年二月に加盟国一二カ国が同議定書に調印した。さらに九一年一二月にはマーストリヒト条約でEU設立が合意され、九二年二月に加盟国は同条約に調印した。

ワシントンでは、ヨーロッパ市場から排除されるのではないかとの懸念が広がった。ジョージ・H・W・ブッシュ（シニア）政権は、一九九〇年六月、中南米支援構想（ＥＡＩ）を発表し、西半球規模の自由貿易ゾーンの形成、投資の拡大のための取り組みを開始した。また、北米地域においては、九二年八月に米、加、墨三国間で北米自由貿易協定（ＮＡＦＴＡ）の締結にこぎつけた。

ＥＡＩの発表によってＮＡＦＴＡの南への拡大方針が示されて以来、米州自由貿易地域（ＦＴＡＡ）形成に向けた協議は、一九九四年一二月にウィリアム・Ｊ・クリントン大統領の呼びかけで開催された第一回米州首脳会議（マイアミ）によって大きく前進した。キューバを除く米州地域三四カ国が出席したマイアミ会議は、二〇〇五年までに南北米州地域全域を含む自由貿易地域を創出する構想を提唱した。ＦＴＡＡ交渉は南北間格差や三四カ国の利害が絡み、二〇〇一年一月に発足したジョージ・Ｗ・ブッシュ（ジュニア）政権になってもワシントンの思惑通りに進まず、交渉は行き詰まった。しかし、仮にこの構想が実現した場合、人口約八億五〇〇〇万人を擁し、域内国内総生産（ＧＤＰ）の合計が一四兆ドルにのぼる、世界最大の自由貿易圏が誕生することになる。

マイアミ・サミットで注目されるのは、民主主義の維持・強化がうたわれたことである。この点は、アメリカの秩序形成の特徴をよく示している。ワシントンが望ましいと考えるルールや規範に従う国には恩恵を付与することによって、民主化を促進するというやり方である。この方針は、一九九八年四月の第二回米州サミット（サンティアゴ）でも確認された。さらに二〇〇一年四月にケベックで開催された第三回米州首脳会議で、出席者は参加条件に「民主主義条項」を盛り込み、民主主義の一層の強化を図ることで合意した。この条項は、クーデターのような、違憲な方法で民主体制を変更、停止した国にはＦＴＡＡプロセスへの参加を禁止するとしている（菅、二〇〇六、二七四〜二七五頁）。ここには、「リベラル・プロジェクト」をこの地域に拡大するにあたって、「規制帝国」として権力を行使している姿を見ることができる。

地域主義の流れはアジア太平洋地域にも波及し、一九八九年にはアジア太平洋経済協力会議（ＡＰＥＣ）が発足していた。ブッシュ・シニア政権の地域主義政策を継承したクリントン政権は、アジア太平洋をヨーロッパ並みに重視する姿勢を打ち出した。クリントン大統領は、九三年七月の訪日のさいに、早稲田大学での講演のなかで、「新太平洋共同体」構想を発表した。同構想は「より開かれた経済と貿易の拡大、それに民主主義への支持に依拠する」と述べ、ウルグアイ・ラウンドを成功させる必要性とAPECの重要性を挙げた。また、民主主義と人権に対する支持を強調し、民主主義は平和をもたらすとする「デモクラティック・ピース」論を展開したことが注目される。APECへの同政権の関心の高さは、同年一一月にAPECシアトル会議を主催したことに示された。

アメリカの秩序形成に見られる規制権力の行使は、二〇〇四年五月に開始されたEUの東方拡大のアプローチと軌を一にし、この時期の米欧間には価値や規範の共有が見られた。中東欧諸国は、EU加盟にあたっては、EU法の総体系を遵守することが求められ、EU基準に合致する改革を行わなければならなかった。民主主義と法の支配、人権擁護、少数民族の保護、腐敗防止といった「政治的」基準についても、EUは加盟申請国の達成状況をモニターし、EU側が望む政治体制や普遍的原則の受け入れを迫った。こうしたEU基準をクリアした国が加盟を認められることになった（鈴木、二〇〇六、六一～六八頁：辰巳、二〇一二、二四六～二四九頁）。

政治的コンディショナリティは、EUの開発援助政策においても適用された。一九七五年のロメ協定を二〇〇〇年に引き継いだコトヌー協定（旧植民地諸国と結ぶ特恵貿易・援助協定）に盛り込まれている「民主主義条項」をテコとして、この条項に違反した協定国に対しては、欧州開発基金の割り当てを停止するなどの圧力を加えることによって、北アフリカ諸国、CIS諸国、中南米諸国などの協定国の民主化、「よき統治」の促進を図ってきた（辰巳、二〇一二、二二三～二二五頁）。

EUによる規制権力の行使は、ワシントンの推進する民主化や自由化といったアジェンダと共通する部分が多く見られた。たとえば、クリントン大統領は一九九四年一月、NATO首脳会議を招集し、NATOの東欧拡大のために準備した「平和のパートナーシップ」（PfP）を提唱した。PfPは平和維持活動、人道支援活動、危機管理の分野で、NATO諸国と非加盟国との協力関係を強化し、ヨーロッパの分断を防止することを目的としていた。それは、ポーランドやハンガリーなど中欧諸国の強い要請に応じると同時に、中東欧諸国の民主化推進の狙いも込めていた。後者に関しては、PfPが、自由および民主主義の信奉、人権の尊重、法律の遵守、国境の尊重や紛争の平和的解決、軍隊の文民統制などの参加資格を設けていることに示されている。

その一方で、EUはまた難題に直面した。バラク・H・オバマ政権発足からおよそ一年が経過しようとする二〇〇九年一二月、ギリシア国債の格付けが、格付け会社によって次々と引き下げられると、まもなくユーロの下落が始まり、ギリシア危機はユーロ圏全体の危機へと発展した。

このユーロ危機は、ユーロの制度設計に構造的な欠陥があることを露呈した。それは、ユーロ加盟国の経済状況は一様ではないにもかかわらず、単一の通貨政策が施行されるという仕組みに内在する矛盾である。なかでも、財政主権は依然として加盟各国にあるのに、通貨・金融政策はEU（欧州中央銀行＝ECB）にあるという根本問題が解決されていない。確かに、この制度上の問題に対処するため、マーストリヒト条約で、加盟国は財政安定協定によって、単年度政府財政赤字はGDPの三パーセントを、また国家債務残高はGDPの六〇パーセントを超えないという厳しい財政規律を遵守することが義務づけられていた。また、一九九七年六月のアムステルダム欧州理事会で合意された「安定成長協定」では、財政赤字がGDP比三パーセントを超えた場合、罰則が適用されることになっていた。だが、ギリシアは巨額の累積債務を抱え、マーストリヒト基準を満たしていなかったにもかかわらず、加盟が認められたという経緯がある。その後、「安定成長協定」導入にあたって強いイニシアティブを発揮したドイツが、二〇〇一年以降の不況の結果、四年連続で協定違反し、同じくフランスも協定違反を続けたため、〇五年に安定成長協定の基準を緩和する措置がとられた。この措置は、財政規律のモラルを弱めることになり、ユーロ圏全体の危機に発展することになった（遠藤、二〇一三、二七一～二七八頁；遠藤、二〇〇八、二九六～二九七頁）。

EU統計局は二〇一三年八月一四日、ユーロ圏一七カ国の四～六月期のGDPが実質で〇・三パーセントのプラス成長に転じたと発表したが、失業率はユーロ導入後で最悪の一二パーセント台と高く、スペイン二六パーセント、ポルトガル一七・四パーセント、フランス一一パーセントであった。くわえて、競争力、成長率、経常収支、失業率、信用など多くの指標において、ユーロ圏内の南北格差（欧州北部と南部）は手つかずのままである。こうした構造的歪みが続く限り、ユーロの制度的デザインに内在する欠陥は、ユーロ圏を揺さぶり続けることになる。

EUはまた、統合の深化にともない、新たな難題に直面するようになった。二〇〇五年にフランスとオランダが、国民投票で欧州憲法条約の批准を否決した。その背景には、ユーロ危機からの脱出を試みる過程で、EUが、多くの被支援国に厳しい緊縮財政を強いることになり、年金、医療、福祉の削減、高い失業率などの痛みをもたらしたことがある。その結果、ヨーロッパでは、反ユーロ勢力の台頭や経済ナショナリズムが強まった。一三年九月のドイツ総選挙では、反ユーロを掲げる新党「ドイツのための選択肢」（ＡｆＤ）が予想外の健闘を見せた。ＡｆＤの健闘は、ユーロ危機で他国の救済に税金が使われることに不満を持つ層の受け皿となっている。ＥＵやユーロに加盟したために緊縮財政を強要され、暮らしが悪化したとの不満が強い南欧諸国では、統合懐疑派がさらに台頭した。

（２）国際秩序形成をめぐる米欧間競争

ＥＵは安全保障の分野では、ワシントンに依存しなければならない状況にあるが、他方で、世界経済における主要なアクターとしての影響力を高めると同時に、国際秩序形成において独自の存在感を示すようになった。ＥＵはいまや、二七カ国に拡大し、五億の人口をかかえる巨大市場を形成し、世界経済における主要なアクターとして、その影響力を行使する存在である。もう一つは、人権、民主化、法の遵守といった、規範やルール形成の領域での影響力の行使である。ＥＵは、広大な統一市場の力を背景に規制権力として、その影響力を高めてきた。

ＥＵは規制権力を行使することで、グローバル・プレーヤーとして、アメリカと競合する状況も生じている。金融、保険、会計などの領域では、これまでアメリカ基準がグローバル・スタンダードを設定してきたが、近年では、ＥＵの存在感も高まってきた。たとえば、会計基準をめぐっては、ＥＵは二〇〇五年に、ロンドンを本拠地とする国際会計基準委員会（ＩＡＳＢ）が設けた国際会計基準（ＩＡＳＳ）に準拠した、新たな「国際金融報告基準」を採用した。ＥＵ内での会計報告が同一の基準に統一されたことから、これまで独自の会計基準である「一般的に合意された会計基準」（ＧＡＡＰ）を採用してきたワシントンは、ＩＡＳＢ基準を導入する多国籍企業や国が増加するにつれて、両者の整合性をはかるための米欧間協議を行った。その結果、〇七年四月、アメリカ証券取引委員会は、企業がアメリカ国内で会計報告を行う際にＩＡＳ方式とＧＡＡＰ方式のいずれに従うかは、企業側が自由に選択できることになった（McGuire and Smith, 2008, p. 114）。

ＥＵは、ワシントンとは異なる基準をもち、それを他の地域に拡大する存在になっている。ＥＵはまた、世界貿易機関

（WTO）を舞台に、バナナ戦争、ホルモン牛の輸入をめぐる紛争、遺伝子組み換え食品をめぐる紛争をワシントンとの間に抱えている。それは、食の安全、食文化の保護という価値観をめぐる争いでもある（McGuire and Smith, 2008, p. 75）。また、EU司法当局は、EUで活動するアメリカ企業にEU競争法違反で巨額の制裁金を科した。インテル（二〇〇九年五月）、マイクロソフト（二〇一三年三月）、グーグル（二〇一七年六月）は、それぞれ約一〇億六〇〇〇万ユーロ（約一三三〇億円）、五億六一〇〇万ユーロ（約六八〇億円）、二七億ユーロ（約三〇〇〇億円）にのぼる制裁金を科されたが、グーグルに関しては、二〇一八年七月新たに四三億ユーロ（約四七七三億円）の追加制裁金が課された（*The Japan Times*, July 20, 2018）。

上述のようなEUの挑戦を前に、安全保障分野での優位を利用して巻き返しを図ったのが、ブッシュ・ジュニア政権である。ブッシュ政権は二〇〇一年九月一一日に発生したアメリカ同時多発テロ事件（九・一一テロ）を契機として、「対テロ戦争」（対アフガニスタン戦争）を開始した。その延長線上で戦われた二〇〇三年三月の対イラク戦争（第二次湾岸戦争）は、「対ヨーロッパ戦争」としての性格を有していた。

対イラク戦争を主導したディック・チェイニー副大統領、ドナルド・ラムズフェルド国防長官、および「ネオコン」勢力は、ブッシュ（シニア）政権末期（一九九一年秋）にチェイニー（当時国防長官）とポール・ウォルフォウィッツ（当時国防次官）を中心に新国防戦略「一九九四〜九九年会計年度国防計画指針」をまとめていた。同文書は、「世界秩序は、つまるところ、アメリカによって支えられる」という「世界唯一の超大国」意識の下に、「西欧、アジアや旧ソ連で、アメリカと競合し得るいかなる大国の台頭をも阻止する」と明記していた（萱、二〇〇八、一三八頁）。

新国防戦略報告書が作成される前の一九九〇年八月にイラク軍が、クウェートに侵攻し、九一年一月に第一次湾岸戦争が始まった。この戦争は、対イラク戦争（第二次湾岸戦争）を引き起こすことになる要因を作り出した。九・一一テロを契機にブッシュ政権内で影響力を高めた親イスラエル派の「ネオコン」は、サダム・フセインの狙いはクウェートの支配に止まらず、次の標的はサウジアラビアだと疑った。ネオコンにとって、ペルシア湾の石油資源に対する支配は、アメリカのヘゲモニーの行方に重大な影響を与えると受け止められた。また、第一次湾岸戦争の際に米軍戦闘部隊がサウジアラビアに駐留することになったことは、オサマ・ビンラディンらサウジの過激なイスラム原理主義者の怒りを買い、それが九・一一テロにつながったと考えるウォルフォウィッツ国防副長官らは、反米姿勢を強めるフセイン政権を打倒し、イラクにコラボレーター政権を樹立したのち、サウジ駐留米軍部隊をイラクに移動することを考えた（菅、二〇〇八、第八・九章）。

一方、ラムズフェルド国防長官から「古いヨーロッパ」と揶揄されたヨーロッパの同盟国の多くは、先制攻撃を正当化するブッシュ・ドクトリンの構成要素のすべてに反対であった。二〇〇二年一月、ブッシュ大統領は議会で「悪の枢軸」演説を行い、イラン、イラク、北朝鮮を名指しで非難し、さらに同年六月一日にウエストポイントで行われた演説のなかで、先制攻撃のドクトリンを発表した。だが、EUの中核諸国を構成する独仏は、対テロ戦争を優先するブッシュ政権に批判的で、大量破壊兵器の拡散防止、民主化、人権、環境問題などもテロ防止策に劣らず重要だと主張した。第二に、ブッシュ政権による過度の軍事力偏重を批判し、テロへの対応には、貧困、政治的抑圧、民主化支援などテロの根源への取り組みが重要だと論じた。第三に、先制攻撃論や多国間協調を軽視するブッシュ政権の単独主義的アプローチにも批判的だった（菅、二〇〇八、一六六頁）。

米欧間の立場の違いが深まるなか、ブッシュ大統領は、国連安保理にイラク武力行使決議案（米英決議案）を提出した。決議案が成立する見込みがなくなった二〇〇三年三月、ブッシュが、「これは単にサダム・フセインに関する問題ではない——それは、ヨーロッパにおけるパワーの台頭に関する問題である」（菅、二〇〇八、一七〇頁）と述べたことは注目に値する。ブッシュの発言は、EUはこれまでのように、必ずしもアメリカのヘゲモニーに従順に従う存在ではなくなりつつあるとの危機感を表明したものである。

イラク戦争は、四〇〇〇人近くのアメリカ兵の死者と五万八〇〇〇名を超える重軽傷者および深刻なトラウマをかかえた兵士を出し、二〇〇八年までにイラクとアフガニスタンで使った戦費は八〇〇〇億ドルに達した。くわえて、ブッシュ政権の新自由主義的経済政策は、〇八年九月に起きたリーマン・ブラザーズの経営破綻に見られるような金融危機をもたらした。これらはいずれも深刻な政府財政赤字の原因となり、アメリカのヘゲモニーの経済的基盤を大きく揺るがした。

二〇〇八年の大統領選挙で勝利してホワイトハウス入りしたオバマは、米欧関係に亀裂を生じさせることになったブッシュ前政権の単独主義的で軍事力重視の外交とは対照的に、多国間主義、ソフト・パワー、対話重視の路線を打ち出した。

このため、米欧関係は改善されていった。

オバマ政権はまた、ブッシュ前政権から政府財政赤字という負の遺産を受け継いだ。このことは、オバマ政権の内政と外交に大きな足かせとなった。財政赤字は、同政権が発足した二〇〇九年に一兆四四〇〇億ドルのピークを迎えた。オバマ大統領は、一一年に議会で成立した「財政管理法」に基づき、一三年三月には、二一年度までに連邦予算を総額一兆二〇〇〇億ドル（約一二四兆円）削減することを義務づけられ、「強制削減」が実施された。なかでも、米国防費は大幅な削減対象となり、今後、一二～二一会計年度（一〇年間）で六〇〇〇億ドル（約四二兆円）の削減を求められることとなった。その結果、アメリカの軍事戦略は、大規模な二つの地域紛争に同時に対処可能な「二正面戦略」から、「一正面プラス戦略」への変更を余儀なくされ、同時に資源の選択的集中による軍事プレゼンスの拡大（兵力の広範な分散と柔軟性の確保）によってその影響力を保持しようとした。

それにともない、オバマ政権は、安全保障政策の軸足を中東からアジア太平洋に移し、「リバランシング」戦略、すなわちアジア太平洋重視戦略を追求した。その背景には、中国のパワーの台頭への対処という側面に加えて、アメリカ経済の再生や政府財政赤字の制約という内政要因が強く働いていた。このため、オバマ政権は、米国防費の大幅削減にくわえて、対テロ戦争を「限定化」（アルカイダとの闘いに絞る）すると同時に、アフガニスタンからの撤退計画を発表し、二〇一四年末までに戦争を終結するとした。地域紛争への米地上軍の派遣に対して極めて消極的な姿勢を維持し、日本やＮＡＴＯ加盟国に対する役割分担の増大を求め、軍事戦略的には、「オフショア・バランシング」政策を追求した。

財政赤字の削減圧力の下で、オバマ政権成立当時の最優先課題はアメリカ経済の再生であった。ブッシュ政権下で起きた金融危機の事後処理と、失業率七・九パーセントという深刻な不況の対応に追われた。オバマ政権は、アメリカ経済の景気回復と雇用創出、輸出拡大を最優先課題に掲げ、成長センターとしてのアジアの経済的活力を取り込むという方針を打ち出した。ヒラリー・クリントン国務長官は二〇一二年一月二一日の演説で、「雇用外交」（job diplomacy）という言葉を使ってまで、その重要性を強調した。一四年一月二八日に行われたオバマ大統領の一般教書演説でも、雇用の増大を重視する方針を確認した。

オバマ政権はまた、環太平洋経済連携協定（TPP）の締結を重視した。政権一期目と同様、二期目の一般教書演説（二〇一三年一月一二日）でも、「アメリカの輸出を押し上げ、雇用を助け、成長するアジア市場との条件を公平にするため、TPP交渉を完了する」と力説した。TPPは、八〇年代半ば以降に顕著となったワシントンの地域主義政策の延長線上にあるとみることができるが、その意義は、これまでの二国間、地域レベルのFTAやEPAとは比較にならないほど大きい。TPPが対象とする地域は、世界のGDPの四〇パーセントをカバーしており、域内の貿易自由化率は九五パーセント以上になる。それゆえ、オバマ政権は、TPP交渉の早期成立によって、技術革新や先端技術の分野で世界経済をリードしてきたアメリカが、貿易の分野でも有利な立場に立つことを目指した。オバマ大統領は二〇一四年一月の一般教書演説でも、「雇用の拡大を促す」として、TPP交渉の権限を大統領に委ねる「貿易促進権限」（TPA）法案の早期成立を議会に訴えた。その後、上下両院が一五年六月、TPA法案を可決したことから、オバマ大統領はイニシアティブを発揮できるようになり、TPPは一六年二月に一二カ国が署名した。

オバマ大統領がTPP交渉を重視したのは、第一義的には、リーマン・ショックで落ち込んだアメリカ経済の再生に不可欠と考えたからだが、同協定には、急成長する中国の経済力と増大する軍事力への対応という戦略的意図も働いていた。それは、二〇一五年一月に行われた一般教書演説のなかで、中国が、「成長がもっとも著しい（アジア太平洋）地域の通商のルールを定めようとしている」と名指しした上で、「ルールはアメリカが決めるべきだ」と強調したことに示されている。オバマはまた、この演説において、東アジアや南シナ海で挑発行為を繰り返す中国を念頭に、「アジア太平洋地域の同盟関係を時代に即したものに改める」と述べたように、TPP交渉は戦略的意味合いを有していた。

7　「自由主義的国際秩序」の危機——グローバル化のアポリア問題

（1）トランプ政権の登場と反グローバリズム

ドナルド・J・トランプ政権誕生の原動力となったのは、有権者の間に広がった、反グローバリズム、反エスタブリッシュメント、貧富の格差の拡大への不満、反移民感情である。「トランプ現象」が、グローバル化から取り残された低学歴、低収入の白人労働者を代弁したとすれば、民主社会主義者を自称するバーニー・サンダース上院議員が巻き起こした「サンダース現象」は、若者、非白人マイノリティ、女性、リベラルを代弁した。両者の共通点は、グローバル化の推進者としての、ワシントンの政治エリートへの不信である。ヒラリー・クリントン候補は、グローバル化の象徴であるTPPに署名したオバマ政権の政治の継承を訴えたこともあり、現状維持、既存政治、既得権益、グローバル化の代弁者と見られた。その彼女が、TPP賛成から反対に態度を変えたことは、反グローバリズム感情の根強さを自ら認めたことを示している。同様な脈絡で、トランプは、共和党内指導部を批判することも忘れなかった。共和党指導部は、大企業、規制緩和、自由貿易推進しか考えていないと不満を抱く共和党支持者の怒りや恐怖感を利用した。

トランプは、反グローバリズムと反移民感情をうまく結びつけたことによって、有権者の支持獲得に成功した。それゆえ、トランプ政権は、戦後のアメリカが主導して築き上げた「自由主義的国際秩序」に反旗を翻し、「アメリカ第一主義」を掲げ、多国間協調に基づく秩序ではなく二国間交渉を通じた自国優先の秩序形成を目指している。トランプ大統領の場合、多国間主義に基づく戦後秩序は、アメリカが圧倒的な負担と責任を強いられ、他方で同盟国が応分の負担を担わない不公平な仕組みだという認識が顕著である。

オバマ政権下では「小さな政府」を掲げ、歳出削減を強硬に求めてきた共和党は、トランプ政権下で議会の多数派を占めると、赤字拡大路線に転じた。軍の再建と「強いアメリカ」を掲げるトランプ大統領に呼応し、議会上院は一八年度国防権限法案を可決し、トランプの要求を上回る約七〇〇〇億ドル（約七八兆八〇〇〇億円）の国防予算を承認した。また、二〇一七年一二月に税制改革法案が上院で可決され、次年度から法人税率を三五パーセントから二一パーセントに引き下げたうえ、一〇年間で約一・五兆ドル（約一七〇兆円）にのぼる減税を実施することになった。くわえて、一九会計年度では、国防費を前年度比で一三パーセント増額し、さらに一〇年間で二〇〇〇億ドル（約二二兆円）のインフラ投資が盛り込まれたことから、今後一〇年間の累積財政赤字は七・一兆ドル（約七七〇兆円）と、前年度想定の二倍以上に膨らむ見通しだ（『朝日新聞』二〇一七年一一月一八日、同年一二月二一日、一八年二月一四日）。

トランプ大統領は、執務開始早々の二〇一七年一月、選挙期間中の公約通り、TPPおよび気候変動に関するパリ条約から離脱した。このことは、内向き志向を強める世論の声を背景に、「アメリカ第一主義」を掲げるトランプが、「自由主義的・資本主義的秩序」の維持に背を向けたことを象徴的に示すものであった。トランプはまた、一七年二月二八日の施政方針演説において次のように述べた。「私の仕事は世界を代表することではなく、アメリカ合衆国を代表することだ」。トランプの自国優先の論理は、対外的コミットメントの縮小を含意しているが、同盟国への負担増要求や地域紛争への地上部隊派遣に慎重であるなど、いくつかの点で、オバマ政権のリーダーシップの特徴である「背後から導く」(leading from behind)政策と通底するものがある。このことは、オバマ以前の歴代大統領が、軍事的な介入をともなう世界のリーダーとしてのアメリカを自称してきた姿勢とは対照的である。

膨大な連邦政府財政赤字は、アメリカがヘゲモニー国家として、「国際公共財」を提供してきたことの帰結だというのが、トランプの認識である。それゆえ、トランプ外交は、国防費をめぐる同盟国との軋轢や貿易赤字を抱える相手国に対する制裁という形をとっている。トランプは、NATO加盟国に対して、少なくともGDP比二パーセントに国防費を増大するよう要求しているほか、日本に対しては、アメリカ製兵器の購入や在日米軍駐留経費の負担増や貿易赤字削減のための二国間交渉を求め、韓国に対しては、朝鮮半島の「非核化」をめぐる初の米朝首脳会談(シンガポール、二〇一八年六月一二日)後は、コストがかかりすぎるとして、米韓合同演習の一時中止に踏み切り、在韓米軍削減の可能性に言及している。また、アメリカが最大の貿易赤字を抱えている中国に対してのみならず、日本、ドイツといった同盟国やNAFTA加盟国(カナダ、メキシコ)に対しても、一方的な輸入関税を課して、貿易赤字の削減を迫っている。韓国に対しては、米韓自由貿易協定の見直しを求め、見直し合意に、通貨安誘導を封じ込める為替条項を「付帯協定」として盛り込んだ。

トランプのディール外交は、金銭に換算して損得を考える傾向が強い。朝鮮半島の「非核化」問題をめぐる米朝首脳会談後にグアムから朝鮮半島に飛来するB-52爆撃機や米韓合同軍事演習の中止に関連して、「非常に金がかかる」と述べたことは、その例である。この点は、彼の不動産業者としての「成功体験」に根差したビジネスマンとしての損得勘定が影響しているとみることもできるが、それ以上に、アメリカ政府が、膨大な財政赤字を抱え、しかも赤字幅が増大し続けていることへの懸念の反映でもある。

アメリカの貿易赤字については、米商務省発表の二〇一七年の貿易統計によると、モノとサービスの取引を合わせた赤字総額は五六六〇億ドル（約六二兆円）に達した。前年より一二パーセント増え、〇八年以来九年ぶりの高水準となった（『朝日新聞』二〇一八年二月七日）。

なかでも、中国に対する貿易赤字は、過去最大の三五〇〇億ドルを記録した。このため、トランプ政権は、国内雇用を取り戻すためだとして、二〇一八年三月二三日、安全保障を理由に中国の鉄鋼製品に二五パーセント、アルミに一〇パーセントの関税を課す制裁措置を発動した。中国が、四月二日に報復関税を発動すると、トランプ政権は、中国による知的財産権の侵害に対抗するためだとして、通商法三〇一条に基づく制裁措置の検討に加えて、六月一五日、計約五〇〇億ドル（約五兆五〇〇〇億円）の関税措置の発動を発表した。中国が報復を表明すると、トランプは七月一八日、中国に対する総額二〇〇〇億ドル（約二二兆円）の追加制裁の検討を指示した。これに対して、中国もまた、同規模の対抗関税を課すことを明らかにしており、「米中貿易戦争」に発展している。

注目すべきは、知的財産権の侵害を理由にトランプ政権が仕掛けた「貿易戦争」は、先端技術をめぐる米中の覇権争いだという点だ。実際のところ、制裁措置の対象品目は、先端技術育成策として中国政府が重視する「中国製造二〇二五」の重点品目を含んでいる。ハイテク技術は軍事技術の向上と密接な関連があり、安全保障問題と切り離せない。このため、経済覇権をめぐる米中の争いは、経済分野にとどまらず、アジア太平洋における米中覇権競争の性格を有している。

この間、トランプ政権は二〇一七年一二月、「国家安全保障戦略」報告を発表した。同報告は、ロシアと中国は「アメリカのパワー、影響力、利益に挑戦し、アメリカの安全と繁栄を損なおうとしている」と指摘し、両国を、「増大する政治的、経済的、軍事的競争国」と位置づけた（The White House, *National Security Strategy of the United States*, December 2017, p. 2）。トランプ政権下では、南シナ海で岩礁を埋め立て軍事拠点化を進める中国やクリミア併合を強行したロシアは、現状変更勢力だとする見方が顕著であり、こうした脅威に対処するために「力による平和」を唱えている（*ibid.*, p. 25）。このような観点に立ち、一八年一月の一般教書演説は、「核戦力の近代化と再建が必要だ」と述べ、「核なき世界」を目指してきたオバマ前政権の方針を転換した。続いて、同年二月に発表された「核戦略態勢の見直し」（NPR）では、アメリカが兵力削減に努めるなか、逆に中露は軍事力強化を行ってきたとの認識を示した。このため、二〇一〇年のNPR以来「脅威環境は急速に悪化した」と断じ、新たな小型兵器や核巡航ミサイルの開発を表明するなど、核兵器の役割を拡大する方針を明確にした（Office of the Secretary of Defense, *Nuclear Posture Review*, February 2018, pp. I–II）。

トランプ政権の対中国政策は、クリントン、ブッシュ、オバマ政権の中国「関与政策」は失敗であったという認識の広がりを背景にしている。一九九〇年代を通して、ワシントンはこの間、中国に対して最恵国待遇を付与し続け、二〇〇一年には中国のWTO加盟支持を表明した。また、オバマ政権の下で二国間投資協定を締結し、〇六年にはハイレベル経済対話を開始するなど、両国間の経済交流を拡大してきた。こうした対中「関与政策」の前提には、中国が経済的相互依存を深めていくにつれて中国経済の自由化が進展し、それにともない中国政治も民主化していくとの期待があった。だが、中国を「自由主義的・資本主義的」秩序に組み込む戦略は、期待していたような成果をもたらさなかったことから、ワシントンの政策コミュニティの間では、失望感が強まった。こうした対中国認識の広まりが、トランプ政権の中国への対応に大きな影響を与えている（The White House, *National Security Strategy of the United States*, December 2017, p. 23）。

その反面、中国経済の急速な成長は、むしろ中国共産党の正統性を高め、国家主導の「中国モデル」への自信を強めているとの見方が広まった。中国政府は「自由主義的・資本主義的秩序」へのコミットメントを強めるというより、新開発銀行（NDB：ブラジル、ロシア、インド、南アフリカ、中国）の設立（二〇一三年二月）やアジア・インフラ投資銀行（AIIB）の創設（二〇一三年一〇月）、「一帯一路」経済圏構想の発表（二〇一四年一一月）に見られるように、むしろ独自の制度やメカニズムの構築を目指しているとの警戒心が強まった。アフリカなどへの開発援助は、西側諸国の援助方式とは異なり、援助条件のなかに民主化や人権といった規範を含めない。こうした中国式援助も中国は異質だとの印象を与え、ワシントンの不信感を強める要因となっている。

二〇一七年一〇月に開催された中国共産党第一九回党大会で習近平総書記が行った政治報告は、ワシントンの政策コミュニティの懸念と不安を確認するものと受け止められた。習総書記の政治報告は、「同じ政治制度モデルは世界に存在せず、外国の政治制度モデルを機械的に模倣するべきではない」として、「中国の特色ある社会主義」建設を目指すと述べた。そのうえで、建国一〇〇年を迎える二〇四九年頃に、「一帯一路」建設を軸に「貿易強国」を、そして「世界一流の軍隊」をそれぞれ建設し、「社会主義現代化強国」を目指すと宣言した（習総書記政治報告要旨、『朝日新聞』二〇一七年一〇月一九日）。「中国モデル」を強調する習近平外交の新たな展開は、戦後にワシントン主導で構築された「自由主義的国際秩序」が動揺しており、「自由主義」モデルが、かならずしもうまく機能していないとの認識を背景にしている。裏を返せば、それは「中国モデル」の可能性に対する中国指導部の自信の現れでもある。

安全保障分野でも、南シナ海における中国の行動は、ワシントンの政策決定者たちの不信と警戒心を強めた。南シナ海において、中国はワシントンを挑発しないようなやり方で、慎重に現状変更を行う措置をとってきた。アメリカ政府の南シナ海問題へのアプローチは、主権問題には不介入の姿勢をとりながら、埋め立て、インフラ建設、既存の施設の軍事化をこれ以上は進めないよう求める、というものだった。また、南シナ海における中国の主権の主張を認めないとの立場を明確にし、「航行の自由作戦」を展開してきたが、こうしたワシントンのメッセージに中国側は反発し続けてきた。二〇一五年九月訪米の際、習近平国家主席は、中国は南シナ海を軍事化する意図はないと明言したにもかかわらず、現実には、その後もこの海域の軍事化を押し進めている。一六年七月、国連海洋法条約の下で、常設国際仲裁裁判所は、南シナ海の主権に対する中国の主張は根拠が薄弱であるとの判断を示したが、この裁判所の判決の順守を求めるワシントンや関係諸国の要請を中国政府は無視し続けている。こうした中国側の行動によって、ワシントンの政策コミュニティでは、いまや中国は南シナ海を自国の勢力圏にしようとしているとの見方が広まった（Campbell and Ratner, 2018, p. 69）。

二〇一七年六月シンガポールで開催された「アジア安全保障会議」（シャングリラ・ダイアローグ）で演説したジェームズ・N・マティス米国防長官は、中国による南シナ海や東シナ海での強硬姿勢を念頭に、「国際社会の利益を侵害し、今日ここに参加している、中国を含めたすべての国々に恩恵をもたらしている、ルールに基づいた秩序を壊す中国の行動を容認することができない」と強く批判した。国防長官は具体的には、中国による人工島の軍事拠点化、国際法の無視、他国の利益の侵害、非敵対的な解決策をとらない外交手法を槍玉に挙げた（Remarks by Secretary Mattis at Shangri-La Dialogue, June 3, 2017, p.7)。そうしたなか、ワシントンのシンクタンク、外交問題評議会（CFR）の中国問題専門家エリ・ラトナーは、これまでのワシントンの対応は、南シナ海問題で米中二国間関係を損なってまで強硬な対応をしないだろうという印象を中国政府に与えてきたので、中国の認識を変える必要があると主張する。ラトナーは、中国の南シナ海における島嶼の軍事化を阻止するためには、この地域における関係国の主権争いに対してアメリカがこれまで採ってきた不介入姿勢を改め、その本気度を示すために、中国と競合する国々への軍事支援を強化するよう提言しているのが注目される（Ratner, 2017, pp. 64-72）。

（2）トランプ政権と深まる米欧関係の亀裂

一方、トランプ政権登場後の米欧間に目を転じると、二〇一五年一月七日に起きたフランスの週刊誌『シャルリー・エブド』の関係者ら一七人が犠牲になった連続テロ事件、同年一一月一三日のパリ同時多発テロ事件などは、ヨーロッパで反移民感情を拡大させることになった。くわえて、一三年（約一〇万人）から一四年（約二八万人）にかけて、内戦が続くシリアやサブサハラなどからの難民・不法越境者が増加するなか、難民の受け入れをめぐってEU内で対立が強まった。難民の受け入れは経済的、社会的に大きな負担を強いられることから、人権を重視し、受け入れの「公平な負担」を求める独仏と負担増に反発する東南欧諸国との間の見解の違いは大きく、この問題はEUの分断をさらに印象づけた。

フランスでは、ユーロ離脱、反移民を唱える右翼・国民戦線（FN）のマリーヌ・ルペン党首の支持率が急上昇し、二〇一七年五月の大統領選挙の第一回投票で決選投票に進んだほど支持を集めた。最終的には、親EUを掲げるエマニュエル・マクロンが大差でルペン候補を破り、六月に実施された総選挙でもマクロン新党「共和国前進」が、連携する中道政党と合わせて定数の六割を得て大勝し、他方でFNは八議席に留まった。これによって、一六年六月の国民投票で決まったイギリスのEU離脱（ブレグジット）で懸念が高まっていたEU崩壊の危機は回避された。

その一方で、「難民宰相」として世界的に高い評価を受けていたアンゲラ・D・メルケル首相は、難民の急激な流入に対するドイツ国内の反発の高まりに直面し、支持率が急落するなど、窮地に立たされた。二〇一六年九月二四日に行われた総選挙で、メルケル首相の中道右派・キリスト教民主・社会同盟（CDU／CSU）と、連立する中道左派・社会民主党（SP

D）の既存二大政党が、大きく議席を減らし、他方、反移民・反難民・反イスラムを掲げる新興右翼政党「ドイツのための選択肢」（AfD）が前回の議席ゼロから九三議席を得て第三党に躍進した。連立に向けたCDU／CSUとSPDとの協議も難航し、一八年三月に入って、ようやくメルケル政権が誕生した。だが、移民受け入れ問題では、CDU／CSU内にも深刻な対立があり、同政権の求心力低下は明らかだ。

「自国第一主義」を掲げるトランプ政権の誕生は、右傾化するヨーロッパにおいて、反移民、反イスラム、反グローバリズムを掲げる保守勢力を勇気づけることになった。二〇一七年三月に実施されたオランダ総選挙で、親EU連合の中道右派、自由民主党は第一党を守ったものの、反移民・反イスラム・反EUを掲げて台風の目となっていたヘルト・ウィルダース党首率いる自由党（PVV）が第二党に躍進した。同年一〇月のオーストリア総選挙では、反移民・反難民を掲げた中道右派の国民党が第一党となり、反イスラムを訴えた右翼の自由党も過去最高水準の得票だった。こうした右傾化・ポピュリズムの潮流は、EUの中核国の一つであるイタリアにも波及した。一八年三月の総選挙後、新政権の連立協議は難航していたが、選挙で第一党に躍進したポピュリスト政党「五つ星運動」と右派の「同盟」の二党が連立政権を樹立した。新内閣のジュゼッペ・コンテ首相は、難民申請者が最初に上陸した国が申請手続きの責任を負う、とするEUの「ダブリン規則」の根本的見直し、EUの財政規律のルールにも挑戦する姿勢を示した。

トランプ大統領はこうした状況を念頭に、反グローバリズム・反移民・反イスラム感情を煽ることによって、EU中核国と東欧諸国の分断を図り、EUの弱体化を目指している。トランプは二〇一七年七月六日、ドイツで開催されるG20首脳会議に出席する前にポーランドを訪問し、EU懐疑派で反移民を鮮明にする極右政党「法と正義」の政策を褒めたたえた。一八年五月に駐ドイツアメリカ大使として赴任したリチャード・グレンネルは、「ヨーロッパの保守派たち」を「エンパワーしたい」と述べ物議をかもしたが、この発言はドイツでは、トランプ大統領の対EU認識を反映したものだと受け止められた。また、難民問題でメルケル政権内の亀裂が深刻化していた同年六月、トランプ大統領は、中道右派の「フィデス・ハンガリー市民連盟」を率いるオルバン・ビクトル党首と電話会談を行った。オルバンは「ヨーロッパのトランプ」と称され、一〇年に政権を掌握して以来、強権政治を推進している人物であることから、トランプのこうしたジェスチャーは、反EU、反グローバリズム勢力への共感を示唆するものであった。メルケル政権内でキリスト教民主（ＣＤＵ）と社会同盟（ＣＳＵ）間で移民受け入れ数の上限をめぐる対立が顕在化し連立崩壊が危ぶまれるなか、トランプは、「移民問題が、すでに弱体化した連立を揺るがしている。ドイツ国民は現在の政権指導部に背を向けつつある」とツイートした（*The New York Times* international edition, June 20, 2018）。

トランプ政権の出現にともない、米欧関係の構図には安全保障分野でも注目すべき変化が生じた。その最大の原因は、トランプ大統領が、「アメリカ第一主義」を掲げ、国益優先の論理を打ち出し、選挙期間中、ＮＡＴＯを「時代遅れ」と批判して以来、ＮＡＴＯ軽視と受け止められるような発言を繰り返していることにある。このため、ＥＵ指導者の間には、トランプ政権への不信感と反発が広がった。ドナルド・トゥスクＥＵ議長は、イギリスを除く二七加盟国の首脳に宛てた二〇一七年一月三一日付書簡のなかで、ＥＵが直面する脅威として、中国の海洋進出、ウクライナ危機をめぐるロシアの侵略的政策、中東とアフリカにおける戦争・テロ・無秩序と並んで、「過去七〇年間のアメリカの外交政策に疑問を投げかける」トランプ政権の姿勢に言及し、これらの出来事が、「ＥＵを困難な状況にしている」と警戒心を露わにした。ＥＵ加盟国の指導者の間からは、トランプ政権への不安とヨーロッパ独自の核保有の可能性への言及がなされるようになっている。

二〇一八年七月一一、一二日の二日間、ブリュッセルで開催されたＮＡＴＯ首脳会議、続くイギリスでのメイ＝トランプ首脳会談およびフィンランドでのトランプ＝プーチン首脳会談は、欧州の主要参加国のトランプ政権に対する不信と不安を一段と増幅させることになった。ＮＡＴＯ首脳会議最終コミュニケは一方で、ＮＡＴＯ加盟国は二〇二四年までに国防費をＧＤＰの二パーセントに引き上げるという従来の方針を確認することによってトランプ大統領の要請に配慮し、さらにグルジア問題やクリミア併合に見られるロシアの行動を脅威だとする見解を共有し、ＮＡＴＯ支持の表明やサイバー・セキュリティの強化に関する相互協力をトランプ大統領から引き出した（*The New York Times* international edition, July 14, 15, 2018）。

にもかかわらず、トランプは、アメリカ国内の批判や反対を無視してウラジーミル・Ｖ・プーチン大統領と首脳会談を行ったうえ、その会談の席上、二〇一六年のアメリカ大統領選挙へのロシア干渉疑惑問題に関して、自国の情報機関の結論

図7－7　ロンドン・テムズ川にかかるウェストミンスター橋でEU離脱（ブレグジット）反対のスローガンを掲げるデモ参加者たち

出典：Dan Kitwood/GettyImages.

よりもプーチンの説明を信頼するかのような発言をした。トランプの矛盾した言動は、ワシントンと欧州との信頼関係の基礎を揺るがし、トランプはヨーロッパを、米、中、露を中心とする大国間政治のパートナーと見ていないとの見方がＥＵ首脳間に広がった（*ibid.*, July 26, 2018）。

そうしたなか、イギリスによるＥＵ離脱の選択は、イギリス経済に予想困難なリスク要因をもたらしただけでなく、欧州統合推進勢力にとっても、中心的な自由貿易主義の支持者を失うという意味で、大きな痛手となった。

イギリスはユーロに参加していない。にもかかわらず、デービッド・Ｗ・キャメロン首相は、ＥＵ離脱を求める世論に抗しきれず、二〇一三年一月、一五年の総選挙で政権が継続すれば一七年末までに、ＥＵ残留か離脱かをめぐる国民投票を実施すると表明した。ＥＵはイギリスの輸出の半分を占める最大の貿易圏であることから、離脱については、経済界にも懸念する声があった。しかし、世論調査では、ＥＵ離脱への賛同が半数を超え、脱ＥＵを唱える小政党「イギリス独立党」の支持率が上昇するなか、ＥＵ残留派の首相としても、関係見直しに言及せざるをえない状況に追い込まれた。

不満の背景には第一に、ギリシアの債務危機に端を発したユーロ危機で国民は増税や福祉手当の削減を強いられたうえ、南欧諸国などへの支援を迫られたことがある。第二に、ＥＵ加盟後の東欧諸国から、労働力としてイギリスにやって来る移民が急増し、社会保障費が圧迫され、彼らに職を奪われたという意識が低所得者の間に広がったことである。ＥＵ離脱派は、「主権を取り戻し」、ＥＵ加盟国内の移動の自由を制限すれば、事態は改善すると国民に訴えた。国民投票は、キャメロン首相の意に反する結果をもたらした。

離脱派にとって最善なのは、移動の自由を認めずに単一市場へのアクセスを維持することであった。テリーザ・Ｍ・メイ首相は二〇一七年一月、「半分残り、半分出ることはない」と述べて、完全離脱の方針を表明した。すなわち、単一市場への参加よりも移民規制を優先し、EU司法裁判所からも脱退するというものであった。

「ハード・ブレグジット（強硬な離脱）」という、メイ首相が当初打ち出した方針は、EU側の交渉方針を踏まえるならば、それなりの合理性を有していた。イギリスを除く二七カ国は、「人、モノ、サービス、資本の移動の自由」は不可分であり、「いいとこ取りは許さない」という方針を明確にしていたからだ。だが、メイ首相が示した方針は、経済的悪影響をともなう、単一市場からの離脱も辞さないとするものであり、市場への残留を望む声も根強かった。メイ首相はその後、二〇一八年七月に「離脱白書」を発表し、「ソフト・ブレグジット（穏健な離脱）」に転換した。この新たな方針は、人の自由な移動は制限しつつ、EU単一市場の恩恵は受けたいというもので、EUが認めないとしてきた「いいとこ取り」そのものである。二〇一九年一月一五日、イギリス議会は大差でメイ首相のEU離脱案を否決した。EU側も離脱条件（アイルランド国境管理問題）をめぐる再交渉は拒否しており、三月末の交渉期限切れを前に「合意なき離脱」への懸念が高まっている。そうなると、イギリス経済だけでなく、EUそして世界経済全体への悪影響は避けられないだろう。

一方、EU離脱に向けたイギリス政府の交渉姿勢に対するトランプ政権の対応は、オバマ政権のそれとは対照的である。オバマ政権はイギリスのEU離脱には反対であった。それは、二〇一三年一月九日に訪英した欧州担当国務次官補フィリップ・ゴードンが、「アメリカはEUとの関係を強化しており、イギリスがEUで大きな発言力を持っているのが望ましい」と述べたことに示されている。オバマ政権はまた、EUとの間で自由貿易協定（FTA）交渉を開始しており、対テロ戦争など外交面でも共同歩調をとる必要があることから、イギリス国内の反EU勢力の台頭には警戒してきた。だが、トランプ政権は、NATO国防予算に対するEU加盟国の役割分担増を強く求めてきただけでなく、移民・難民・人権、法の尊重などの分野でEUと対立してきた。このためメイ首相が、「ハード・ブレグジット」から「ソフト・ブレグジット」に方針転換を行い、EUとの関係維持を重視する姿勢を示すと、トランプ大統領は、この軌道修正に不満を示した。

トランプは大統領就任後も、NATO支持を表明したかと思うと批判を繰り返し、再三の説得を無視して地球温暖化対策に関するパリ協定からの離脱の意向を変えず（二〇一七年六月一日に離脱を表明）、移民受け入れ政策でもドイツと対立した。

メルケル首相は二〇一七年五月二八日、バイエルンでの選挙演説のなかで、トランプ政権への信頼性に疑念を呈し、次のように述べた。「ある意味では、われわれが全面的に他の国を当てにできる時代は終わりました」、「われわれ欧州は、真剣に自らの運命を自分の手に取り戻さなければなりません」。続いて、一カ月後の六月二九日には、保護主義と孤立主義勢力への警戒を呼びかける演説を行った。ＥＵの分断を通して「自国第一主義」を貫こうとするトランプ大統領の出現は、オバマ前政権期に改善された米欧の協調関係の基盤を突き崩しつつある。

オバマのスピーチライターで大統領副補佐官（国家安全保障担当）を務めたベン・ローズによると、オバマは二〇一六年一一月一七日、最後のヨーロッパ訪問の旅に出かけた際、ドイツに立ち寄った。メルケル首相は、米大統領選挙でのトランプの勝利とブレグジット問題が、米欧関係やＮＡＴＯの将来に及ぼす不安を強く感じていた。食事をとりながら行われたオバマ大統領との長時間の会談で、メルケルはそのことに触れながら、もう一期政権を担う決意を吐露した。大統領専用機の入り口でオバマ大統領がメルケル首相にお別れの言葉をかけたとき、彼女は涙を浮かべていたという（Rhodes, 2018, p. xiv）。その後の米欧関係の推移を振り返ると、メルケル首相の不安と懸念は的中したようだ。

メルケルやマクロンが、規範・ルールの遵守や多国間主義に基づく国際秩序を維持しようとしているとすれば、戦後秩序は必ずしもアメリカの利益にはつながらなかったと考えるトランプは、「アメリカ第一主義」を掲げて、秩序維持にともなうコストと役割分担の見直しを通して、彼が「公平で相互的」と考える秩序の構築を目指している。そうした戦後秩序観の違いは、米中間にもみられ、中国は習近平政権の下で、「新時代の中国の特色ある社会主義思想」に基づく規範とルールを国際秩序に反映させる外交を展開するようになっている。

トランプ大統領は、ワシントンが主導して構築した多国間主義に基づく国際秩序は、いまや自国に不利に作用していると考えている。だが、アメリカが直面する問題の本質は、国際秩序のみにあるのではない。トランプの熱烈な支持者たちが問題にしているのは、グローバル化を推進してきたエリート層が、一方で巨大な富を獲得しながら、他方で多くの人たちを置き去りにしてきたことである。ここで問われているのは、貿易・金融のグローバル化と国内の雇用・福祉との関係をどうバランスよく維持するかという点にある。ジョン・ラギーは、両者のトレード・オフ関係に注目し、その均衡を「埋め込まれた自由主義という妥協」と表現した（Ruggie, 1996, p. 37）。いまやこの均衡の崩壊が現実のものとなるなか、トランプを支持する有権者たちは、「埋め込まれた自由主義」への復帰を求めているとも言える。

だが、貿易と金融のグローバル化は、グローバル資本と国家との関係を大きく変えることになった。いまや、アメリカといえども、巨大な資金のフローを制御できなくなっている。二〇一〇年九月一日に公表された国際決済銀行（ＢＩＳ）のデータによると、一日当たりの世界の為替取引高は、〇七〜一〇年の三年間で二〇パーセント増加して四兆ドルとなった。これはドイツのＧＤＰに匹敵する規模である。一六年度は対〇一年比で四倍の金額となる五兆六七〇億ドル（一ドル＝一〇六・八三円換算で約五四一兆円）となっている。こうした巨大な資金のフローが作り出す国家間、国家内の経済格差の問題にどう対処するかは、世界秩序の安定と平和にとってのアポリア問題である。

グローバル金融市場の急激な膨張は、ヘゲモニー国家としての重要な役割である世界金融市場の管理をアメリカ単独で果たしていくことができなくなっていることを意味している。より深刻なのは、ワシントンがこれまで構築してきた仕組み（ＩＭＦ＝ＧＡＴＴ／ＷＴＯ）では、もはやグローバル資本の活動に対処することができなくなりつつあることである。それに代わる仕組み（たとえば、Ｇ20）もかならずしも機能していない。この点は、世界第二の経済大国となった中国についても同様である。

グローバル化によって開けられたパンドラの箱から出てきた魔物をどう制御するかは、もはやアメリカや中国やＥＵに限局された問題ではなく、まさに世界システム全体を脅かす重大事である。

（二〇一九年二月七日脱稿）

参考文献

秋田茂「経済援助・開発とアジア国際秩序」秋田茂編著『アジアからみたグローバルヒストリー』ミネルヴァ書房、二〇一三年、一九七〜二二四頁。
秋田茂『帝国から開発援助へ——戦後アジア国際秩序と工業化』名古屋大学出版会、二〇一七年。
秋元英一・菅英輝『アメリカ20世紀史』東京大学出版会、二〇〇三年。

有賀貞『アメリカ政治史』福村出版、一九八五年。

猪木武徳・高橋進『世界の歴史』第二九巻（冷戦と経済繁栄）中央公論新社、一九九九年。

遠藤乾編『ヨーロッパ統合史　史料と解説』名古屋大学出版会、二〇〇八年。

遠藤乾『統合の終焉――EUの実像と論理』岩波書店、二〇一三年。

菅英輝「「市場拡大方針」と地域主義の台頭」『原典アメリカ史』第九巻、二〇〇六年、二七二〜二八三頁。

菅英輝『アメリカの世界戦略』中公新書、二〇〇八年。

菅英輝「東アジアにおける冷戦」木畑洋一他編『東アジア近現代通史　第七巻――アジア諸戦争の時代　一九四五〜一九六〇年』岩波書店、二〇一一年、四五〜七〇頁。

菅英輝『冷戦と「アメリカの世紀」』岩波書店、二〇一六年。

カミングス、ブルース「アメリカの戦争のやり方」菅英輝編著『アメリカの戦争と世界秩序』法政大学出版局、二〇〇八年。

鈴木一人「「規制帝国」としてのEU――ポスト国民帝国時代の帝国」山下範久編『帝国論』講談社選書メチエ、二〇〇六年、四四〜七六頁。

新川健三郎・長沼秀世『アメリカ現代史』岩波書店、一九九一年。

辰巳浅嗣編著『EU　欧州統合の現在』第三版、創元社、二〇一二年。

バーンスタイン、B・J編著、琉球大学アメリカ研究所訳『ニューレフトのアメリカ史像――伝統史学への批判』東京大学出版会、一九七二年。

マコーミック、トマス・J著、松田武・高橋章・杉田米行訳『パクス・アメリカーナの五十年』東京創元社、一九九二年。

森聡「ドイツ統一とNATOの変容――統一ドイツのNATO帰属合意をめぐる政治と外交」菅英輝編『冷戦と同盟――冷戦終焉の視点から』松籟社、二〇一四年。

山口育人「ブレトンウッズ体制崩壊後の国際通貨制度の再編」『国際政治』一八三号、二〇一六年、七二〜八六頁。

Block, Fred L. *The Origins of International Economic Disorder: A Study of United States International Monetary Policy from World War II to the Present*, Berkeley: University of California Press, 1977.

Campbell, Kurt M. and Ely Rutner, "The China Reckoning How Beijing Defied American Expectations," *Foreign Affairs*, Vol. 97, No. 2

(March/April 2018), pp. 60–70.

Carter, Susan B. et al, eds., U. S. Department of Commerce, Bureau of the Census, *Historical Statistics of the United States* (1975), vol. 5, part 4, revised updated edition, Cambridge: Cambridge University Press, 2006.

Christopher, Warren, *In the Stream of History: Shaping Foreign Policy for A New Era*, Stanford, California: Stanford University Press, 1998.

Christopher, Warren, *Chance of a Lifetime: A Memoir* , N.Y.: Scribner, 2001.

Cumings, Bruce, *Dominion from Sea to Sea Pacific Ascendancy and American Power*, New Haven: Yale University Press, 2009.

de Vasconcelos, Álvaro and Marcin Zaborowski, eds., *The Obama Moment: European and American Perspectives*, Paris: EU Institute for Security Studies, 2009.

Freidel, Frank, *Franklin D. Roosevelt: A Rendezvous with Destiny*, N.Y.: Little, Brown & Co., 1990.

Garavini, Giuliano, *After Empires: European Integration, Decolonization and the Challenge from the Global South 1957–1986*, Oxford: Oxford University Press, 2012.

Gavin, Francis J., *Gold, Dollars, and Power: The Politics of International Monetary Relations, 1958–1971*, Chapel Hill: The University of North Carolina Press, 2004.

Kennedy, David, M., *Freedom from Fear: The American People in Depression and War, 1929–1945*, Oxford: Oxford University Press, 1999.

Kissinger, Henry, *American Foreign Policy*, N.Y.: W. W. Norton & Co., 1969.

Kissinger, Henry, *White House Years*, Boston: Little, Brown & Co., 1979.

Kissinger, Henry, "What Kind of Atlantic Partnership?" *Atlantic Community Quarterly*, 7–1 (Spring 1969).

LaFeber, Watler, *The New Empire: An Interpretation of American Expansionism, 1860–1898*, Ithaca, N.Y.: Cornell University Press, 1963.

LaFeber, Walter, *Inevitable Revolutions: The United States in Central America*, N.Y.: W.W. Norton & Co., 1983.

LaFeber, Walter, *The American Age: United States Foreign Policy at Home and Abroad since 1750*, N.Y.: W.W. Norton & Co., 1989.

Lundestad, Geir, *"Empire" by Integration: The United States and European Integration, 1945–1997*, Oxford: Oxford University Press,

1998.

Mattis, James N., Remarks at Shangri-La Dialogue, June 3, 2017.
https://dod. defense. gov/News/Transcripts/Transcript-View/Article/1201760/remarks-by-secretary-mattis-at-shangri-la-dialogue/

McCormick, Thomas, *The China Market: America's Quest for Informal Empire, 1893-1901*, Chicago: Quadrangle Books, 1967.

Ruggie, John G., *Winning the Peace: America and World Order in the New Era*, N. Y.: Columbia University Press, 1996.（ジョン・G・ラギー著，小野塚佳光・前田幸男訳『平和を勝ち取る　アメリカはどのように戦後秩序を築いたか』岩波書店，二〇〇九年）

McGuire, Steven and Michael Smith, *The European Union and the United States*, N.Y.: Palgrave/Macmillan, 2008.

Morgenthau, Hans J., *The Purpose of American Politics*, N.Y.: Knopf, 1960.

Ratner, Ely, "Course Correction How to Stop China's Maritime Advance," *Foreign Affairs*, Vol. 96, No. 4（July/August 2017）, pp. 64-72.

Rhodes, Ben, *The World as It Is: A Memoir of the Obama White House*, N.Y.: Random House, 2018.

Sargent, Daniel J., *Superpower Transformed The Making of American Foreign Relations in the 1970s*, Oxford: Oxford University Press, 2015.

Schlesinger, Arthur M., Jr., *A Thousand Days: John F. Kennedy in the White House*, Boston, Houghton Mifflin Co., 1965.

U.S. Bureau of the Census, *Statistical Abstract of the United States*: 1986, Washington, D. C. : USGPO, 1985.

Weinberg, Gerhard, "Hitler's Image of the United States," *American Historical Review*, 69（July 1964）, pp. 1006-1021.

Westad, Odd Arne, *The Global Cold War: Third World Interventions and the Making of Our Times*, Cambridge: Cambridge University Press, 2007.（O・A・ウェスタッド著，佐々木雄太監訳『グローバル冷戦史――第三世界への介入と現代世界の形成』名古屋大学出版会，二〇一〇年）

Williams, William A., *The Tragedy of American Diplomacy*, N.Y.: W. W. Norton & Co., 1972, new edition.（ウィリアム・A・ウィリアムズ著，高橋章・松田武・有賀貞訳『アメリカ外交の悲劇』御茶の水書房，一九八六年）

Williams, William et al, eds., *America in Vietnam: Documentary History*, N.Y: Anchor Books, 1985.

Wilson, Joan Hoff, *Herbert Hoover: Forgotten Progressive*, Boston: Little, Brown & Co., 1975.

第8章　中国と第三世界
——脱植民地化に対する中国の取り組みの展開——

翟《チャン》　强《ジャイ》（安井倫子訳）

1　アジアにおける冷戦と脱植民地化の交錯

一九四九年に中国の共産主義者が権力を掌握した時、世界は急速な変容のただ中にあった。第二次世界大戦中、日本のアジアへの侵略が、西欧諸国の植民地を弱体化し、アジア地域における脱植民地化の過程を容易にした。戦後、アジアは、冷戦と脱植民地化が相互に作用しあった地域となった。反植民地運動が勢いを増すと、アメリカ合衆国とソ連の両方は、この運動を冷戦に巻き込もうとした。こうして、「北」の抑圧への「南」の反抗として始まったものが、「東」と「西」の競争にからめとられ、複雑な歴史的経過をたどることとなった。冷戦の舞台が、ヨーロッパからアジア、そして他の地域へと移動するにつれて、ワシントンとモスクワの地政学的競争として発生した冷戦は、社会的・政治的システムあるいは体制の競争に姿を変えた。すなわち、人々が、植民地の足枷から独立を勝ち取り、政治的変動、社会革命、経済の転換、また人種・エスニック紛争といった問題に遭遇し乗り越えようとするなかで、冷戦は、どちらの陣営が進歩のモデルや理念を体現しているのかを競う争いでもあった。冷戦は、第二次世界大戦後の植民地地域での独立と自由のための闘争と時を同じくしただけでなく、これらの闘争の趨勢、速度、また、結果にまで影響を及ぼしたのだった。

毛沢東と彼の同志たちは、冷戦と脱植民地化運動という車の両輪のような二つの歴史的過程と、彼らの革命との関係をどのように考えていたのか。モスクワの方針は、アジアの非共産主義的民族主義の指導者たちに対する中国の態度に、影響を与えたのだろうか。アジア・アフリカの新興国に対する彼らの政策が、一九五〇年代上半期にどのような展開を遂げ、一九五五年のバンドン会議における画期的外交にどう結実したのか。これらの疑問に答えることは、ソ連や合衆国と中国の関係、そして非西欧の民族主義的諸国と中国の相互作用を明らかにし、さらには、このことがもっとも重要ではあるが、中国共産党指導部が、どのようにアジアにおける脅威を感知し利益や機会だととらえたのか、また、戦後世界における中国の位置をいかに定めようとしたのかといった問題に光を当てることになるだろう（Darwin, 1988 : Tarling, 1998 : Antlov and Tonnesson, 1995 : Dulffer, 2003, pp. 23-34)。

2　アジアの戦後政治の変化

第二次世界大戦は、アジアにおける西欧植民地帝国の基盤を揺るがせた。南・東南アジアは世界でもっとも不安定な植民地地域となった。西欧列強のなかの最強国イギリスは、植民地所有を維持するための財政的、軍事的コストが高いことを素早く認識し、帝国の撤退の道筋に踏みだした。一九四七年八月にはインドとパキスタンの独立を認め、南アジアにおける権力移譲を完遂した。翌年、同様の方法で、セイロン（スリランカ）とビルマ（ミャンマー）が独立国となることを認めた。マラヤは、ゴムとスズの輸出によってイギリス帝国随一のドルの稼ぎ手であり、その役割は他国の比ではなかったことから、イギリスは国制の改革を導入し、帝国による支配を効果的に行おうとした。一九四八年、イギリスは新しい連邦体制を発表した。それは、安全保障と財政を管理する強い中央政府を構想していたが、他方で、マラヤに支配的であった王（スルタン）制に一定の自治権を与えるものだった。

イギリスとは対照的に、オランダやフランスは、アジアの民族主義的運動の要求や圧力に対して不寛容であった。両国は第二次世界大戦中に多大な威信喪失を被り、それゆえ、東南アジアでの植民地回復が、国家の復興や再生にとっては不可欠であると考えていた。しかしながら、両国とも支配の再建を試みた時に、頑強な抵抗に直面した。オランダ領東インド諸島では、すでに日本がインドネシアの民族主義を後援していた。日本は、スカルノやハッタなどの指導者を監獄から解放し、現地民兵の組織化を許可した。一九四五年八月、第二次世界大戦が終わった時、民族主義者は、インドネシア共和国を樹立するため権力の空白状況を利用する準備を整え、オランダが戻ってくることを阻止する決意を固めていた（McMahon 1978, pp. 1-23 : idem 1981 : Mason, 2009, pp. 39-67）。

ベトナムで起こったことは、アジアにおける脱植民地化と冷戦の交錯を、もっとも雄弁に物語っている。第二次世界大戦中に日本がフランスの植民地権力を破壊したことを利用して、ホー・チ・ミンは、一九四五年九月、ベトナムの独立を宣言し、ベトナム民主共和国を樹立した。ホーの新政権は、しかしながら即座に、生き残るための試練に遭遇することになる。フランスがインドシナの植民地所有権を主張し、軍事作戦を展開したからである。冷戦的打算から、アメリカはベトナムの独立を支持するという戦時中の立場を捨て、東南アジアで植民地帝国を復活するというフランスの計画を是認した（Lawrence, 2005）。

一九四八年、東南アジアでは左翼による武力反乱が勃発した。三月、新興独立国ビルマは、共産主義勢力によって内戦状況に追い込まれた。六月、マレー共産党は、イギリスの支配に対し武力による反抗を開始した。また、九月には、インドネシア共産党が、スカルノ政権に対して武器をとった。このように、この地域は突然政治的崩壊の危機的状況を呈することになったのである。アメリカとイギリスの当時の政府当局者は、これらの自然発生的な左翼蜂起を、ソ連の指示と協力によるものだと見なした。しかし、ほとんどの研究者は、これらの反乱は、地域的、局所的事情から起こったのであって、クレムリンからの指示への対応ではなかったと議論する傾向がある。[1]一九四八年にスターリンが、東南アジアの共産主義勢力による武力反乱を指揮したという証拠はないにしても、一九四七年九月のコミンフォルム設立会議におけるアンドレイ・ジダーノフによる「二大陣営」論宣言が、東南アジアの共産主義グループを鼓舞し、武力闘争に走らせたと議論することは妥当である。この意味で、冷戦と脱植民地化の歴史的経過は交錯し、衝突し、民族の分断、敵対、内戦を生み出した。そのほとんどが、反植民地闘争の過程で、共産主義勢力と反共産主義勢力の間に起こったものであった。

3 戦後アジアに立ち向かう中国共産党

一九四九年、中国の共産主義者が権力を掌握した際に、彼らはソ連側に付くことを選択した。彼らは、自分たちの革命が、二重の世界史的意味を持つことを認識していた。彼らは、中国革命は二つの観点から世界的な重要性を持つものであると信じていたのである。第一には、中国革命はロシア革命の継続を表していた。すなわち、ロシア革命と同様に、中国革命は、資本主義体制を破壊しプロレタリアート独裁を打ち立てるための全世界の闘いの一部であった。第二には、近代における中国の特殊な歴史的背景と経験によって、中国革命は、非西欧世界の植民地諸国に先例を提供したことであった。旧帝国で勃発したロシア革命とは異なり、中国革命は、西欧と日本の帝国主義と植民地主義によって苦しめられた農業国で起きたのである（陸、一九九二、四三二～四三九頁）(2)。

世界政治における戦争と平和の問題を分析するにあたり、毛沢東と彼の同志たちはジダーノフの「二大陣営理論」に忠実に従った。一九四八年九月一三日、党政治局会議の席で、毛は、世界の潮流についての彼の判断は、ジダーノフがコミンフォルム結成会議で述べたものと同じであると主張した。つまり、世界の革命勢力は反革命勢力に勝り、反革命勢力の戦争計画は破綻するであろうということであった。ソ連を先頭とする社会主義陣営の強化に貢献しようとして、毛は、「国際情勢は我々にとって好都合である」と宣言した(3)。

中国共産党の指導部は、東南アジアの共産主義者による反乱へは熱烈な支持を表明し、共産党に指導されないで独立を達成したアジアの新しい国に対しては、不信感と敵意を表した。彼らはいまだ前の主人に支配されており、地方の共産主義者による武力革命だけに自由を獲得する希望があるというのである。中国共産党指導部は、「中間」的立場があるという考えを拒否し、誰でも「どちらか一方の側に傾斜しなければならない（一辺倒）」と主張した。彼らは、農村社会で権力奪取のための武力闘争に依拠した中国の革命モデルが、アジアの革命運動にとって妥当かつ有効であると確信した。一九四九年九月、アジアとオーストラリアの労働組合の代表に対し、中国共産党指導部第二位の実力者であった劉少奇は、「毛沢東の道」は

植民地・反植民地からの解放を求める人々を勝利に導くだろう、と誇り高く宣言した。(4)

一九四九年末から一九五〇年初頭、中国共産軍がベトナムとビルマの国境に到達した時、中国共産党指導部は、東南アジアの共産党が中国共産党と接触するために、中国南部の雲南省と江西省に代表団を派遣することを期待した。一九五〇年三月、当時雲南省政府の議長だった陳賡への指示のなかで、劉少奇は、もし東南アジアの共産党が、特にベトナムとビルマから、雲南に特使を派遣してきた場合には「暖かく歓迎し援助するように」と要請した。(5)

一九五〇年四月党情報局会議での演説のなかで、周恩来は、東南アジアの革命運動を支援することの重要性を強調して、中国は達成した勝利に甘んじることがあってはならないと聴衆を鼓舞し、以下のように表明した。「世界全体の解放を援助する任務を担うために備えなければならない。……今この時から、我々は、韓国、インドネシア、ベトナムのように自らの解放のために戦う、アジアの抑圧された国々や兄弟を助けるべきである。これらの国々のすべてが立ち上がり自由を勝ち取ったなら、世界中の人民の力はより強大になり、帝国主義がもろく、崩壊に向かっているということがまちがいである、などということはありうるだろうか?」。アメリカが直面する内外の困難を検討したのちに、周は、「我々の任務は世界の平和を確かなものにすることと、日本とドイツの再軍備を阻止することを含む。また、我々の当面の課題は、蔣介石を完全に打ち負かし台湾を解放することであり、東南アジアの弱小国の革命運動を援助することである」と指摘した。(6)

一九五一年一月、中国共産党は、兄弟党との関係調整機関として国際連絡省を創設し、王稼祥が長官に任命された。一月一六日付の王への書簡で、劉少奇は、彼の「最重要任務」は東洋の兄弟党との連携を確立し、彼らを援助することであると説いた。「現在のところ、日本、インドネシア、ビルマ、タイ、ベトナム、マレーなどの共産党はすべて北京に代表部を置いている」、と劉は王に伝えている。(7) しかし、これらの党への中国の支援の内容とその範囲については、ホー・チ・ミンの運動に対してのものは別にしても、現在のところ不明である。北京からの一次史料が入手できないためである。(8)

東南アジアの共産主義運動を支援する熱心さとは対照的に、アジアの非共産主義的政治指導者に対する態度は、猜疑的であり敵対的でもあった。たとえば、モスクワの方針に沿った形で、(9) 中国共産党は、ジャワハルラール・ネルーを「帝国主義の走狗（手先の意）」と非難し、彼がインド共産党を弾圧したことを叱責した（王、二〇〇二、六三～七四頁：戴、二〇〇四、四八七～五五六頁）。[10] 中国共産党宣伝機関紙『世界知識』は、ネルーに「アジアの売国奴」のラベルを貼り（胡、一九四九）、合衆国が蒋介石の代わりにネルーを「東洋の仲介者」として使っていると決めつけていた（『世界知识』No. 9, 1950）。また、一九四九年一一月のインド共産党書記局長B・T・ラナディヴへの電報で、毛は、インド共産党とインドの愛国者による連帯した闘争が「帝国主義のくびきとその協力者」からインドを解放するであろう、という彼の希望を表明している。[11]

中立国ビルマは中華人民共和国を承認し、その国連加盟の要請を支持した最初の非共産主義国であったのだが、北京政府はラングーン政府に対してさえ敵対的であり、ビルマ共産党との協力関係の方を追求し続けた（Pye, 1981, pp. 216-256; Silverstein, 1977, p. 171）。一九五〇年代初頭の中国との関係を思い出して、ビルマ首相ウー・ヌは、一九五八年に以下のように記している。「新しい中国の体制と我々の関係は、長年不安定であった。新中国政府は、我が国の共産党には人道的支援を惜しまないのに、明らかに、我々を西欧の走狗とみなしていた」（Nu, 1958, pp. 35-36 : Myoe, 2011, p. 22）。

スターリンが、中国の革命モデルについてインドネシアやインドのような国に適用可能かについては、あいまいな態度だったことに注目しておくことは重要である。一九五〇年の秋、スターリンは、インドネシアとインドの両共産党から、それぞれの国において権力を奪取する彼らの決意と手はずについての書簡を、別々に受理した。この両書簡はともに、自分たちの模範として中国を引用し、世界の帝国主義とその傀儡政権を転覆するためには、武力闘争に訴えることの重要性を強調していた。しかしながら、スターリンは、返信で注意深くあれと忠告し、インドネシアやインドでは武力闘争の機は熟していないと強調している。このソ連の指導者は、これらの国の共産党の当面の任務は、農地を改革し、封建的土地所有を一掃して農民に土地を与えることであると主張した。中国モデルはアジアの共産主義者たちをして過激で未熟な行動に走らせるかもしれないと考えたスターリンは、中国共産党の成功を控えめに扱い、毛の勝利は例外であって標準ではないこと、中国共産党はソ連の支援があったからこそ勝利できたのであり、ソ連は中国と国境線で接していたが、ソ連から遠く離れた国々に対しては同等の援護が可能ではないことを示そうとしていた（Gaiduk, 2009, pp. 123-136）。

スターリンの不支持表明は、中国共産党に影響を与えたと言える。というのも、一九五一年以降、中国共産党幹部は、公式見解や宣伝パンフレットにおいて、「毛路線」の重要性や正当性を、ほかのアジア諸国に対して自慢することは控えることになったからである。共産圏の団結を維持し、中国がソ連と競おうとしているという疑念をスターリンに抱かせないために、毛はソ連指導部へ敬意を示すことに躍起となった。彼は党役員に「毛沢東思想」といった表現は演説や文書で使わないよう指示した。一九五三年六月の青年共産主義連盟第二回全国会議の開会を前にして、毛は彼の秘書、陳伯達を派遣し、会議で報告される文書をどのように作成するか助言させた。その結果、胡耀邦による「活動報告」、李成による「連盟憲章改訂に関する報告」のどちらにも、「毛沢東思想」の言及はなかった。(12) 一九五〇年代初頭のソ連の援助への依存が、毛に、自尊心を飲み込ませることを余儀なくさせたのだった。

4　中立諸国への接近

一九五〇年代の中頃には、中国共産党はアジアの中立主義政府に対する政策を修正し、反動勢力ないしは帝国主義列強の「走狗」にすぎないなどとは呼ばなくなった。一九五四年ジュネーヴ会議の期間中に、周恩来はインドとビルマを訪問し、ネルーとウー・ヌとの会談を行った。周は「平和五原則――相互の領土権の尊重・不侵略・内政不干渉・平等互恵・平和共存」に基づいて両国の関係を築くことに同意した（裴、一九九四、一〇〇頁、一二一～一二二頁：Garver, 2001 : Lintner, 1992, pp. 225-259）。中国政府は、これらの原則は帝国主義や覇権主義とはまったく異なる国際問題処理の指針となるだろうという見通しを持ったのである。

一九五四年七月二一日に発表されたジュネーヴ会議の決議は、第一次インドシナ戦争に終結をもたらした。ジュネーヴ協定により、共産勢力とフランスは停戦することになった。すなわち、ベトナムは北緯一七度線で分割され、一七度線以北からフランス軍は撤退すること、南ベトナムはいかなる軍事同盟にも加わらず、それぞれの領土に外国軍事基地を置かないこと、また、カナダ、インド、ポーランドの国際監視団の監督の下に二年以内に国を統一するための国民投票を行うこと、共産主義勢力（パテト・ラオ）はラオス国内の二つの郡で活動を再開することが許可されること、ラオスとカンボジアには独立国家が樹立され、総選挙が実施されること。以上の項目が決議されたのである（Duiker, 1995, pp. 89-94）。

一九五四年後半期には、毛は、いくつかの機会をとらえて、平和共存五原則への賛同の意を表明している。八月二四日、イギリスの労働組合の代表団との会合の席で、毛は、社会主義は資本主義と共存できると主張し、「帝国主義と封建的王制も、共存の意思を表明し共存した。異なる社会、経済体制の平和的共存は可能である」と述べた（『毛泽东外交文选』一九九四、一六〇頁）。二カ月後のネルーとの会談でも、毛は、すべての国と中国との関係に、平和共存の原則を適用する意思があると示唆している（前掲書、一六五頁）。

毛とその仲間によるインドやビルマの中立主義者の承認と連携は、革命勢力を支持し冷戦における中立は拒否するといった、彼らの以前の姿勢に重大な修正がなされたことを意味した。一九四九年に彼らが中国で権力を掌握した時には、革命運動を奨励することは、それが反動勢力を弱体化するゆえに望ましいというだけでなく、これは、自らの国際的責務であると彼らは信じていた。中国革命の目的の一つは、植民地、半植民地の下にある他国の人々を、中国革命と同じ道に導くことだった。しかしながら、一九五〇年代中頃になるまでに、中国共産党の指導部は、一九四九年に決定した「一辺倒政策」の採用と、その当然の帰結としての第三の道は許容しないという方針が、ますます不十分で硬直していると認識し始めていた。(13)

ジュネーヴ会議後の数カ月間、毛の関心は台湾にあった。アメリカによる台湾切り離し計画であると考えられるものを阻止し、「アメリカと蒋介石の政治的・軍事的協力関係を破壊する」ために、彼は、台湾海峡への圧力を強化することを決定した（王、一九八五、四一〜四二頁）。一九五四年九月、マニラでは、合衆国国務長官ジョン・フォスター・ダレスが、東南アジア条約機構（ＳＥＡＴＯ）の合意を求めて協議していたのだが、毛は、中国大陸沿岸沖の国民党が掌握していた島である金門島と馬祖島を砲撃せよと人民解放軍に命じた（Schaller, 2002, p. 148）。(14) この危機の間、ソ連は中国の立場を擁護し、中国の内政問題へのアメリカの干渉が、台湾海峡地域の緊張の真の要因だと主張した。一九五四年一〇月には、フルシチョフは中国を訪問し、旅順港（ポート・アーサー）の海軍基地を返還することに同意して、毛を喜ばせた。旅順港は、一九四五年、対日宣戦布告への対価としてスターリンが取得したものだった（裴、一九九四、二九、三九頁：Fursenko and Naftali, 2006, p. 18）。

スターリンの死後、ソ連とアメリカの指導者は、今や東西両陣営が核兵器を所有しているという現実を突きつけられ、彼らの関係を安定させること、冷戦が熱戦になる危険性を防ぐことを望んでいたことは間違いない。他方、どちらの側も世界での影響力拡張競争を放棄していなかったことも確かである。両方が、自分たちの体制の方が人類にとって最上の政治的・経済的・社会的モデルとなるという信念を保持していた。両側で、発展途上国や植民地国の人々の感情や関心をつかむ努力が強化された（Westad, 2005 : Leffler, 2007）。

スターリンは、冷戦初期、もっぱらヨーロッパの出来事に気を取られていた。自国に隣接していない国については関心を示さず、西側と競争してこれらの地域に経済的・軍事的資源を投入することはしなかった。東南アジアでは、ホー・チ・ミンの反仏闘争に経済的、または軍事的援助をすることは控えた（Gaiduk, 2003, chapter 1）。中東地域についても、スターリンは首尾一貫した政策を打ち出すことはなかった（Zubok, 2007, p. 109）。しかしながら、クレムリンの新しい指導部は、スターリンの亡霊にとりつかれることは少なくなり、世界的規模で西側の権益を掘り崩すことに、より熱心になった。

一九五〇年代中頃には、冷戦の焦点は、ヨーロッパと東アジアからより広い世界へと移った。第三世界は精力的に米ソに対し自己主張を行うようになった。ヨーロッパの帝国主義諸国の崩壊によって、支持、援助、正当性を求める新しい世代の民族主義的リーダーが生まれた。しかし、彼らは冷戦の二つの陣営のどちらかを選択するのか、または中立を取るのか、立場を迫られた。北ベトナムを除いて、ソ連側に忠誠を誓うものはおらず、彼らの多くはアメリカとそのヨーロッパの同盟国によって説得され、西側主導の地域安全保障システムに加わることになった。冷戦における非同盟という別の選択肢を代表していたのはインドだった。

ソ連の冷戦への新しいアプローチを具現したのが、一九五五年、インド公式訪問時のニキータ・フルシチョフによる以下の演説である。「どのシステムがよいのか証明しようではないか。資本主義諸国の指導者に告ぐ。戦争なしで競争しようではないか」（Fursenko and Naftali, 2006, p. 57）。ヨーロッパでの失地を挽回しようとして、フルシチョフは、冷戦の「第二の戦線」をアジアで開始し、アメリカとの闘争における「力の相関関係」をソ連に決定的に有利なように動かすために、インドを使うことができるだろうと考えたのだった（Mastny, 2010, pp. 50-90）。フルシチョフのインド滞在は成功を収めた。ある観察者によれば、フルシチョフとニコライ・ブルガーニンは、「よれよれのフェルト帽とまるで帆にでも使えそうなぶかぶかズボンを身に着けて、ほかの惑星から来た巡礼者のように見えた。多くの人々が彼らを見に集まってきた。ネルーは彼らを歓迎し、このことが、外交官として、また首相としての自分の個人的な勝利であると直感していた」(Brown, 2003, p. 250)。

ソ連指導部のすべてがフルシチョフの見解を支持したわけではない。たとえばモロトフは、フルシチョフの新しい攻勢を「冒険主義」と呼んだ。フルシチョフは以下のように応じている。「攻撃は防御の最上の形である。核戦争が不可能であるということは、我々と資本主義との闘争が新しい形態をとることを意味するのだから、新しい、積極的な外交が必要であると私は言いたい。私は冒険家ではないが、民族解放運動は支援しなければならない」(Taubman, 2003, p. 354)。フルシチョフの指導の下、クレムリンは、外交的紐帯と貿易、そして文化的関係を求めて途上国に政府役人を派遣し始めた。このことについて歴史家のジョナサン・ハスラムが適切にも以下のように述べている。「アジアでは非同盟を一つの取り柄として許容していこうという意思は、革命の幻想ではなく、地に着いた、現実に対する冷静な判断を示していた」(Haslam, 2011, p. 151)。

北京の指導者たちは、フルシチョフの新しい第三世界外交路線を賞賛した。中国共産党政治局の一員であった杨尚昆は、一九五六年一月三日の彼の日誌に次のように記している。「ソ連が採用した柔軟路線は、あらゆる意味でアメリカを孤立させるだろう。インド、ビルマへのブルガーニンとフルシチョフの訪問は、ソ連とアジア諸国とのここ数十年来の最初の接触であり、アジアでのソ連の地位を高めた」(杨、二〇〇一、第一巻、二一九頁)。

5　バンドン会議における周恩来

フルシチョフが第三世界の新興国に言い寄る方向に舵を切ったことに対して、北京は、一九五五年四月のアジア・アフリカ(バンドン)会議に出席することで、適切な思想的協奏曲を奏でた。[15] 中国指導部は、自ら出席して会議に大きな意味を持たせ、中立国を説得する機会を摑みたかったのである。同年三月の党会議の演説において劉少奇は、間もなく開催されるバンドンの集会で中立国代表の協力を獲得することの重要性を力説し、以下の指摘を行っている。中国は中立国の役割に十分注意を払うべきである。なぜなら、それらの国々は、「アメリカの戦争行動に反対し阻止すること、また、アメリカの軍事ブロック形成に対抗すること」など重要な役割を演じたからである。「帝国主義諸国の参加しない、アジア－アフリカの国家による独立した国際会議として」バンドン会議は、「アジア－アフリカの反植民地主義闘争、平和勢力を拡大する努力、また、平和共存五原則がアジア－アフリカのより多くの国に受け入れられるための中国の努力などに、重大なインパクトを与えることになるだろう」と。[16]

中国政府は、会議に出席する用意があることをソ連政府に知らせ続けた。一九五五年四月六日、中国の駐インドネシア大使黄鎮は、ソ連の駐インドネシア大使D・A・ジューコフに、中華人民共和国の代表団には、中国人のイスラム教の指導者を含むと告げ、ジューコフはこれに対し、代表団に高名なイスラム教の人物が含まれたことは「大きな意義」を持つと応じている。[17]

バンドン会議に出席する中国代表団団長には周恩来が任命された。会議の期間中、彼は、その穏健で調停的、また現実的な外交を通じて、中国の国際的イメージを高めるとともに全世界に国交を拡大した。彼は、共産主義の原則については抑制的に語り、発展途上国の指導者に好印象を与えようとして、中国は共通の歴史的経験を持っていることを強調し、以下のように主張した。「第二次世界大戦後、多くの国が独立した。共産党に指導された国もあれば、民族主義的リーダーに率いられた国もある。しかし、そのどちらも、植民地支配からの独立を達成したという同じ背景を持っている。互いを理解し、尊敬し、支援しない理由はない。「平和共存の五原則」は、友情と共同の基礎となるべきである」（裴、一九九四、二四三～二四四頁：李・张、一九八六：Keith, 1989, p. 83）。中国は、まず、インド、ビルマとの関係に「五原則」を適用した。周は、さらに、すべての第三世界の国々にこの原則を適用して国交を拡大し、ポスト帝国主義、ポスト植民地主義における世界秩序の土台としてこれを使おうとした。

バンドン会議で対立を避け合意を得ようとした周の努力が実り、満足のゆく結果となった。彼は、アメリカと軍事同盟を保持する国とソ連と関係を保つ国とを分別することは避けた。

図8－1　バンドン会議

図8－2　スカルノ（インドネシア）・ネルー（インド）・ンクルマ（ガーナ）

図8－3　周恩来（中国）とナセル（エジプト）

政治的独立、社会進歩、経済発展、人種平等といったすべての参加者に共通の課題を強調することによって、会議は協調的方向性を保持できた。そうでなかったら会議は行き詰まっていたであろう。バンドン声明の一〇項目が「平和共存五原則」を基本としているという事実は、周恩来が、会議で参加者に対しこの考えを広めることに成功したのだということを物語っている。

周恩来は、上品な、理路整然とした、なめらかな言葉で各国の代表に接した。彼は、シアヌーク王子とカンボジアの将来にも大きな影響を与えた。周は、カンボジアにとっては非同盟こそが、歴史的に敵対している近隣国（南ベトナムとタイ）に対する最上の安全保障であると、シアヌークを説得した。両国ともアメリカの同盟国であった（Richardson, 2010, p. 32）[18]。インドネシアに対しては、周は、中国人が「第五列」の役割を担うのではないかという懸念を払拭しようと努め、二重国籍を持つ海外の中国人はどちらか一つを選ばなければならないという協定に同意する署名をした。東南アジア条約機構（ＳＥＡＴＯ）のメンバーであるフィリピンとは、不可侵条約の締結を提案した。タイの代表団は、雲南省のタイ自治区に招待され、その地区が平和目的であることを確認した。パキスタン代表団に対して、周は、イスラマバードがＳＥＡＴＯのメンバーだからといって、反中国を示すものではないという彼らの言い分への理解を示したのだった（熊、一九八七、四〜八頁：夏、一九九八、五五〜七八頁：陶、一九九九、一九五〜二〇三頁：Garver, 1993, p. 49）。

ソ連は、バンドンで攻撃にさらされた。イラク、パキスタン、フィリピン、タイ、トルコなどの反共産主義国の代表は、ソ連が、東ヨーロッパで新植民地主義的な行動をとり、世界への新しい脅威となっていると非難したが、周恩来は、「事実に反している」としてこの非難を否定した。ソ連への批判をそらすという、周の戦略的意図は、脱植民地主義、人種平等、民族独立を強調することだった。彼は、「違いは保留し、共通の土台を追求する」よう、会議参加者に迫った[19]。

バンドン会議期間中、中国は、台湾海峡の緊張緩和に踏み出した。沿岸地域の島嶼への攻撃は、アメリカと台湾政府がより接近するのを防がなかったばかりか、安定的で平和的な国際環境を望んでいた東南アジア諸国にとっては、大きな脅威の源となっていたからである。四月二三日の政治委員会の演説のなかで、周恩来は、中国はアメリカ合衆国と協議する用意があると発表した[20]。アメリカ政府は周の提案を受け入れ、その後すぐに、中・米大使間会談がジュネーヴで開始された[21]。

なぜ、アジア・アフリカの脱植民地諸国へのそうした働きかけが、中国共産党にはそれほど魅力的に映ったのだろうか。またそのことは、なぜ、それほどにアメリカ政府をして慌てさせたのだろうか。それは、中国が、第三世界の心情や考えを摑むという競争において、西欧よりはるかに、また決定的に有利な立場にいたからである。西欧と日本の帝国主義による被害と屈辱、白人の人種主義の傲慢さへの根強い怒り、また経済発展を素早く成し遂げたいという不変の欲求、こういったすべての共通の経験が、第三世界をして北京のオリーブの枝（和解の提案）を受け入れやすくしたのである。人種、皮膚の色、宗教の問題は、旧植民地であった国家の代表の会議という場においては、避けがたい重要議題であった。彼らは、白人による植民地支配をできるだけ速やかに、また広範囲に、地球上から根絶しようという決意をもって臨んでいた[22]。

中東への中国の影響力を拡大することも、バンドンにおける周恩来の目標の一つだった。会議は中東で物議を醸している問題について、中国の立場を説明する機会を周に提供した。アラブ諸国の代表を驚かせ、喜ばせたのは、周が、パレスチナ人の権利、パレスチナに関する国連決議、そしてパレスチナ問題の平和的解決を促す決議を支持したことだった。彼は、中東における外国の干渉を禁止することを求め、パレスチナ問題と台湾問題には類似点があり、外部勢力の干渉が排除されなければ、両地域の平和的解決は無いのだと強調した（Kahin, 1956, p. 16 : Harris, 1993, pp. 87-88 : Shao, 1996, pp. 222-224）。会議後の毛への報告で、周は、彼のパレスチナ問題に関する発言が、「多くのアラブ諸国、特にエジプトとシリアの好感を得た」と書いている[23]。

周恩来が、初めて、エジプト大統領ガメル・アブデル・ナセルと会ったのは四月一四日、ラングーンにおいてであり、両者ともバンドン会議への途上だった。ナセルは周に、エジプトはイスラエルの脅威にさらされていて、武器の調達が急務であることを告げ、彼は中国に対してエジプトに武器を売ってくれないかと尋ねた。周は、中国は武器をロシアからの供与に依存しており、助ける余裕はないと答え、モスクワの方に頼んではどうかと示唆し、自分がソ連にそのことを話しておこうと約束した。エジプト代表がバンドンから帰国して数日後、駐カイロソ連大使ダニエル・ソロドは、中国がソ連政府にエジプトの要求を伝えたことを確認した。ソロドの言によれば、ソ連は、最新式戦車や航空機を含め、いかなる量の兵器でも、エジプトの綿花と米での延払いを条件として、提供する意思があったということである（Heikal, 1973, pp. 302-303：Nutting, 1972, p. 101：Shichor, 1979, p. 41）。

バンドンで、ナセルは周恩来に、綿花市場における西洋の支配によってエジプトの最重要輸出産品である綿花が、被害を被っていると告げていた。周は、もしすべての中国人が、二インチ長い服を着たら、中国はエジプト綿の年間生産量のすべてを消費することになるだろうと応じた。会議後、ナセルは通産省長官を中国に派遣し、貿易協定を結び、互いの首都に貿易事務局を設置した（张、一九八七、四六三〜四六八頁：Liu, 2001, p. 60：裴、一九九四、二七六〜二七七頁：Ginat, 1993, p. 192）[24]。

要するに、バンドン会議は、第二次世界大戦後の国際政治における画期的行事であったのだ。それは植民地独立後の世界史における複数の流れの合流を反映していた。アジア－アフリカの連帯と非同盟のアピールの意義は、バンドンで高められ、その後の数十年間、両大陸で重要な夢であり、また理想であり続けることになった。アジア－アフリカは目覚めた。「白人の責務」を強調し支えてきた心理状況は、歴史のごみ箱に捨てられた。周恩来はバンドン会議の成功に重要な貢献をした。彼は中国の国際的評価を高め、アメリカ政府による中華人民共和国を孤立させようという意図をくじいた。彼は、バンドンで、南－南協力体制を促進し、そのことは、アメリカ政府が、人種に基づく汎アジア主義の出現への恐怖心を抱きはじめる契機となった。

バンドン会議後、アイゼンハワー政権内には東アジアの発展について深刻な悲観主義が蔓延した。アメリカ人観測筋の多くが、合衆国はアジアで冷戦敗北の途にあると感じていた（Jones, 2002, pp. 841-846：idem, 2010, chapter 7）。アメリカ政府高官をもっとも憂慮させたのは、発展途上国だけでなく西ヨーロッパにも、反アメリカ主義が興ったことであった。皮肉なことには、多くの新興国が表向きは中立でありながら、共産主義に傾斜し、その主たる原因は西欧帝国主義に対する敵愾心であった。また、西欧諸国は中立主義の方により共感を示した。それは、ある意味ではアメリカの膨張主義に対する疑念からであり、途上国で起こるかもしれない核戦争に再び引き込まれるのではないかという彼らの懸念からでもあった（Brogi, 2011, p. 204）。一九五五年一〇月四日、アメリカ大使ダグラス・ディロンとの会談で、フランス外相アントワン・ピネーは、「合衆国は、バンドン会議参加国とソヴィエト・ブロックの融合の危険性を全く認識していなかった。私は、それは世界の安定にとっては最も重大な脅威であると考えた」と警告した。(25)

フルシチョフの南・東南アジアでの「微笑外交」や、周恩来のバンドンにおける「目もくらむ快挙」に示されるような、中ソの一九五五年「平和攻勢」は、合衆国とイギリスにその対応を迫るものだった。アメリカは、南ベトナムのゴ・ディン・ディエムに率いられた独立後の反共政権に対して惜しみない援助を行うことで、植民地主義とは一線を画した。(26)イギリスは、マラヤの国制改革にさらに柔軟な態度で臨んだのだった。(27)

6　スエズ危機におけるエジプトとの連帯

一九五五年九月、ナセルは、チェコスロヴァキアからの武器購入協定に調印した（Laron, 2007）。七カ月後、彼は蒋介石政府の承認は辞め、中華人民共和国の方を承認した。ナセルの決断は、合衆国の親蒋介石のチャイナ・ロビーを怒らせた。彼らはアイゼンハワー政権に圧力をかけ、アメリカのエジプト援助を中断させた。議会で、チャイナ・ロビー議員たちは二つの議員グループから援護射撃を得た。一つは、南部州出身の議員であり、彼らは、エジプトのアスワン・ハイ・ダム建設を援助するというアメリカの政策に疑義を呈していた。ダム建設は、エジプト綿のアメリカ綿との競合を容易にすると考えられたからである。もう一つは、イスラエル支持派だった。彼らは、ナセルの反イスラエル的立場を憂慮していた。一九五六年七月、ダレス国務長官は、アスワン・ハイ・ダム資金援助の申し出を撤回するというアメリカの決定を発表した。ナセルは、彼の威信とエジプトの経済発展の野望に対するこの痛撃に腹を立て、一週間後、スエズ運河会社を国有化することによって報復し、運河からの収益をダム建設のコストに充当するという彼の計画を示した（LaFeber, 2006, p. 185：Keylor, 2006, p. 277：Little, 2008, pp. 170–172）。

スエズ危機の間、フルシチョフと毛の両人ともナセルへの連帯を表明していた。英仏がエジプトに侵攻した一〇月末、フルシチョフは介入した。彼は、アイゼンハワー政権に、米ソによるその地域の調停が図られるべきであると提案し、英仏軍に対しては、即時撤退しなければ、ソ連が武力、おそらく長距離ミサイルに訴え、英仏軍を破壊するだろうと警告した（Fursenko and Nafali, 2006, pp. 133–134：LaFeber, 2006, p. 186：Yaqub, 2004, p. 53）。

一一月一日、中国政府は声明を発して英仏の中東介入を非難し、中国はエジプトを支持すると誓った。二日後には、英仏政府に対する抗議を行い、英仏の行動は国連憲章違反、世界平和への脅威であるとして、エジプトから軍隊を撤退させよと要求した。スエズ戦争を注意深く見守ったうえで、毛は周恩来に対して、エジプト軍の展開と戦略に関する提案をナセルに送ることまで依頼するに及んだ。一一月三日から五日の三日間連続して、英仏の侵略に対するエジプトの闘争を支援する大衆デモが、中国全土で巻き起こった。一一月一〇日のナセルへの電報で、周恩来は、中国はエジプトに二〇〇〇万スイスフランを現金で供与する考えがあることを示した。その後、中国赤十字はエジプト赤十字に、一〇万中国元相当の医薬品を供給し、医療団を派遣する準備があると伝えた。周恩来への返信のなかでナセルは、中国の支援に対する感謝の意を表している（裴、一九九四、二八二〜二八四頁：『周年譜』第一巻、六三六頁）。

ソ連と中国の指導者はともに、スエズ危機から、励みとなる楽観的教訓を引き出した。フルシチョフは、その後に起こる英仏とイスラエル軍の撤退が、彼の外交と核による脅しの勝利であると見做し、一九五五年以来の中東政策の正当性が証明されたと感じとった。彼は、核の脅しがソ連への反対者を安上がりに怯えさせるのには役に立つ道具になるのだと確信したのである（Fursenko and Nafali, 2006, p. 137）。歴史家のウラディミール・ズボークは、以下のように観察している。中東は、「ヨーロッパと中東の戦略的手詰まり状況のなかで、クレムリンの新たな楽観主義とイデオロギー的ロマン主義のための新しい出口を提供した」（Zubok, 2007, p. 110）。

毛と彼の同志にとっては、スエズ紛争は民族主義的勢力の台頭を際立たせ、資本主義ブロック内の分断を露見させるものだった。一九五六年一一月一六日の党会議で、周恩来は、「エジプトの出来事によって、帝国主義勢力は大規模戦争に敢えて着手するようなことはないことが明らかになった。東側の緊張を緩和するために、我々はこの好ましい情勢を利用しなければならない。なぜなら、現在東側諸国には国益をめぐる紛争は少なく、緊張緩和の可能性が大である」と述べた（『周年譜』第一巻、六三八頁）。一九五七年一月二七日、毛は地方共産党書記長の会合で、「帝国主義国は、我々が彼らを恐れる以上に、我々を恐れている」と語った。(28) 一九五七年一一月一七日のモスクワにおける各国共産党会議の席で、毛は、スエズ危機期間中、ソ連の警告が英仏の侵略行為を抑制したと、ことさらに注意を喚起した。彼は、スエズ戦争、ソ連によるスプートニク打ち上げ、イギリスのアジア－アフリカからの撤退、オランダのインドネシアからの退去、フランスのシリア、レバノン、モロッコ、チュニジアからの退去、さらにはアルジェリア紛争などを、「東風が西風を制している」徴候であるとして引用したのだった。(29)

7　第三世界の出現と中ソ協調

帝国主義時代の終焉とそれに続くいわゆる第三世界の出現は、二〇世紀の世界史における中心的で決定的な二つの特徴であった。第二次世界大戦に続いて始まった脱植民地化の過程（南北間の紛争）は大きな混乱、暴力、変動を世界各地で引き起こした。この過程は、次に、大戦後という時期のもう一つの中心的、決定的特徴によって方向づけられることになった。すなわち、世界的影響力と権力を求めるアメリカとソ連の間の、政治的、イデオロギー的競争（東西間の紛争）である。共産主義中国が地域大国として姿を現したことによって、この競争に、以前の植民地支配者とその民族主義的後継者が対決するという、新しい側面が加えられた。

一九四九年に中国共産党が中国で権力を掌握した時に、共産党は、脱植民地化と冷戦という二つの交錯する歴史的過程の渦中にあるのだということを察知した。毛沢東は激しさを増す東西対決において、スターリンと運命を共にすることを決断した。資本主義に対しては共通の敵愾心をもっていたので、彼らは共産主義にとって安全な世界を作ることに熱心になった。

アジアで共産主義革命を行うのだという決意のもとに、彼らは任務分担を行い、中国共産党は東南アジアの急進的運動、特にホー・チ・ミンの対仏独立運動を援護することを第一の任務として担った。世界のプロレタリアートの闘争を支持することは、ソ連と中国の共産主義者の共通のアイデンティティの中心部分となるものだった。階級闘争は政治の駆動力であり形成力ともなるものだった。そのような革命的使命なしには、ソ連も中華人民共和国も、自己を納得させるような正当性と威信を保つことはできなかっただろう。

毛は、アジアのブルジョア的、民族主義的政権に対処するに当たり、スターリンの先導に忠実に従った。第二次世界大戦後、アジアで脱植民化の動きが加速したが、スターリンはこれに対し準備不足であり、混乱していた。彼はネルーのような民族主義的指導者を帝国主義の仲介者にすぎないとして退けた。毛もスターリンの言辞をこだまのように反覆し、ネルーに帝国主義の「走狗」のレッテルを貼った。一九五〇年代初頭には、モスクワと北京はアジアの新興国に対する方針や政策では同調していたのである。

しかしながら、一九五〇年代中葉までに、共産主義ブロックは、現実主義路線へ理解を示し、妥協の意思をはっきりと表し始めた。モスクワと北京の指導者はともに、第三世界が世界政治において重要な勢力として台頭してきたことを認識することになり、第三世界が西欧との競争の最上の舞台となり、また、ソ連と中華人民共和国が、異なる体制の諸政府との友好関係を結んだ場合にのみ、このことが可能になると理解した。中国政府はバンドン会議に積極的に参加し、アジアの中立主義の美徳を賞賛した。友好的な微笑と平和的イメージは、確かに、多くの代表と周恩来の出会いの道を整えた。彼は、共産主義のレトリックを使うことは控え、植民地主義と人種差別に対しては、ともに反対の立場であることを強調して、中国とこれらの国の隔たりを狭めた。彼の啓発的メッセージは、今まで共産主義中国にはほとんど期待できなかったような、ある種の無思想な柔軟性を誇示するものだった。

一九五〇年代の最初の半分は、中ソ関係の複雑な歴史的伝統のなかでは「黄金時代」であったと言える。この時期、アメリカをリーダーとする資本主義世界との対決と第三世界の新興国への対処において、北京とモスクワは緊密に連携して行動した。しかしながら、一九五六年以降になると、フルシチョフが合衆国との「平和共存」や「平和的競争」の推進にますます興味を示し、また、毛が内外政策でより急進的かつ武力闘争的方向に方針転換するにおよび、中ソ関係は崩壊し始めることになるのである。

注

（1）この件に関する最近の再検討については、以下の二つの特集記事を参照されたい。"1948 Insurgencies and the Cold War in Southeast Asia Revisited," in *Kajian Malaysia: Journal of Malaysian Studies*, vol. 27, Nos. 1 & 2, (2009); "Asian Cold War Symposium," *Journal of Southeast Asian Studies*, vol. 40 (October 2009).

（2）陸定一は当時中国共産党内の主要な理論家だった。

（3）一九四八年九月一三日中国共産党政治局での毛の演説（『毛沢東文集』一九九六、一四一～一四六頁）。

（4）一九四九年一一月一六日アジア・オーストラリア労働組合会議における劉少奇の演説（『建国以来劉少奇文稿』第一冊、二〇〇五、一六〇～一六九頁）。

（5）一九五〇年三月三日、劉少奇から陳賡へ（前掲書、五七二～五七三頁）。

（6）一九五〇年四月一日中央人民政府革命委員会情報省第二及び第五部局工作会議における周恩来の発言（『建国以来周恩来文稿』第二巻、二〇〇八、二四〇～二五五頁）。

（7）一九五一年一月一六日劉少奇から王稼祥へ（『建国以来刘少奇文稿』第三冊、二〇〇五、二五頁）。

（8）第一次インドシナ戦争期における中国によるホー・チ・ミンの反仏闘争支援についてはQiang Zhai（2000, chapters 1-2）を参照。

（9）スターリンは植民地独立後の政府を西欧帝国主義の道具だと見なしていた（Mastny 2010, p. 52）。ソ連の新聞はネルーの政府を「ブルジョワ似非民主主義のインド変種」と呼び、また、ネルー自身に対して「帝国主義の走狗」というレッテルを貼っている（Choudhury, 1975, p. 8）。

（10）毛の敵対的態度とは対照的に、ネルーは、植民地後のアジアを指導するに当たり、中国が友人でありパートナーとなると考えていた（Myint-U, 2011, p. 225）。

（11）一九四九年一一月一九日ラナディヴへの毛の電報。『建国以来毛沢東文稿』（第一巻、一九八七、一四六頁）に所収。

（12）李（一九九九、二五頁）。引用は中国の月刊誌『百年潮』に所収。『百年潮』はしばしば中国共産党指導部メンバーの記憶や回顧録を掲載している。

（13）中国の第三世界に対する政策の展開については以下を参照。Kim（1989, pp. 148-178).

（14）アイゼンハワー政権の台湾海峡危機への対応については以下を参照。Accinelli（1996, chapters 8-9). ネルーはＳＥＡＴＯの創設には反対した。彼は、この組織は不安定への新たな恐怖心をあおることで、ジュネーヴ協定と矛盾する行動に走らせるものだと警告した。Smith（1965, p. 76）を参照。

（15）ウー・ヌ（ビルマ首相）は、バンドン会議に中国を招聘することを推進した一人だった。中国の会議参加については反対する国もあったので、ウー・ヌは、もし周恩来を参加させないならば、自分もバンドンには行かないと公式に発言していた。Myoe（2011, p. 27）を参照。インド人研究者であるギリ・デシンカーは以下のように書いている。「一九五五年のバンドン会議では、ネルーは、自身は舞台裏で目立たないようにして、周恩来と新しい中国国家を国際舞台に推挙することに決めた」。Deshingkar（1991, pp. 85-100）を参照。引用は九〇頁にある。

（16）中国共産党全国代表者会議における劉少奇の演説（一九五五年三月二一日）。『建国以来刘少奇文稿』第七巻、一二九頁に所収。

（17）Larisa M. Efimova, "Soviet Policy in Indonesia during the 'Liberal Democracy' Period, 1950-1959," *Zhukov Journal Entry*, April 12, 1955を参照。

（18）シアヌークは、後に、周恩来との初めての出会いを「『一目ぼれ』の例」であったと述懐している。Sihanouk（1973, p. 202）を参照。

（19）一九五五年、中国共産党中央委員会と毛に宛てた周の電報。『中国代表团出席会议一九五五年亚非会议』（二〇〇七、八七～九〇頁）に所収。裴『中华人民共和国外交史、一九四九―一九五六』一九九四年、二四五～二四九頁も参照。バンドン会議でネルーは、幾人かの代表による反ソ的言辞を和らげる努力も行った。彼は、セイロン首相がソ連は東ヨーロッパで「帝国主義的」行動に出ていると発言したことを問題視し、東ヨーロッパ諸国は独立国であり、国連によってもそのように認められていると主張した。Brown（2003, p. 261).

（20）バンドン会議フィリピン代表団長カルロス・ロムロは、後に以下のように回想している。周の発言は「政治委員会開催前の会議に電撃を走らせた」と。Romulo（1956, p. 19).

（21）中米大使間会談の詳細な検討についてはXia（2006）を参照。

（22）ロムロによれば、「招待国のリストには人種的考慮があったことは確かである。いかなる「白人」国も招待されていなかった」（傍線は原文より）。Romulo（1956, p. 2）を参照。

（23）一九五五年四月三〇日中国共産党中央委員会と毛に宛てた周の電報。中華人民共和国外務省公文書館編『中国代表団出席会议一九五五年亚非会议』二〇〇七年、八七～九〇頁を参照。

（24）张越は一九五六年に駐カイロ中国通商局の副局長だった。

（25）フランスのアメリカ大使館から国務省あての一九五五年一〇月四日付電報。*Foreign Relations of the United States, 1955-1957,* Vol. 18: Africa: 222-224に所収。

（26）アイゼンハワー政権の対ベトナム政策については以下を参照。Herring（2001: chapter 1）; Anderson（1991）; Prados（2009, chapter 1）.

（27）イギリスのマラヤ政策については以下を参照。Darwin（1988, pp. 202-204）; Stockwell（1987, pp. 71-81）.

（28）一九五七年一月二七日党地方書記会議における毛の談話より引用。『毛外交文选』一九九四年、二八〇～二八三頁に所収。

（29）一九五七年一一月一八日モスクワ共産党、労働党会議における毛の演説。『毛外交文选』一九九四年、二九一～三〇〇頁に所収。

参考文献

戴超武「印度外交政策、大国关系和一九六二年中印边境冲突」牛大勇・沈志华編『冷战与中的周边关系』北京：世界知识出版社、二〇〇四年。

胡今「解放西藏、粉碎帝国主义阴谋」『世界知识』第二号別冊一二月九日、一九四九年。

李昌「良师益友胡耀邦」『百年潮』第二巻、一九九九年。

李慎之・张彦『亚非会议日记』北京：中央新闻出版社、一九八六年。

陆定一「中国革命的世界意义」一九五一年六月三〇日、『陆定一文集』北京：人民出版社、一九九二年。

裴坚章编『中华人民共和国外交史、一九四九—一九五六』北京：世界知识出版社、一九九四年。

『世界知识』第九巻、一九五〇年三月一〇日。

陶文钊编『中美关系史（一九四九—一九七二）』上海：上海人民出版社、一九九九年。

王炳南『中美会谈九年回顾』北京：世界知识出版社、一九八五年。

王琛「中国对印度政策与和平解放西藏、一九四九—一九五〇」『当代中国史研究　二』二〇〇二年。

夏仲成『亚非雄风团结合作的亚非会议』北京：世界知识出版社、一九九八年。
熊华源「周恩来和万隆会议」『党史文汇』第六卷、一九八七年。
杨尚昆『杨尚昆日記』第一卷一、北京：中央文献出版社、二〇〇一年。
张越「周总理派我去非洲」高勇他编『不尽的思念』北京：中央文献出版社、一九八七年。
中华人民共和国外交部・中共中央文献研究室编『毛泽东外交文选』北京：中央文献出版社及び世界知识出版社、一九九四年。
中共中央文献研究室编『毛泽东文集』第五卷、北京：人民出版社、一九九六年。
中共中央文献研究室・中央档案馆编『建国以来劉少奇文稿』第一冊一、北京：中央文献出版社、二〇〇五年。
中共中央文献研究室・中央档案馆编『建国以来刘少奇文稿』第三冊、北京：中央文献出版社、二〇〇五年。
中华人民共和国外交部档案馆编『中国代表团出席会议一九五五年亚非会议』北京：世界知识出版社、二〇〇七年。
中共中央文献研究室・中央档案馆编『建国以来毛泽东文稿』第一卷一、北京：中央文献出版社、一九八七年。
中共中央文献研究室・中央档案馆编『建国以来周恩来文稿』第二卷、北京：中央文献出版社、二〇〇八年。
Accinelli, Robert, *Crisis and Commitment: United States Policy Toward Taiwan, 1950–1955*, Chapel Hill: University of North Carolina Press, 1966.
Anderson, David L., *Trapped by Success: The Eisenhower Administration and Vietnam, 1953–1961*, New York: Columbia University Press, 1991.
Antlov, Hans and Stein Tonnesson eds., *Imperial Policy and Southeast Asian Nationalism*, Surrey: Curzon Press, 1995.
Brogi, Alessandro, *Confronting America: The Cold War between the United States and the Communists in France and Italy*, Chapel Hill: The University of North Carolina Press, 2011.
Brown, Judith M., *Nehru: A Political Life*, New Haven: Yale University Press, 2003.
Choudhury, Golam Wahed, *India, Pakistan, Bangladesh and Major Powers: Politics of a Divided Subcontinent*, New York: The Free Press, 1975.
Darwin, John G., *Britain and Decolonisation: The Retreat from Empire in the Post-War World*, Basingstoke: Macmillan, 1988.
Deshingkar, Giri, "India-China Relations: The Nehru Years," *China Report*, Vol. 27, No. 2, April-June, 1991.
Duiker, William J., *Sacred War: Nationalism and Revolution in a Divided Vietnam*, New York: McGraw-Hill, 1995.

Dulffer, Jost, "The Impact of World War II on Decolonization," Frey, Marc, Pruessen, Ronald W. and Tan Tai Yong eds., *The Transformation of Southeast Asia: International Perspectives on Decolonization*, Armonk, New York: M. E. Sharpe, 2003.

Efimova, Larisa M., "Zhukov journal entry, April 12, 1955," in *Soviet Policy in Indonesia during the 'Liberal Democracy' Period, 1950–1959*, Cold War International History Project Digital Archive, e-Dossier No. 26. https://www.wilsoncenter.org/publication/soviet-policy-indonesia-during-the-liberal-democracy-period-1950-1959 (Accessed on July 20, 2018)

Fursenko, Aleksandr and Timothy Naftali, *Khrushchev's Cold War: The Inside Story of an American Adversary*, New York: W. W. Norton, 2006.

Gaiduk, Ilya V., *Confronting Vietnam: Soviet Policy toward the Indochina Conflict, 1954–1963*, Washington DC: Woodrow Wilson Center Press; Stanford: Stanford University Press, 2003.

Gaiduk, Ilya V., "Soviet Cold War Strategy and Prospects of Revolution in South and Southeast Asia," in Christopher E. Goscha and Christian F. Ostermann eds., *Connecting Histories: Decolonization and the Cold War in Southeast Asia, 1945–1962*, Washington, D.C.: Woodrow Wilson Center Press and Stanford: Stanford University Press, 2009.

Garver, John W., *Foreign Relations of the People's Republic of China*, Eaglewood Cliffs, N.J.: Prentice Hall, 1993.

Garver, John W., *Protracted Contest: Sino-Indian Rivalry in the Twentieth Century*, Seattle: University of Washington Press, 2001.

Ginat, Rami, *The Soviet Union and Egypt, 1945–1955*, London: Frank Cass, 1993.

Harris, Lillian Craig, *China Considers the Middle East*, London: I. B. Tauris, 1993.

Haslam, Jonathan, *Russia's Cold War: From the October Revolution to the Fall of the Wall*, New Haven: Yale University Press, 2011.

Heikal, Muhamed Hassanein, *The Cairo Documents: The Inside Story of Nasser and His Relationship with World Leaders, Rebels, and Statesmen*, New York: Doubleday, 1973.

Herring, George C., *America's Longest War: The United States and Vietnam, 1950–1975*, fourth edition, New York: McGraw-Hill, 2001.

Jones, Matthew, "A 'Segregated' Asia? Race, the Bandung Conference, and Pan-Asianist Fears in American Thought and Policy, 1954–1955," *Diplomatic History*, vol. 29 (November), 2002.

Jones, Matthew, *After Hiroshima: The United States, Race and Nuclear Weapons in Asia, 1945–1965*, Cambridge: Cambridge University Press, 2010.

Kahin, George McTurnan, *The Asian-African Conference: Bandung, Indonesia, April 1955*, Ithaca: Cornell University Press, 1956.

Keith, Ronald C., *The Diplomacy of Zhou Enlai*, New York: St. Martin's Press, 1989.

Keylor, William R., *The Twentieth-Centruy World and Beyond: An International History since 1900*, fifth edition, New York: Oxford University Press, 2006.

Kim, Samuel S., "China and the Third World: In Search of a Peace and Development Line," in Samuel S. Kim, ed., *China and the World: New Directions in Chinese Foreign Relations*, second edition, Boulder: Westview Press, 1989.

LaFeber, Walter, *America, Russia, and the Cold War*, New York: McGraw-Hill Education, 2006.

Laron, Guy, "Cutting the Gordian Knot: The Post-WWII Egyptian Quest for Arms and the 1955 Czechoslovak Arms Deal," Cold War International History Project Working Paper, No. 55 (February), 2007.

Lawrence, Mark Atwood, *Assuming the Burden: Europe and the American Commitment to War in Vietnam*, Berkeley: University of California Press, 2005.

Leffler, Melvyn, *For the Soul of Mankind: The United States, the Soviet Union, and the Cold War*, New York: Hill & Wang, 2007.

Lintner, Bertil, "Burma and Its Neighbors," *China Report*, Vol. 28, No. 3, July-September, 1992.

Little, Douglas, *American Orientalism: The United States and the Middle East since 1945*, third edition, Chapel Hill: University of North Carolina Press, 2008.

Liu, Xiaohong, *Chinese Ambassadors: The Rise of Diplomatic Professionalism since 1949*, Seattle: University of Washington Press, 2001.

Mason, Richard, "Containment and the Challenge of Non-Alignment: The Cold War and U.S. Policy toward Indonesia, 1950–1952," Christopher E. Goscha and Christian F. Ostermann eds., *Connecting Histories: Decolonization and the Cold War in Southeast Asia, 1945–1962*, Washington, D.C.: Woodrow Wilson Center Press and Stanford: Stanford University Press, 2009.

Mastny, Vojtech, "The Soviet Union's Partnership with India," *Journal of Cold War Studies*, Vol. 12, No. 3 Summer, 2010.

McMahon, Robert J., "Anglo-American Diplomacy and the Reoccupation of the Netherlands East Indies,"*Diplomatic History*, vol. 2, 1978.

McMahon, Robert J., *Colonialism and the Cold War: The United States and the Indonesian Struggle for Independence, 1945–1949*, Ithaca: Cornell University Press, 1981.

Myoe, Maung Aung, *In the Name of Pauk-Phaw: Myanmar's China Policy since 1948*, Singapore: Institute of Southeast Asian Studies,

2011.

Nutting, Anthony, *Nasser*, New York: E. P. Dutton, 1972.

Prados, John, *Vietnam: The History of an Unwinnable War, 1945–1975*, Lawrence: University Press of Kansas, 2009.

Pye, Lucian, "The China Factor in Southeast Asia," Richard H. Solomon, ed., *The China Factor: Sino-American Relations and the Global Scene*, Eaglewood Cliffs, New Jersey: Prentice-Hall, 1981.

Richardson, Sophie, *China, Cambodia, and the Five Principles of Peaceful Coexistence*, New York: Columbia University Press, 2010.

Romulo, Carlos P., *The Meaning of Bandung*, Chapel Hill: University of North Carolina Press, 1956.

Schaller, Michael, *The United States and China: Into the Twenty-First Century*, third edition, New York: Oxford University Press, 2002.

Shao, Kuo-kang, *Zhou Enlai and the Foundations of Chinese Foreign Policy*, New York: St. Martin's Press, 1996.

Shichor, Yitzhak, *The Middle East in China's Foreign Policy, 1949–1977*, New York: Cambridge University Press, 1979.

Sihanouk, Norodom with Wilfred Burchett, *My War with the C.I.A.: Cambodia's Fight for Survival*, Middlesex, U.K.: Penguin, 1973.

Silverstein, Josef, *Burma: Military Rule and the Politics of Stagnation*, Ithaca: Cornell University Press, 1977.

Smith, Roger M., *Cambodia's Foreign Policy*, Ithaca: Cornell University Press, 1965.

Stockwell, Anthony J., "Insurgency and Decolonization during the Malayan Emergency," *Journal of Commonwealth and Comparative Politics*, vol. 25, no. 1, 1987.

Tarling, Nicholas, *Britain, Southeast Asia, and the Onset of the Cold War, 1945–1950*, New York: Cambridge University Press, 1998.

Taubman, William, *Khrushchev: The Man and His Era*, New York: W. W. Norton, 2003.

Thant, Myint-U, *Where China Meets India: Burma and the New Crossroads of Asia*, New York: Farrar, Straus and Giroux, 2011.

United States, Department of State, *Foreign Relations of the United States, 1955–1957 Vol. 18: Africa*, Washington, D.C.: Government Printing Office, 1989.

U Nu, *Premier Report to the People*, Rangoon: GUB, 1958.

Westad, Odd Arne, *The Global Cold War: Third World Interventions and the Making of Our Times*, New York: Cambridge University Press, 2005.

Xia, Yafeng, *Negotiating with the Enemy: U.S.-China Talks during the Cold War, 1949–1972*, Bloomington: Indiana University Press,

2006.

Yaqub, Salim, *Containing Arab Nationalism*, Chapel Hill: University of North Carolina Press, 2004.

Zhai, Qiang, *China and the Vietnam Wars, 1950-1975*, Chapel Hill: University of North Carolina Press, 2000.

Zubok, Vladislav, *A Failed Empire: The Soviet Union in the Cold War from Stalin to Gorbachev*, Chapel Hill: University of North Carolina Press, 2007.

"Asian Cold War Symposium," *Journal of Southeast Asian Studies*, vol. 40, No. 3 (October 2009), Cambridge University Press on behalf of Department of History, National University of Singapore. https://www.jstor.org/stable/i27751577 (Accessed on July 31, 2018)

"1948 Insurgencies and the Cold War in Southeast Asia Revisited," in *Kajian Malaysia: Journal of Malaysian Studies*, vol. 27, Nos. 1 & 2, 2009. http://www.usm.my/km/27-1&2-2009.html (Accessed on July 31, 2018)

第9章　アジア太平洋の世紀

秋田　茂

本章では、二〇世紀後半に始まった東アジア地域の「経済的再興」(economic resurgence)、世界銀行が使った一般的な表現を借りれば「東アジアの奇跡」(the East Asian Miracle) の展開過程を、アジア国際経済秩序の再編・変容を通じて考察する。それを通じて、新たな世界システムであるアジア太平洋経済圏 (Asia-Pacific economy) の形成を展望する。

1　「アジア間貿易」の変容と日本帝国の遺産

第二次世界大戦後のアジア国際秩序を考えるうえで、戦間期の一九三〇年代との連続性を考えることが重要である。本節では、戦前の一九三〇年代のアジア国際経済秩序の特徴を再考することを通じて、アジア太平洋経済圏の形成の歴史的起源とその要因を考えてみたい。

(1)　一九三〇年代のアジア国際秩序——自由貿易秩序の存続

二一世紀になってからのアジア経済史研究では、一九三〇年代のアジア国際経済秩序における、貿易体制の対外的な「開放性」と非帝国地域との貿易の重要性が強調されるようになった (秋田・籠谷、二〇〇一：Akita and White eds., 2010)。従来の伝統的解釈では、世界恐慌以降の一九三〇年代前半に日本政府が展開した経済外交は、十分な成果を挙げることができず事

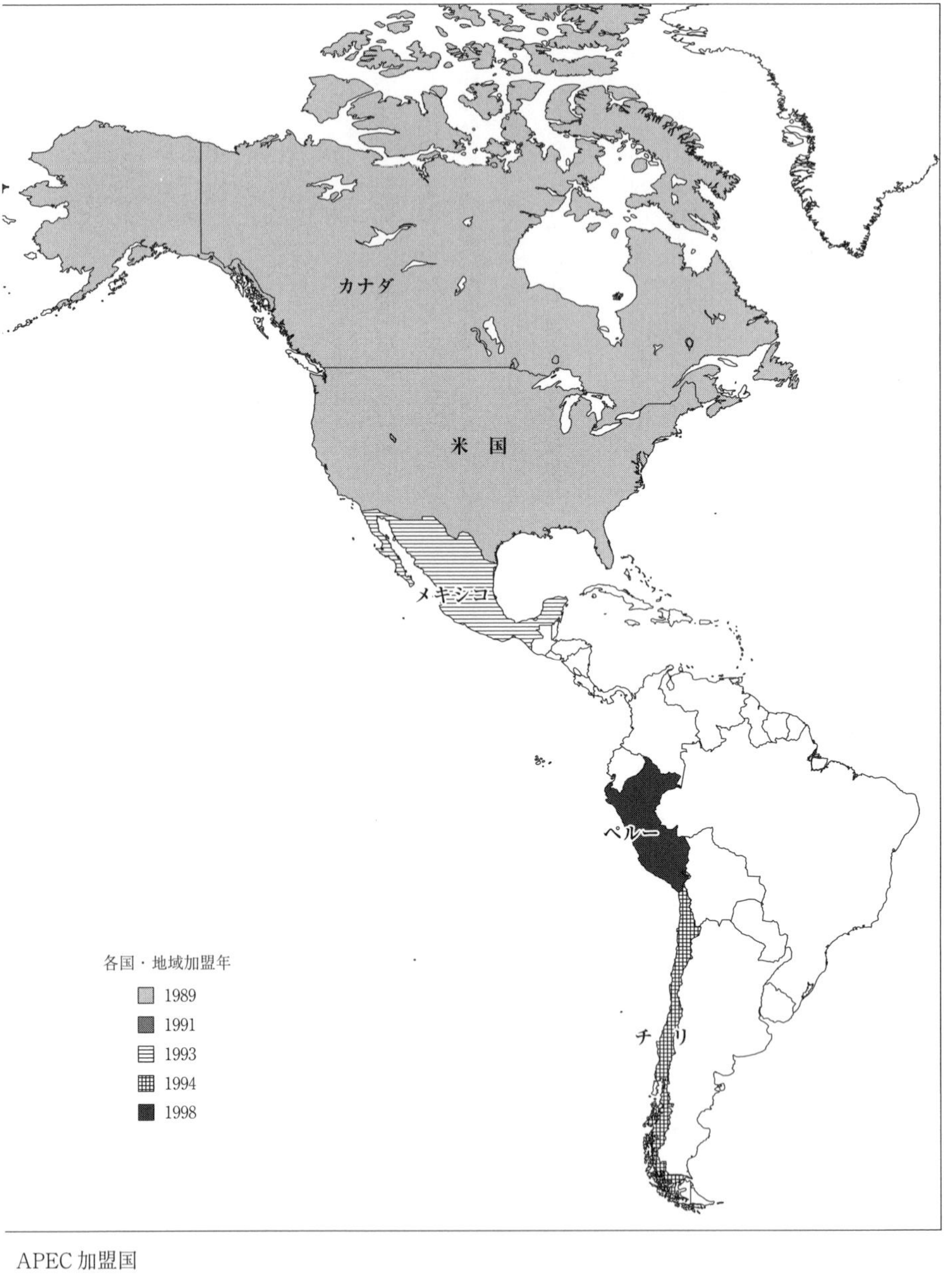

APEC 加盟国

図9－1

出典：経済産業省ホームページ（http://www.meti.go.jp/policy/trade_policy/apec/overview/description.html)。

図9－2　日印会商

出典：朝日新聞社提供。

実上失敗し、その失敗が三〇年代後半からのアジア太平洋戦争勃発に至る導火線になったと解釈されてきた（石井、一九九五）。ここでは、一九三〇年代に日本が展開した経済外交を再評価することで、アジアにおける自由貿易秩序の存続の意義を改めて強調したい。

一九三〇年代のアジア国際経済秩序の「開放性」の典型が、日本に対するインド原棉の大量輸出である。世紀転換期から一九三〇年代まで、日本は一貫してインド原棉の最大の輸入国であった。他方、イギリス本国は、インド棉輸入拡大を取り決めた一九三三年のリース＝モディ協定と、インド棉使用の促進を図ったランカシャー・インド棉委員会の努力によっても、インド棉花の輸入実績では第二位に留まっていた。インド棉の輸入は日本の工業化にとっても不可欠であったが、この大量輸入は、一九三〇年代に日本が経済外交政策を展開するにあたって、重要な交渉のカードになった。

一九三三年六月にインド政庁は、日本の綿製品輸出の急増を抑える方策として、日本製品に対する輸入関税率を七五パーセントに引き上げるとともに、最恵国条項を含んだ日印通商条約の破棄を通告した。日本側は対抗措置として、インド棉花の輸入ボイコットに踏み切り、両国間で貿易摩擦が深刻化した。問題打開のために、一九三三年九月から翌三四年一月まで、インドのデリーとシムラで、日印政府間交渉が行われた（第一次日印会商）。

この交渉に際して、日本駐在のイギリス商務参事官G・サンソムは、インド政庁への政治的助言者とイギリス政府オブザーバーとして、日本の経済利害をイギリス帝国利害と調整するため、二重の任務を帯びて日本側代表団との交渉に臨んだ。彼は、日本側にとってインド原棉のボイコットが交渉の切り札であること、インド政庁と英領インドの農業利害にとっても

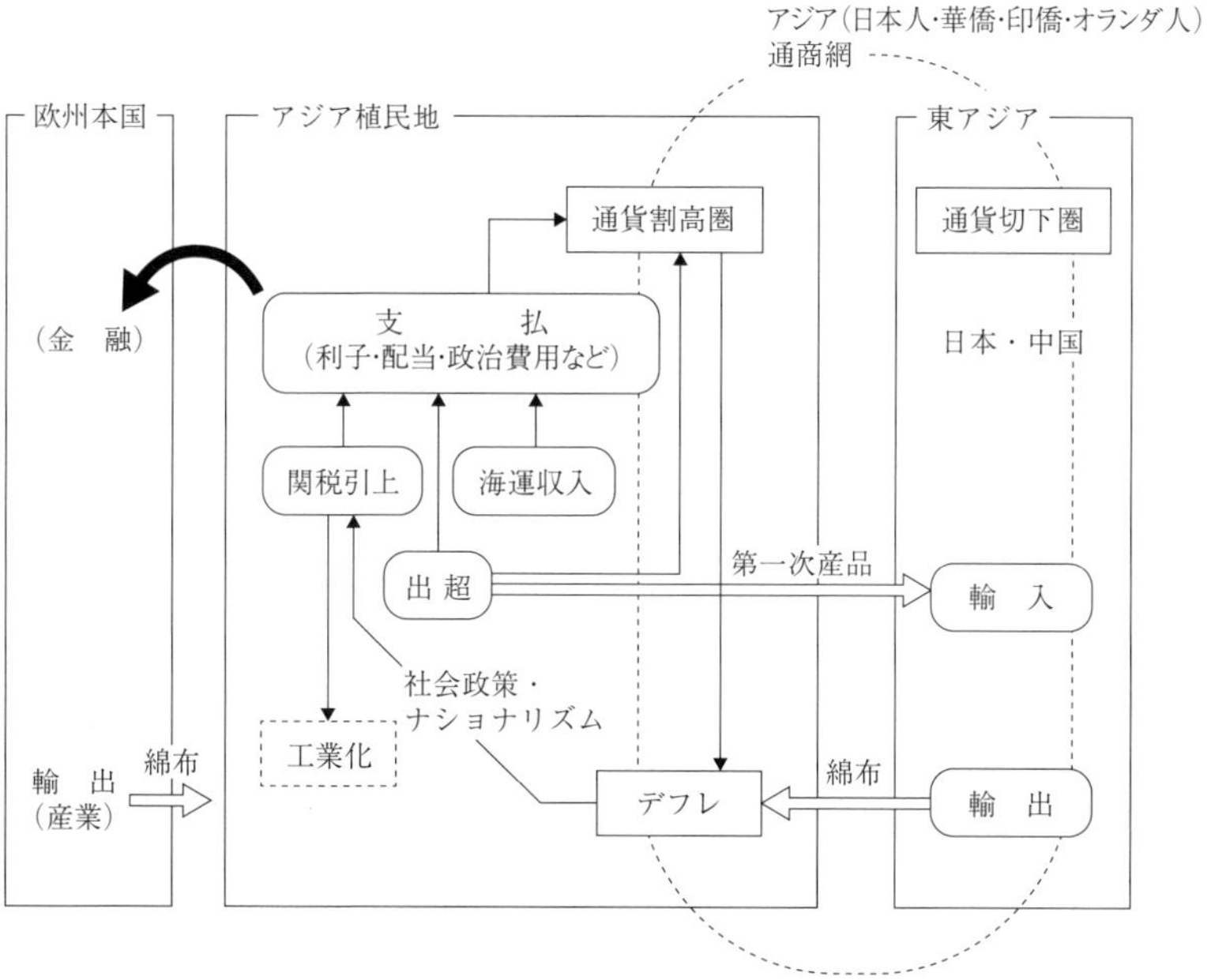

図9－3　1930年代のアジア国際経済秩序についての概観

出典：秋田茂・籠谷直人編『1930年代のアジア国際秩序』溪水社，2001年，23頁。

日本向け原棉輸出の継続が不可欠であることを、十分に認識していた。

交渉が山場に差し掛かった一九三三年一〇月末に、サンソムは、日本綿製品の輸入規制（輸入割当制）の緩和と引き換えに、インド原棉の輸出促進策（日本側の購入義務化）を図ることが重要であると判断していた。つまり、日本側に、日本の綿製品輸出とインド原棉輸入とのリンケイジを認めさせること、それを通じてインド原棉の販路拡大を図ることが、インド政庁にとって是非とも必要であった。この文脈において、一九三二年のイギリス帝国経済会議で構築された帝国特恵（オタワ）体制は、イギリス帝国圏以外の諸国（この場合日本）にとっても参入可能な「開かれた」、自由貿易原理が依然として有効な貿易体制であった。

イギリス本国にとって、この時期もっとも重要であったのが、海外投資にともなう債権の確実な回収であり、そのためには、英領インドの貿易黒字確保と、ルピー通貨の対ポンド為替相場を高値で安定的に維持することが必要であった。貿易黒字を確保するために、現地インド政庁は、原棉・ジュート製品・綿製品のインドからの輸出を奨励し、結果的に本国からの工業製品の輸入を抑制する政策をとった。こうした貿易政策は、自国産業、特にボンベイやアフメダバードを中心とする、綿工業の発展と工業化を望んだインド側のナショナリスト、資本家層にとっても好都合であった（籠谷、二〇〇一、モデル図〔図9－3〕参照）。従って、ナショナリストの穏健派は、イギリス支配に対する「協力者」（コラボレーター）的な存在であった。

他方、インドのルピー通貨価値の安定に関わる金融・財政政策に関して、ロンドン・シティの金融利害に支えられたイギリスの「構造的権力」は、現地インドの利害を無視して行使された。特に問題になったのが、ポンドとインド・ルピー通貨の為替交換レートであった。インドのナショナリストは、インドの輸出を促進するために為替レートの引き下げ（一ルピー＝一シリング四ペンス）を主張したのに対して、本国政府は、インドへの投資価値を温存しつつ、債権の円滑な回収を図るために、ルピー価値の高値安定（一ルピー＝一シリング六ペンス）の政策を譲らなかった。

同様な現地通貨と本国通貨との高い為替交換レートは、英領の海峡植民地や、蘭領東インドでも見られた（籠谷、二〇〇〇）。結果的に、南アジア・東南アジアにおける欧米植民地の通貨は、金融・財政利害を優先した本国側の政策によって、世界恐慌後も通貨の切り下げが行われずに、通貨価値は高値で安定したまま推移した。モノの輸出入では柔軟な対応を取ったイギリスも、シティ金融利害（カネ）の擁護のためには、「構造的権力」を行使したのである。この自由貿易原理を基軸とする「英蘭型自由貿易秩序」の存続は、第二次世界大戦後のアジア国際経済秩序を考えるうえで、決定的に重要である。

（2）日本帝国と植民地工業化

他方、戦後アジア国際秩序は、日本植民地帝国の「遺産」とも密接な関連性を有した。その典型が、日本の植民地支配下の朝鮮、台湾および満洲国で見られた消費財、および一部の資本財の生産を目的とした「植民地工業化」（colonial industrialization）である。

戦間期の日本帝国の経済発展については、山本有造の帝国経済に関する三部作や、堀和生の東アジア工業化論など、実証的な優れた研究がある（山本、一九九二、二〇〇三、二〇一一：堀、二〇〇九）。そこで注目されているのが、世界恐慌以降の日本帝国圏における経済的相互依存関係の強化、日本帝国諸地域をつなぐ帝国間（植民地）貿易の急速な拡大である。

堀和生の研究によれば、一九三〇年代の日本帝国圏では、日本本国と朝鮮、台湾、満洲国の間で、二国・地域間の経済関係（bilateral relationships）が極度に強化された。伝統的解釈によれば、日本本国を中心とする保護主義的な「円ブロック」経済体制が形成され、帝国の経済的紐帯・まとまりが強まり、帝国間貿易が日本の全貿易の七割強を占めたとされる。台湾からの砂糖、朝鮮からの米の輸入など、第一次産品の輸入拡大だけでなく、一九三〇年代になると、現地の農産物加工品の輸入や、朝鮮半島での電力開発を通じた化学肥料生産の展開と本国への輸出など、植民地においても日本本国の産業発展の高度化と連動する形で、部分的な重化学工業化への端緒が見られた。

この日本帝国の植民地貿易の急速な拡大をめぐって、堀和生と杉原薫の間で論争が展開されている。一九～二〇世紀転換期に形成された「アジア間貿易」（intra-Asian trade：日本・中国・東南アジア諸地域・南アジア地域を結びつける地域間貿易）の拡大・変容を主張する杉原（杉原、二〇〇一）に対して、堀は、東アジアの日本帝国圏内部だけで公式の植民地貿易が、円決済の拡大により急激に拡張した特異な時期ととらえ、アジア間貿易の変容というよりも、日本帝国間貿易が東アジアの経済発展を支え、東アジア独自の資本主義発展のパターンが出現した「東アジア資本主義」の形成・発展期ととらえる（堀、二〇〇八、二〇〇九）。両者の解釈は鋭く対立しているように見えるものの、一九三〇年代の日本帝国圏の諸地域において、消費財や資本財生産の工業化が進展した事実と帝国間分業体制の強化の事実認識では共通性が見られる。

近代帝国の比較研究において、公式の植民地支配下で工業化が進展し、ある意味で植民地当局もその発展を推進・支援した点において、日本帝国の事例は独自性が強い。この植民地工業化論は、日本帝国だけでなく、第一次世界大戦以降の南アジア（英領インド）にも部分的に適用可能である（Hori, 2011）。T・ロイの研究は、英領インドでの経済発展を多面的に再評価する点で示唆的である（Roy, 2012）。

世界経済における現代東アジア世界の独自性を考察する本章との関連で重要なのは、植民地工業化を可能にした要件としての、輸出志向性と人的資源（human resources）活用のノウハウ、人材育成の背景である。日本帝国内での分業関係の発展は、台湾・朝鮮など植民地地域から日本本国向けの軽工業製品（消費財）の輸出（帝国内部では移出）を促した。地域内市場だけでなく、帝国スケールでの輸出可能性の拡大は、日本帝国が消滅した第二次世界大戦後も、海外市場向けの輸出志向性

図9－4　ガンディーとネルー

として存続した。また，伝統的に東アジア地域では，教養教育を通じた社会経済的地位の向上を目指す志向も強かった。教育熱心な社会的風土を背景とした人的資源開発・活用のノウハウの存在は，産業構造の高度化，工業化の促進を目指した植民地当局にとっても好都合で不可欠であった。この対外的な輸出志向性と人的資源開発への志向は，戦後の東アジア・東南アジア諸国で出現することになる「開発主義」(developmentalism) の歴史的起源となるのである。

(3) 冷戦と脱植民地化──アジア間貿易の復活

本項では，第二次世界大戦後のアジア国際経済秩序が有した世界史上の独自性を，脱植民地，冷戦，経済開発の三点の相互連関性を通して考えてみたい。

脱植民地化と経済援助　第一の特徴は，政治的な脱植民地化，いわゆる植民地からの政治的独立が，東アジアと南アジアを中心に一九四〇年代末までに非常に短期間で達成された点である。その要因は，日本の敗戦による旧日本帝国の強制的解体・崩壊と，南アジアにおけるイギリスの性急な撤退，「権力の委譲」(transfer of power) によるインド・パキスタンの分離独立，および蘭領東インドにおける独立戦争でのオランダの敗北とインドネシアの独立等，複合的である。第二次世界大戦，アジア太平洋戦争での戦闘・占領・戦時動員を通じた欧米列強の植民地的秩序の崩壊は，アジア諸地域での戦間期（一九二〇～三〇年代）からの民族運動（ナショナリズム）の勃興を通じて促進され，世界史上でも稀に見る速さで政治的独立が達成された。

この早期の脱植民地化に対して，日本を除く欧米の旧宗主国は，影響力の温存と継続を図る手段として，新興独立諸国（旧植民地）に対して，経済援助を提供した。それを非常に巧みに行ったのが，戦後のイギリス（イギリス帝国）である。一九四九年四月の英連邦首脳会議における英連邦のコモンウェルスへの衣替え・再編と (McIntyre, 1999)，翌一九五〇年のコモンウェルス外相会議で提起された加盟諸国間の相互経済援助計画「コロンボ・プラン」がその典型である（渡辺編、二〇一四：Akita, Krozewski and Watanabe eds. 2014）。一九五〇～六〇年代のアジアは、経済援助の供与をめぐり国際競争が展開された「アジアの開発の時代」である（秋田、二〇一七）。

第二の特徴は、世界的規模での東西冷戦の展開のなかで出現した、独自の国際政治秩序である「第三世界」、非同盟中立路線の主要な舞台になったのが、一九五〇～六〇年代のアジア世界であった。ヨーロッパで一九四七～四八年に始まった米ソ冷戦は、一九四九年の中国革命による中華人民共和国の成立と、翌五〇年六月に勃発した朝鮮戦争により東アジアに波及する（下斗米、二〇〇四）。その後、フランス植民地帝国の解体につながったインドシナ戦争、一九五四年ジュネーヴ会議以降のアメリカによるベトナムへの「介入」の開始を通じて、アジアにおける冷戦の舞台は、東南アジアのインドシナ半島部にも広がった。東南アジア条約機構（SEATO）が結成されたのも、同年九月であった。

こうした冷戦体制の構築の過程で、その周縁部として、相対的に独自の立場を維持したのが南アジア地域であった。その立役者が、インド首相のジャワハルラール・ネルーと彼が追求した非同盟中立路線である。それは一九五五年四月のアジア・アフリカ会議（バンドン会議）に結実した。政治的に中立を表明した非同盟諸国は、経済外交の側面では経済援助を受け入れる対象国となった。一九五〇～六〇年代前半に、世界最大の被援助国となったのがインドである。従来別々の戦後史の文脈で語られてきた脱植民地化と冷戦（冷戦体制の構築）が相互に結び付くのが（Louis and Robinson, 1994）、軍事援助を含めた開発援助政策である。

冷戦とアジア間貿易の復活――「香港ギャップ」　冷戦の展開、冷戦体制の構築の過程で、第二次世界大戦・アジア太平洋戦争で一時的に崩壊したアジア間貿易が、新たな形で復活してくる。その際に中核的な役割を果たしたのが、イギリス帝国の公式植民地であり、自由貿易体制（free trade regime）の要の位置にあった自由貿易港・香港とシンガポールの存在である。

一九～二〇世紀の世紀転換期に形成された綿業を基軸とした地域間貿易である「アジア間貿易」でも、香港は中国本土との貿易を含めた中継貿易港として不可欠な拠点であった。貿易面で香港は、戦後も一貫したレッセ・フェール政策に基づく自由貿易政策が維持され、イギリス帝国が提供した「国際公共財」の一つであった自由貿易体制の再建・拡張にとって不可欠の存在であった。香港は、朝鮮戦争（一九五〇～五三年）にともなうアメリカの経済制裁実施にもかかわらず、冷戦体制で中国本土と西側世界を結ぶ結節点として機能し続けたのである。

国共内戦の過程で、上海や江南の中国人実業家（綿業資本）は、共産党の支配を嫌って、資本と技術の香港への移転を図った。久保亨の研究によれば、一九四〇年代末に相次いで香港で設立された南洋紡、九龍紡、緯綸紡の三社は、いずれも中国本土で大規模な紡績工場を運営していた近代中国最大の企業集団栄家グループ・申新紡の経営者たちであった。戦前から綿織物業を中心に工業化が始まっていた香港では、充分な綿糸需要が見込まれており、香港政庁も、帝国・コモンウェルス域内における綿製品の自給化を望み、紡績工場創設に際して土地を貸与するなど綿紡績業の発展に協力した（久保、二〇一三）。帝国特恵関税による帝国・コモンウェルス市場における税制優遇措置も、香港綿業が急速に発展することに寄与した。

また香港は、スターリング圏のなかで、共通の為替管理が限定的かつ柔軟に適用された例外的地域であり、そのユニークな地位は「香港ギャップ」（Hong Kong Gap）と呼ばれていた。すなわち香港では、公式には他のスターリング地域と同様な為替管理が行われ、公定レートでの外国為替取引は穀類・米・綿製品・人絹糸などの主要輸入品に限定された。しかし、それと同時並行的に、アジア間貿易の中継貿易拠点として香港の外貨需要は旺盛であったため、香港ドルの価格が需給バランスで決まる自由為替市場が存在した。この自由市場は、イギリス本国の為替管理当局（イングランド銀行）にとって、スターリング圏に対する為替管理体制の抜け穴として機能したが、香港の特殊な位置ゆえに事実上黙認されていた。C・シェンクによれば、「香港は、スターリング圏の厳格な為替管理とドル圏の相対的な交換性とのユニークな結節点であり、スターリングとドル両方の世界にまたがるこの地位が、香港の卓越性の重要な一因であった」（Schenk, 2001, pp. 72-73, 133）。

戦後、日本と香港は、イギリス本国およびスターリング地域とは別に、香港ドルで取引可能な個別のオープン勘定支払協定を結び、香港側は当面年間二五〇万ドルの対日輸入ライセンスを認めていた。戦後の日本経済の復興にとって、中国・台湾・マカオなどの近隣諸地域と香港との中継貿易は重要であり、その中継機能は東南アジアの英領マラヤやインドネシア、タイもカバーしていた。日本は香港向け輸出の貿易黒字をポンド（香港ドル）で獲得し、オープン勘定支払協定のドル条項と「香港ギャップ」（自由為替市場）を通じて、その獲得したポンドを米ドルに交換できた。この米ドルを活用して、日本はアメリカから原棉や機械類の資本財を輸入することが可能になった。こうしてオープン勘定支払協定のもとで、連合国による占領下の日本は、自国の経済的利益のために、香港のユニークな地位を利用することができたのである（秋田、二〇一七、第五章：Akita, 2010）。これはイギリス側から見れば、「香港ギャップ」を通じたスターリング圏の「共通ドルプール」からの米ドル流出を意味したが、最終的に容認されてきた。

以上のように戦後の香港は、イギリス帝国・コモンウェルス内部の直轄植民地として、貿易面での帝国特恵体制、金融面での「香港ギャップ」がもたらす経済的な恩恵を享受した。さらに、一九世紀から一貫してイギリスが構築してきた自由貿易体制をシンガポールと共に支える基幹的な自由貿易港として、戦後のアジア地域間貿易のハブの地位を維持した。イギリス帝国が提供した「国際公共財」を最大限に活用したのが戦後の香港であった。

2　日本・アジアＮＩＥＳの経済成長と石油危機——一九五〇～七〇年代

（1）日本の高度成長と雁行的発展

日本の高度成長と国際分業体制　「東アジアの経済的再興」は、一九五〇年代後半から一九七〇年代初頭の石油危機まで続いた年率一〇パーセントを越える日本の高度成長で始まった。

一九六〇年代の日本に経済成長をもたらした諸要因の研究は数多く、枚挙に暇がない。本節では、対外的な要因に限定して分析を試みたい。基本的な対外的要因は、前項で触れた一九五〇年代初めからの「冷戦と脱植民地」の相互作用と、世界システムのヘゲモニーがイギリス（イギリス帝国）からアメリカ合衆国に移行したヘゲモニーの転換にあった。

この点で、杉原薫の「冷戦体制と東アジアの高度成長は、同じコインの表裏」という議論は注目に値する（杉原、二〇〇〇）。杉原によれば、一九五〇年代末からの日本の産業構造の高度化、高度成長は、アメリカ合衆国経済とアジア地域経済との、二つの経済的分業関係・経済利害の「棲み分け」に依存していた。

その一つは、アメリカ経済との「棲み分け」である。すなわち、第二次世界大戦後のアメリカは、資源集約的産業である航空宇宙・軍事・石油化学産業に特化する一方で、日本は、資源節約的・労働集約的な産業である民生品生産の機械工業、造船・自動車・家電エレクトロニクスの生産に特化する分業関係（役割分担）が日米間で形成された。冷戦体制下で資本主義陣営の経済的優位を誇示する必要があったアメリカにとって、消費財・民生品耐久消費財の生産拡張と輸出拡大策を通じた日本の経済的繁栄、「アジアの工場」（workshop of Asia）としての日本経済の再興・発展は、もっとも重要な冷戦戦略の一環であった。民生品を中心とする日本の工業製品（Made in Japan）は、門戸が開放されたアメリカ本国市場に大量に輸出され、高度大衆消費社会段階に入ったアメリカ社会では、安価で高品質の生活必需品として受け入れられていった。このアメリカ市場の開放体制が、日本の高度成長を支える大きな対外的な基盤となった。

もう一つの「棲み分け」が、東アジア・東南アジア諸国経済との、消費財を中心とした分業関係の構築である。戦後に政治的独立を達成したアジア諸国にとって、貧困からの脱却、経済的自立を求めた経済開発・工業化の実現は不可欠の政策的課題となった。一九六〇年代より、台湾・韓国・香港の東アジア諸国・地域は、外資導入と対米輸出を基軸とする「輸出志向型工業化」戦略を採用し、消費財生産中心の工業化政策に着手した。この過程で、労働集約的産業である繊維（綿製品・アパレル）や家電産業などの安価な工業製品の生産の分野では、新興の東アジア諸国・地域（後のアジアNIES諸国）が基盤を確立した。他方、日本の産業は、松下（現パナソニック）・ソニー・シャープなど民間企業主体で、安価で低級商品の生産は新興アジア諸国に移管し、グレード・品質を上げた工業製品の生産に移行する産業構造の高度化を通じて、その国際競争力を維持した。この産業構造の転換・高度化と近隣アジア諸国・地域との連動性は、日本の経済学者・赤松要により「雁行的発展」論（flying-geese pattern of development）として理論化された（Akamatsu, 1962, pp. 3-25）。以上二つの経済的分業関係の構築が、一九六〇年代に本格的に展開した年率一〇パーセントを超える日本の高度成長を対外的に支えたのである。

開発体制・開発主義

前述のように、政治的独立を達成したアジア諸国にとって、貧困からの脱却、経済的自立を求めた経済開発・工業化の実現は不可欠の政策的課題であり、当該期のアジア国際秩序の第三の特徴は、経済的豊かさ、その指標としての一人当たりＧＤＰの引き上げを実現するための経済開発政策の精力的な遂行にあった。

開発を実現するために、東アジア・東南アジア諸地域において成立したのが、政府の経済への積極的介入を容認し、国家が強力な危機管理体制を構築する「開発主義」(developmentalism)である。それは、政府も国民も経済成長を最終目標に掲げた成長イデオロギーであった(末廣、二〇一一:東京大学社会科学研究所編、一九九八)。開発主義は、かつて「開発独裁」体制として否定的に評価されてきたが、一九七八年以降の中国政府の政策転換、改革開放政策への転換を契機に、中国経済が劇的な成長を遂げ、その過程でアジア太平洋経済圏の成長・発展が加速化されて「東アジアの経済的再興」が実現しつつある現在、積極的な再評価が不可欠である。

開発主義の最大の特徴は、経済成長を至上命題とする強力な強権的政府の存在と、その主導の下での開発政策の徹底した遂行にある。具体的な政策としては、自国通貨の米ドルペッグ(連動)とその為替レートの切り下げ、輸出志向型の労働集約的工業化の推進、そのために必要となる大量の良質な労働力を確保するために、国民の間での伝統的な価値観に基づく教育熱・教育熱心な姿勢を最大限に活用して、人的資本(human resources)への投資を積極的に行う教育政策が重要であった。第二次世界大戦後に確立されたアメリカ合衆国のヘゲモニーに依存し、基軸通貨である米ドルに自国通貨を安価に固定させるドル固定相場制(ブレトン・ウッズ体制)に依拠する金融政策の展開は、冷戦と脱植民地化、開発主義の三位一体的結合を象徴していた。

開発主義の具体例として、東南アジアのシンガポールの事例を見てみよう(秋田、二〇一七、第七章:岩崎、二〇一三)。一九六五年八月にマレーシア連邦から「不本意の独立」を強いられたシンガポールは、潜在的な国内市場(直接の後背地)を喪失したため、輸出志向型の経済開発戦略を採用した。国家主導で輸出志向型の工業化に着手していたシンガポールの戦略に大きな衝撃を与えたのが、一九六七年七月の防衛白書でイギリスの労働党ウィルソン政権が打ち出した駐留軍の「スエズ以東からの撤退」の決定であった。シンガポールに駐留するイギリス軍の存在は、首相リー・クアンユーが認めるように、シンガポールの安全保障の要であり、外資、特に香港からの投資を引き付ける決め手となっていた。イギリスの「スエズ以東からの撤退」は、シンガポール政府に、今まで以上に積極的な外資誘致・外資依存型の輸出志向型工業化戦略を推進させることになった。

外資導入を促進するため、一九六八年には、それまで経済開発関連の業務を一手に担ってきた経済開発庁（EDB）が再編された。同庁は外資誘致の任務に専念し、新たにジュロン開発公社（JTC）が設立され、外国企業向けの工業団地の建設・整備がさらに推進された。インフラ整備と並行して、外国企業に対する税制上の優遇措置を盛り込んだ一九六七年の経済拡大奨励法、労働組合の活動を抑制した六八年の雇用法と労働関係修正法による労使協調路線の推進など、外国企業の進取を促し、営業しやすい法的環境の整備も行われた。

首相リーは、この間の経緯を簡潔に「米多国籍企業とともに歩むのがシンガポールにとって最善の道であるとの結論に達した」と要約している。彼によれば、外資依存型の工業化政策に際して、二つの方針が立てられた。一つは、「地域を飛び越す」ことで、直接の後背地としてのマレーシア市場を事実上喪失したシンガポールにとって、欧米諸国や日本を「後背地」と想定し、とりわけアメリカ市場向けに付加価値の高い工業製品を輸出することで外貨（基軸通貨としての米ドル）獲得を目指した。もう一つは、「第三世界の中に第一世界のオアシスを作り出す」ことで、この目標達成のための投資環境の整備、人材育成、労使協調路線などが、魅力的な投資先としてシンガポールの経済的価値を高めることにつながった。当面は、船舶修理・金属加工・石油化学・電子部品の四業種が、重点的投資の促進分野とされた。この結果、アメリカのハイテク多国籍企業を電子部品・工業用化学・石油精製業に、日本の企業を造船・電器産業・貿易・小売りの分野に誘致することで、重化学工業と技術集約産業の振興を通じて、一九六〇年代末～七〇年代の工業化政策は推進されることになった。

同じく首相リーは回顧録において、「冷戦中にシンガポールとアメリカの関係の方向性を決定していたのは、東南アジアへの共産主義の侵攻を抑制するという共通の戦略的利害関係であった」「アメリカは自国市場を非共産圏からの輸出に開放することで、アジアの経済成長を助けた」「東南アジア諸国連合（ASEAN）新興市場経済の繁栄の基礎は、ベトナム戦争時代に築かれた」（リー・クアンユー、二〇〇〇、第四・三〇章）と、シンガポールの工業化と冷戦体制との連関性を的確に指摘している。その意味で、シンガポールを含めたアジアNIES諸国の工業化は、冷戦、具体的にはベトナム戦争と同時並行的に展開したのである。

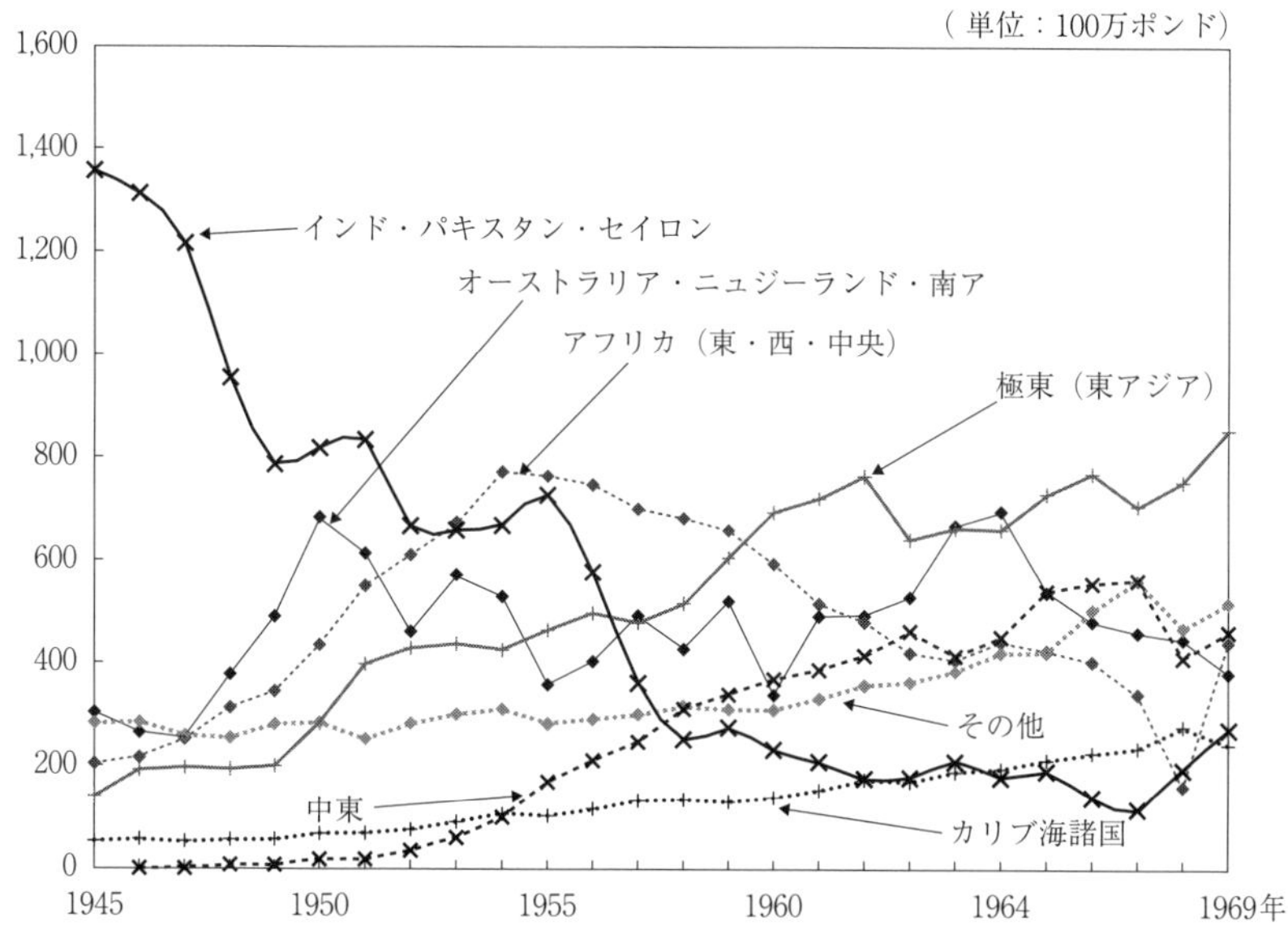

図9－5　スターリング残高の変化

出典：T312/3379, Treasury Historical Memorandum No.16, Sterling Balances since the War, September 1971（TNA）.

（2）経済援助とＵＮＣＴＡＤ（新国際経済秩序）の模索

一九五〇年代末～七〇年代初頭のアジア世界を舞台に、経済発展・工業化をめざした開発主義政策が広範に展開された。一九六〇年代のアジアは、アフリカやラテンアメリカに先行して「開発の時代」に突入したと言える。その際に欠落していたのが、資本（カネ）と技術であった。前述のシンガポールは、国家主導で外国の民間資本（外資）を積極的に導入し、資本と技術の不足を補ったが、当時一般的であったのは、政府間の開発援助（ＯＤＡ）や、世界銀行・国連等の国際機関を通じて資金援助（capital assistance）と技術協力（technical cooperation）を得る方策であった。

インドの五カ年計画と経済援助　戦後発展した開発経済学においては、当初、輸入代替工業化戦略（import-substitution industrialization）が注目された。その成功例として、インド政府による五カ年計画（ネルー＝マハラノビス・モデル）が高く評価された。

一九五〇年代後半から六〇年代前半のインドは、第二次五カ年計画（一九五六～六〇年）と第三次五カ年計画（一九六一～六五年）を通じて、経済開発計画の「黄金期」を迎え、開発経済学で注目の的になった。第二次計

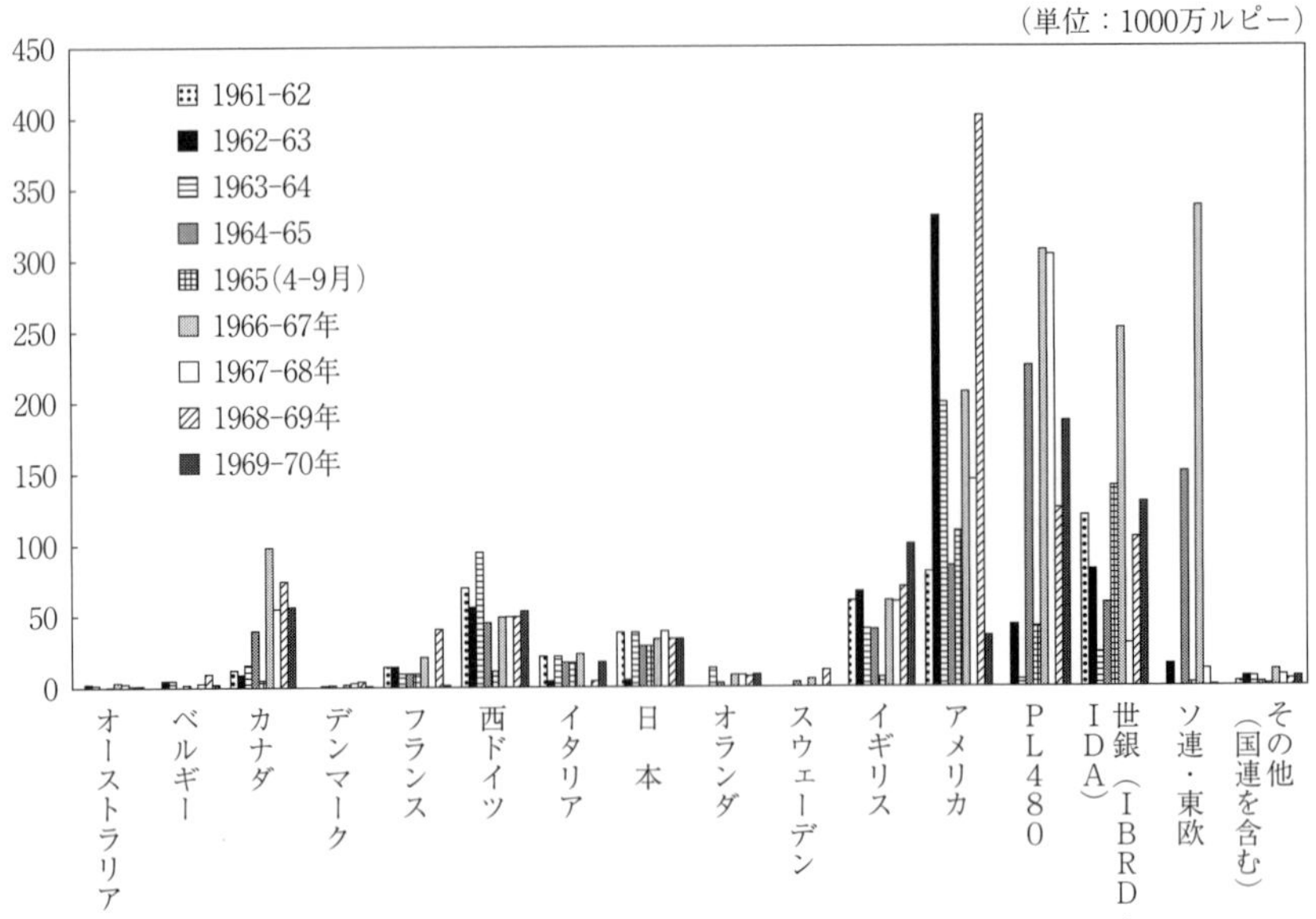

図9－6　インドへの対外経済援助額（1960年代）

出典：Government of India, *Economic Survey 1965-66, 1970-71*, New Delhi: Government Printing Office, 1966, 1971.

画の基礎となったのが、統計学者マハラノビスの経済成長モデルであった。彼は、首相ネルーの全面的な信任を得て、強力な指導力を発揮し「ネルー＝マハラノビス戦略」と呼ばれた経済開発戦略を実施した（絵所、二〇〇二；Byres, 1998）。

一九五〇年代前半の第一次五カ年計画は、インドが蓄積した巨額のスターリング残高の取り崩しに支えられて、外国からの援助にほとんど依存することなく順調に実施された。コロンボ・プランの実行をはじめとする、ネルーの積極的な非同盟外交の模索、コモンウェルスでの主導権発揮も、こうしたインド政府独自の金融・財政的裏付けがあって初めて可能になったのである。

だが、一九五七年にインドのスターリング残高が事実上「枯渇」し、翌五八年に外貨危機に直面してから、五カ年計画を中心とする政府主体の経済政策には、対外経済援助（economic aids）による借款の導入・獲得が重要な政策課題として組み込まれた。同年に、国際復興開発銀行（IBRD世界銀行）の主導により、インドの国際収支危機を救済するために国際借款団・インド援助コンソーシアム（Aid India Consortium）が組織された。年平均約一〇億ドルの対インド外国援助のうち、アメリカからの援助の重要性が増大し、コンソーシアム内部でも、一九五〇年代末までインドの非同盟外交路線に批判的であったアメリカが最大の援助国として登場した。

さらにインド政府は、第三次五カ年計画に着手するにあたり、西側諸国との借款交渉をインド援助コンソーシアム経由で行うとともに、ソ連との経済協力、資金の獲得を求めて一九五九年に二国間交渉を行った。アメリカ国務省の推計によれば、一九五五～六三年度までのソ連圏（東欧諸国を含む）からの低開発諸国向けの経済援助は、二九カ国で累計四九億ドルに達した。ソ連の援助政策は、アジア諸国のなかでも特定の非同盟中立政策を掲げる国家、インド（九億八二〇〇万ドル）、アラブ連合（エジプト）（七億三六〇〇万ドル）、インドネシア（五億九四〇〇万ドル）、アフガニスタン（五億七〇〇〇万ドル）に集中して供与され、インドが最大の被援助国となった（森田、一九六六）。

以上の戦後インドの事例は、国家主導の輸入代替型工業化と経済開発戦略の典型である。スターリング残高が「枯渇」してからは、非同盟路線を掲げていたインドは、新たなヘゲモニー国家アメリカを含めたインド援助コンソーシアムを通じて、第三世界で最大の対外経済援助の獲得に成功した。冷戦体制下の東西対立を巧みに利用して東西両陣営から、経済開発五カ年計画の遂行に必要な資本財と技術援助を経済援助として確保したのである。

UNCTADとラテンアメリカ　このインドの事例には、一九六〇年代に国連を舞台に主張された、新国際経済秩序の構築を目指す「第三世界」の低開発諸国の主張が反映されていた。

アジア諸国の脱植民地化が急速に進展した直後の一九五〇年代には、東西間の冷戦構造に加えて、経済的に豊かな北側の先進諸国（旧宗主国）と、貧しい南側の諸国・地域（旧植民地・従属地域）との政治経済的対立が、「南北問題」として意識されるようになった。この南側の貧困問題の解決策として、理論的な支柱を提供したのが、アルゼンチン政府蔵相を務めた経済学者プレビシュであった。具体的には、南側諸国の主要輸出品である第一次産品の増産と、北側先進諸国からの輸入を制限したうえでの工業化、前述の輸入代替工業化戦略が追求され、交易条件の改善を通じた先進国から開発途上国への所得の移転が主張された（平野、二〇〇九）。一九六三年には、南側の発展途上国（低開発諸国）の主導により、国連貿易開発会議（UNCTAD）が設立され、翌六四年の第一回会議総会では、北側先進工業国による発展途上国への資金援助・技術支援として、先進各国GNPの一パーセント拠出目標が決議された。

だが現実には、第三世界のラテンアメリカ諸国やアフリカでは、資本・技術・市場の不足で輸入代替工業化は成功せず、植民地時代からのモノカルチャー経済から産み出される第一次産品も、北側先進国の主要輸出品である工業製品よりも低価格になりがちで、価格変動も激しかったために、南北間の格差は縮まらず、逆に拡大する傾向にあった。また、第一次産品の輸出を増やすためや、資本財産業育成のための工業化（重化学工業化）のために世界銀行や北側先進諸国から導入した借款は、累積債務化して南側の発展途上国を苦しめることになった。前述のように、発展途上国の「優等生」であり、経済援助導入を通じて順調に経済開発政策を進めていたインドも、J・ネルー首相死亡後の政治的不安定と、一九六〇年代半ばの気候変動による飢饉の危機に直面して、経済外交政策の転換を余儀なくされた。

この点で、すでに述べたように、東アジア・東南アジア諸国で展開された開発主義は、UNCTADの流れとは大きく異なっていたと言える。東アジアNIES諸国や一九六七年に結成されたASEAN加盟諸国の大半は、国連のアジア極東経済委員会（ECAFE）の構成国であり、ECAFEの諸会議や専門家委員会では、一九五〇年代から、輸出志向型の工業化戦略が議論され支持を集めていた。ECAFEでの議論は、日米両政府主導の下で一九六六年のアジア開発銀行（ADB）の創設につながり、独自の経済開発資金が供給され始めた（山口、二〇一四、二〇一七）。その意味で、東南アジア諸地域を含めた「広義の東アジア」地域の経済成長は、アメリカ主導で形成された冷戦体制と相互補完関係にあり、とりわけ、アメリカの従属的同盟国（ジュニア・パートナー）としての日本の存在が、他の第三世界と東アジアの経済発展の行方を左右する決定的な要因となった。

（3）石油危機と世界経済の変容

日本経済の転換と石油危機　約一五年間にわたる日本の高度成長路線に転換を迫ることになったのが、一九七三～七四年と一九七九年の二回にわたる石油危機（オイル・ショック）である。石油危機は、世界経済の構造を大きく変容させ、二〇世紀現代史とグローバル化の進展において決定的転換点となった。

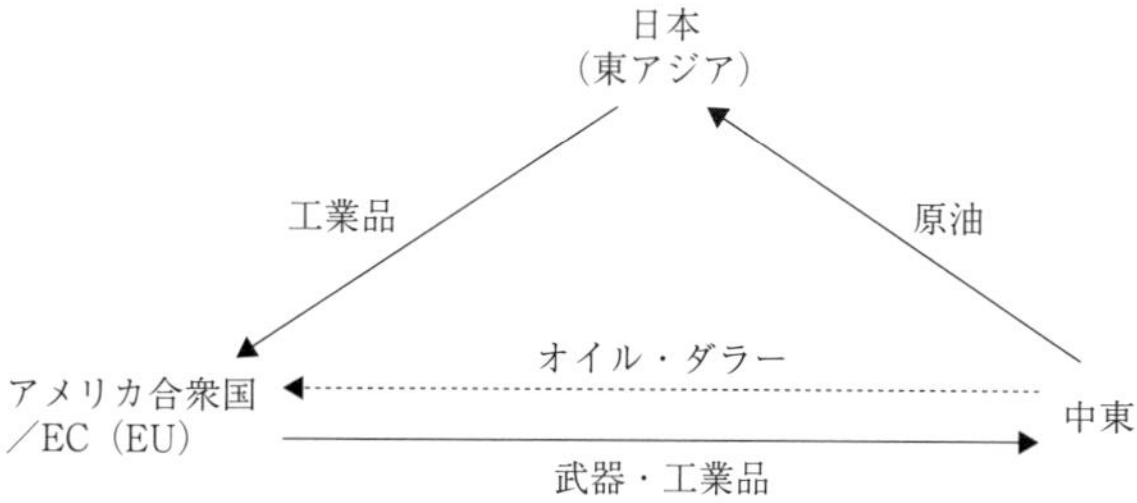

図9－7　日本（東アジア）のオイル・トライアングル（1974～2008年）

出典：杉原薫「東アジア・中東・世界経済——オイル・トライアングルと国際経済秩序」『イスラーム世界研究』2－1，2008年，74，80頁。

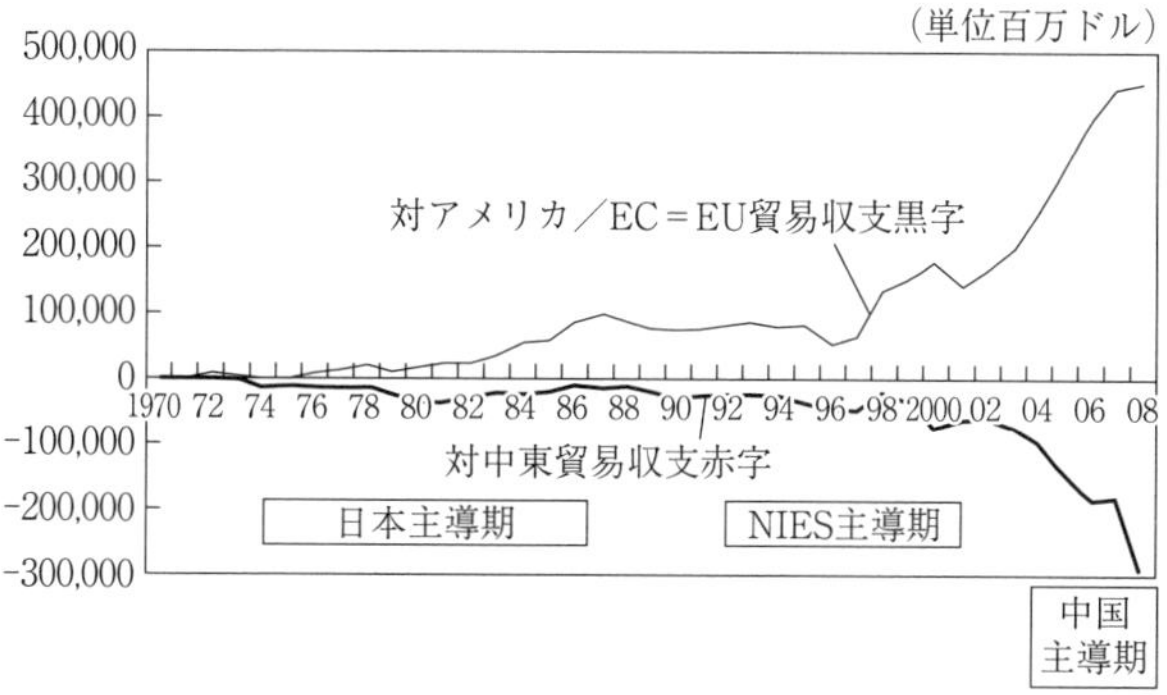

図9－8　東アジアの対アメリカ/EC=EUおよび対中東貿易収支（1970～2008年）

注：東アジアは日本，韓国，台湾，シンガポール，中国の計。
出典：杉原薫ほか編『講座　生存基盤論1』京都大学学術出版会，2012年，163頁。

一九七三年一〇月の第四次中東戦争で、アラブ石油輸出国機構（ＯＡＰＥＣ）が発動した石油輸出制限をともなう石油戦略により、世界の石油価格は一気に四倍強に高騰し、第一次石油危機が起こった。石油価格の急騰により、それまで安価で無制限の供給と思われた中東産油国の石油を大量に消費して高度成長を続けてきた西側先進工業国の経済は、深刻な打撃を受けて一時的にマイナス成長に陥った。

　この危機的状況から、いち早く経済構造の転換に成功したのが日本であった。日本政府は、親アラブ政策を採用して石油の安定的供給を確保するとともに、民間企業は、徹底した石油節約・省エネルギー技術の開発・導入に努め、数年のうちに世界有数の省資源・省エネルギー型産業構造に転換することに成功した。アメリカ経済との「棲み分け」構造は強化され、民生品消費財や耐久消費財（自動車・家電製品）で世界最大のアメリカ市場向け輸出が急増した。その過程で、日米間で貿易摩擦も起きたが、日本側の自主規制により「貿易戦争」は回避された。一九七五年からは毎年、主要先進国首脳会議（サミット）が開催されるようになり、世界経済の不況克服のために、先進工業諸国間で政策協調が模索されるようになった。一九七九年のイラン＝イスラーム革命をきっかけに起こった第二次石油危機は、日本の資源エネルギー節約的・労働集約的な産業構造への転換をさらに促すことになり、一九八〇年代のマイクロ・エレクトロニクス（ME）革命につながることになる。

こうした二回の石油危機への対応のなかで、アメリカを中心とする欧米先進諸国、東アジアの日本および中東産油国を結ぶ国際的な米ドル資金循環システムが形成された。杉原薫が主張する「オイル・トライアングル」の成立である（杉原、二〇〇〇、五九～六二頁）。石油危機の打開・克服の先頭に立った日本は、中東産油国からの高額な石油輸入に必要な外貨（米ドル）を獲得するために、アメリカ市場への民生用耐久消費財や資本財の輸出を急増させた。日本が産油国に支払う石油代金により中東産油国には膨大な米ドル資金（オイル・ダラー）が蓄積されることになる。産油諸国は、その潤沢なオイル・ダラーを使用して、イスラエルに対抗した軍備増強のためアメリカから大量の兵器・軍需物資を購入するとともに、ロンドン・シティ金融市場のオフショア・マーケットであるユーロダラー市場で保有外貨（米ドル）を運用して収益を得た。結果として、一九七一年のニクソン・ショック、七三年の変動相場制への移行にもかかわらず、米ドルは依然として事実上の基軸通貨の地位を維持し、米ドルの世界循環システムが拡張・再生産されることになった。アメリカはヘゲモニー国家として、経済構造の重心を、製造業から金融・サーヴィス部門に移しながら、世界経済・世界システムの「中核」国としての地位を維持したのである（アリギ、二〇〇九）。

社会主義圏経済の停滞と「南南問題」

世界経済の転換としての石油危機の歴史的意義は、ソ連・東欧の社会主義圏諸国の経済不振の深刻化と、南側の発展途上・低開発諸国の経済低迷、特にアフリカ諸国の停滞、「第三世界」の事実上の二極分解、いわゆる「南南問題」の出現でも明らかになる。

一九六〇年代半ばから、中央集権的計画経済の効率性の悪さと、アメリカとの核軍拡競争の財政的重荷が原因となって、ソ連経済は低迷を始めていた。一九七三年の第一次石油危機は、産油国であったソ連に一時的な恩恵をもたらしたが、産油国であるが故に、重厚長大型の非効率で資源浪費型の資本財生産は温存され、西側先進国のように省資源・省エネルギー型の産業経済構造への転換を促す必然性が欠如していた。中央集権型計画経済体制では、企業間競争が無く、軍備増強を除くと、民生面での技術開発は軽視されがちであった。一九七九年にソ連が開始したアフガニスタン侵攻は、対欧米関係を一気に悪化させ、「新冷戦」と呼ばれる軍拡時代をもたらした。ソ連経済は、その膨大な軍事費負担のためにますます低迷し、経済体制としての輝きを完全に喪失し、西欧諸国、特に旧西ドイツからの借款、資金援助に大きく依存することになった(Painter, 2014)。

同じ時期に、非産油国が大半を占めたアフリカ・ラテンアメリカ諸国では、石油価格と、それと連動した輸入工業製品価格が高騰する一方で、主要輸出品(ステープル)であった第一次産品価格は低迷し、深刻な経済不振、金融財政危機に直面した。オイル・ダラーで潤った中東産油国は、イスラーム圏諸国向けに独自の経済援助を供与したが、第三世界の非産油国の金融・財政難解決のためには「焼け石に水」でほとんど効果がなかった。特に、アフリカのサハラ以南諸国の経済停滞は深刻化し、開発政策における「アフリカ問題」が生じた。

こうして、一九六〇年代にUNCTADを中心に提唱された新国際系秩序、その担い手としての第三世界諸国は、経済が低迷する非産油国と、中東を中心として一部の産油国および前述の輸出志向型工業化に成功したアジアNIES諸国とに大きく二分され、第三世界・非同盟路線は、国際舞台での影響力を喪失することになる。

3　「東アジアの経済的再興」——一九八〇年代以降

(1)中国の経済開放政策——「世界の工場」へ

一九七〇年代の二回の石油危機(オイル・ショック)は、世界経済構造の大幅な変容を引き起こしたが、現代の「東アジアの経済的再興」をもたらした最大の要因は、一九七〇年代末に始まり、八〇年代に本格的に展開した中華人民共和国(以下中国)の改革開放政策の採用であり、「世界の工場」としての工業国・中国の台頭である。

冷戦体制下の中国は、毛沢東主義を掲げて共産党主導の開発主義を推進した。一九五〇年代には、旧日系在華紡の技術を活用して、内陸部に大規模な綿紡績工場が創設される一方で、ソ連の経済援助を受けて重化学工業化政策も同時に推進した。だが、一九五〇年代末の「大躍進」政策の失敗、一九六六年からのプロレタリア文化大革命の発動による政治・社会的混乱により、経済は伸び悩んだ。一九七六年、周恩来と毛沢東が相次いで死去した後、文化大革命は終わりを迎えた。政治的に復権して新たに権力を掌握した鄧小平は、前述のソ連経済の低迷による社会主義経済圏の行方に危機感を抱き、一九七九年から、経済面での改革開放政策を推進し始めた。

第一節で述べたように、第二次世界大戦後のアジア地域間貿易（アジア間貿易）は、中国の社会主義革命とインドの漸進的計画経済・保護貿易主義の採用により、戦前の中心的構成地域が地域間貿易ネットワークから事実上「脱落する」状態となった。しかし、その脱落を補ったのが、自由貿易港の伝統を持つ香港とシンガポールの存在であり、特に香港は、国際金融面でのスターリング圏内部における「香港ギャップ」や、モノの移動において伝統的に中継貿易港としての機能を有していたために、中国本土の経済を世界経済に接続する「ゲートウェイ」として、特に重要であった。

改革開放政策では、香港に隣接する深圳や厦門など沿海部各地に設けられた「経済特区」に外資を導入するために、様々な優遇措置が導入され、経済の対外開放政策が進められた。中国政府当局が政策の当初に期待したのは、香港、台湾、シンガポールや他の東南アジア諸国に本拠を置く、華人・華僑系資本の中国本土への投資であった。この点で、一九世紀から続く華僑ネットワークを最大限に活用する方策が採られた。前述の、シンガポールの工業化政策で成長した華人資本も、政府の全面的支援を得て、蘇州や杭州での工業団地整備を含めた広範なインフラ投資や半導体ハイテク工場の建設などに積極的に協力した。台湾からも、香港を経由して多大な投資が行われ、大規模な半導体・コンピュータ工場が建設され、一〇〇万人余の台湾人が中国本土で技術者・資本家として活躍するようになった。

一九九二年に鄧小平は、中国南部地域を視察して、市場経済を利用してさらなる経済発展をめざす政策を打ち出し（南巡講話）、同年の共産党大会は「社会主義市場経済」の導入を決議した。これ以降、中国は外資導入政策をさらに加速化し、安価な国内の労働力を活用した労働集約的工業化、アメリカ・日本市場など先進国市場向けの輸出志向型工業化路線を積極的に推進した。その結果、年率一〇パーセントを超える高度成長をほぼ二〇年間にわたって維持し、二〇一一年には日本を追い抜き、アメリカに次ぐ世界第二位のGDPを達成した。この間、中国の工業地帯は沿海部の限られた経済特区から内陸部にも広がり、生産される工業製品も、衣服・雑貨から家電製品・半導体・自動車などの資本財や耐久消費財へと多様化し、輸出向け生産の「世界の工場」としてだけでなく、巨大な消費市場としても注目を浴びるようになった。この中国の世界経済への全面的復帰が、アジア地域間貿易の再興と発展を促し、太平洋を挟んだ新たな広域経済圏の形成・興隆を引き起こした。

（2）アジア太平洋経済協力――アジア太平洋経済圏の形成

「東アジアの経済的再興」を議論する際に、通常は、狭義の北東アジアと東南アジア地域を合わせたメガ地域としての「広義の東アジア」を取り上げる場合が多い。だが、現代の世界システムの変容・再編を考慮する場合、アメリカの太平洋沿岸地域やオセアニアを含めた環太平洋経済圏の形成と中国の改革開放政策の両方を射程に入れた「アジア太平洋経済圏」の形成を論じる必要がある。

一九七〇年代までの韓国、台湾、香港、シンガポールのアジアNIES（新興工業経済地域）の発展は前述した通りである。一九八〇年代には、アメリカの貿易・財政赤字や日本の輸出拡大によって、アメリカが世界最大の債務国、日本が世界最大の債権国となり、アメリカのヘゲモニーの衰退と日本脅威論が議論された。為替相場に関する先進五カ国の政策調整である一九八五年のプラザ合意により急激な円高・ドル安がもたらされ、輸出より外国投資が有利になった日本企業は、大量の資金を欧米や東・東南アジア諸国に投資して、製品の現地生産を推進した。アセアン（ASEAN）諸国のうち、タイでは自動車関連、マレーシアでは家電エレクトロニクス関連の投資が集中し、産業クラスターの基盤が形成された。同時期に、米ドルと通貨がリンクしたNIES諸国の対米・対アセアン投資も本格化し、日本企業の投資との相乗作用で、インドネシアを含めたアセアン諸国の経済成長が加速化された。

東南アジアを含めた広域経済圏の建設の構想は、古くは戦前の大東亜共栄圏構想にさかのぼることも可能であるが、第二次世界大戦後の経済復興過程の一九五〇～六〇年代の日本では、いくつもの「アジア太平洋経済協力構想」が提起されていた。吉田茂の「日米協力による東南アジア」開発（日米経済協力）路線や、岸信介の東南アジア開発基金構想などが有名である。特に、岸の構想案は、コモンウェルス中心のアジア経済援助計画であるコロンボ・プランを参考にして、アメリカ政府資金を原資とし、東南アジア・南アジア諸地域の経済開発（工業化支援）で日本独自の経済外交を展開しようとする提案であったが、アメリカの消極姿勢により実現しなかった（波多野・李、二〇一四）。

円高により日本の経済的地位が急速に高まった一九八〇年代になると、東南アジア地域だけでなく、アメリカの太平洋岸地域やオーストラリア、ニュージーランドを含むオセアニア地域を包括する環太平洋規模での経済協力、経済圏構築の構想案が提起された。経済学者で後に外相を歴任した大来佐武郎や山澤一平らが提起した環太平洋経済圏構想や、大平正芳が唱えた環太平洋連帯構想がそれである（大庭、二〇〇四）。同時期に、新たにアジア太平洋国家を目指すオーストラリアからも同様なアイデアが出され、それらは一九八九年のアジア太平洋経済協力会議（ＡＰＥＣ）の創設につながった。このＡＰＥＣは、「開かれた地域主義」(open regionalism）を政策目標に掲げるユニークな地域経済協力機構である。自由貿易主義を原理に掲げ、漸進的な関税障壁の撤廃・貿易自由化と、域外国を排除しない非排他性を強調するＡＰＥＣは、極めて緩やかな地域協力のあり方を模索している（大矢根、二〇一二）。ＡＰＥＣを構成する一九カ国・二地域がカバーする範囲が、二〇世紀末に姿を現したアジア太平洋経済圏であり、アメリカ太平洋岸地域を含めると、世界全体のＧＤＰの過半を占めるに至った。

こうしてアジア太平洋地域の経済発展と協力に注目が集まるなかで、一九九三年に世界銀行は、日本とアジアＮＩＥＳ、さらにＡＳＥＡＮ諸国が相互に連携しながら経済成長を実現していく現状を「東アジアの奇跡」(East Asian Miracle）と命名した（World Bank, 1993)。当時の世銀のレポートには、前述の中国経済の躍進・台頭は含まれていなかったが、その後二一世紀初頭にかけて、「東アジアのルネサンス」(広義の東アジア地域の経済成長)(Gill and Kharas, 2007）を牽引しているのが中国であることは間違いない。現在、東アジア、ヨーロッパ連合（ＥＵ）、北米（北米自由貿易協定ＮＡＦＴＡ）のＧＤＰの比重は、三者が均衡するほぼ拮抗した状況にある。だが、国際通貨基金（ＩＭＦ）やアジア開発銀行の予測によれば、二〇三〇年までに、東アジアだけでGDPの比重は、世界全体の五〇パーセントを超えると予想されている。

こうした現状で、現代のヘゲモニー国家アメリカ合衆国も、「アジア志向」を強化している。オバマ政権が重視した環太平洋経済連携協定（Trans Pacific Partnership: TPP）は、APEC自由貿易圏に代わりアジア太平洋経済圏の主導権を握ろうとする政治経済的意図を明確に示していた。

（3）インドの経済自由化政策と東方志向

現代のアジア太平洋経済圏の発展は、前述のように、改革開放政策の成功による中国の世界経済への復帰と「世界の工場」としての経済発展が最大の要因である。だが、世界の人口面でもう一つの大国であるインドが、一九九一年から経済自由化政策に乗り出したことが、アジア太平洋経済圏のさらなる飛躍と発展の契機となっている。

インドは一九六〇年代半ばまでは、開発経済学の開発モデルの「優等生」であったが、一九六五〜六七年の少雨・干害による食糧危機と、一九六六年のルピー平価切り下げにより、第三次五カ年計画までに借り入れた借款額が、累積債務として経済運営の重荷になった。インド援助コンソーシアムの枠組みでの多角的援助も、アメリカ議会と政府の対インド援助への消極姿勢のため援助金額が急激に減少し、経済援助としては十分に機能しなくなった。こうした状況下で、一九七〇年代インディラ・ガンディーが率いたインド政府は、軍事・経済面でソ連寄りの姿勢を強めた。冷戦体制の下でのそうした政策路線は、アメリカ主導の世界経済におけるインドの地位を「周辺化」し、国内では高率関税による保護主義政策が強化され、世界経済とのリンクは制限された。その一方で、「緑の革命」による農業生産の拡大、食糧の自給国産化が実現し、柳澤悠が指摘するように、農村経済の発展を促して「農村—都市インフォーマル部門経済生活圏」が形成された（柳澤、二〇一四）。

こうした状況下で、一九九一年末に蔵相モハン・シンにより経済自由化政策が導入された。第一次湾岸戦争による、湾岸諸国からの出稼ぎインド人労働者による本国送金が激減して、インドは外貨（国際収支）危機に陥った。この危機に際してモハン・シンは、世界銀行等の政策助言を先取りする形で規制緩和・緊縮均衡財政・補助金削減に着手しインド経済の再建を図った。この政策転換は大きな効果をあげ、インド経済は、外資や外国技術の導入による工業化、ソフトウェア開発などサーヴィス部門の拡充を通じてアメリカ主導の世界経済とのリンクが一気に強化された。

インド工科大学（Indian Institute of Technology: IIT）を中心に優秀な理工系人材を抱えていたインドは、アメリカとの時差をフルに活用したサーヴィス部門の請負（アウトソーシング）を通じて、輸出を拡大し国際収支の大幅な改善が可能になった。インドが経済自由化政策に踏み切り、東方志向（Look East）でASEAN諸国や日本、中国など「広義の東アジア」諸地域、アメリカを含めたアジア太平洋経済圏との貿易・投資関係やIT技術者等の人的交流拡大に乗り出したことで、アジア太平洋経済圏の規模と範囲はさらに拡大した。インドは二一世紀に入って年率七パーセントを超える経済成長を続けており、中国と共に有力な新興工業国（BRICS）の一員と見なされるようになった。二〇一四年のモディ政権の成立は、インドも開発主義を採用して経済成長の加速を目指すことを意味している。

中国とインドの世界経済・世界システムへの全面的復帰と経済成長により、アジア太平洋経済圏全体のGDPは、世界全体の過半を超え、引き続き拡大する趨勢にある。世界システムの重心は、東アジアの経済的再興により、欧米を中心とする環大西洋経済圏からアジア太平洋経済圏に、一八世紀末以来ほぼ二世紀ぶりに大きくシフトしつつあるのである。

参考文献

秋田茂・籠谷直人編『一九三〇年代のアジア国際秩序』溪水社、二〇〇一年。

秋田茂『帝国から開発援助へ――戦後アジア国際秩序と工業化』名古屋大学出版会、二〇一七年。

アリギ、ジョヴァンニ著、土佐弘之監訳『長い二〇世紀――資本、権力、そして現代の系譜』作品社、二〇〇九年。

石井修『世界恐慌と日本の「経済外交」一九三〇―一九三六年』勁草書房、一九九五年。

岩崎育夫『物語シンガポールの歴史――エリート開発主義国家の二〇〇年』中央公論新社、二〇一三年。

絵所秀紀『開発経済学とインド――独立後インドの経済思想』日本評論社、二〇〇二年。

大庭三枝『アジア太平洋地域形成への道程――境界国家日豪のアイデンティティ模索と地域主義』ミネルヴァ書房、二〇〇四年。

大矢根聡『国際レジームと日米の外交構想――WTO・APEC・FTAの転換局面』有斐閣、二〇一二年。

籠谷直人『アジア国際通商秩序と近代日本』名古屋大学出版会、二〇〇〇年。

籠谷直人「綿業通商摩擦問題と日本の経済外交――日印会商（第一次：一九三三―三四年、第二次：一九三六―三七年）・日蘭会商（一九三四―三七年）を中心に」秋田茂・籠谷直人編『一九三〇年代のアジア国際秩序』渓水社、二〇〇一年、第一章。

久保亨「戦後東アジア綿業の複合的発展」秋田茂編著『アジアからみたグローバルヒストリー――「長期の一八世紀」から「東アジアの経済的再興」へ』ミネルヴァ書房、二〇一三年、第九章。

下斗米伸夫『アジア冷戦史』中公公論新社、二〇〇四年。

末廣昭「開発体制論」中野聡他編『岩波講座東アジア近現代史八　ベトナム戦争の時代一九六〇―一九七五年』岩波書店、二〇一一年。

杉原薫『アジア太平洋経済圏の形成と興隆』大阪大学出版会、二〇〇〇年。

杉原薫『アジア間貿易の形成と構造』ミネルヴァ書房、二〇〇一年、第三章。

東京大学社会科学研究所編『二〇世紀システム四　開発主義』東京大学出版会、一九九八年。

波多野澄雄・李玄雄「多角的援助と「地域主義」の模索――日本の対応」渡辺昭一編『コロンボ・プラン』法政大学出版局、二〇一四年、第一一章。

堀和生編『東アジア資本主義史論Ⅱ　構造と特質』ミネルヴァ書房、二〇〇八年、総論。

堀和生『東アジア資本主義史論Ⅰ　形成・構造・展開』ミネルヴァ書房、二〇〇九年。

平野克己『アフリカ問題――開発と援助の世界史』日本評論社、二〇〇九年。

森田節男「ソビエトの経済援助」原覚天編『経済援助の研究』アジア経済研究所、一九六六年、第五章。

柳澤悠『現代インド経済――発展の淵源・軌跡・展望』名古屋大学出版会、二〇一四年。

山口育人「戦後アジア政治・経済秩序の展開とエカフェ、一九四七―一九六五年」渡辺昭一編『コロンボ・プラン』法政大学出版局、二〇一四年、第七章。

山口育人「エカフェとアジアの工業化戦略――地域経済協力構想を手掛かりに」渡辺昭一編『冷戦変容期の国際開発援助とアジア――一九六〇年代を問う』ミネルヴァ書房、二〇一七年、第一二章。

山本有造『日本植民地経済史研究』名古屋大学出版会、一九九二年。

山本有造『「満洲国」経済史研究』名古屋大学出版会、二〇〇三年。

山本有造『「大東亜共栄圏」経済史研究』名古屋大学出版会、二〇一一年。

リー・クアンユー著、小牧利寿訳『リー・クアンユー回顧録　下』日本経済新聞社、二〇〇〇年。

渡辺昭一編『コロンボ・プラン――戦後アジア国際秩序の形成』法政大学出版局、二〇一四年。

Akamatsu, Kaname, “A Historical Pattern of Economic Growth in Developing Countries”, *The Developing Economies*, Preliminary Issue No.1, March-August 1962, Tokyo: The Institute of Asian Economic Affairs（アジア経済研究所）, 1962, pp. 3–25.

Akita, Shigeru and Nicholas J. White eds., *The International Order of Asia in the 1930s and 1950s*, Farham and Burlington: Ashgate Publishing, 2010.

Akita, Shigeru, “The East Asian international economic order in the 1950s”, in Antony Best ed., *The International History of East Asia, 1900–1968: Trade, Ideology and the Quest for Order*, Abingdon and New York: Routledge, 2010, chap. 10.

Akita, Shigeru, Gerold Krozewski and Shoichi Watanabe eds., *The Transformation of the International Order of Asia: Decolonization, the Cold War, and the Colombo Plan in the 1950s and 1960s*, Abingdon and New York: Routledge, 2014.

Byres, Terence, ed., *The Indian Economy: Major Debates since Independence* Delhi: Oxford University Press, 1998.

Gill, Indermit, and Homi Kharas eds., *An East Asian Renaissance—Ideas for Economic Growth*, Washington DC: The World Bank, 2007.

Kazuo, Hori, “Colonial Industrialization—Korea and British India”, *International Journal of South Asian Studies*, vol. 4, 2011.

Louis, Roger and Ronald Robinson, “Imperialism of Decolonization”, *Journal of Imperial and Commonwealth History*, vol. XXII, no. 3, 1994.

McIntyre, David, “Commonwealth Legacy”, Judith M. Brown and Wm. Roger Louis eds., *The Oxford History of the British Empire*, vol. 4, *The Twentieth Century*, Oxford: Oxford University Press, 1999, chap. 30.

Painter, David S., “Oil and Geopolitics: The Oil Crises of the 1970s and the Cold War”, *Historical Social Research*（*Historische Sozialforchung*）, Vol. 39, No. 4, 2014, pp. 186–208.

Roy, Tritankar, *India in the World Economy: From Antiquity to the Present*, Cambridge: Cambridge University Press, 2012.

Schenk, C. R., *Hong Kong as an International Financial Centre: Emergence and Development 1945–65*, London and New York: Routledge-Curzon, 2001.

The World Bank, *The East Asian Miracle: Economic Growth and Public Policy——A World Bank Policy Research Report*, Washington DC, 1993.（世界銀行『東アジアの奇跡――経済成長と政府の役割』東洋経済新報社、一九九四年）

第10章　東アジアと結びつくアフリカ

――二一世紀――

平野克己

サブサハラ・アフリカの近代史にはいつも、世界史が赤裸々な姿で映しだされている。ヨーロッパが中世を脱けだしてアジア世界と出会い、アジア産品の壮大な輸入代替装置を大西洋三角貿易として構築していくプロセスとはすなわち、アフリカ奴隷貿易の時代であった。また近代帝国主義の展開はアフリカ植民地分割の時代であり、いまに至るアフリカの国境線はこのときにひかれたものである。一九九一年にソマリアで国家が崩壊したあと、その跡地に自生した未承認国家のソマリランドやプントランドの国境線、また二〇一一年に独立したアフリカ最新の国家南スーダン共和国の国境線も、もとをたどれば一九世紀のアフリカ分割にその淵源をみることができる。ヨーロッパの〝呪縛〟はこのように、いまだアフリカに生きている。アフリカの近代史は、みずからの意思や内発的なダイナミズムより、外からの働きかけによって大きく進路を左右されてきたという趣が強い。

アフリカ史にまつわるこの受動性は現在も続いているように思われる。ほかの地域から遅れること数十年、アフリカは二一世紀に入ってからようやくグローバル化の強烈な洗礼を受けているが、これは中国の台頭と深く関係している。本章では、現在もなお進行中の中国のアフリカ攻勢を紹介しながら、これを政策レベルでのみとらえるのではなく、世界史的展開の一環として大きくとらえることで、これからの東アジア・アフリカ関係を展望してみたい。それは、かつてヨーロッパの裏庭とさえいわれたアフリカが、今後はアジアとより深く結びついていくという、新しい世界のあり方のことである。

1　アフリカの二〇世紀

だが今世紀アフリカのグローバル化を見る前に、前世紀末におけるアフリカの姿を確認しておきたい。そうしないと、その後にやってくるグローバル化によってアフリカがいかに劇的に変化したのかが、おそらくはうまく伝わらないからである。

（1）不完全な国家

二〇世紀末のアフリカについては、かつての暗黒大陸の時代に逆戻りしつつあるのではないかという意味合いをこめて「再辺境化」と評され、さらには、「アフリカには経済成長は期待できないのではないか」という絶望的悲観を秘めたアフロペシミズムが国際社会に蔓延していた。

奴隷貿易が廃止されたあと、いってみればアジア植民地を補完するための二流の第一次産品生産地に再編されたアフリカ植民地は、巨大な金鉱とダイアモンド鉱が発見された南アフリカなどほんの一部を除けば、さして利益のあがる植民地群ではなかった。第二次世界大戦後、すっかり疲弊したイギリスはスエズ戦争をきっかけとして、フランスではアルジェリア戦争が契機となって、ついにアフリカ植民地を手放すことになる。現在の政府開発援助（ODA）は、旧植民地とのあいだにどのような関係を構築しなおせばよいかという政策課題のなかで形成された一面を持つが（平野、二〇一三、一五四〜一五七頁）、援助という新たな政策を支柱としながらヨーロッパは、多数の独立国家から構成されることになった現代アフリカとの関係再構築に取り組むのである。その一つの終着点が一九七五年のロメ協定であった（平野、二〇〇九、三八〜四〇頁）。

宗主国からさしたる投資も与えられず収益力に劣る植民地であったアフリカは、脆弱な経済基盤と社会基盤のうえに、しかも小国に細かく分かれて独立する。それゆえ「擬制国家」（Jackson, 1990）とも称せられたアフリカ諸国は、自立力のある国民経済を構築することができずに、クーデターや紛争が頻発する極めて不安定な状態にあった。アフリカでは珍しく大規模な入植民が定住していたことから宗主国の意向を拒否して白人支配体制を維持した南アフリカやローデシア（現 ジンバブエ）は異なる経路を歩んだが、とはいえそこでも人種主義的抑圧のなかに閉じこめられた黒人層の生活水準が徐々に悪化していった。例外は、独立後に発見された巨大なダイアモンド鉱の収益を賢明に活用したボツワナと、アフリカでは唯一東アジアなみの輸出志向型経済発展を遂げたモーリシャスであったが、この両国とも、当時は人口が百万にとどかない小国にすぎなかった。総体としてアフリカは、援助という外からの資金移入がなければ立ち行かない、極めて不完全な国家の一群であり続けたのである。

（2）アフリカ経済の危機

このような不安定性は、一九七〇年代石油危機後の世界同時不況で第一次産品資源価格が長期低迷すると、危機的状況を招来した。多くの国で財政が破綻状態に陥り、対外債務は返済不能に陥って、世界銀行や国際通貨基金（ＩＭＦ）による政策管理下で債務救済を受けながら経済再建にとりくむことになった。これが「構造調整」と呼ばれた援助スキームであるが（平野、二〇〇九、六一～六九頁）、ほとんどのアフリカ諸国はおよそ二〇年にわたって構造調整下におかれた。一九七〇年代後半からアフリカは一貫して世界最大の援助受取地域でありつづけ、現在に至るまでＯＤＡ世界総額の三〇パーセント以上が継続して投入されてきたが、にもかかわらず、ふたたび資源価格が上昇を始める二〇〇三年までアフリカ経済はほとんど成長できなかったのである。

この間総人口はほぼ二倍に増えたので、アフリカの一人当たり所得は一九八〇年の七八〇米ドル（以下、単にドル）から二〇〇一年には五〇〇ドル以下にまで減少してしまった。この、二〇年以上にわたった長期の貧困化現象が「アフリカ問題」といわれたグローバルイシューの根源病巣であり、人類の貧困問題はアフリカの地域問題になっていくという意味で「貧困問題のアフリカ化」という言われ方もされるようになった。アフリカは、世界経済を構成する要素というより、世界の負担として認識されるようになっていった。

2　資源高の時代とアフリカ

(1) アフリカの成長反転

そのアフリカが、資源価格の全般的上昇が始まった二〇〇三年から、突如として急速な経済成長を始めた。その激変ぶりを図10-1によって見てみよう。アフリカ地域総生産について一九八一年から二〇〇二年までのドル建て平均成長率を計算すると、人口増加率の二・六パーセントを大幅に下回る一・四パーセントであったが、それが二〇〇三年以降いきなり二〇パーセント近い水準にまで急上昇した。これは中国をも上回る成長率である。一人当たり所得も二〇〇七年には一〇〇〇ドルを突破した。二〇〇三年の直前、しかもアフリカ各国で同時に、なにか経済成長をひきおこすような変化がおこったわけではない。したがって、この成長反転はアフリカ諸国に遍く作用した、単一の要因によってもたらされたと考えなくては説明がつかない。

アフリカ経済の成長反転をひきおこした要因とはいったいなんだったのか。図10-1には石油価格の推移をあわせて示してある。これとアフリカGDP数列の相関係数はなんと〇・九四にも達していて、多くの産油国を含む西アジア地域より高い。地域別に見ると石油価格にGDPがもっとも左右されているのはロシアを抱える東欧であり、次がサブサハラ・アフリカなのである。鉱産物の影響を見るために金属価格指数についても同じことを試してみると、東欧の相関度が〇・八八でサブサハラ・アフリカはそれに次ぐ〇・八七である。東欧経済が資源価格に強い影響を受けるのは、地域GDPのおよそ半分を占めるロシアのGDPと資源価格の相関が極めて高いからだ。アフリカ経済もロシア経済と同様に、資源価格の高騰によって復活したと考えるのが妥当である。

しかしアフリカについては、農業一次産品の輸出地というイメージが強いかもしれない。たしかに、アフリカ大陸で多くの国が独立した一九六〇年代には農産品が総輸出の七割近くを占めていたのだが、現在ではその割合は一割ほどにすぎず、鉱産物輸出よりも少ない。かわって鉱物性燃料がアフリカ総輸出の六割、北アフリカでは七割、南アフリカを除いたサブサハラ・アフリカでもおよそ七割を占めている。したがって、石油価格が上昇すればそれだけアフリカの輸出額は膨らむ。アフリカ全体が産油国と同じような貿易構成になっているのである。

一九七〇年代の資源騰貴と二〇〇〇年代が異なるのは、二〇〇〇年代においては資源全般の価格が高騰し、しかもアフリカに投資が流入していることである。二〇〇八年にはアフリカ全体で地域総生産の四・九パーセントに相当する国外直接投資（FDI）が流入しており、FDI／GDP比率は北アフリカで四・〇パーセント、サブサハラ・アフリカでは五・四パーセントである。赤道ギニア、アンゴラ、チャドといった新興産油国には一時期、GDP比で五〇パーセントをこえるFDIが入った。二〇〇八年のFDI世界総額は世界総生産の二・九パーセントであり、対中国FDIのGDP比は二・五パーセント、中国を除いたアジアでは四パーセントだから、対アフリカFDIは相対的にみて大きいといえる。資源高が始まった二〇〇三年から二〇〇八年までのFDI／GDP比の平均をとると、タックスヘイブンを除けばアンゴラの三八パーセントが世界でもっとも高かった。アジアでは香港の二一パーセントが最高で、コンゴ（共和国。アフリカにはほかにコンゴ民主共和国がある）、モーリタニア、サントメプリンシペといったアフリカ諸国の数字は、アジア第二位のシンガポール（一五・五パーセント）を上回っている。これによってアフリカの生産力は、年率およそ五パーセントのスピードで拡大してきた。これがアフリカの実質経済成長率ということになる。

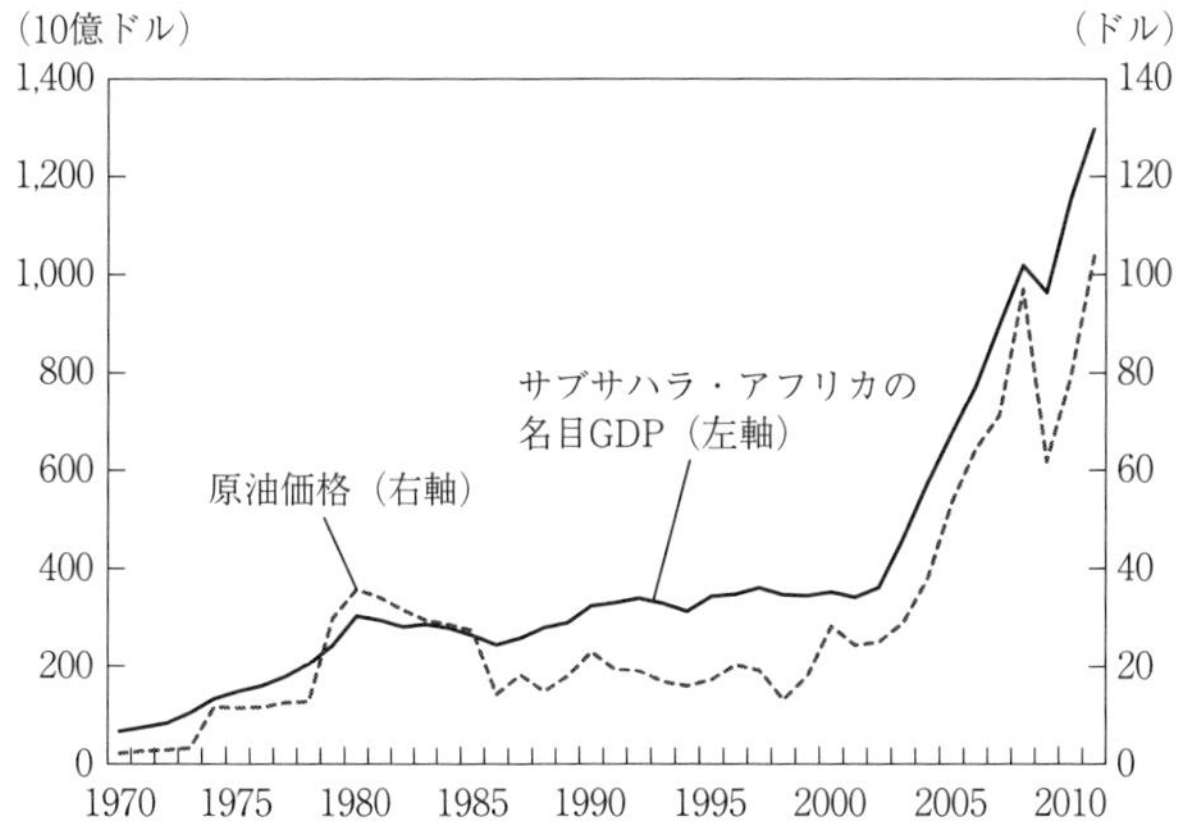

図10－1　サブサハラ・アフリカの地域総生産と石油価格の推移（名目米ドル）

出典：国連およびIMF統計から作成。

世界最大の貿易品目である石油ほどはめだたないが、アフリカの鉱産物輸出額も着実に増えている。ただし鉱産物輸出のおよそ半分は南アフリカによるもので、先行した石油開発に比べるとアフリカの鉱物資源開発はまだまだこれからだが、それでも、停滞する製造業部門や農業部門とは違ってアフリカにおける鉱業開発は急速に進んでいる。

製造業製品輸出も増えてはいるが、これもまた南アフリカがアフリカ製造業輸出総額のほぼ四割を一国で占めている。南アフリカ製造業のアフリカ域内輸出がアフリカ各国の好景気に支えられて増えているのである。南アフリカ以外のアフリカ諸国では製造業部門にめだった動きはなく、鉱業部門の比重が高まる一方で農業や製造業の比率が一貫して減少している。

(2) 資源の呪い

学界の定説は「資源産業はかえって開発を後退させる」というものである。もともとは、北海油田の発見で天然ガス輸出国になったオランダがかえって経済危機に陥ってしまったという「オランダ病」の分析から始まった議論であるが、最近ではこれを「資源の呪い」(Auty, 1990)という。資源部門の拡大によって通貨高がもたらされ、農産品輸出や製造業輸出が不利になり、資本や人材など国内資源の配分が資源部門に偏って生産部門が圧迫されること、またさらには資源輸出収入の増大によって財政規律が緩み、ガバナンスが腐食して悪化するといった現象のことをさす。

市場を舞台とした生産活動がもたらす利潤(プロフィット)とは異なり、資源収入は資源権益の所有から生じる収入である。利潤とは発生原理が異なることから、これを、地代同様「レント」という。資源国ではレントの配分が政治の根幹を形成するようになるので、国家主義的で現状維持的な政治体制が固着して、現状打破的な開発政策を忌避するようになる。

それゆえ、開発経済学の主だった論者は現在のアフリカの経済成長に関して肯定的ではない。コロンビア大学のジェフリー・サックスとオックスフォード大学のポール・コリアーは開発経済学とアフリカ経済研究を代表する重鎮だが、双方ともアフリカの経済成長を直接扱った論考を発表しておらず、むしろ定説どおり開発の後退を危惧しているという印象が強い。いまのアフリカの経済成長を評価しているのは、経済学より経営学の人々なのである(たとえばマハジャン、二〇〇九)。このことも現在のアフリカ経済のあり方を象徴している。国民経済の動向よりも、厳しい環境のなかで利益をあげている企業のほうに注目が集まっているのである。

(3) 消費爆発

さて、アフリカの経済成長が何によってもたらされているかを確かめるため、GDP各項目の経済成長貢献度を計算してみると、生産項目ではサブサハラ・アフリカ、北アフリカとも鉱業部門の貢献度がもっとも高い。このことはこれまで説明してきたとおりである。興味深いのは支出項目別の成長貢献度で、北アフリカにおいては固定資本形成の貢献度が世界経済のそれに匹敵し貿易黒字の拡大も大いに貢献しているが、サブサハラ・アフリカにあっては経済成長の多くを個人消費に依存している。サブサハラ・アフリカでは投資の比率が低く、貿易黒字も少なくて、個人消費の比率が高いのである(詳しい数値に関しては平野、二〇一三、八一頁)。つまりサブサハラ・アフリカでは、生産投資の基幹的な新規部分が国外からの投資に任されていて、その結果増えていく所得の多くが消費にまわっているのである。そのため、資源輸出が急速に増えていながらも多様な財の輸入が同じように増え、結局貿易収支はトントンになって、経済成長における外需の貢献を相殺している。

投資が外からやってきてアフリカの生産力を底上げし、生産増加によってえられた新たな所得の多くをアフリカ人が消費する。そのための商品の多くはやはり外から入ってくる。自立性に欠けたこの成長構図には危ういものがある。しかし、消費爆発がおこったことで資源部門以外の民間投資が刺激され、多様な分野に投資を招来していることもまた事実だ。外資頼みの依存構造ではありながら、活動域を拡大していくFDIがアフリカ経済にさらなる活性を与えているのである。

アフリカの消費市場を先行して開拓し、そこから利益をあげているもっとも強力なプレーヤーは南アフリカ企業と中国である。いまアフリカでは世界最速のスピードで携帯電話が普及していて、世界中のプロバイダーが進出し熾烈な競争を展開しているが、そのなかで最大シェアをもっているのが南アフリカのMTN社である。小売流通業では南アフリカのショップライト・グループがアフリカ最大の店舗網をもち、銀行ではやはり南アフリカのスタンダード銀行が最大手である。

貿易をみると、中国の対アフリカ輸出額が二〇〇七年にフランスを抜き、いまや圧倒的な首位になっている(図10-2)。携帯電話関連機材や建設機材、事務用品から生活資材までほぼあらゆる財が中国から供給されて、アフリカの消費爆発はかなりの程度中国製品によって支えられている。中国とアフリカの関係についてはまたあとで論じよう。

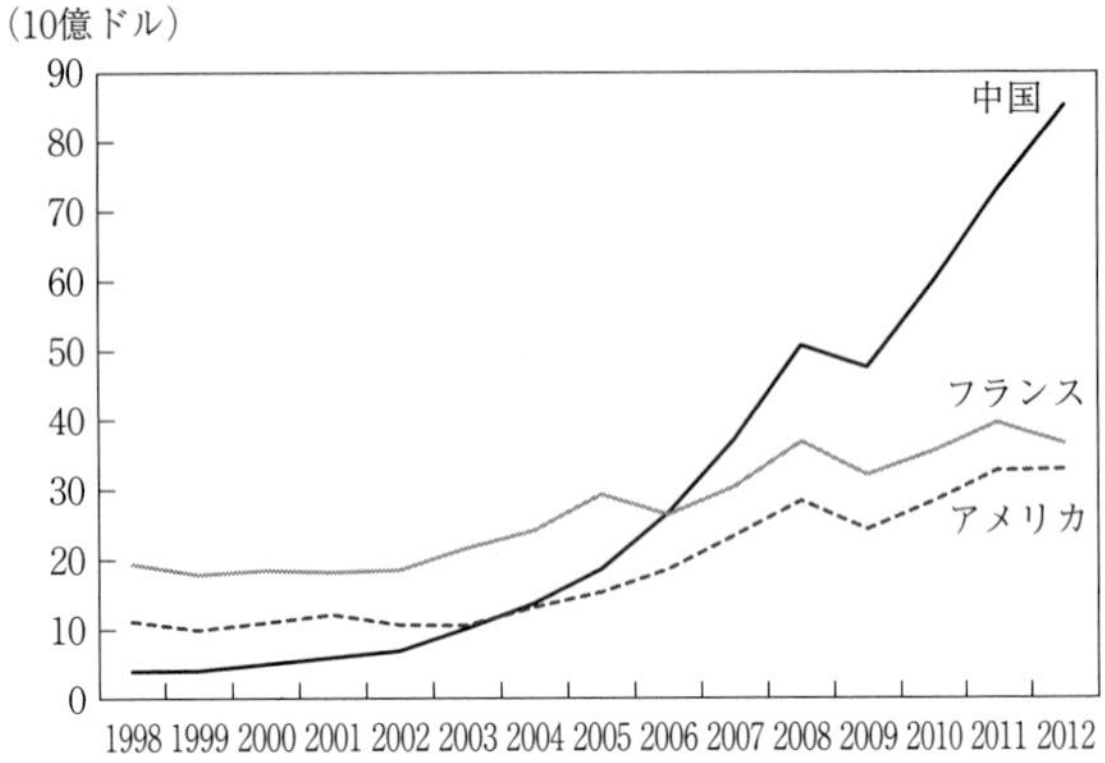

図 10－2　米中仏の対アフリカ輸出

出典：World Trade Atlas 統計から作成。

（4）停滞するアフリカ農業と貧困

しかしながらアフリカでは、この経済成長が貧困削減につながっていない。その原因は、アフリカ低開発の根源である農業部門、特に食糧穀物の生産性の低さにある。世界各地域における穀物の土地生産性をみると、一ヘクタール当たりほぼ七トンを収穫する西欧が世界最高で、一・三トンのサブサハラ・アフリカが世界最低である。アフリカ以外の地域の生産性が年々上昇することで、停滞するサブサハラ・アフリカとの差が拡大してきた。アフリカの経済社会を世界一般と分かつ最大の相違が、この穀物生産性の格差である。アフリカの農業就業比率は二〇一〇年においても六〇パーセントで、農業生産の八割は食糧穀物だと推定される。労働力の大半を収容する生産部門で生産性がこのように停滞してきたとなれば、貧困問題がいっこうに解決されないのも不思議はない。

弱い産業には安くて豊富な財はつくれない。食糧生産力が低いと食糧価格が高くなり、食糧価格が高いと賃金水準も高くなる。この傾向は歴史的にも各国横断的にも確認できる。実際アフリカ諸国の物価水準はアジア地域より常に高く、平均賃金も高い（平野、二〇〇九、第四章）。低開発とは低所得を意味するだけではなく高コストを意味しており、開発が進んでいないところでは生産コストも生活コストも、それだけ割高になるのである。このことがアフリカにおける製造業の発展を強く阻んでいる。アフリカ諸国には、アジアに高成長をもたらした安くて豊富な労働力、すなわち労働の比較優位が存在しないのである。

(5) 穀物輸入の増大

食糧穀物の低生産性がもたらしているのは貧困問題だけではない。世界の、特には東アジアの食料安全保障を脅かす要因ともなっている。サブサハラ・アフリカの食糧穀物輸入は一九六〇年代をすぎると増えはじめ、二〇〇〇年代後半には二五〇〇万トンをこえるようになって、世界最大の穀物輸入国である日本を凌駕している。また北アフリカ諸国を加えたアフリカ全体の輸入量はいまや東アジア地域と同水準で、五〇〇〇万トンを上回り、世界貿易総量の一五パーセントをこえている。しかも、アフリカの輸入は激しい変動をくりかえしながら増加する一方なのである。サブサハラ・アフリカの穀物生産力では、推定で一六パーセントの非農業人口しか養うことができないから(平野、二〇一三、一一五〜一一七頁)、都市化が進めば進むほど食糧輸入が増えていく。現在アフリカの都市化率は四〇パーセントに達しており、その進行は止まっていない。

これが意味しているところは恐ろしい。アフリカの都市化がこのまま進行して、しかもその都市住民を飢えさせないためには、アフリカは穀物輸入を拡大し続けなければならないし、世界はその分を増産し続けなくてはならない。そして、もしアフリカの購買力が不足すれば食糧援助を提供しなくてはならないのである。

世界の穀物市場はヨーロッパ、南北アメリカ、オセアニアが輸出して、それを東アジア、アフリカ、中東が輸入するという構造になっている。アフリカにおける人口増加と都市化の進行が必然的にもたらすこの食糧依存は、世界の穀物生産にのしかかる、徐々に重くなっていく負担であり、日本を含む東アジアの穀物輸入国にとっては最大の脅威なのである。

通常は経済成長にともなって都市人口が増え、都市の購買力があがっていけばそれだけ食料全般に対する支出が拡大して農産物が買われ、それが農村部の所得になる。その所得は、生産性向上によって減少した農村人口のあいだで分配されるから、農民の所得水準があがっていく。経済成長の成果が都市と農村を循環して農村に裨益していく経路がこれだが、アフリカではこの経路が閉ざされているのである。したがって、経済成長がおこっても農村の貧困はまったく減らない。結果として所得格差が急速に拡大しており、いまやアフリカ諸国のジニ係数は世界でもっとも高くなった。

以上がアフリカの経済成長の構図であるが、すでに見たようにアフリカからもっとも多くの資源を輸入し、またもっとも多くの財を輸出することで、この成長構図を支えているのが中国である（アフリカにおける中国のプレゼンスに関してはBrautigam, 2010）。

3　中国のアフリカ攻勢

（1）資源安全保障とアフリカ政策

中国は世界の原油貿易の一割、鉱産物貿易の四分の一を吸収する世界最大の資源輸入国で、その輸入量は経済成長にともなって年々急速に増大している。世界中でもっとも急迫した資源調達要請に直面しているわけで、中国の新しいアフリカ政策もまた資源の獲得を軸線に据えて始まったことは明白である。

自身が産油国でありながら中国は、一九九五年に石油の純輸入国になった。この年中国石油天然気集団公司（ＣＮＰＣ）がスーダンの油田権益を取得している。これが、中国が最初に手に入れたアフリカの資源権益である。翌九六年に当時の江沢民国家主席がアフリカ諸国を歴訪し、アフリカ統一機構（現 アフリカ連合）で二一世紀に向けた中国アフリカ関係の強化を訴えている。九九年には中国有色金属工業総公司がザンビアの銅鉱山に進出した。

スーダンは一九九三年にアメリカからテロ支援国家に指定され、欧米企業は撤退しつつあった。ザンビアでは基幹産業である銅鉱山の民営化が、なかなか買い手がつかず難航していた。中国はそのニッチに進出したわけだが、しかしながらこれらはよい買い物だったとはいえない。スーダンではその後ダルフール紛争がおこり、政府による住民虐殺に中国が加担しているという非難を生んで、北京オリンピックのボイコット運動にまで発展した。ザンビアの銅鉱山では、おそらくは収益性の悪さが遠因となって労使対立が絶えず、現地従業員の死亡事故が多発して反中感情を醸成することになるのである。当時の中国ではこの程度の権益にしかアクセスできなかったともいえる。

（2）進化する中国のアフリカ政策

江沢民のアフリカ訪問以後中国は対アフリカ戦略の策定にとりかかり、二〇〇〇年にはアフリカの閣僚を北京に招待して「中国アフリカ協力フォーラム」（FOCAC）が開催された。FOCACは三年ごとに中国とアフリカ交互に会場を移して開かれており、二〇一二年は北京でFOCAC5が開催された。二〇〇二年に国家主席に就任した胡錦濤は在任中に計四回アフリカを歴訪し、一八カ国を直接訪問している。これだけ多くのアフリカ諸国を訪れたアフリカ以外の国家元首は史上いない。中国は国交を有する（ソマリアを除いた）すべてのアフリカの国に大使館を設置しており、外相は毎年最初にアフリカを訪問する慣行となっている。アフリカに対する中国の外交努力は、このように他国の追随を許さないものだ。中国はアフリカを必要としているというメッセージを、どの国より強く、高い頻度で発しつづけてきたのである。

毎回のFOCACを節目としながら、中国はアフリカ政策を急速に拡幅してきた。従来のOECD開発援助委員会（DAC）とはまったく異なる援助方式をとりながら、アフリカに対する支援メニューの拡大と充実に努めてきたのである。中国内にはこれを「中国版マーシャルプラン」として位置づけようという意見すら存在する。これは、資源を開発して輸入するのみならず、アフリカ諸国の開発全般を促進し、中国製品の市場として育成しようというアイデアである。

実際中国の進出は資源分野に限られてはおらず、様々な産業や各種インフラ建設に国有企業、民間企業が進出することを奨励している。中国企業専用の経済特区を各地に造成し、アフリカの中小企業に対する融資制度も創設した。さらには、アフリカ一四カ国に孔子学院を設置して中国語の普及をはかり、およそ三万人のアフリカ人留学生を受け入れ、ケニアに中国語・英語・スワヒリ語によるFM放送局を開設した。一四カ国に農業技術センターを、三〇カ国にマラリア対策センターを設置したほか、農業技術者二〇〇〇人、医療技術者三〇〇〇人の養成も約束している。風力発電、太陽光発電、小型水力発電などクリーンエネルギー開発支援にも熱心で、中国製品の浸透をはかっている。二〇一二年にはエチオピアの首都アジスアベバにアフリカ連合（AU）ビルを建設して贈与した。

中国はまた、国内における過剰投資と過剰生産、そして苛烈な市場競争への対応策として、中国企業の国外進出を奨励する「走出去政策」をとっている。アフリカに関しても二〇〇二年から適用され、中国人と中国企業が大挙してアフリカ諸国に流入した。一九九九年には五万人ほどと推計されていたアフリカ在住中国人の数は、二〇一〇年には一〇〇万人にまで膨張したとさえいわれる。その規模は植民地時代のイギリス人やフランス人の在留人口をはるかに超えており、インド系住民に匹敵する。

このようにして、かつてアフリカに植民地帝国を築いたイギリスやフランスよりも広範で多様な関係を、中国はわずか一〇年でアフリカとのあいだに構築したのである。

（3）破竹の勢いの資金投入

こういった活動を支えているのが大量の資金投入である。商務部対外援助司による無償援助や無利子借款のほか、中国輸出入銀行、国家開発銀行、中国銀行、中国工商銀行、中国建設銀行、中国アフリカ発展基金が競うように市場条件より有利な譲許的資金を提供していて、その貸出額はすでに世界銀行を上回ったといわれる（平野、二〇一三、一八〜二四頁）。

中国の資金援助は完全タイド（紐付き）であって、すべて中国企業が受注する。また輸出信用を多用し、原油や鉱産物による現物返済契約が多いことも特徴である。つまり、援助した資金は中国企業の収入となって回収され、長期融資を出せば出すほど将来の資源輸入が確保される。ＦＯＣＡＣ４では一〇〇億ドル、ＦＯＣＡＣ５では新たに二〇〇億ドルの援助融資が約束されている。これがすなわち「援助の出し手と受け手がともに開発途上国である以上、双方の経済発展に供する援助でなければならない」という中国流「南々協力」である。

このような中国の援助方式は、貿易市場の公平性維持を掲げて輸出信用と援助を峻別させ、完全アンタイドを原則としているＤＡＣのＯＤＡスキームとは相容れないものだ。それは、高度経済成長期の日本が行った対東南アジア経済協力と、ほとんど同じ政策である。南々協力政策論を構築するに際して中国が、日本の経済協力政策について深く研究し、参考にしたことが窺えるのである。

（4）最重点国アンゴラ

なかでも中国の援助が国際社会の耳目を集め、また中国にとってもっとも重要で有望な対象国になったのがアンゴラである。アンゴラでは一九七五年の独立以来続いていた内戦が二〇〇二年にようやく終結したが、戦時経済を支えてきた石油公社の収支が不明で財政の透明性がまったく欠如していたためにＩＭＦとの交渉がいきづまり、戦後復興資金の目処がたたなかった。

そこに中国が登場した。二〇〇四年にアンゴラ政府は中国と二〇億ドルの融資契約を結び、ここから原油大増産とアンゴラ経済の高速成長が始まった。中国にとってアンゴラはいまやサウジアラビアに次ぐ世界第二位の原油輸入先であり、中国経済の存続に欠かせない存在である。アンゴラに対する融資はその後一貫して増額され、供与総額はすでに一〇〇億ドルをこえているという。中国はアンゴラにおける鉄道、港湾、住宅など様々なインフラ建設を請負い、そのための資金を提供することで、国づくりそのものに関与しようとしている。

（5）外資との提携

しかし、相手国政府といかに友好関係を築こうとも、民間企業が握っている資源権益を手に入れることは容易ではない。そのためには、外交に加えてビジネス戦術が要る。二〇〇七年、アフリカ最大の銀行である南アフリカのスタンダード銀行に中国工商銀行が二〇パーセント資本参加することが発表された。スタンダード銀行は世界二九カ国、アフリカ一七カ国に拠点をもつグローバルバンクであり、アフリカのビジネス情報をもっとも豊富に保有している銀行である。中国工商銀行の出資額は五五億ドルにのぼり、当時は中国最大のアフリカ投資になった。両行は共同で有望案件の発掘を進めている。

二〇〇八年には中国開銀と資源メジャーのアングロアメリカン社が鉱業プロジェクトの共同発掘に関する戦略協定を結んだ。二〇〇九年には中国石油化工集団公司（シノペック）がスイスのアダックスペトロリアム社を買収して、ナイジェリア、ガボン、カメルーンの油田権益を一気に手に入れた。同じく資源メジャーのリオティント社とは中国アルミ（チャルコ）が提携交渉をもち、リオティントが権益を有するギニアの鉄鉱石鉱山開発プロジェクトにチャルコが参加することで合意している。ほかにも中国海洋石油総公司（ＣＮＯＯＣ）は仏トタール社と共同でウガンダの油田開発プロジェクトに参加し、ガーナではブリティッシュペトロリアム（ＢＰ）社と共同で沖合油田開発プロジェクトに参加している。

（6）最大の貿易相手国に

図10－3は米中仏の対アフリカ輸入額の推移である。中国の伸びが著しく、一九九八年に比べて二〇一二年の輸入額はなんと七六倍に膨張した。そのおよそ半分は原油輸入で、うち六〇パーセントはアンゴラからのものである。二〇一二年の時点で中国は、原油総輸入の二四パーセント、同じく鉱産物の一一パーセント、木材の一〇パーセントをアフリカに依存している。他方アメリカの輸入が二〇一一年以降減っているのはシェールガス革命の影響が大きい。シェールガスと同時に産出されるシェールオイルは、アフリカ産原油同様硫黄分が少ない。そのためアメリカはアフリカからの原油調達を減らしているのである。その結果、二〇一二年には中国がアメリカを抜き、輸出額同様輸入額でも首位に躍り出た。

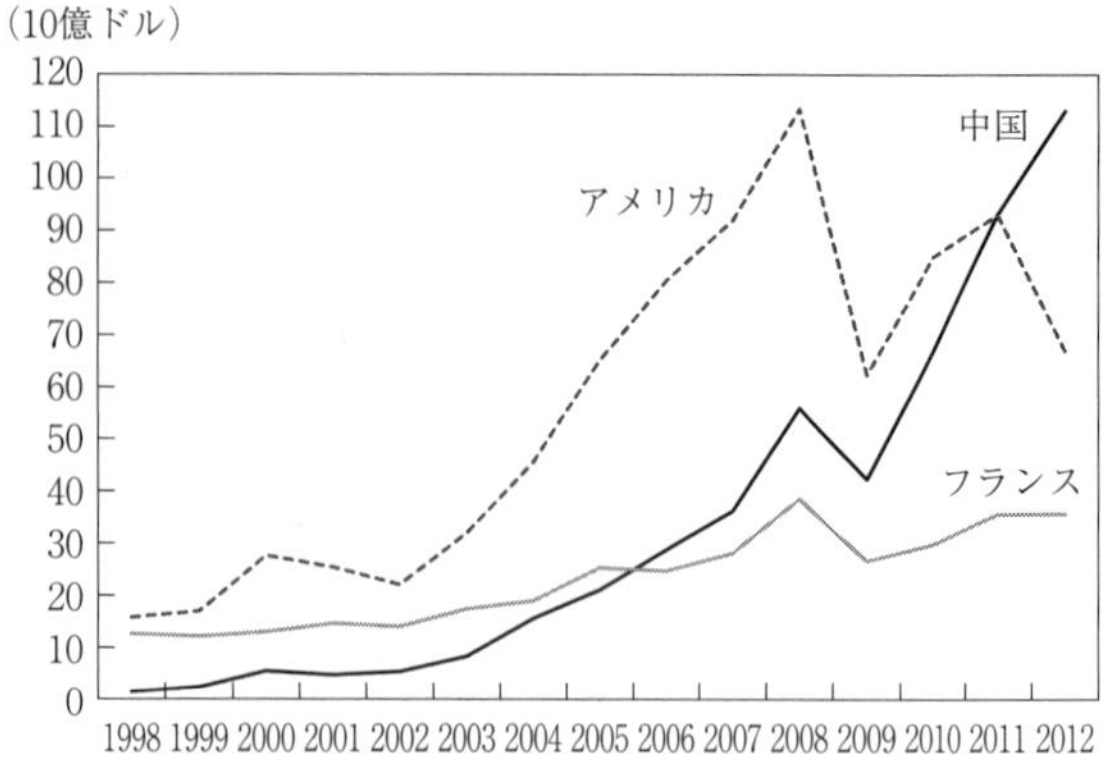

図10－3 米中仏の対アフリカ輸入

出典：World Trade Atlas 統計から作成。

アフリカからの輸入において米中が圧倒しているのは、アフリカ産原油が米中に集中して輸出されているからであるが、アフリカへの輸出額をみると（図10－2）、二〇一二年で中国がおよそ八五〇億ドルであるのに対し、アメリカは三三〇億ドル、フランスでも三六五億ドルにとどまっている。この点において中国のいうウィンウィン関係が、中国とアフリカのあいだに成立しているといえるだろう。

4　東アジアとアフリカの新しい関係

一方、日本の対アフリカ政策が変化するのは二〇〇八年の第四回アフリカ開発会議（TICAD4）からである。TICAD4によって援助政策にも官民連携が導入され、貿易投資がTICADの柱の一つになった。一九八〇年代以降アフリカ経済が低迷するなかで日本企業のアフリカビジネスは撤退傾向にあったが、それが回復に転じたのもちょうどこの頃からであった。

(1) 日本の資源安全保障

急激な資源高をうけ、二〇〇六年に経済産業省は「新・国家エネルギー戦略」を策定した。二〇〇七年には当時の甘利明経産大臣が南アフリカとボツワナを訪問し、そのときの合意に基づいて翌〇八年、ボツワナに「地質リモートセンシングセンター」が設立された。実行機関は石油天然ガス金属鉱物資源機構（JOGMEC）で、衛星写真を使って埋蔵資源を探査する技術をアフリカ側に提供しながら、鉱脈を共同探査するための拠点である。資源が発見されればその権益を日本企業に引き継ぐことになっていることから、その準備として日本は、南部アフリカ諸国と投資協定の協議を進めている。

探査の最大ターゲットはレアアースである。レアアースは先端産業に不可欠の投入材で、中国が世界需要の半分を占め、日本がそれに次いでいるが、供給に関してはほぼ中国の独占というに等しい。日本もこれまで中国からの輸入に全量依存してきたが、中国が輸出を規制しはじめたことから価格が高騰していた。二〇一〇年におこった尖閣諸島事件では、中国政府がレアアースの対日輸出をとめ外交手段に使おうとさえした。日本は、中国にかわる供給地を早急にみつけださなければならないという要請に迫られているのである。

二〇〇七年にマダガスカルで、ニッケルとコバルトを採掘し精錬して日本や韓国に輸出するという「アンバトビープロジェクト」が着工した。これには住友商事が二七・五パーセント資本参加していて、プロジェクト全体のコーディネーター役を務めている。韓国の資源公社コレスをプロジェクトにひきこんだのも住友商事である。完成すれば世界のニッケル供給の三・八パーセント、コバルト供給の八・三パーセントを占めるようになり、マダガスカルのＧＤＰは倍増するという巨大事業である。ところがマダガスカルでは二〇〇九年にクーデターが発生し、プロジェクトはアフリカの政治リスクに直撃されるかっこうになった。二〇一二年にようやくニッケルの搬出が始まったが、マダガスカル情勢はいまだ予断を許さない。

さらには東日本大震災後、福島原発の事故によって火力発電用の燃料輸入が急増して、日本の貿易収支は急激に悪化している。アフリカからの液化天然ガス輸入も増えている。天然ガスの調達先拡大はポスト・フクシマにおける重大な国家課題になったが、その観点から注目されているのが、近年東アフリカ沿岸で大規模な天然ガス田が続々と発見されていることである。三井物産や国際石油開発帝石はモザンビーク沖合で一部権益を獲得している。インド洋に臨むこれらのガス田は今後東アジア向けに開発される予定であり、採掘加工施設の建設にも日本企業が参入しようとしている。アフリカにおける天然ガス開発は、日本にとって重要な意味をもつようになるかもしれない。

（２）世界史の展開としてみる

世界最大の資源輸入国となった中国と、新たな資源供給地として急成長しているアフリカ。両者の関係が深まっていくのは、いってみれば歴史的必然である。膨張する中国がアフリカに向けてはみだしてくる勢いは他国を圧倒しており、中国から流入するヒト、カネ、モノが大陸中に溢れている。この勢いが簡単に止むとは思われず、ここ一〇年でのそれらの堆積はこのままアフリカに定着すると考えるのが自然だろう。

これまでアフリカの近代はヨーロッパによって席巻されてきたが、アフリカにおけるヨーロッパのプレゼンスは徐々に後退してきており、今世紀に入ってからは中国の侵入に圧倒されている。もちろん欧米グローバル企業のアフリカへの浸透ぶりは傑出しているが、国籍をもつ勢力としては、もはや中国に勝るところはない。それは、アフリカ政策の相違といったレベルだけで説明がつくものではなく、世界規模でおこっている中国の台頭がアフリカにも及び、アフリカをもまきこんで国際関係を変容させているのであって、つまりは世界史的展開としてとらえるべきではないだろうか。かつて低所得国であった中国が世界最大の製造業国にまで成長したことは、世界全体の生産力が発展して消費水準が向上し、人類が豊かになっていくという国際開発理念の実現にほかならない。そのためにより多くの資源が必要になって、アフリカのようにこれまで周縁におかれてきた地域の開発が進み世界経済にくみこまれていくというプロセスは、ナショナルなレベルをこえたグローバルな運動としてとらえたほうが理解しやすい。

(3) 地域大の展開としてみる

一方日本は、その中国から調達してきた資源の新たな供給先を探さなければならず、韓国もまた同じ要請に直面している。ともに製造業を基盤としている東アジア諸国は、膨張する中国と世界の資源を分かちあわなければならない。つまりは、中国に牽引されるかたちで東アジアとアフリカ両地域の関係が今後いっそう緊密化していくことになるであろう。もちろん中国経済の高度成長にもいずれかならず終わりがくるが、急激に台頭した中国を震源として国際関係全般が改編されようとしている。中国とアフリカのあいだのますます太くなっていくヒトとモノの流れは、アフリカにとって最大最強の国際関係をヨーロッパからアジアへとシフトさせるにちがいない。

しかし、この世界史的展開のなかでアフリカの国々に要請されているのは、その流れにただ身を任せることではない。資源収入を誤ることなく活用して国民全般の厚生水準向上につなげ、労働力の大半を占める農民層を包摂するかたちで所得循環を生みだすことであり、それを可能にする産業構造を構築することである。つまり、グローバル化が浸透してくるなかで極めてナショナルな開発課題を実現することなのである。

中国「南々協力」の究極の目標は、日本の対東南アジア政策がそうであったように、製造業の現地移転にあるのかもしれない。その成否はおそらく、農業支援が成果を生みだせるかどうかにかかっている。日本の対アジア経済協力政策は、一九六〇年代にアジアで進展した「緑の革命」に支えられることでアジア全般の工業化に結実していったのである。

その観点からもっとも懸念されるのは、先に述べた穀物輸入の増加だ。中国は大量の製造業製品をアフリカに供給しているが、食糧穀物を提供することはできない。そのことは日本にしても韓国にしても同様であって、稠密な人口密度と相対的に狭隘な国土を強いられている東アジア諸国は、資源を開発して輸入するかわりにアフリカに安価で優れた製品を提供するという共存関係は構築できる。だが、穀物の調達においてはアフリカと競合するのである。

中国がアフリカを必要とし、これに牽引されて東アジア全体とアフリカとの関係が強化されていくとすれば、その関係の安定性は、アフリカにおける食糧自給力の向上がはかれるかどうかに、一つにはかかっている。不安定な国家からなるアフリカが安定した経済社会を享受できるようになるためには開発全般の進展が必要だが、なかでも最大の開発課題は、労働力の過半を占めている農民の生活改善であり、彼らの主要生産物である食糧穀物の生産性向上である。その最大の開発課題に東アジアが貢献できる体制がビルトインされるならば、東アジア・アフリカ関係は、かつてアフリカを支配したヨーロッパとの関係よりもはるかに安定したものになるだろう。実際、中国はここ数年アフリカに対する農業支援に力を入れており、先述した農業技術センターを各国に設置しておよそ一〇〇名の農業専門家を駐在させている。日本の対アフリカ開発支援においても、農業支援は重点の一つでありつづけてきた。

いま一つの懸念はイスラーム過激派の存在である。二〇〇七年にエチオピアでシノペックの探鉱サイトがイスラーム過激派組織に襲撃され、中国人技術者九名を含む七四人の犠牲者を出した。二〇〇九年には、中国政府による新疆ウイグル地区でのムスリム弾圧に対する報復として、「イスラーム・マグレブのアルカイダ組織」（ＡＱＩＭ）がアフリカにいる中国人を標的にすると宣言している。実際、二〇一一年のリビア政変では中国の投資サイトが集中的に襲われ、中国政府は在留中国人三万五〇〇〇人の緊急脱出作戦を余儀なくされた。日本についても、二〇一三年のアルジェリア人質事件で一〇名の犠牲者が出たことは記憶に新しい。国際テロ組織との戦いにおいていまやアフリカはその前線になっている。この問題は一般的な治安対策とは異なる対策を必要とするのであり、アフリカとの関係を安全かつ安定的に構築するうえで不可欠になっている。

ただし、中国を震源とする国際関係変容の行き先と新しい秩序が、はたしてよいものかどうかは別に考えてみなくてはならない問題である。少なくとも現時点で中国共産党が有する政治的価値観や経済社会の運営思想が、二一世紀世界にふさわしいものであるとは思われない。またそれが平和的かどうかについても疑問である。かつてアフリカを支配したヨーロッパのそれや、現在の世界秩序を司るアメリカのそれがときに極めて暴力的であったことは事実だが、外交史をふりかえると中国はよりいっそう暴力的であった（ハンチントン、一九九八、三九四頁）。

これまでのところ中国のアフリカ攻勢は総合的にみてアフリカに多大な利益をもたらしているが、中国の台頭によってアフリカ人の運命が以前より好転するとは未だ断言できない。ただ、東アジアにとってアフリカの存在が、中国との関係強化を媒介としてこれまでより近しいものになることは、まずもって確実なのである。

（二〇一三年七月二六日脱稿）

参考文献

ハンチントン、サミュエル著、鈴木主税訳『文明の衝突』集英社、一九九八年。
平野克己『アフリカ問題──開発と援助の世界史』日本評論社、二〇〇九年。
平野克己『経済大陸アフリカ』中公新書、二〇一三年。
マハジャン、ヴィジャイ著、松本裕訳『アフリカ──動きだす九億人市場』英治出版、二〇〇九年。
Auty, Richard M. *Sustaining Development in Mineral Economies: The Resource Curse Thesis*, UK: Routledge, 1993.
Brautigam, Deborah. *The Dragon's Gift: The Real Story of China in Africa*, Oxford University Press, 2010.
Jackson, Robert H. *Quasi-state: Sovereignty, International Relations and the Third World*, Cambridge University Press, 1990.

終　章　地球社会の行方と課題

秋　田　　茂

1　貧困の克服と「南南問題」

産業革命以来急速に増加した世界の人口は、一九五〇年に二五億人に達し、その四〇年後の九〇年には五二億人に倍増した。二〇五〇年には八九億人に達すると予想されている。こうした「人口爆発」ともよぶべき驚異的な人口増加は、アジア・アフリカ・ラテンアメリカの発展途上国で著しく、その人口は地球の総人口の約四分の三を占めている。

この人口爆発は、発展途上国の経済成長率をうわまわる勢いで進行して、途上国の貧困に拍車をかけている。一九七〇年代はじめと八〇年代なかばには、人口が急増するアフリカ内陸諸国が干ばつに見舞われて飢饉が発生し、多くの死者を出した。東アジアの経済的再興、とりわけ中国の高度経済成長により、絶対的貧困線（年収三七〇ドル）以下の「貧困層」人口は大幅に減少しているとはいえ、現在でもなお発展途上国では、一〇億人を超える人々が慢性的な栄養不足の状態にあると言われている。こうした食糧問題は、アジアでは、一九六〇〜七〇年代に進展した高収量品種と新農法の導入による「緑の革命」（the Green Revolution）を通じてある程度緩和された。六〇年代末に食糧危機に直面したインドは、逆に食糧輸出国に転じた。しかし、アフリカ諸国は、一九世紀後半に発展途上国が欧米を中心とする資本主義的世界経済に編入される過程で、先進国むけの輸出用として特定の作物栽培を押しつけられた経済構造（モノカルチャー経済）から現在もなお抜け出せていない。

さらに人口爆発は、発展途上国の環境破壊をもひきおこしている。モノカルチャー経済のもとでの農地の酷使、食糧増産の強行、無計画な森林の乱伐とその枯渇などによって、土地の砂漠化が進行しつつある。そして、農村を捨てた一部の農民は、発展途上国の大都市に流入しスラムを形成する。今や発展途上国の都市部における人口過密の問題は、深刻な社会問題となっている。

こうした経済発展の遅れと貧困にあえぐ発展途上国と先進国の経済格差の拡大が、冷戦体制崩壊後、東西対立にかわる南北問題として、改めて現代世界の大きな課題になっている。南北問題は、一九五〇年代末から注目されるようになった。第九章で触れたように、一九六四年には国連貿易開発会議（ＵＮＣＴＡＤ）が創設され、発展途上国が団結して国際経済体制の変革を要求した。七〇年代以降は、南の世界で著しい多極化が進行した。すなわち、一九七三年の第四次中東戦争を機に、産油国は資源ナショナリズムを主張し、石油価格の大幅ひきあげにより獲得した豊富な外貨をもとに急速な重化学工業化を推進した。また、八〇年代の東アジア地域では、先進国の多国籍企業を積極的に誘致して工業化につとめた新興工業経済地域（アジアＮＩＥＳ）が出現した。その後、急速な工業化の波は中国に広がり、アジア太平洋経済協力会議（ＡＰＥＣ）を構成する環太平洋地域は、世界経済の成長の核となっている。

しかし他方で、資源の乏しい非産油国はますます貧困化し、いわゆる「南南問題」が生じた。アジアＮＩＥＳの経済的台頭と同時に進行したのが、サブサハラ・アフリカの低成長と貧困化である。一九八〇〜九〇年代を通じて、世界の貧困問題は、サブサハラ・アフリカに局限化されていき、かつての南北問題は「アフリカ問題」に収斂された（平野、二〇〇九）。対応策として国際通貨基金（ＩＭＦ）を中心に、「小さな政府」と活力ある民間経済の実現をめざす教条的市場主義（ワシントン・コンセンサス）に基づく「構造調整」政策が導入され、莫大な政府開発援助（ＯＤＡ）がアフリカ諸国に投入された。しかし、逆に一九九〇年代のサブサハラ・アフリカ諸国では、開発が後退して貧困化が進んだ。こうしたなかで、相手国の実情に即した技術援助および人材の養成をふくめた、経済援助が求められている。

2　地球環境問題と「持続可能な開発」

一体化が進行する現代世界における我々の日常生活は、科学技術の発展により消費物資や情報サービスの面で格段に豊かになった。この豊かな消費生活は、発展途上国からの膨大な天然資源の輸入にささえられているが、他方で世界各地の環境破壊をひきおこしている。

たとえば、日本の年間丸太輸入量三〇〇〇万立方メートルのうち、約三分の一は南洋材で、丸太切り出しだけで、年に七五〇〇平方キロメートル、大阪府の面積の四倍もの熱帯雨林を伐採・破壊していることになる。また、世界のえび取引の四〇パーセント、一日一〇億円におよぶえびの輸入は、東南アジア諸国でマングローブ林を犠牲にした過剰養殖をまねいている。安価に輸入されているバナナは、フィリピンや中米諸国でのモノカルチャー的な農業構造と農民を犠牲にした大農場経営のもとで生産されており（チャップマン、二〇一八）、農薬による土壌汚染もおこっている。

ところで、こうした大量生産・大量消費型の産業社会の展開は、産業革命以降の先進諸国による資源の独占的支配と技術開発にささえられてきた。しかし一九七〇年代になると、一次産品を生産・輸出する発展途上国のあいだで、自国の資源を国有化して経済開発に積極的に活用しようとする資源ナショナリズムが台頭してきた。一九七三年の第四次中東戦争の際に、アラブ石油輸出国機構（ＯＡＰＥＣ）諸国が発動した石油戦略がその典型であり、先進諸国の高度経済成長政策は大きくゆさぶられた（石油危機）。

こうした途上国の経済的自立の動きにより、先進工業国は一九八〇年代に省資源や省エネルギーに努力し、新素材や石油代替エネルギーの開発に取り組んだ。特に原子力エネルギーに対する期待は高いが、一九八六年四月のソ連・チェルノブイリ原子力発電所での大事故と、二〇一一年三月の東日本大震災による東電福島第一原発のメルトダウンは、原子力発電の安全性、環境保全、放射性廃棄物の処理問題について再検討を迫っている。福島原発事故は、現在でも、完全な収束の見込みはたっておらず、太陽光発電や風力発電など代替エネルギー源の確保も含めて、長期の粘り強い取り組みが求められている。

図終－1　持続可能な開発目標（SDGs）

二〇世紀の第四四半世紀は、工業化をすすめる先進国が、化石燃料やエネルギーを大量に消費して国境・地域をこえて汚染物質をもたらし、地球の自然環境を破壊してきた。石油の大量消費によって排出される二酸化炭素などの温室効果ガスは、地球の温暖化をひきおこす主要な原因と考えられており、その排出量の削減が急務である。温暖化により南極や北極の氷河が融けて海水面が上昇するとともに、エルニーニョ現象（東太平洋における海水温の上昇にともなう気候変動）の頻発は、とりわけ発展途上国における食糧生産に打撃を与えている。

北米や北ヨーロッパでは、大気汚染が原因の酸性雨によって森林や湖沼が被害を受けている。東アジアでも、経済発展をつづける中国の大気汚染は深刻で、日本で降る酸性雨にも影響しているとみられている。また、冷房設備などに使用されるフロンガスはオゾン層を破壊し、地上に達する有害な紫外線の増加によって、生態系や健康への影響が心配されている。

現在、我々は環境を地球的規模で保全する必要に迫られている。一九七二年に「かけがえのない地球」をスローガンに国連人間環境会議が開催されて以来、国連を中心に様々な取り組みがなされ、一九九二年にはブラジルのリオデジャネイロで、国連環境開発会議（地球サミット）が開催された。そこでは、経済成長を優先したい発展途上国と環境問題重視の先進国とのあいだで意見の対立があった。

一〇年後の二〇〇二年には南アフリカのヨハネスブルクで、持続可能な開発に関する世界首脳会議（環境・開発サミット）が開かれた。

一九九七年に開かれた地球温暖化防止京都会議では、先進国に温室効果ガスの排出量削減を求める京都議定書が採択された。京都議定書は、国内経済への制約をおそれるアメリカが二〇〇一年に離脱したが、日本・EU・ロシアなどの批准により二〇〇五年に発効した。二一世紀は、地球環境の保全と持続的な経済開発（持続可能な開発 sustainable development）のバランスをとりながら、貧富の格差を解消していくことが重要な課題になっている。二〇一五年九月の国連サミットでは、「持続可能な開発目標」（SDGs）が採択された。「貧困や飢餓の根絶」「再生可能エネルギーの利用」「気候変動への対策」など一七の目標が設定され、「だれひとり取り残さない」をスローガンに二〇三〇年までの目標達成をめざした様々な取り組みが展開されている。

3　金融危機から地域統合へ

二一世紀におけるグローバル化の進展は、金融（カネ）面において特に顕著である。グローバル化した世界では、IT技術の急速な進展を通じて、より良い投資条件を求めて巨額の投機的資金が瞬時に国境を越えて移動するようになった。一九九七年に、タイで起こったアジア通貨・金融危機は、インドネシア、韓国など新興工業国に瞬く間に広がり、深刻な景気の後退をもたらした。この通貨危機に際して、国際通貨基金（IMF）は各国に対して厳格な構造調整政策を押しつけた。同時にアジア諸国は、日本の主導のもとで、相互に外貨を融通する通貨スワップ協定である「チェンマイ・イニシアティヴ」の創設で合意して、後に述べる東アジア地域統合への歩みを始めた。

二〇〇八年には、アメリカの投資銀行リーマン・ブラザーズの破綻をきっかけに、アメリカ発の金融恐慌が起き、日本や欧米諸国は軒並みマイナス成長に陥った（リーマン・ショック）。先進諸国はこの世界同時不況を、政府主導の金融機関の救済と、巨額な赤字国債発行による財政的支援を通じた、国際的な政策協調によりかろうじて乗り切ったが、国家債務（財政赤字）の膨張は将来の世代に対するツケとして残されている。

リーマン・ショック後の先進国経済の混乱とは対照的に、新興国といわれるようになった国々は経済成長を続けている。その代表格は、ＢＲＩＣＳと呼ばれるブラジル・ロシア・インド・中国・南アフリカの五カ国である。世界経済の運営を協議する場としても、従来の先進国中心のＧ８から、新興国が加わったＧ20の役割に大きな注目が集まるようになった。これらＢＲＩＣＳ諸国は、インフラや法制の未整備、環境問題、人権の保護、国内の経済格差拡大といった課題も抱え、二〇一〇年代半ばに一時的な停滞を余儀なくされたが、長期的に見ると今後も高い経済成長が予想され、世界経済の牽引車としての役割を期待できる。

グローバル化の進展は、ＩＴ革命やＬＣＣの普及による航空運賃の値下がりを通じて、海外旅行や出稼ぎ・移民（国際労働力移動）という国境を越えたヒトの移動も活発にさせた。安価な労働力を求めて開発途上国に進出する多国籍企業が増える一方で、途上国から豊かな先進国へ、高収入を求めて移動する人々も増加した。アメリカにおいてはスペイン語系住民（ヒスパニック）の急増、西欧諸国ではトルコや旧東欧諸国からの出稼ぎの増加が社会問題となった。二〇一六年に大統領に就任したＤ・トランプは、不法移民対策として、メキシコ国境での「壁」の建設をはじめとする過激な移民規制政策を導入して論争を巻き起こしている。

日本でも、一九九〇年代に日系労働者への就労許可や、技術研修制度を利用した中国や東南アジア諸国からの非熟練労働者の農業や製造業・建築業への導入により、外国人労働者の定住と同化が問題になり始めた。急速に進む少子高齢化社会現象とアベノミクスによる好況下で、労働力不足（人材難）が顕在化している。女性労働力の積極的活用や海外からの合法的就労者の拡大の是非を含めて、人的資源の有効活用が議論されている。

こうしたモノ・カネ・ヒトの国境を超える移動の活発化、経済面でのグローバル化の進展は、世界各地で地域統合の動きを加速している。それがもっとも進んでいるのがヨーロッパ連合（ＥＵ）であり、二〇〇二年に単一通貨ユーロが導入され、二〇一三年に加盟国は旧東欧諸国を含めて二八カ国にまで拡大した。しかし、二〇一〇年からの南欧諸国やアイルランドの財政危機がユーロの信認に悪影響を及ぼし、統合のスピードをめぐり議論が展開された。さらに、二〇一六年六月のイギリス国民投票によるEUからの離脱（ブレグジット）決定は、アメリカ・トランプ政権の「アメリカ第一主義」政策とも相まって、国境を超えて展開するグローバルな経済と各国ナショナリズムとの関係性を改めて問題としている。EUで始まった地域的経済統合は、その後、北米自由貿易協定（NAFTA）や南米共同市場（MERCOSUR）、南アジア地域協力連合（SAARC）など、世界各地域に広がっている。

アジアでは、一九九九年に一〇カ国に拡大した東南アジア諸国連合（ASEAN）を中心として、地域経済協力が進められている。前述の一九九七年のアジア通貨・金融危機をきっかけとして、地域協力の重要性が認識され、東アジアでは、ASEAN・日本・中国・韓国の対話と協力の枠組みとしてASEAN＋3が形成された。その後、ASEAN＋3にインド・オーストラリア・ニュージーランドを加えた東アジアサミットが創設され、経済連携の強化などが協議されている。さらに、太平洋を挟んだより強固な自由貿易圏の形成をめざす環太平洋経済連携協定（TPP）の発足に向けた多国間協議も行われ、二〇一八年三月に、アメリカを除いた一一カ国によりTPP11が署名され、年末に発効した。世界のGDPの一三パーセントを占める巨大な自由貿易圏が姿を現した。

こうして二一世紀の現在では、グローバル化の進展にともない、政治・経済・社会面での国境を超えた一体化・相互依存が急速に進展している。歴史学においても、この現状を認識するにふさわしい方法論と枠組みとして、グローバルヒストリー、あるいはトランスナショナルヒストリーに基づく研究が求められている。

参考文献

チャップマン、ピーター著、小澤卓也・立川ジェームズ訳『バナナのグローバル・ヒストリー――いかにしてユナイテッド・フルーツは世界を席巻したか』ミネルヴァ書房、二〇一八年。
平野克己『アフリカ問題――開発と援助の世界史』日本評論社、二〇〇九年。

MINERVA 世界史叢書

全16巻（＊は既刊）

Ａ５判・上製カバー

編集委員　秋田　茂／永原陽子／羽田　正／南塚信吾／三宅明正／桃木至朗

＊総　論	「世界史」の世界史	秋田　茂／永原陽子／羽田　正／南塚信吾／三宅明正／桃木至朗 編著

第Ⅰ期　世界史を組み立てる

＊第１巻	地域史と世界史	羽田　正 責任編集
＊第２巻	グローバル化の世界史	秋田　茂 責任編集
＊第３巻	国際関係史から世界史へ	南塚信吾 責任編集

第Ⅱ期　つながる世界史

＊第４巻	人々がつなぐ世界史	永原陽子 責任編集
＊第５巻	ものがつなぐ世界史	桃木至朗 責任編集／中島秀人 編集協力
＊第６巻	情報がつなぐ世界史	南塚信吾 責任編集

第Ⅲ期　人と科学の世界史

第７巻	人類史と科学技術	桃木至朗 責任編集
＊第８巻	人と健康の世界史	秋田　茂／脇村孝平 責任編集
第９巻	地球環境の世界史	羽田　正 責任編集

第Ⅳ期　文化の世界史

第10巻	芸術と感性の世界史	永原陽子 責任編集
第11巻	知識と思想の世界史	桃木至朗 責任編集
第12巻	価値と理念の世界史	羽田　正 責任編集

第Ⅴ期　闘争と共生の世界史

第13巻	権力の世界史	桃木至朗 責任編集
第14巻	抵抗の世界史	南塚信吾 責任編集
第15巻	秩序の世界史	三宅明正 責任編集

《責任編集者紹介》

秋田　茂（あきた・しげる）

1958年　生まれ。

1985年　広島大学大学院文学研究科博士課程後期中退。

2003年　博士（文学）。

現　在　大阪大学大学院文学研究科世界史講座教授。

主　著　*Gentlemanly Capitalism, Imperialism and Global History* (ed.), London and New York: Palgrave-Macmillan, 2002.

『イギリス帝国とアジア国際秩序』名古屋大学出版会，2003年。

『イギリス帝国の歴史――アジアから考える』中公新書，2012年。

MINERVA 世界史叢書②

グローバル化の世界史

2019年4月30日　初版第1刷発行　〈検印省略〉

2022年4月30日　初版第2刷発行

定価はカバーに
表示しています

責任編集者　秋田　茂

発行者　杉田啓三

印刷者　藤森英夫

発行所　株式会社　ミネルヴァ書房

607-8494 京都市山科区日ノ岡堤谷町1

電話代表（075）581-5191

振替口座　01020-0-8076

亜細亜印刷

ISBN978-4-623-08595-8

Printed in Japan

《執筆者紹介》（執筆順，＊印は責任編集者）

＊秋田　茂（あきた・しげる）**序章，第５章，第９章，終章**

責任編集者紹介欄参照。

向　正樹（むかい・まさき）**第１章**

1974年　生まれ。

2007年　大阪大学大学院文学研究科文化形態論専攻博士課程修了。

2007年　文学博士（大阪大学）。

現　在　同志社大学グローバル地域文化学部准教授。

主　著　『グローバルヒストリーと帝国』（共著）大阪大学出版会，2013年。

『宗教と儀礼の東アジア――交錯する儒教・仏教・道教［アジア遊学206］』（共著）勉誠出版，2017年。

「「モンゴル＝システム」考――元とユーラシア南方海域像」『史学研究』300，広島史学研究会，2018年。

岡美穂子（おか・みほこ）**第２章**

1974年　生まれ。

2007年　人間環境学博士（京都大学）。

現　在　東京大学史料編纂所准教授。

主　著　『商人と宣教師　南蛮貿易の世界』東京大学出版会，2010年。

『大航海時代の日本人奴隷』（共著）中央公論新社，2017年。

A Maritime History of East Asia（共編著）Kyoto Univ. Press & TPP, 2019.

中島楽章（なかじま・がくしょう）**第３章**

1964年　生まれ。

1995年　早稲田大学大学院文学研究科博士課程（単位取得）退学。

1998年　博士（文学）（早稲田大学）。

現　在　九州大学人文科学研究院准教授。

主　著　『明代郷村の紛争と秩序――徽州文書を史料として』汲古書院，2002年。

『徽州商人と明清中国』山川出版社，2009年。

『南蛮・紅毛・唐人――一六・一七世紀の東アジア海域』（編著）思文閣出版，2013年。

島田竜登（しまだ・りゅうと）　**第4章**

1972年　生まれ。

2005年　Ph.D.（ライデン大学）。

現　在　東京大学大学院人文社会系研究科准教授。

主　著　*Intra-Asian Trade in Japanese Copper by the Dutch East India Company during the Eighteenth Century*, Brill, 2005.

『グローバル経済史』（共著）放送大学教育振興会，2008年。

『1789年　自由を求める時代』（編著）山川出版社，2018年。

宇山智彦（うやま・ともひこ）　**第6章**

1967年　生まれ。

1996年　東京大学大学院総合文化研究科地域文化研究専攻博士課程中退。

現　在　北海道大学スラブ・ユーラシア研究センター教授。

主　著　*Asiatic Russia: Imperial Power in Regional and International Contexts*(edited volume), Routledge, 2012.

『ユーラシア地域大国論4　ユーラシア近代帝国と現代世界』（編著）ミネルヴァ書房，2016年。

『現代中央アジア――政治・経済・社会』（共編著）日本評論社，2018年。

菅　英輝（かん・ひでき）　**第7章**

1942年　生まれ。

1979年　コネチカット大学（米国）大学院史学研究科博士課程単位取得退学。

法学博士（一橋大学）。

現　在　大阪大学大学院文学研究科招聘教授。

主　著　『冷戦と「アメリカの世紀」――アジアにおける「非公式帝国」の秩序形成』岩波書店，2016年。

『冷戦変容と歴史認識』（編著）晃洋書房，2017年。

『アメリカの核ガバナンス』（共編著）晃洋書房，2017年。

翟　強（チャン・ジャイ）　**第8章**

1958年　生まれ。

1991年　オハイオ大学（米国）大学院博士課程修了。Ph. D.（歴史学）。

現　在　オーバーン大学モントゴメリー校教授。

主　著　*The Dragon, the Lion, and the Eagle: Chinese – British – American Relations, 1949–1958*, Kent: Kent State University Press, 1994.
China and the Vietnam Wars, 1950–1975, Chapel Hill: University of North Carolina Press, 2000.
The Encyclopedia of the Cold War（co-ed.）, New York: Routledge, 2008.

安井倫子（やすい・みちこ）　**第8章**（訳）

1945年　生まれ。

2011年　大阪大学大学院文学研究科西洋史学専攻単位取得退学。

2014年　文学博士（大阪大学）。

現　在　大阪大学大学院文学研究科科目等履修生。

主　著　『アニメで読む世界史』（共著）山川出版社，2011年。
『語られなかったアメリカ市民権運動史――アファーマティブ・アクションという切り札』大阪大学出版会，2016年。

平野克己（ひらの・かつみ）　**第10章**

1956年　生まれ。

1984年　早稲田大学大学院経済学研究科修了。

2011年　グローバルスタディーズ博士（同志社大学）。

現　在　日本貿易振興機構理事。

主　著　『図説アフリカ経済』日本評論社，2002年（国際開発研究大来賞）。
『アフリカ問題――開発と援助の世界史』日本評論社，2009年。
『経済大陸アフリカ』中公新書，2013年。

人名索引

ア　行

カ　行

サ　行

タ　行

ナ　行

ハ　行

マ　行

ヤ　行

ラ・ワ行

事項索引

ア　行

カ　行

サ　行

タ　行

ナ　行

ハ　行

マ　行

ヤ　行

ラ・ワ行

A to Z